※　当代中国调查报告之二　※

PEOPLE'S LIVELIHOOD
IN CONTEMPORARY CHINA

李培林 等／著

当代中国民生

社会科学文献出版社
SOCIAL SCIENCES ACADEMIC PRESS (CHINA)

总　序

　　如果把严复 1897 年的《群学肄言》视为中国社会学的发轫，那么中国社会学迄今已经走过了 116 年的历史，但那本曾经振聋发聩的《群学肄言》，其实不过是英国社会学家斯宾塞 1873 年著的 *The Study of Sociology*（《社会学研究》）一书的中译本。中国社会学自诞生以来，就有两个非常鲜明的传统，即注重实际调查和追求经世致用。这两个传统的形成，既有中国历史上文化积淀的因素，也有西学东渐的影响。

　　注重实际调查和追求经世致用，这可能并非中国社会学的传统，而是近代以来在救亡、启蒙、变革的大背景中形成的中国学术转向。梁启超在他 1923 年演讲的《中国近三百年学术史》中，对中国学术开始走向务实的思潮追溯得更远，他认为近 300 年的学术思潮是对过去 600 年的道学传统的反动，"这个时代的学术主潮是：厌倦主观的冥想而倾向于客观的考察。无论何方面之学术，都有这样趋势"。

　　过去中国社会学的调查，尽管数量很多，但都是中国一个地区或几个地区的调查，更多的是基于社区研究的村落调查。中国社会学进行全国性的问卷抽样调查，还只是近十几年的事情。这种全国的大规模抽样调查，收到一些非常可贵的结果：第一，用具有全国代表性的数字，对中国 1978 年改革开放以来的巨大社会变迁进行跟踪记录，而这个变迁的规模之大、速度之快、影响之深前所未有，随着时间的推移，这个数据库的价值将以几何速度增加；第二，这种大规模的调查，不但广泛记录了客观的变迁，如阶层、职业、教育、年龄、性别、家庭、收入、消费等方面的结构变动，而且记录了社会态度和社会心态的变化，这是一般统计数据和人口调查难以实现的；第三，过去囿于一地的调查，难以具有代表性，所以只能通过类型比较和建立理想类型来实现对普遍规则的探索，而这种具有全国代表性的大规模调查，为我们以数量分析来揭示一些普遍运行规则和定律提供了可能性。

当然，数据也会欺骗人，也有很大的局限性，特别是基于平均数的分析，往往掩盖了多样性现实的个体差异，需要学者具有丰富的经验基础和深邃的洞察力。

这套《当代中国调查报告》丛书，是基于中国社会科学院社会学研究所全国社会状况综合调查（CSS，CASS）而撰写的，每次调查的主题，也成为研究的主题。基于 2006 年、2008 年和 2011 年的全国调查，已经分别撰写出版了《当代中国和谐稳定》《当代中国民生》《当代中国城市化及其影响》。2013 年的调查即将开始，它以中国梦为主题。十几年后，当我们用 10 本著作记录分析了 20 年的社会巨变时，可能才更能理解这种大规模调查数据的意义，这是我们从来没有过的一种历史发展轨迹的记述。

但愿中国梦伴随中国的巨变，是为序。

2013 年 5 月于北京

目 录

导　论
社 会 巨 变

李培林

2009 年是中华人民共和国成立 60 周年，60 年按中国传统的纪年方法就是一甲子，是经过一个轮回到了新的起点。新中国成立 60 年来，特别是改革开放 30 多年来，我国社会发生了千年未有之巨变，已经由原来的农业和农民大国逐步转变为新兴的工业大国，城镇化水平大大提高；人民生活总体上已经进入下中等收入国家行列，正在向更高的全面小康水平迈进；人口结构类型发生历史性转变，实现了低出生率、低死亡率和低增长率，平均期望寿命达到中等发达国家水平，从人口大国跨越为人力资源大国；中国数亿人摆脱了贫困，为全球反贫困事业作出重要贡献；覆盖城乡居民的社会保障体系正在形成，这将结束中国数千年来农民没有社会保障的状况。

中国 60 年的发展经验表明，民生是经济社会建设的重点，发展要以民生为先：温饱是民生之始，就业是民生之本，教育是民生之要，收入分配是民生之源，社会保障是民生之依，社会安全是民生之盾。

一　社会建设：理论与实践

新中国成立初期，我国历经战乱之后，民生凋敝、满目疮痍。在中国共产党的领导下，我国迅速恢复经济，发展生产，稳定物价，改善人民生活。随着经济的稳定增长，各项社会建设和社会化事业也得到发展。到改革开放之前，人民生活水平稳步提高，基本实现充分就业，建立起了为工业化服务的社会保障体系、国民教育体系和医疗体系。但是，社会建设一方面取得很大成就，另一方面也走过了曲折的道路，社会事业在"文化大革命"中也遭到破坏，温饱和贫困问题没有得到根本解决。1978 年改革开放以后，全国的工作重点从"阶级斗争"转移到经济建设上来，随着经济的快速增长，社会建设也出现前所未有的快速发展局面。

"社会建设"在中国社会学的学术语言里，并不是一个新概念。在 20 世纪 30~40 年代，"社会建设"曾经是一个热门话题。当时倡导社会建设最积极的是社会学家孙本文，他在 1933 年还创办了一本由他本人任主编的杂志，刊名就是《社会建设》。"社会建设"现在是一个通俗易懂的词，但它与过去社会学里的"社会建设"概念相比，并没有一种历史上的话语延续。过去我们常说"社会主义建设""现代化建设""国家建设"或"经济建设"，但很少提到"社会建设"。我们过去在论述社会主义建设的任务时，常常提到在经济、政治、文化领域的任务，但通常不把"社会"作为一个单独的领域来部署任务。现在我们关于"社会建设"的概念和思想，是从构建社会主义和谐社会重大战略思想中引申出来的。如果要对我们现在说的"社会建设"的概念下一个定义的话，可以说社会建设就是按照社会的发展规律和运行机制，通过发展社会事业、完善社会治理、改进社会管理、维护社会秩序等工作来推动社会的发展和进步。

"社会"这个概念，在不同的语境下所涵盖的范围有很大差异，所以有所谓"大社会"和"小社会"的说法。对社会的研究，理论上有几种不同的分析框架。

一是二元的"国家与社会"的分析框架。如洛克政治思想传统里"社会先于国家"框架；孟德斯鸠、托克维尔社会思想传统里"社会制衡国家"框架；还有黑格尔哲学思想传统里"国家高于社会"框架。马克思把黑格尔的框架头脚颠倒过来，认为基础（市民社会）决定国家上层建筑（国家机器和意识形态），并进而发展为"经济基础决定上层建筑"的理论。在现代，哈贝马斯从"市民社会"的理论中进一步引申出"公共领域"的概念。

二是三元的"政治、经济和社会"的分析框架。如一般的现代化理论通常认为，民主政治、市场经济和公民社会是三位一体的现代基础制度。这个分析框架在公共选择理论的社会治理的应用方面得到深入发展，比如最近得到诺贝尔经济学奖的奥斯特罗姆（Elinor Ostrom），她也是公共选择理论的创始人之一，她认为传统的分析公共事务的理论模型主要有三个，即哈丁（Garrett Hardin）的"公地悲剧"（The Tragedy of the Commons；1968）、戴维斯（Robyn Dawes）等人的囚徒困境（Prisoner's Dilemma；1973，1975）以及奥尔森（Mancur Olson）的集体行动逻辑（Logic of Collective Action；1965），但他们提出的解决方案不是市场的就是政府的。奥斯特罗姆另辟蹊径，提出通过社会自治管理公共物品的新途径，认为运用什么办法应因地制宜，关键是取决于管理的效果、效益和公平。

三是基于"中国经验"的四位一体或五位一体的分析框架，即经济建设、政治建设、文化建设、社会建设全面推进，以经济建设为基础，当前把和谐社会建设摆在更加重要的位置。这个框架是一个工作布局框架，同时也是一个理论分析框架。文化建设的加入，为"软实力"的研究和认识留下广阔空间，当然加上现在提出的"生态建设"，就是五位一体了。

我国对社会建设的认识，也有一个逐步深化的过程。新中国成立以后的一个相当长的时期，我国社会主义建设，主要分为政治、经济、文化三个方面进行，社会建设并没有被当成一个相对独立的发展领域。在经济建设的同时，经济社会协调发展的问题在现实中变得越来越重要。1982年党的十二大报告，重点强调要改善人民生活。1982年12月，全国人大五届五次会议决定，把实施了五个每个为期五年的《国民经济五年计划》，从第六个五年计划开始，易名为《国民经济和社会发展五年计划》，增加了"社会发展"几个字，并相应地在对经济建设做出部署的同时，也对社会发展的任务做出全面部署。从"六五计划"到"十一五规划"，社会发展的内容逐步充实，人口、就业、社会保障、收入分配、卫生健康、科技教育、环境保护、民主法治、社会管理、精神文明等，都成为社会发展的主要内容，并由此引申出经济社会协调发展的思想。

进入21世纪以后，中国提出全面建设小康社会的目标，要求2020年要达到"经济更加发展、民主更加健全、科教更加进步、文化更加繁荣、社会更加和谐、人民生活更加殷实"。2003年党的十六届三中全会提出了"以人为本，全面、协调、可持续发展"的科学发展观；2004年党的十六届四中全会强调要加强社会建设，提出了构建社会主义和谐社会的重大战略思想；2006年党的十六届六中全会就构建社会主义和谐社会若干重大问题做出决定；2007年党的十七大则进一步指出要加快推进以改善民生为重点的社会建设。社会建设与经济建设、政治建设、文化建设一起，成为中国特色社会主义事业总体布局的重要组成部分。中国特色社会主义现代化事业的实践与探索从此进入一个新的发展阶段。

目前，我国已经形成一整套系统的社会建设的方针政策。

第一，人口政策。坚持稳定低生育水平，提高人口素质，改善人口结构，积极应对人口老龄化，促进人口合理流动，促进人的全面发展。

第二，就业政策。坚持扩大就业的积极就业政策，建立统一开放、竞争有序、统筹城乡的劳动力市场，健全就业服务体系，促进多种形式就业，统筹做好城镇新增劳动力就业、农村富余劳动力转移就业、下岗失业人员再就业和大学生就业等工作。

第三，劳动关系政策。依法保护劳动者的权益，建立政府、工会、企业三方协调劳动关系的机制，依法维护劳动者的合法权益，形成劳资两利、合作共赢的社会主义和谐劳动关系。

第四，收入分配政策。实行按劳分配为主体、多种分配方式并存的分配制度，坚持各种生产要素按贡献参与分配。着力提高低收入者的收入水平，逐步扩大中等收入者比重，有效调节过高收入，坚决取缔非法收入，努力扭转收入分配差距扩大的趋势，促进共同富裕。

第五，社会保障政策。以社会保险、社会救助、社会福利为基础，以基本养老、基本医疗、最低生活保障制度为重点，以慈善事业、商业保险为补充，加快建立覆盖城乡居民的社会保障体系。

第六，城乡管理政策。统筹城乡发展，贯彻工业反哺农业、城市支持农村的方针，破除城乡二元结构，搞好城乡建设的统一规划，推进户籍、就业、社会保障、医疗卫生、住房等领域有利于缩小城乡差距的改革。

第七，教育政策。坚持教育优先发展，全面实施素质教育，强化政府对义务教育的保障责任，普及和巩固九年义务教育，大力发展职业教育，提高高等教育质量，注重教育体制中的机会公平，建设学习型社会。

第八，医疗卫生政策。坚持公共医疗卫生的公益性质，深化医疗卫生体制改革，强化政府责任，严格监督管理，建设覆盖城乡居民的基本卫生保健制度，为群众提供安全、有效、方便、价廉的公共卫生和基本医疗服务。

第九，公共安全政策。建立包括社会治安、食品药品安全、生产安全、交通安全、防灾减灾等在内的公共安全体系，坚持依法治国，推进社会治安综合治理，实行宽严相济的刑事司法政策，依法打击各种犯罪活动，积极推进公共安全建设的公民参与，保障人权和人民生命财产安全，维护正常的社会秩序。

第十，环境保护政策。坚持保护优先、开发有序、控制不合理开发的环境政策，坚持预防为主、综合治理，强化从源头防治污染和保护生态，改变先污染后治理、边治理边污染的状况。发展循环经济，建设资源节约型、环境友好型社会。

这些方针政策，都是在社会建设的理论和实践探索的基础上提出和形成的，并将随着实践的发展而不断完善。

二　社会民生巨大变迁

1. 人们生活水平显著提高

1949 年，中华人民共和国成立了！饱经沧桑与苦难的中国人民终于重新站起来了！但那时的中国，民生凋敝，经济严重落后，国家百废待兴。新中国成立初期，我国人均国民收入只有十几、二十几美元，相当于西方发达国家 18 世纪中期水平。从 1949 年到 1978 年，随着经济的发展，人民生活水平也逐步提高，但相对来说还是比较缓慢，到 1978 年我国人均国民收入为 190 美元。改革开放以后，随着我国经济持续高速增长，人们生活水平也快速提高。到 2008 年，我国人均国内生产总值达到 3000 多美元，总体上已经进入下中等收入国家行列。

改革开放 30 年是我国城乡居民收入增长最快、得到实惠最多的时期。从 1978 年到 2008 年，全国城镇居民人均可支配收入由 343 元增加到 15781 元；农民人均纯收入由 134 元增加到 4761 元。城市人均住宅建筑面积和农村人均住房面积成倍增加。群众家庭财产普遍增多，吃、穿、住、行、用水平明显提高。改革开放前长期困扰我们的短缺经济状况已经从根本上得到改变（见图 0 - 1）。

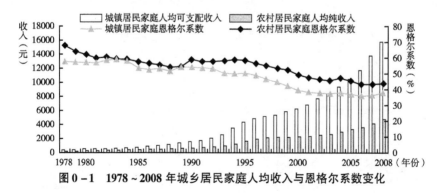

图 0 - 1　1978 ~ 2008 年城乡居民家庭人均收入与恩格尔系数变化

人民群众的消费水平显著提高，生活质量进一步改善。我国农村居民家庭恩格尔系数（食品支出占消费总支出的比重）从 1978 年的 67.7% 下降到

2008 年的 43.7%，城镇居民家庭恩格尔系数从 1978 年的 57.5% 下降到 2008 年的 37.3%。农村居民家庭人均文教娱乐用品及服务支出占消费性支出比重由 1980 年的 5.1% 上升到 2007 年的 9.5%，城镇居民家庭人均教育文化娱乐服务支出占消费性支出比重也由 8.4% 上升到 13.3%。

我国人民生活在总体上达到了小康水平，正在向更高的全面小康水平迈进。

2. 社会结构发生巨大变动

新中国成立 60 年来，随着工业化和城镇化的推进，特别是 1978 年以后改革开放提供了强大的发展动力，我国的社会结构发生巨大变迁，综合国力显著增强，已经由原来的农业和农民大国逐步转变为新兴的工业大国，城镇化水平大大提高。

新中国成立以来，伴随着经济的快速增长，产业结构发生重大变化。我国的三次产业结构变化可分为两个时期。第一个时期是新中国成立之初到 1978 年，我国一、二、三产业在 GDP 总量中所占比重，由 1952 年的 53∶18∶29 变为 1978 年的 31∶45∶24。这个阶段中，我国产业结构的变动特点表现为第二产业迅速扩张，成为国民经济的基础产业；农业在经济中的地位有所下降，但仍然发挥主导作用；服务业相对于其他产业增长速度过慢。第二个阶段是从改革开放到现在，一、二、三产业在 GDP 总量中所占比重，由 1978 年的 31∶45∶24 变为 2008 年的 11.3∶48.6∶40.1。在这段时间内，我国的服务业增长迅速，工业平稳发展，而农业在国民经济中所占比重急剧下降，反映出我国产业结构优化的趋势。经济结构的这种变化表明，我国经济已经进入工业化的中期（见图 0－2）。

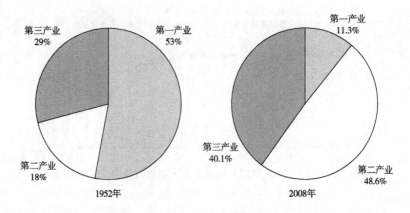

图 0－2　国内生产总值构成的变化

新中国成立初期的 1949 年，中国城镇人口只有 5700 万，城镇化水平为 10.6%，比 1900 年世界平均水平还低 3 个百分点，是一个典型的农民大国。1949～1978 年，城镇化水平逐步提高，1978 年达到 19.7%，但一直长期低于 20%。改革开放以来，我国城乡经济发展迅速，大大推动了城市化进程。从 1949 年到 1978 年的 29 年中，我国城镇化水平仅提高 7 个多百分点；而从 1978 年到 2008 年的 30 年中，我国的城镇化水平从 19.7% 升至 45.7%，比 1978 年提高了 26 个百分点，城镇化速度加快是相当明显的。目前，我国城市数量达到 655 个，比 1978 年增加 462 个，其中百万人口以上特大城市 118 个，超大城市 39 个。城市经济实力不断增强，目前地级及以上城市创造了全国 GDP 的 63%（见图 0-3）。

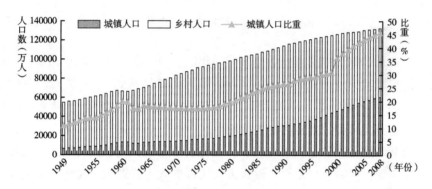

图 0-3 1949～2008 年的城镇化过程

3. 人口结构类型实现历史性转变

新中国成立 60 年来，我国人口结构类型发生了历史性转变，由高出生率、高死亡率、低增长率，过渡到高出生率、低死亡率、高增长率，再转变到目前的低出生率、低死亡率和低增长率。1952～2008 年，中国总人口从 5.7 亿人增加到 13.28 亿人，出生率从 37.00‰ 下降到 12.14‰，死亡率从 17.00‰ 下降到 7.06‰，自然增长率从 20.00‰ 下降到 5.08‰。促使这种人口转型的主要因素是经济发展、社会转型和计划生育政策。中国从 20 世纪 70 年代初期开始实行计划生育政策，从 80 年代初期开始在城市户籍人口中严格实施"一对夫妇一个孩子"的生育政策。随着出生率的快速下降，中国的人口结构发生了重大转变，总和生育率由 20 世纪 70 年代初期的 6 左右降到了目前的 1.8 左右，这一变化使得中国少生了 3 亿人，社会负担系数持续下降，对中国的经济社会发展作出了巨大贡献。随着人口数量得到控制，人口素质也得到了很大提高。中国的大学生比例、有专门技能人才的比例以及劳动力的整体素质都在不断提高，平均期望寿命达到中等发达国家水平（见图 0 - 4）。

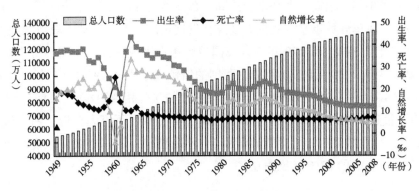

图 0 - 4　1949 ~ 2008 年人口类型变化

未来几十年，中国将先后迎来劳动年龄人口、总人口、老年人口三个高峰。据测算，2016 年 15 ~ 64 岁的劳动年龄人口将达到 10.1 亿人左右的峰值；21 世纪 30 年代，总人口达到 15 亿人左右的峰值；21 世纪 40 年代，65 岁以上老年人口将达到 3.2 亿人的峰值。中国目前的人口政策是，优先投资于人的全面发展，稳定低生育水平，提高人口素质，改善人口结构，引导人口合理布局，保障人口安全，促进人口大国向人力资源大国转变，促进人口与经济社会资源环境的协调和可持续发展。

4. 反贫困取得显著成就

新中国成立以后，中国就致力于减少贫困人口的工作，贫困人口呈下降趋势。改革开放以来，随着经济的增长和反贫困政策的实施，中国数亿人摆脱了贫困，为全球反贫困事业作出了重要贡献。1978 ~ 2007 年，中国农村尚未解决温饱的绝对贫困人口数量已从 2.5 亿人下降到 1487 万人，占农村总人口的比重由 30.7% 下降到 1.6%。世界银行 2007 年公布的数据表明，过去 20 多年里，全球脱贫事业成就的 67% 来自中国，如果没有中国的贡献，全球贫困人口将呈增加趋势。中国也成为目前全球唯一提前实现联合国千年发展目标中贫困人口减半目标的国家。

自 20 世纪 80 年代以来，中国开始实行以经济增长为目标的扶贫开发战略。1984 年中央和国务院发布《关于帮助贫困地区尽快改变面貌的通知》，在全国筛选出几百个贫困县，实行重点扶贫。从 1985 年到 1993 年，全国农村贫困人口由 1.25 亿人减少到 8000 万人，平均每年减少 640 万人，贫困发

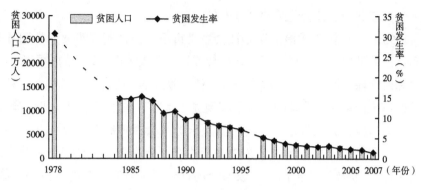

图 0 - 5 全国农村居民减贫状况

生率从 1985 年的 14.8% 下降到 1993 年的 8.22%。到 20 世纪 90 年代中期，国务院决定，从 1994 年到 2000 年，力争用 7 年时间，基本解决全国农村 8000 万贫困人口的温饱问题。为此，国务院制订了《国家八七扶贫攻坚计划》。经过 7 年的扶贫攻坚，全国农村没有解决温饱的贫困人口由原先的 8000 万减少到了 3000 万人，占农村人口比重下降到 3% 左右。

虽然扶贫成果显著，但中国扶贫事业仍面临诸多挑战和困难。进入 21 世纪后，中国的农村扶贫开发工作进入了一个新的阶段，中央政府制定了《中国农村扶贫开发纲要 (2001 ~ 2010 年)》，要求在"十一五"期间 (2006 ~ 2010 年)，基本完成 592 个扶贫重点县的 14.8 万个贫困村 (覆盖 80% 左右的贫困人口) 的整村推进扶贫规划，在继续致力于减少绝对贫困人口的同时，缩小城乡差距，缩小地区间差距，缩小低收入群体与全社会的差距，从而实现全社会的平衡增长。

5. 覆盖城乡的社会保障体系正在形成

新中国成立后，我国逐步建立比较齐全的社会保障制度，为工业化、城镇化发展提供了基础保障。但中国在计划经济条件下形成的社会保障制度，覆盖面较小，社会化程度低，保障功能较弱，而且抚恤救济标准长期不变。

改革开放以后，针对当时社会保障制度存在的一些突出不合理的问题，从 1984 年开始，我国进行了一些初步的改革探索：一是扩大社会保障的范围；二是提高保障的标准；三是增加保险项目；四是缓解企业之间负担轻重不同的矛盾；五是出台社会保障方面的法律、条例，使我国社会保障事业开始走上法制化、正规化和社会化发展的道路。社会保障制度由计划经济条件下的国家负责、单位包办、封闭运行的制度安排，转向社会主义市场经济条件下的责任共担、社会统筹的制度安排。

1993 年，中国正式提出建立社会主义市场经济体制，明确了中国社会保障体系的基本内容，提出了建立社会统筹与个人账户相结合的多层次养老保险和医疗保险制度，以及政事分开、统一管理的社会保障管理体制。社会保障改革全面铺开，改革的重点是实现养老保险、医疗保险和失业保险等，探索建立适应社会主义市场经济发展要求的社会保障制度。1994 年，中共十四届三中全会通过了《中共中央关于建立社会主义市场经济体制若干问题的决定》，这项决定提出了比较系统的社会保障体制改革的方案和框架，框架内容逐步转向社会统筹与个人账户相结合的制度，以便与经济体制的改革相适应。

2006 年中共十六届六中全会和 2007 年中共十七大，提出以基本养老、基本医疗、最低生活保障制度为重点，加快建立覆盖城乡居民的社会保障体系。到 2008 年底，全国参加城镇基本养老保险人数为 21890 万人，参加城镇基本医疗保险的人数为 31698 万人，参加失业保险的人数为 12400 万人，参加工伤保险的人数为 13810 万人，参加生育保险的人数为 9181 万人。全年 2334 万城市居民得到政府最低生活保障，4291 万农村居民得到政府最低生活保障，近 5000 万农民工参加了工伤保险，4000 多万农民工参加了城镇医疗保险。全国 2729 个县（市、区）开展了新型农村合作医疗工作，参加新型农村合作医疗的人口为 8.14 亿人，参合率为 91.5%，新型农村合作医疗基金累计支出总额为 429 亿元，累计受益 3.7 亿人次。2009 年全国将有 10% 的县（市、区）开展新型农村社会养老保险试点，年满 60 周岁、符合相关条件的参保农民可领取基本养老金。

建立"覆盖城乡居民"的社会保障体系，是一个重大的决策。取消农业税结束了农民 2600 多年来种粮纳税的制度，而建立覆盖城乡居民的社会保障体系，则将结束中国数千年来农民没有社会保障的状况。

三　社会建设：挑战和问题

我国已进入工业化、城市化发展的中期，这也是发展方式加速转变时期和社会矛盾多样多发时期。工业化、城镇化、市场化、国际化的加快推进，经济体制的深刻变革，社会结构的深刻变动，利益格局的深刻调整，思想观念的深刻变化，不仅给我国发展及社会变革带来强大动力和巨大活力，同时又必然带来这样或那样的矛盾和问题。

第一，城乡和区域发展很不平衡。尽管国家采取了取消实行了两千六百余年的农业税这种坚决措施，对农业、农村和农民进行了大量财政的转移支付，但农业劳动比较收益依然过低。如何使农民富裕起来，成为中国现代化面临的最大问题。另外，中国的沿海地区和内陆地区，东部、中部和西部地区，以及不同省份之间，发展差距也在扩大。

第二，收入差距扩大。在改革的过程中，随着人民生活水平的普遍提高，收入差距也不断扩大。无论是按照基尼系数还是收入阶层倍数的测算方法，中国目前收入差距都达到较大并值得警惕的状态。收入差距的扩大，已成为产生诸多社会问题的深层原因之一。

第三，就业压力较大和劳动关系问题增多。中国在解决了温饱问题之后，就业问题成为最大的民生问题。目前每年新生劳动力的供给规模还相当庞大，农业劳动力向非农产业转移的压力还非常巨大。与此同时，随着市场经济条件下劳动关系的变化，劳动关系的社会矛盾增多，建立规范有序、公正合理、互利共赢、和谐稳定的社会主义新型劳动关系，成为经济社会发展的重要议题。

第四，老龄化趋势明显和社会保障面临挑战。与一些国家人口先富裕后老化的规则不同，中国目前的平均富裕程度与发达国家同样老龄化程度的时候相比，要低几倍甚至十几倍。人口老龄化给中国的养老保险体制提出新的挑战。面对家庭的小型化趋势和独生子女的新一代，中国千百年来的家庭养老模式和社会伦理规范，也面临各种新的问题。中国一方面要努力建设广泛覆盖的社会安全网，另一方面又要防止快速增长的福利支出成为经济增长的沉重负担，处理好社会保障水平刚性增长与经济发展周期波动的矛盾，这成为中国在发展中要应对的重要挑战。

第五，环境、资源与快速发展的矛盾突出。中国人口规模庞大，人均自然资源水平较低，面临经济发展、生活水平提高、消费能力扩大与环境、资源条件的尖锐矛盾。中国这样庞大人口的现代化，不可能复制其他发达国家高消费的生活方式。随着环境保护意识的增强，人们对治理环境的巨大代价也有了新的认识，在环境、资源条件的硬约束下，中国必须建设资源节约型和环境友好型社会，促进人与自然的和谐发展。

中国要抓住和利用好发展的重要战略机遇，成功应对来自各方面的挑战，就必须解决好这些影响社会和谐的突出问题。

四　中国进入发展的新成长阶段

1978 年以后，中国进入改革开放新时期，至今已经 30 多年。这 30 多年的经验表明，清醒地判断我们所处的发展阶段，对于明确发展目标、确定发展任务、选择发展战略，都是至关重要的。

1. 社会转型和新成长阶段

改革开放以后，人们最常见的一个描述发展新时期的概念就是"转轨"。这是指经济体制的市场取向的改革，也就是在经济运行机制中扩大市场调节的力量。经济体制转轨的结果，是中国从高度集中的计划经济体制转变到社会主义市场经济体制。

邓小平为中国的现代化设计了分"三步走"的宏伟蓝图：第一步，1981～1990 年，国民生产总值翻一番，解决人民的温饱问题；第二步，1991～20 世纪末使国民生产总值再增长一倍，人民生活达到小康水平；第三步，到 21 世纪中叶人均国民生产总值达到中等发达国家水平，人民生活比较富裕，基本实现现代化。这是从经济发展水平和人民生活水平来划分发展阶段。

社会学界广泛使用的描述社会发展阶段的概念是"社会转型"。这主要是指社会结构的变化，也就是工业化、城市化的过程，即从农业的、乡村的、封闭半封闭的社会向工业的、城镇的、开放的社会过渡和转型。

根据这三个转变过程，我们现在达到了什么阶段呢？社会主义市场经济体制已经基本建立；人均国内生产总值已经超过 3000 美元，相当于中下收入国家的水平，正在向中等收入国家迈进；工业化和城市化已经进入中期阶段。所以，中国目前虽然仍处于社会主义初级阶段，人民群众日益增长的物质文化需求与相对落后的生产力水平的矛盾依然是经济社会发展的主要矛盾，但发展出现了一系列新的阶段性特征，中国进入了发展的新成长阶段。

2. 新成长阶段的基本特征

这个新成长阶段出现了一些新的特征，这些特征不仅不同于改革开放以前，与改革开放初期相比也有了很大的不同。

第一，工业化、城市化进程进入中期加速的新成长阶段。根据国际经验，国内生产总值中农业增加值下降到 5% 以下，就业结构中农业劳动者比重下降到 30% 以下，城市化水平超过 50%，标志着一个国家经济社会结构的重大转型。我国产值结构、就业结构和城乡结构都已进入结构转换阶段。

在我国国内生产总值中，农业增加值的比重 2010 年将下降到 10% 以下，到 2015 年将下降到 6% 左右；在就业结构中，农业劳动者的比重 2010 年将下降到 38% 以下，2015 年将下降到 33% 左右；在城乡结构中，2010 年以城镇常住人口代表的城市化水平将达到 48% 左右，2012 年或 2013 年将超过 50% 的结构转换临界点，2015 年将达到 53% 左右。这些指标表明，中国总体上已经进入工业化、城市化进程的中期加速阶段，经济结构和社会结构将发生深刻转换。

第二，社会结构变迁进入破除城乡二元结构的新成长阶段。城乡二元结构和城乡发展的巨大差距是中国非均衡发展的一个长期的和突出的问题。随着工业化和城市化进入结构转换阶段，城乡一体化发展成为新的发展要求。破除城乡二元结构，不仅仅是消除现代工业和传统农业之间的壁垒，还要逐步消除城乡之间在就业、教育、医疗、社会保障、户籍等社会体制方面的障碍。破除城乡二元结构将成为我国发展史上产生深远影响的重大举措。

第三，人民生活进入大众消费的新成长阶段。2008 年我国 GDP 总值 300670 亿人民币，总人口 13.28 亿人，人均 GDP 22640 元。按 2008 年 12 月 31 日人民币兑美元汇率 6.83 计算，为 3313 美元。2009 年如果 GDP 增长 8%，人均 GDP 将达到 3500 美元左右。这两年来中国人均 GDP 的增长，特别是以美元为计价的人均 GDP 的增长出现了快速的发展态势。从 1980 年到 2000 年，我们的人均 GDP 从 200 多美元增加到 800 多美元，用了 20 年的时间。到 2000 年制定 2020 年全面建成小康社会目标的时候，当时的预测是用 20 年的时间实现人均 GDP 翻两番，也就是说从 800 多美元达到 3000 多美元。但 2003 年我国人均 GDP 超过 1000 美元，2006 年超过 2000 美元，2008 年超过 3000 美元，2010 年将接近人均 GDP 4000 美元。这比我们原来说的到 2020 年才达到人均 GDP 3000 多美元，时间大大提前了。人均 GDP 增长速度的加快，一是因为经济的高速增长，二是因为每年新增人口的减少，三是因为人民币的升值。按照国际惯例，当人均收入超过 3000 美元时，居民消费升级将成为常态。我国 2009 年城乡居民的恩格尔系数分别降低到 37% 和 43% 左右。按照联合国粮农组织的标准，可以说我国总体上已经达到从小康到宽裕的居民消费阶段。住房和汽车等大额家庭消费开始进入普及阶段，教育、医疗、通信、旅游、文化等消费支出的比例迅速增加，这些特征都表明，我国总体上已经开始进入大众消费的新成长阶段。

第四，国民教育进入大众教育的新成长阶段。我国已经实现了普及 9 年义务教育，职业教育和专业学位教育迅速发展。2009 年我国高等教育的毛入学率达到 24% 左右，中国高等教育迈入大众化阶段，国民素质显著提高，我国正从人口大国和人力资源大国向人力资源强国转变，大众教育的新成长阶段已经到来。

第五，社会保障进入构建覆盖全民体系的新成长阶段。近几年来，我国社会保障扩大覆盖面的工作进展快速，覆盖城乡的最低生活保障体系基本建立，以城镇职工医疗保险、城镇居民医疗保险和新型农村合作医疗为主干的覆盖全民的医疗保障体系初步形成，覆盖城乡的养老保障体系快速推进。到 2020 年，以基本养老保险、基本医疗保险和最低生活保障三项制度为支柱的覆盖城乡的社会保障体系将基本形成，我国已进入社会保障体系的新成长阶段。

第六，改革从主要是经济改革过渡到全面改革的新成长阶段。改革开放 30 年，虽然伴随着经济体制的改革，其他领域也都进行了改革，但主要的改革路径还是经济体制的改革。当前，社会主义市场经济体制已经基本建立，但经济社会结构的巨大变迁要求各方面的体制继续进行适应这种巨大变迁的改革，改革从经济领域扩展到全面改革。当前比较突出的问题就是要进行涉及就业、收入分配、社会保障、城乡社会建设、社会管理、事业单位运行、社区、社会组织的社会改革。

五　新成长阶段的主要任务

拉动经济增长的主要因素，人们常常说有"三驾马车"，即投资、出口和消费。就出口来说，在国际金融危机的影响下，我国出口已经连续十几个月同比负增长超过 20%，最近刚刚止跌回升。大家预期，在国际贸易保护主义普遍抬头的情况下，我国在危机后也不太可能再恢复到外贸依存度 60% 的状况，况且我们这样一个人口大国，与东亚和东南亚出口导向型的小经济体有很大不同，经济增长过分依赖进出口贸易是有很大风险的，也是难以持续和很不稳定的。在一些学者看来，扩大国内消费固然是好事，但扩大消费要有一个过程，我们在短期内很难靠消费来刺激经济的增长，所以还是把眼光主要放在投资上。而且一般认为，高储蓄率、高投资率是中国的国情，也是在一个相当长的时期中国经济增长的主要法宝。

我们先来看看"短期内很难靠消费来刺激经济增长"这个假定。这个假定初看是有道理的，但仔细琢磨还是有问题的。首先，这个假定是建立在过去发展的经验基础上，在过去出现经济增长率下滑的情况下，我们总是用财政和投资扩张的办法来刺激经济，依靠扩大消费来实现刺激经济，还从来没有过。不是我们没有这样的愿望，而是从未实现过这样的结果。而靠高投资来刺激经济，危机后的结果总是重复建设、产能过剩、库存增加、投资效益下降甚至引发通货膨胀，这次国际金融危机过去之后，这些老问题很难说不会卷土重来。

我们要看到一种新的可能性，一种新的未来。即中国的经济社会发展进入一个新成长阶段，这个阶段的特征与过去相比发生了很大变化，我们过去习惯了的老做法，在未来30年的增长过程中也需要做出一些改变。

为什么大家对消费没有信心呢？消费在短期内受到收入的约束，但这种情况现在到了改变的时候，而且有可能改变。现在网上的民众总是议论经济"被增长"、收入"被提高"，意思是统计的数据与他们的感觉有较大的差距。民众的这种感觉并不是完全没有道理的。与此相关的一个事实是，在整个国民收入当中，居民收入所占的比重不断下降，比如1992~2007年，居民可支配收入占GDP的比重从69%下降到53%；与此同时，企业可支配收入占国民收入的比重，从12%上升到23%，政府可支配收入占国民收入的比重从19%上升到24%。为什么现在消费不振呢？从统计上看并不是国家没有钱，1994~2008年，我国税收总量从5000多亿元增加到5.4万亿元，年均增长18%，远远高于GDP的增长；老百姓似乎也不是没有钱，1994年到2009年3月，城乡居民储蓄余额从两万多亿元增加到24.1万亿元，也是年均增长18%。这么多的钱到哪里去了？为什么不消费？1985~2008年，我国居民的消费率，也就是居民消费占GDP的比重，竟然从52%下降到35.4%，这在国际上都是一个非常低的水平，更不用说远远低于美国的70%和日本的65%。美国3亿人一年消费十万多亿美元，我们13亿人一年消费一万多亿美元，消费市场的差别是很大的。

消费不振的根源在收入分配结构上。在消费方面我们面临的最大挑战，实际上是收入分配结构的问题。这30多年来，经济快速增长是我们的最大成就，而出现的最具有挑战性的问题就是收入分配问题。衡量收入差距的基尼系数增长曲线，几乎和GDP的增长曲线差不多，一路高扬。在现代化历史上，还没有一个国家在30多年中把基尼系数从0.2多增加到0.5左右，没有一个国家以这么快的速度扩大收入分配的差距。根据已有的研究结果，我国整体收入差距的近 60% 是可以用城乡之间收入差距来解释的，这是收入差距中最大的问题。近些年来，国家取消了农业税，加大了对农村的投入和财政转移支付的力度。到 2008 年出现了城乡居民收入增长速度几乎持平的情况，这是十几年来没有过的。但 2009 年受国际金融危机的影响，农民外出务工经商的收入受到很大影响，从而影响到农民整体收入的增长，城乡居民收入之比和增长速度之比都再次扩大。大量减少农民、转移农村劳动力，是我国改变农民收入状况和提高国家整体消费能力的重要渠道，而农民消费能力的改善，是提高整体消费能力的决定性因素。

消费的结构与社会分层结构也密切相关。大众消费阶段到来很大程度上要依赖中等收入群体的扩大，也就是说，社会分层结构要从金字塔形转变成橄榄形。从理论上讲，大众消费时代的到来要依靠中产阶级增长。当然"中产阶级"是一个很模糊的概念，经济学家多从收入和财产来定义中产阶级，社会学家比较注重职业这个指标。也就是说只有当一个国家第三产业占整个产业结构的绝大多数比例，白领职业阶层在整个劳动从业人员里占了多数，一个国家的中产阶级才有可能有较大的比例。根据我们的研究，以收入、职业和教育三项指标来定义中产阶级，那么到 2006 年，我国中产阶级在全国职业人口中占 12%，在城市职业人口中占 25% 左右。当然，由于我国人口最多，中产阶级每增加一个百分点都是一个巨大的消费群体，一个庞大的消费市场。

家庭消费率，也就是家庭消费占家庭收入的比例，是随着家庭收入的提高而递减的，这个规律在我国非常明显。根据我们在 2008 年进行的全国社会状况抽样调查，家庭消费率随收入增加而递减的趋势非常明显。收入水平越低的家庭，其消费率越高，收入水平越高的家庭，其消费率越低，而且消费率的差异很大。这就意味着，全社会增长的收入，如何分配与消费联系很密切。为了扩大消费，在国民收入中，要提高居民收入所占的比重，而在居民收入中，要更多地提高低收入群体的收入所占的比重。要防止出现有钱的人消费饱和，需要消费的人没有钱的情况。

根据对调查数据的分析，现在对一般家庭来说，影响日常消费的主要有三个因素，这就是教育、医疗和住房支出。特别是教育和医疗，都呈现中低收入家庭教育和医疗支出占家庭消费总支出的比例远高于高收入家庭的情况。只有住房的情况例外。收入水平越高的家庭，其住房消费占家庭总消费的比重也越高。这说明，对于很多高收入家庭来说，住房的投入已经从生活消费转变成财产性收入的投资，但这种脱离消费且建立在快速升值预期上的住房投资，很容易形成资产泡沫。而中低收入家庭过高的教育和医疗消费比例及消费预期，限制了这些家庭的日常消费和即期消费，在各种居民储蓄目的的调查中，子女教育和医疗支出也往往排在储蓄目的的前两位。老百姓的储蓄倾向是有其合理计算的，存钱是为了规避家庭未来消费的风险。这不仅仅是一个文化问题，如认为美国是信贷消费文化，借下辈人的钱这辈人花，而我们是储蓄积累文化，这辈人存钱供下辈人花。

要改变民众的消费行为，需要建立和完善一系列的相关制度，也涉及一系列的社会政策和社会改革。首先，要建立劳动工资的正常增长机制，要按照企业利润的增长情况建立劳动工资的年度增长机制，同时按照经济增长情况和企业劳动工资增长情况，确定财政工资增长机制，否则扩大国民收入中居民收入比重和扩大企业收入中劳动者收入比重就都是空话，以收入增长为基础的扩大消费也是空话。其次，要调节收入分配的结构，要运用财政、税收、社会保障、社会福利等杠杆来调节收入分配，让增加的收入更多地流向需要消费的低收入群体，不断扩大支撑大众消费的中等收入群体。最后，要更有效、更普惠地提供公共产品和公共服务，建立和完善覆盖城乡的社会保障体系，实现城乡基本公共服务均等化，稳定民众对未来教育、医疗、住房、养老的消费预期。

扩大居民消费的问题不仅仅是经济的问题，更是一个社会问题和政治问题，它与很多社会体制的问题密切联系。从政治方面看，我们作为社会主义国家，要走共同富裕的道路，这是社会主义的本质决定的；从社会方面来看，收入差距过大已经成为引起一些社会问题的深层原因，造成群众的普遍不满；从经济方面看，收入差距过大对中低收入阶层的消费形成抑制，对消费的普遍增长产生了不利影响，使经济增长过分依赖投资和出口。邓小平同志在1993年就告诫："分配的问题大得很，我们讲要防止两极分化，实际上两极分化自然出现。要利用各种手段、各种方式、各种方案解决这些问题。"否则"这样发展下去总有一天会出问题。"[①] 如果说，"十二五规划"期间有什么问题需要重点和突出地加以解决，收入分配的问题恐怕是绕不过去的。

在我国发展的新成长阶段，要重点解决好与此相关联的以下几个问题。

---

① 　中共中央文献研究室：《邓小平年谱》（下），中央文献出版社，2004，第1364页。

第一，转变发展方式。转变发展方式不是一句空话，而是切实而急迫的发展进入新成长阶段的要求。所谓转变发展方式，一是要从经济增长过度依赖投资和出口转变到更多地依赖国内消费。这次国际金融危机告诉我们，过度依赖投资和出口的增长方式是不可持续的，未来30年的经济增长必须以国内消费为基础支撑。二是要从经济增长低成本的量的扩张转变到增加技术含量的质的提高，从"中国制造"转变到"中国品牌"，促进产业的升级换代。三是从以资源和环境为代价的发展转变到节约资源、保护环境的发展，从主要依靠工业推动转变到更多地依靠现代服务业的推动，大力发展低碳经济。

第二，不断提高人民生活水平。改革开放30多年来，人民生活水平不断提高，但是近十几年来，国民收入中居民收入所占的比重不断降低，初次分配中劳动收入所占的比重不断降低，居民家庭的消费率不断降低，居民家庭的恩格尔系数下降缓慢并出现徘徊，这些都影响到国内消费的增长。不断提高居民的收入和消费水平，不仅对扩大消费、转变发展方式至关重要，而且对人民保持积极的社会心态和稳定的发展预期至关重要。

第三，理顺收入分配秩序。要把调整收入分配作为扩大内需、提高人民生活水平、促进共同富裕、维护社会和谐稳定的一项战略措施。调整收入分配结构，既要理顺初次分配中劳动报酬和资本收益的比例关系，理顺国家、企业和居民三者收入在国民收入中的比例关系，更要发挥财政、税收、社会保障、社会福利等杠杆在再分配中的调整作用，大力推进慈善事业等三次分配的发展。

第四，持续保持社会和谐稳定。社会的和谐稳定是发展的基础，社会乱了什么都干不了。由于中国的体制改革和结构转变快速推进，不同的发展阶段同时并存，各种不同形式的矛盾交织在一起，特别是收入差距不断扩大，成为引发一些社会问题的深层原因。因此，要在改革和发展中重视解决这些问题，统筹各方面的发展要求，协调各阶级阶层的利益关系，壮大中等收入群体，缩小低收入群体，救助困难群体。要拿出一定的财力，本着负责任的态度，集中解决一批因企业改制、集资、房屋拆迁、土地征用、移民、环境污染等原因产生的历史欠债问题，要深入推进社会矛盾化解，保持社会的和谐稳定。

第五，重点实施全面的社会改革。中国的经济改革，为发展提供了强大的社会动力。社会改革的目的，也是要为发展继续提供强大动力。要通过调整收入分配结构，扭转收入差距扩大的趋势，培育大众消费能力，更多地依靠内需支撑经济增长；要通过改革和完善户籍等社会管理制度，建立适应市场经济和现代社会流动的管理体制，保证社会的和谐稳定；要通过医疗机构、教育系统和文化组织的改革，建立起有效运行、服务公益的非营利体系；要通过发展和完善社会保障制度，努力使社会安全网覆盖全民，稳定居民的消费预期，为家庭规避市场经济和社会变迁的风险构建安全保障体系。

六　调查方法与数据说明

本书的研究和分析依据的主要数据资料，来自中国社会科学院社会学研究所开展的 2008 年度"中国社会状况综合调查"（CGSS 2008，CASS）。这是一项全国范围内的大型连续抽样调查项目，目的是通过长期纵贯调查，来获取转型时期中国社会变迁的数据资料，从而为社会科学研究和政府决策提供翔实而科学的基础信息。

2008 年度调查的主题是"民生问题"，于 2008 年 5～9 月在全国 28 个省（自治区、直辖市）的 135 个县（县级市/区/旗）进行，设计样本量为 7001 份，共回收成功访问问卷 7139 份。现将调查设计及实施步骤说明如下。

1. 抽样设计及抽样过程

2008 年度"中国社会状况综合调查"的抽样设计与 2006 年第一期调查的抽样基本保持一致。我们将全国年满 18～69 周岁的住户人口作为本调查的最终推断的总体。全国调查采用多阶段复合抽样（Multi-stage Composed Sampling）的方法，即分县（县级市/区/旗）、乡（镇/街道）、村（居）委会、居民户、居民五个阶段抽样，每个阶段采取不同的抽样方法（见表 0 - 1），其抽样框基本沿用了第一期调查。

表 0 - 1　全国分阶段抽样样本单位分布及抽样方法设计

抽样阶段	抽样单位 PSU	数量	抽样方法
阶段一	县（县级市/区/旗）	130	分层比例抽样 + PPS 抽样
阶段二	乡（镇/街道）	260	PPS 抽样
阶段三	村（居）委会	520	PPS 抽样
阶段四	居民户	7001	等距抽样
阶段五	居民	7001	简单随机抽样

　　第一阶段抽样单位县（县级市/区/旗）的抽取，是以 2000 年全国第五次人口普查的《2000 年人口普查分县资料》为数据基础，将全国 2797 个县（县级市/区/旗）作为抽样框进行分层比例抽样。其具体做法是，首先采用城镇人口比例、居民年龄、教育程度和产业比例 4 大类指标 7 个变量对 2797 个县（县级市/区/旗）作聚类分层，共划分了 37 个层（见表 0 - 2）。而后再按照 PPS（Probability Proportional to Size，与单位大小成比例的概率抽样）的抽样方式，在每一个分层中，抽取相应数目的县（县级市/区/旗）。共抽取了 130 个县（县级市/区/旗），覆盖全国 28 个省（自治区/直辖市）（见图 0 - 6）。

　　第二阶段抽样单位乡（镇/街道）的抽取，是根据从上一级抽中的县（县级市/区/旗）的相关部门获得的乡（镇/街道）户数、人数统计名册作为抽样框，以 PPS 的方法在每一个二级抽样单位内抽取 2 个乡（镇/街道），全国共抽取 260 个。

　　第三阶段抽样单位村（居）委会的抽取，是根据从上一级抽中的乡（镇/街道）相关部门获得的村（居）委会户数、人数统计名册作为抽样框，以 PPS 的方法在每一个三级抽样单位内抽取 2 个村（居）委会，全国共抽取 520 个。在 2008 年的第二期调查中，由于行政区划的变动，这 520 个村（居）委会最终所属 135 个县（县级市/区/旗）和 257 个乡（镇/街道）。

　　第四阶段居民户的抽取采用的是等距抽样，但具体步骤较 2006 年的第一期调查有所变化。其一，采用住户名册抽样和区域地址抽样相结合的方式。考虑到流动人口难以在调查点的村（居）委会住户名单中涵盖的问题，我们对所有抽中的村（居）委会进行了地域绘图和地域抽样，将村（居）委会辖区内的所有建筑物一一绘制并列举出住户地址，形成第二套区域地址抽样框数据库。当原有的住户名册不能反映村（居）委会人口实际居住状况时，则启动地址抽样。其二，对一址多户情况下的户抽样进行了规定。即给予一个地址中的每一个住户一个编号，用随机数表抽选其中一户访问。对于无家庭关系的多人共居（如企业员工合租的宿舍）的集体户，以每一个居住房间为单独一户的方式记录，用随机数表抽取一个居住房间。

　　为了防备下一阶段入户访问的不成功，除规定样本量外，我们还另外抽取 2 倍于设计样本量的备访户以供替换。

表0-2 全国各层抽样单位及样本量分布

	东部						中部						西部				
分层数	区市县数	15岁以上人口比例	抽取区市县数	各村(居)委会样本数	各层样本数	分层数	区市县数	15岁以上人口比例	抽取区市县数	各村(居)委会样本数	各层样本数	分层数	区市县数	15岁以上人口比例	抽取区市县数	各村(居)委会样本数	各层样本数
1	98	13.07	6	26	613	1	110	5.51	3	35	284	1	76	10.06	4	15	242
2	72	11.42	6	14	343	2	34	2.48	2	22	173	2	72	7.00	2	18	140
3	63	10.78	4	11	179	3	71	4.15	2	31	252	3	125	12.42	4	11	178
4	63	7.61	4	10	155	4	71	5.61	2	16	130	4	94	14.13	4	12	193
5	26	2.88	2	8	65	5	68	10.24	6	10	233	5	98	10.66	4	13	216
6	77	12.68	6	7	161	6	84	8.00	5	10	160	6	59	6.76	2	14	111
7	69	7.80	5	11	175	7	78	7.13	4	11	182	7	76	8.85	2	15	124
8	38	5.57	3	35	278	8	109	6.09	4	14	230	8	115	13.04	4	12	193
9	67	8.93	4	10	157	9	65	5.87	2	18	143	9	99	5.71	2	12	95
10	45	5.78	2	20	157	10	73	6.16	4	10	156	10	79	11.37	4	10	153
11	82	13.48	6	10	234	11	98	6.97	4	12	193						
						12	85	8.42	4	10	158						
						13	85	7.22	5	11	182						
						14	64	6.73	4	10	156						
						15	62	5.29	2	16	130						
						16	47	4.13	2	10	79						
合计	700	100.0	48	—	2517	合计	1204	100.0	55	—	2841	合计	893	100.0	32	—	1645

图 0 - 6　2006～2008 年中国社会状况综合调查全国 130 个县
（县级市/区/旗）抽样框分布点

　　最后一个阶段的入户选取被访人的工作由访问员在访问现场进行。对于家庭户访问员入户后首先将家中所有人员的状况填写在"家庭人口情况表"中，而后将符合访问条件的人口（调查中的界定是年龄在 18～69 周岁，在此家中居住 1 周或将要居住 1 周以上的人口）按性别和年龄排序填入"选样表"中。我们采用的入户"选样表"是国际调查界通用的"《Kish 选样表》"，它共有 8 种类型，对应着当家中有多位符合调查条件的被访成员时，分别应该采用的选取被访人的随机方法（见表 0 - 3）。对于集体户，将该户中所有人的情况填在《集体户人口登记表》中，使用随机数表选取能够接受访问的被访者。

2. 督导员/访问员/巡视员培训

　　为了保证现场调查的质量，我们特意委托了专业的调查机构来进行调查

表 0 – 3 调查使用的家庭现住人口登记表及《Kish 选样表》

家庭现住人口登记表

X1	X2	X3	X4	
人数	与答话人的关系	性别	年龄	访问
1	答话人			
2				
3				
4				
5				
6				
7				
8				

《Kish 选样表》

Y1	Y2	Y3							
序号	性别	年龄							
1		1	1	1	1	1	1	1	1
2		1	1	1	1	2	2	2	2
3		1	1	1	2	2	3	3	3
4		1	1	2	2	3	4	3	5
5		1	2	2	3	4	3	5	5
6		1	2	2	3	4	5	5	6
7		1	2	2	3	4	5	5	6
8		1	2	2	3	4	5	5	6

的实施及访问员队伍的管理。共计有 366 名访问员、82 名督导员、13 名巡视员参与了调查的访问、管理和监督工作。为了能够在规范流程的控制下采集调查资料，我们参照美国密歇根大学社会调查中心的调查员培训手册，制定了 8 个单元 4~5 天的培训课程，包括项目背景及操作方案讲解、《访问员手册》学习、现场入户登记表记录、实地地址抽样和入户抽样、问卷试填及讲解、编码、模拟访问练习、试点调查等方面的内容。对所有参加调查工作的访问员和现场督导员都进行了集中培训，目的是使他们能够规范地履行调查实施方案赋予其的角色。所有培训资料都刻录成光盘，以保证在各调查点按同样的标准培训。培训对象包括访问员、督导员、巡视员。

对于访问员而言，培训的要求是让他们学会如何完成入户选样、现场访问、核查问卷、事后编码 4 项工作。为此我们为访问员提供了 5 万余字的

《访问员手册》，细致地讲解了入户选样工具的使用；问卷中可能有产生理解偏差的用语、解释口径；特殊题目的询问和填答方式；编码的标准等。

督导员的工作主要是负责调查中的技术指导和质量控制，其主要职责是完成住户抽样、分配问卷、更换被访家庭及被访人、查核问卷、组织编码等工作。除通过访问员所接受的培训外，督导员还接受了实地地址抽样、住户抽样、样本户和被访人更换、问卷查验等方面的专门培训。

巡视员的职责是全面观察和监督督导员、访问员是否按照调查方案的流程规范来实施调查。按照要求，巡视员必须每天以《工作日志》的形式，记录调查的全过程，并逐日向课题组汇报调查进展状况。为保证监督职能的独立性，巡视员均由和调查机构无关联的社科院课题组成员、硕士生、博士生来担任。

调查培训采用两级培训的方式，先由课题组成员在北京对地方督导员、巡视员进行项目总培训，而后再由督导员至各地对访问员进行培训。所有经过培训并且考核通过的访问员、督导员，须佩戴中国社会科学院的社会调查员胸卡方能上岗工作。

3. 调查实施

为了保证实地调查各流程的质量，调查采用了"现场小组"的工作方法，即每个村（居）委会调查点由 1~2 名督导员和 5~10 名访问员共同完成。每组 2~7 天完成一个村（居）委会的调查；访问员平均 1~1.5 小时访问 1 份。完成一个调查点的工作后，"现场小组"再移向下一个调查点。这种操作方式的目的，便是要把问卷调查可能发生的问题，在第一时间、第一地点解决。另外，督导员和访问员共同工作，在最大程度上消除了违反规程的访问。实施访问的具体流程如下。

第一步，督导员根据该村（居）委会的抽样名单给访问员分配问卷。为控制访问质量，正式调查问卷是在调查现场才发放给访问员的，并且逐份发放、调查、回收、再发放。这样就可以使可能出现的访问误差不至于扩大。

第二步，访问员持抽样名单、选样表和问卷进入被调查户选择被访人；如果选样顺利，则继续进行访问；如果选样失败，则需要告知督导员，由后者向课题组值班中心报告，并领取备访户名单进行更换，再度入户选样；如果名单跟当地实际情况出入很大，在村（居）委会以及联络人的协助下也不能找到对应人的，督导员向课题组说明情况，课题组予以认可后，方可进行实地地址抽样。进行实地抽样绘图及抽样地址详细列举完毕后，督导员应把完整的抽样信息反馈给课题组，由课题组把抽好的地址反馈给督导员进行调查。

第三步，访问员确认被访对象合适的访问时间、进行访问环境控制之后，开始一对一的问卷调查（Face to Face Interview）。问卷采用念读访问方式，即问卷始终掌握在访问员手中，访问员逐题发问并记录答案，被访人逐题回答。被访人不能自填问卷，除个别题目外，也不能看到问卷内容。

第四步，访问完成后，访问员在现场全面检查问卷的回答有无漏答、误答、意义含混、逻辑相悖等情况，确认无疑后，向被访人致谢，并签名上交问卷。

第五步，督导员在现场回收访问员交来的问卷，并立即审阅。如果没有问题，就发放下一份住户地址和问卷；发现问题，则令访问员立即返回访问家庭再度补充。所有调查问卷经过访问员和督导员的双重审阅后，再进入编码流程。

为加强现场的控制，保证访问质量，调查中还采取了下列措施：①限定访问时间。为保证被访家庭中成员均能入选，城镇居民调查时间安排在周末或下班以后（晚 6:00 ~ 9:30），乡村区域居民大多没有上下班的时间限制，则不对入户时间做具体要求。②督导员对访问员进行陪访。为保证访问员正确地执行访问规程，督导员对每一位访问员的访问总量的 10% 进行陪同访问，以便发现问题及时纠正。③采用回执信来复核访问员的访问情况。在调查结束时，访问员必须将一封贴好邮票的回执信交给被访人，回执信中询问了访问的一些主要环节，由被访人填写好后寄回课题组。④课题组进行技术支持。在调查执行期间课题组设立了总值班室，通过电话为全国各地的调查进行技术指导和管理协调。其中主要的工作是对各地样本更换情况进行审核。按照调查规程，样本更换必须由总值班室提供备选户名单，而不能由访问员或督导员自己更换。

4. 调查实施时间与进度

本次调查设计样本量为 7001 人，但在实地地址抽样过程中发现少量村（居）委会有数量众多的流动人口未能涵盖在原有的抽样框中，因此进行了一定数量的样本追加。这样本次调查最终完成样本量为 7139 份。其中城市样本量 3629 份，农村样本量 3510 份。涵盖了全国 28 个省、自治区、直辖市，其中主样本量 7001 份，追加样本量 138 份（四川 3 份，广东 80 份，福建 55 份）。

调查分三个批次执行，第一批在 5 月 26 日至 7 月 20 日执行，执行地区是湖南、河南、北京、广东、陕西、上海、天津、江苏、浙江、湖北、黑龙江、吉林、河北，共 13 个省（直辖市），问卷数 4449 份；第二批是在 6 月 15 日至 7 月 30 日执行，执行地区是福建、辽宁、山东、贵州、内蒙古、江西、安徽、山西、云南、广西、新疆、青海、宁夏，共 13 个省（自治区），问卷数 1834 份；由于 2008 年 5 月汶川地震的影响，西南地区的调查进度进行了适当的后延，8 月 10 日至 9 月 5 日完成了四川、重庆两地的调查，问卷数 718 份。

5. 资料复核

调查中采用多次复核的方式来保证问卷信息的准确性。①访问员现场检查问卷是否合格；②督导员在现场进行 2 次 100% 的问卷审阅；③地方执行机构抽查 30% 的完成问卷进行电话复核和实地复核；④调查代理机构对所有问卷在北京都做了 100% 的三审工作；⑤课题组在北京独立进行 10% 的问卷复核。复核内容包括：被访者是否被抽中的地址户；事实性数据，如年龄、职业等事实性问题回答是否一致；问题之间的深层逻辑关系是否合理；有无漏问或跳答错误；各种代码是否正确；检查数据差异是否录入的错误；是否访问中提出了某些方面的问题；访问完成所需的大致时间；是否赠送礼品，派发回执信。

复核统计结果表明，调查结束后共对 2565 份问卷进行了回访，占全部回收问卷 7139 份的 35.9%。经复核合格的问卷占 87.4%，其余 12.6% 的不合格问卷问题主要出现在选样错误（"被访者有误"，占 3.37%）和家庭人数存疑（占 3.26%）。经过再度回访补做，这些问题都一一得到了纠正。

随 7139 份有效问卷发放的 7139 封回执信，最终收到 5230 封，回收率为 73.26%。

6. 数据处理与加权

7139 份合格调查问卷采用双录入的方式，形成调查数据库。而后先后两次采用频数分析和变量关联的逻辑校验方式对所有完成的数据进行校验、清理，与国家统计局 2005 年 1% 人口抽样调查的结果和调查数据进行比照，并进行了加权处理。

第一，城乡居民人口加权。调查在抽样设计时最初的样本分配中，因考虑到城镇社会构成较为复杂，而农村社会构成同质性较高，以及调查便利的原因，我们加大了城镇样本比例（城镇样本占 54.1%，农村样本占 45.9%），换言之，城乡人口是不等概率的抽样设计，因此要根据 2005 年 1% 人口抽样调查结果对我们的调查数据进行事后加权（见表 0 - 4）。

表 0 - 4　2008 年度调查与 2005 年 1% 人口抽样调查的城乡人口分布比较及加权结果

2008 年年龄	2005 年 1% 人口抽样调查		2008 年调查					
	城镇人口比重	乡村人口比重	城镇人口数	乡村人口数	城镇人口权重	乡村人口权重	加权后城镇人口	加权后农村人口
	a	b	c	d	a/[c/(c+d)]	d/[d/(c+d)]	—	—
18	0.36789	0.63211	22	29	0.85282	1.11165	19	32
19	0.40126	0.59874	51	50	0.79465	1.20946	41	60
20	0.44726	0.55274	41	43	0.91633	1.07977	38	46
21	0.47621	0.52379	43	32	0.83060	1.22763	36	39
22	0.49301	0.50699	51	31	0.79269	1.34106	40	42
23	0.49558	0.50442	41	26	0.80985	1.29986	33	34
24	0.50676	0.49324	42	32	0.89286	1.14062	38	36
25	0.51480	0.48520	50	34	0.86486	1.19874	43	41
26	0.52349	0.47651	59	32	0.80742	1.35507	48	43
27	0.51730	0.48270	56	34	0.83137	1.27775	47	43
28	0.51328	0.48672	43	39	0.97882	1.02335	42	40
29	0.53049	0.46951	58	37	0.86891	1.20549	50	45
30	0.53202	0.46798	69	33	0.78646	1.44649	54	48
31	0.53093	0.46907	63	38	0.85117	1.24675	54	47
32	0.52861	0.47139	54	51	1.02785	0.97051	56	49
33	0.52333	0.47667	73	40	0.81008	1.34660	59	54
34	0.51170	0.48830	77	46	0.81739	1.30567	63	60
35	0.51526	0.48474	86	58	0.86277	1.20348	74	70
36	0.50967	0.49033	95	98	1.03544	0.96565	98	95
37	0.50457	0.49543	110	90	0.91740	1.10096	101	99
38	0.49354	0.50646	120	109	0.94183	1.06404	113	116
39	0.48742	0.51258	82	109	1.13534	0.89819	93	98
40	0.47769	0.52231	151	132	0.89528	1.11980	135	148
41	0.45408	0.54592	85	89	0.92952	1.06731	79	95
42	0.45829	0.54171	73	130	1.27441	0.84591	93	110
43	0.46994	0.53006	102	130	1.06887	0.94596	109	123
44	0.48211	0.51789	88	118	1.12859	0.90410	99	107
45	0.49291	0.50709	166	126	0.86705	1.17515	144	148

续表

2008年年龄	2005年1%人口抽样调查		2008年调查					
	城镇人口比重	乡村人口比重	城镇人口数	乡村人口数	城镇人口权重	乡村人口权重	加权后城镇人口	加权后农村人口
	a	b	c	d	$a/[c/(c+d)]$	$d/[d/(c+d)]$	—	—
46	0.47231	0.52769	116	112	0.92833	1.07423	108	120
47	0.48383	0.51617	72	55	0.85342	1.19188	61	66
48	0.49226	0.50774	67	63	0.95512	1.04773	64	66
49	0.48818	0.51182	61	55	0.92833	1.07948	57	59
50	0.47236	0.52764	95	83	0.88505	1.13157	84	94
51	0.45724	0.54276	98	89	0.87250	1.14040	86	101
52	0.45026	0.54974	93	82	0.84726	1.17323	79	96
53	0.44013	0.55987	102	76	0.76806	1.31128	78	100
54	0.44473	0.55527	99	77	0.79063	1.26919	78	98
55	0.42955	0.57045	91	70	0.75997	1.31204	69	92
56	0.42469	0.57531	97	90	0.81874	1.19536	79	108
57	0.42563	0.57437	75	73	0.83991	1.16448	63	85
58	0.42380	0.57620	76	57	0.74165	1.34447	56	77
59	0.42294	0.57706	84	64	0.74518	1.33445	63	85
60	0.41683	0.58317	75	61	0.75586	1.30017	57	79
61	0.41787	0.58213	48	43	0.79221	1.23195	38	53
62	0.41793	0.58207	64	38	0.66607	1.56241	43	59
63	0.40701	0.59299	48	45	0.78858	1.22552	38	55
64	0.40805	0.59195	51	36	0.69609	1.43054	36	51
65	0.40913	0.59087	42	41	0.80852	1.19615	34	49
66	0.42231	0.57769	52	34	0.69844	1.46121	36	50
67	0.42227	0.57773	75	38	0.63622	1.71798	48	65
68	0.42196	0.57804	68	42	0.68259	1.51391	46	64
69	0.43235	0.56765	62	37	0.69037	1.51884	43	56
—	—	—	3862	3277	—	—	3341	3798
总体比重	0.470	0.530	0.541	0.459	—	—	0.468	0.532

　　第二，分年龄段、分性别人口的加权。根据上述城乡居民人口比例加权后的调查数据，进一步和 2005 年 1% 人口抽样调查数据的基本变量进行比较。由于 2008 年调查是在 2005 年 1% 人口抽样调查之后的三年，年龄段的比较需向前移动 3 岁，即 2008 年 18 岁人口之比例，与 2005 年 1% 人口抽样调查的 15 岁组相比。分年龄段、分性别人口分布的比较显示，和 2005 年 1% 人口抽样调查相比，2008 年中国社会状况综合调查的数据在 18~34 岁

组的人口比例偏低，而在 50 岁以上组的比例偏高；女性的比例偏高，男性比例偏低（见表 0－5，图 0－7）。

表 0－5　2008 年 CGSS 调查与 2005 年 1%人口抽样调查的年龄段、性别分布比较

		1%人口抽样调查比例	CGSS 调查比例
年龄段	18～24	13.11	6.28
	25～29	9.45	6.08
	30～34	12.31	9.90
	35～39	14.06	14.04
	40～44	12.56	15.25
	45～49	9.77	10.63
	50～54	10.53	12.85
	55～59	7.72	10.27
	60～64	5.69	7.84
	65～69	4.80	6.86
性　别	男性	49.74	46.32
	女性	50.26	53.68

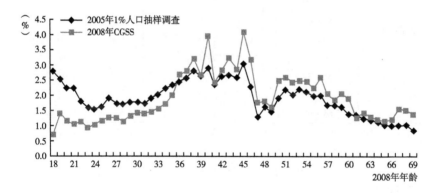

图 0－7　2008 年 CGSS 调查与 2005 年 1%人口抽样调查的年龄分布比较

此类情况一方面是由于我们是在固定时间周期内进行入户调查（一般在一个调查点的访问日程不会超过 7 天），因此实际的调查总体是在调查期间居住在家中的人口，一般而言年轻人比老年人、男性比女性更有可能不在家中，因而入选的概率就会偏低。另一方面，是由于 1%人口抽样调查的数据获得方式与我们调查不同所致。1%人口抽样调查中的家庭人口信息，来自被访家庭中某位成员的代答，因此并不表示其他被调查者在调查时点均在

家中。而我们的调查获得的是实际在场的个人信息数据，二者之间必然存在差距。低年龄段、男性人口比例偏低，是所有在规定时点进行入户调查的普遍情况，因此我们视之为系统偏误（system error），也需要以加权的方式来予以校正。

第三，综合加权。根据上述的比较分析，按 2005 年 1% 人口抽样调查的城乡人口、性别和年龄三个变量的交互分类为加权标准，对 2008 年调查数据进行了综合加权。加权后的比照结果见表 0 – 6。

表 0 – 6　加权后的 2008 年 CGSS 调查与 2005 年 1% 人口抽样调查的人口特征比较

类　　别		1% 人口抽样调查比例%	CGSS 调查比例%
城　乡	城　　镇	46.98	46.98
	农　　村	53.02	53.02
性　别	男　　性	50.89	49.91
	女　　性	49.11	50.09
年　龄　段	18～24	14.83	14.83
	25～29	8.76	8.76
	30～34	9.76	9.76
	35～39	12.89	12.89
	40～44	13.19	13.19
	45～49	9.76	9.76
	50～54	10.51	10.51
	55～59	8.99	8.99
	60～64	6.36	6.36
	65～69	4.95	4.95
受教育程度	未上过学	7.35	9.72
	小　　学	27.64	24.31
	初　　中	43.06	34.92
	高　　中	14.49	19.66
	大学专科	4.86	6.79
	大学本科	2.42	4.30
	研　究　生	0.18	0.30

由此可见，经过加权调整的数据在城乡、性别、年龄等人口特征上和 2005 年 1% 人口抽样调查的结果非常吻合。受教育程度中除初中文化程度的比例相差近 8 个百分点外，其余分类也极为近似。因此，此次调查数据可以用来推断全国居民、城乡居民和东、中、西部居民的社会状况。

第一章
中国民生问题总体分析

李培林　李　炜

党的十七大报告做出重大决定,强调要"加快推进以改善民生为重点的社会建设"。近几年来,在劳动就业、收入分配、社会保障、教育、医疗、住房、环境保护等领域,我国加快了保障和改善民生步伐,一系列相关社会政策付诸实施,使人民群众得到了实惠,对改善民生和促进社会稳定发挥了重要作用。

目前,我国总体上已进入以工促农、以城带乡的发展阶段,进入着力破除城乡二元结构、形成城乡经济社会发展一体化新格局的重要时期。在这一时期,所谓民生问题,与改革开放初期相比,内涵已经有了很大的变化。随着人们物质文化生活水平的提高,民生问题有了比温饱问题更广泛的含义,反映了人们对生活质量和生活环境的新要求,也反映了人们对经济快速增长过程中民生建设的新要求。

在这种宏观背景下,为了解当前的民生状况、民生问题以及公众对民生建设的看法,中国社会科学院社会学研究所于2008年5~9月,开展了第二次"中国社会状况综合调查"(CGSS 2008,CASS)。此项全国抽样调查覆盖全国28个省、直辖市、自治区的135个县(市、区)、257个乡(镇、街道)和520个村(居)委会,共成功入户访问了7139位年龄在18~69岁的居民,调查误差小于2%,符合统计推论的科学要求。基于此次调查数据和2006年的第一次调查资料,形成本研究报告。

一　城乡居民生活状况

1. 居民生活状况得到明显改善,但收入差距扩大趋势仍然明显

70%的城乡居民认为生活水平得到改善。调查结果显示,无论是在主观感知上还是在客观收益上，民众的生活状况有了较大的改善。以2008年为例，有近70%的城乡居民认为，他们的生活水平比五年前有所上升，只有12.4%的城乡居民认为自己的生活水平有所下降。有近60%的城乡居民认为，未来5年的生活状况还将继续改善。这不仅反映了人们对经济发展和生活状况改善的充分肯定，也表明了对未来的良好预期（见表1-1）。

表1-1　城乡居民对生活状况的评价（2006年、2008年）

单位：%

问题：与5年前相比，您的生活水平是			问题：您感觉在5年后，您的生活水平将会		
答　案	2008年	2006年	答　案	2008年	2006年
上升很多	13.6	9.7	上升很多	11.8	10.6
略有上升	55.8	53.7	略有上升	46.5	43.3
没变化	17.7	22.1	没变化	17.3	17
略有下降	9.3	9	略有下降	7.0	6.8
下降很多	3.1	4.9	下降很多	1.7	2.7
不好说	0.5	0.6	不好说	15.7	19.6
样本数	7139	7061	样本数	7139	7061

　　与第一次"中国社会状况综合调查"（2006年）的数据相比，可以看出，2008年城乡居民在经济方面的受益感更强。认为生活水平有所上升的人所占比例比2006年高6个百分点；对未来5年生活水平提升有乐观预期的人也高了4.4个百分点。

　　进一步的分析表明，自2006年以来，农村居民的受益感明显高于城镇居民。从图1-1可以看出，在2006年第一次调查中，农村居民认为生活水平有所上升的比例为69%，高于同期的城镇居民近13个百分点；在2008年的第二次调查中，认为生活水平有所提升的农村居民比例上升到了76.3%，依然比同期的城镇居民高了近13个百分点。这种趋势说明，自2006年以来，取消农业税、粮食直补、推广新型农村合作医疗、落实农村免费义务教育、推动农村社会保障等一系列保农、惠农、助农、富农的政策，使得广大农村居民获得了实实在在的收益。

　　居民生活的品质在不断提高。调查表明，居民生活的品质在不断提高，用于食品消费的支出比重在逐步缩小。根据调查数据测算，2007年城乡居民家庭的恩格尔系数为35.2%，有近78%家庭的生活已经达到宽裕及以上水平。按照相关国际标准，城乡家庭生活达到富裕水平（恩格尔系数30%

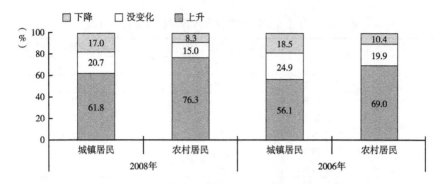

图 1 - 1 城乡居民对 5 年来生活状况变化的评价 (2006 年、2008 年)

以下）的住户占 39.1%，达到比较富裕水平（恩格尔系数 30% ～39%）的占 20.8%，达到宽裕水平（恩格尔系数 40% ～49%）的占 18.0%，温饱及贫困（恩格尔系数在 50% 以上）的占 22.1%。

居民的房产状况和居住条件也得到极大的改观。调查数据表明，城乡居民人均居住面积为 42.8 平方米（中位数为 30 平方米）；农村居民人均居住面积达到 49.8 平方米（中位数为 36 平方米）[①]。受访家庭对自有房产的自我估值平均为 15.8 万元/户，其中大中城市居民的房产自我估值平均为 29.5 万元/户，小城镇居民的房产自我估值约为 16.2 万元/户，农村居民的房产自我估值为 9 万元/户。这充分表明，绝大部分居民的住房条件有了很大改善，房产已经成为城乡居民家庭最重要最基本的财产（见表 1 - 2）。

但是也应该看到，房产状况和居住条件在城乡之间，在不同家庭收入等级之间，存在着较大的差距。低收入家庭，特别是大中城市中的低收入家庭，住房状况远远落后于其他群体。大中城市中家庭人均收入属于低端 40% 的人群，自有住房的比例仅为 80% 略强，比大中城市的平均水平低了 10 个百分点；人均住房面积也在 20 平方米左右，低于平均水平约 10 平方米。因此对于那些居住在房价高企的大中城市的中低收入家庭，改善居住条件是他们最为关切的。

---

① 据《中国统计年鉴 2008》发布的资料，我国城市人均住宅建筑面积为 27.1 平方米（2006 年），农村人均住房面积为 31.6 平方米（2007 年），与我们的调查结果有较大的差距。对此需要说明的是：（1）存在着指标界定的差异。我们在调查中采用的是住宅使用面积，在农村包含庭院；（2）存在着计算方式的差异。统计年鉴中的"城市人均住宅建筑面积"的计算方式是以城镇建筑面积总和除以城镇人口数得来的，和我们以自有住房的住户为单位的计算方式不同。

表1-2 分城乡级别及家庭收入级别的居民住房状况

全　　体		人均住房面积(平方米)	房产价值(万元)
		42.8	15.8
大中城市	合　　计	29.6	29.5
	最低20%	19.1	10.5
	次低20%	20.6	13.4
	中间20%	23.2	19.4
	次高20%	26.2	23.1
	最高20%	36.6	41.7
小城镇	合　　计	41.7	16.2
	最低20%	32.6	8.1
	次低20%	38.8	10.0
	中间20%	37.6	14.3
	次高20%	41.6	16.4
	最高20%	57.6	31.6
乡　村	合　　计	49.8	9.0
	最低20%	40.3	5.5
	次低20%	47.0	7.1
	中间20%	54.4	9.9
	次高20%	55.2	10.5
	最高20%	73.8	24.0

收入分配差距较大,制约了居民消费。虽然近两年来城乡居民的生活水平有了相当大的提高,但是收入差距扩大的情况仍然十分突出。据此次调查数据测算,2007年城乡居民家庭人均年收入最高20%收入组的家庭平均收入是最低20%收入组的17.1倍。区域之间的收入差距也相当明显,东部地区的居民家庭收入平均是西部与中部的2.03倍和1.98倍(见表1-3)。

表1-3 居民家庭人均年收入分布与差距

	家庭人均年收入(元)	最高20%收入组与最低20%收入组之比	样本量(人)
总　　体	8282.57	17.1:1	6741
东　　部	12130.54	13.8:1	2463
中　　部	6124.11	11.6:1	2658
西　　部	5972.60	17.0:1	1620
城　　镇	11550.27	12.6:1	3225
农　　村	5284.67*	13.0:1	3516

* 农村家庭收入中的家庭务农收入是按没有扣除投入成本的毛收入计算,因此农村居民的实际纯收入会更低。

　　收入差距扩大的一个直接后果，便是制约了中低收入家庭的消费。通过表 1-4 的数据可以看到，在家庭耐用消费品的拥有率上，高收入家庭和低收入家庭的差距甚为明显。以冰箱为例，最高 20% 收入组家庭有 87.5% 拥有冰箱，而在最低 20% 收入组中只有 22.75 的家庭拥有；手机作为大众消费品在最高 20% 收入家庭中被普遍使用（拥有率为 96.39%），而在最低 20% 收入家庭中则只有 63.77% 的拥有率；家用电脑的差距就更为明显，最高收入组有近 2/3 的家庭有自己的电脑，但最低收入组中有电脑的家庭只有不到 4%！因此缩小收入差距，提高中低收入阶层的收入，对于启动内需是十分关键的。

表 1-4　不同收入分组的居民家庭的耐用消费品拥有率

	彩电（%）	冰箱（%）	洗衣机（%）	手机（%）	微波炉（%）	电脑（%）	轿车（%）	摄像机（%）	样本量（个）
最高 20% 家庭	98.5	87.5	89.09	96.39	60.36	66.37	18.79	15.66	1314
次高 20% 家庭	97.81	72.37	76.11	91.7	29.95	32.44	6.01	4.88	1249
中间 20% 家庭	96.36	56.07	66.05	87.29	16.4	18.43	4.99	1.33	1375
次低 20% 家庭	93.93	37.57	57.28	77.12	9.33	6.97	2.69	0.67	1425
最低 20% 家庭	84.01	22.75	41.69	63.77	3.95	3.97	2.53	0.47	1378

2. 教育、医疗等方面的生活压力有所缓解，但物价上涨和就业压力增加

　　表 1-5 的调查数据显示，城乡居民认为目前面临的最主要生活压力是物价上涨。有近 80% 的被访者声称，其家庭生活水平受到了物价上涨的影响。这也是公众对近一年来的 CPI 指数攀升的心理感受。当然，调查的时点对调查结果也有很大影响，2008 年 5~9 月正是消费价格指数居高不下的时候，而 9 月份以后消费价格指数有了较大幅度回落，物价压力应有明显减轻。

　　此外，城乡居民生活压力较大的方面还有："家庭收入低，日常生活困难"（49.98%）、"住房条件差，建不起房或买不起房"（47.2%），以及"家人无业、失业或工作不稳定"（38.4%）。

　　与 2006 年的第一次调查相比，医疗和教育方面的生活压力有所缓解。面临"医疗支出大，难以承受"和"子女教育费用高，难以承受"的困难的居民家庭比例，有了相当幅度的下降，分别自 45.5% 和 34% 降到了 36.9% 和 26.8%，这在一定程度上可归因于近两年来城乡居民医疗保险惠及面的扩大，以及免费义务教育政策的施行。但是城乡居民面临的劳动和就业方面的压力却有增无减，面临此类问题的家庭比例从 2006 年的 30% 上升到 2008 年的 38.4%。

表 1 - 5 城乡居民家庭面临的生活压力（2006 年、2008 年）

单位：%

项　　目	2008 年样本量 = 7139	2006 年样本量 = 7061
物价上涨,影响生活水平	79.91	—
家庭收入低,日常生活困难	49.98	51.31
住房条件差,建/买不起房	47.17	45.01
家人无业、失业或工作不稳定	38.43	30.06
医疗支出大,难以承受	36.91	45.51
人情支出大,难以承受	32.00	34.82
社会风气不好,担心被欺骗和家人学坏	27.13	23.31
子女教育费用高,难以承受	26.77	34.00
社会治安不好,常常担惊受怕	25.09	24.47
赡养老人负担过重	18.77	22.33

　　有职业和收入的保障，方能应对家庭生活的压力。但对城乡居民劳动就业状况的进一步考察发现，就业状况并不容乐观。此次调查中，城镇的经济活动人口共有 2288 人，其中在业者 2073 人，其余无业/失业但目前仍有工作意愿者 216 人。依此推算，调查失业率高达 9.4%。[①] 相比而言，中西部地区的城镇调查失业率更为突出，大中城市的失业率高于小城镇（见表 1 - 6）。这些城镇失业人口中大部分（80%以上）是非农户口，85% 是 18 ~ 49 岁的青壮年。他们之中近 30% 的人是失业不足一年新近加入失业群体中者，但也有一半的人的失业期已达 3 年以上。

表 1 - 6 经济活动人口中的调查失业率

	调查失业率(%)	基数(人)		调查失业率(%)	基数(人)
城镇经济活动人口	9.4	2288	西　　部	11.7	502
东　部	7.5	992	大中城市	10.1	1210
中　部	10.4	794	小 城 镇	8.7	1078

3. 覆盖城乡的社会保障体系初步建立，但非公经济组织中的劳动与社会保障状况亟待改善

　　城乡居民的社会保障覆盖面扩大。表 1 - 7 的调查数据表明，对 18 ~ 69 岁的非农户口的人口而言，城镇养老保险（包含城镇基本养老保险和企业

---

　　①　城镇失业率 = 城镇失业人员/（城镇失业人员 + 城镇就业人员）×100%。

补充养老保险）的覆盖率已接近 53%，城镇医疗保险（包含城镇职工基本
医疗保险和城镇居民医疗保险）的覆盖率为 58.7%；但失业保险和工伤保
险的享有者比例较低，分别为 20.7% 和 16.2%。对同年龄段的农业户口居
民而言，83.8% 的人参加了"新型农村合作医疗"，但农村社会养老保险由
于推行时间较短，只有 5.7% 的覆盖率。

表 1 - 7　城乡居民社会保障参加率

项　　　目	参加(%)	未参加(%)	不清楚(%)	样本量(人)
城镇养老保险	52.7	46.7	0.7	2750
农村社会养老保险	5.7	93.5	0.8	4381
城镇医疗保险	58.7	40.5	0.8	2750
新型农村合作医疗	83.8	15.4	0.8	4384
失业保险	20.7	77.9	1.3	2748
工伤保险	16.2	82.1	1.7	2747

说明：(1) 城镇养老保险包括城镇基本养老保险和企业补充养老保险；城镇医疗险包括城镇职
工基本医疗保险和城镇居民医疗保险。(2) 城镇养老保险、城镇医疗保险、失业保险和工伤保险的
享有率均以非农户口者计；农村社会养老保险和新型农村合作医疗享有率均以农业户口者计。

社会保障的参加状况，与该人员的就业单位有紧密的关联。表 1 - 8 的
数据显示，在城镇人口中，就业于公有制机构和三资企业的人员，参与各类
社会保障的比例较高。比如在党政机关、国有/集体企业、国有/集体事业单
位、三资企业中，城镇养老保险的覆盖率都在 67% ~ 89% 之间，而私营企
业中就业人员享有的比例只有 58.3%，就业于个体机构的雇员享有城镇养
老保险的还不足 30%。其他社会保险险种也有类似的分布趋势。

表 1 - 8　不同性质就业单位人员的社会保障享有率

项　　　目	城镇养老保险(%)	城镇医疗保险(%)	失业保险(%)	工伤保险(%)	样本量(人)
党政机关、人民团体	67.7	88.6	23.6	27.0	73
国有及国有控股企业	87.2	84.0	62.5	52.6	262
国有/集体事业单位	79.3	87.4	47.6	32.2	301
集体企业	84.1	86.9	55.9	53.2	45
三资企业	88.4	74.1	72.1	67.2	71
私营企业	58.3	58.2	24.2	22.1	376
个体工商户	29.1	35.4	2.8	2.9	326

除社会保障之外，在劳动权益保障方面，不同性质的劳动单位也有很大差别。表1-9呈现的是不同类型企业中雇员劳动合同的签订情况。可以看出，国有企业和三资企业的劳动合同签订率较高，分别有80.1%和80.5%的雇员签订了劳动合同；集体企业的劳动合同签订率要低一些，为57.9%；私营企业的签订率要更低16.6个百分点，为41.3%；个体工商户中的雇工仅有11.3%的人签订了合同。值得关注的是，各类企业都有在《劳动合同法》正式施行的2008年1月改签劳动合同的行为，其中以三资企业为甚，有40.4%的重签率。这从一个侧面反映了企业规避承担劳动者权益保障义务的倾向。由此可见今后要特别关注非公经济组织中，特别是私营企业和个体经营组织中就业人员的劳动及社会保障状况的改善。

表1-9　不同性质企业雇员的劳动合同签订情况

项　　目	未签订劳动合同比例（%）	签订劳动合同比例（%）	合同签订方式分布			样本人数
			延续2008年以前的合同（%）	2008年1月重签合同（%）	2008年1月始签合同（%）	
国有及国有控股企业	14.1	80.1	57.2	17.2	5.7	294
集体企业	38.9	57.9	37.9	16.1	4.0	78
三资企业	9.8	80.5	31.1	40.4	8.9	133
私营企业	52.5	41.3	20.6	14.4	6.3	813
个体工商户	87.7	11.3	2.4	6.2	2.7	150

二　公众对社会问题及社会矛盾的看法

1. 物价、看病、收入差距和失业是最为突出的社会问题

在调查给出的18个社会问题中（见表1-10），公众认为最为严重的前三项是"物价上涨"（63.5%）、"看病难、看病贵"（42.1%）和"收入差距过大"（28%）；排位第四到第七的分别是"就业失业"（26%）、"住房价格过高"（20.4%）、"贪污腐败"（19.4%）以及"养老保障"（17.7%）；排在八至十位的分别是"环境污染"（11.8%）、"教育收费"（11.4%）和"社会治安"（9%）。除"物价上涨"属于2000年以来的阶段性问题外，其余社会问题的排序和2006年第一次调查结果相比没有明显的变化。

表 1 – 10　社会问题综合排序

单位：%

项　目	总体	城　乡		区　域		
		城镇	农村	东部	中部	西部
物价上涨	63.5	62.9	64.0	63.3	64.7	61.7
看病难、看病贵	42.1	39.1	44.8	40.2	41.6	46.0
收入差距过大	28.0	28.2	27.8	26.2	27.6	31.6
就业失业	26.0	34.4	18.3	25.0	25.9	28.0
住房价格过高	20.4	30.5	11.0	25.4	17.1	17.7
贪污腐败	19.4	20.8	18.1	19.9	19.2	18.9
养老保障	17.7	17.5	18.0	14.3	21.5	17.0
环境污染	11.8	12.7	11.0	17.0	9.1	8.1
教育收费	11.4	11.2	11.6	10.9	12.5	10.5
社会治安	9.0	9.2	8.9	11.2	7.7	7.8
城乡差距	8.0	3.9	11.9	7.1	8.7	8.3
社会风气	7.4	7.8	7.2	8.4	7.8	5.4
样本量(人)	7135	3424	3711	2677	2786	1672

　　城镇和农村居民由于利害关系不同，所面对的社会问题也呈现各自的差异。与农村人口相比，城镇居民认为"就业失业"和"住房价格过高"与其切身利益相关，有34.4%和30.5%的城镇居民把它们排入前三位的社会问题，而在农村居民中仅有18.3%和11%的人如此认定。相反，在农村居民看来，"看病难、看病贵"是他们急于解决的社会问题之一（44.8%），而城镇居民中持此看法的则下降了5个百分点。农村居民认为"城乡差距"是主要社会问题的人数比例，也远远高于城镇居民（11.9%和3.9%）

　　从地区差异方面看，东部地区的公众对"住房价格过高"、"环境污染"和"社会治安"等问题的关注度要高于中西部地区；而中部地区的居民认为"养老保障"是严重的社会问题；西部地区认为"看病难、看病贵"和"收入差距过大"等问题的严重性更高。

　　2. 大部分居民感知到社会群体的利益冲突，但39%的人认为矛盾不会激化

　　在调查中，我们用"我国各个社会群体之间是否存在利益冲突"这个问题来考察民众对社会群体利益冲突的现实感知。结果表明，只有17.3%的人认为"没有冲突"；45.1%的人认为"有一点冲突"，15.7%的人认为"有较大冲突",还有4.7%的人认为存在"严重冲突"。其余17.1%的人感到"说不清"。这一结果表明,一方面,绝大多数城乡居民对社会和谐稳定的基本状况给予肯定,认为"有一点冲突"和"没有冲突"的人占了62.4%,但另一方面,也有20.4%的人认为存在较大的或严重的社会群体利益冲突。

我们又用"我国社会群体利益矛盾是否可能激化"这个问题来考察公众对社会群体利益冲突的未来判断。结果表明,38.6%的人认为矛盾不会激化(即认为"绝对不会激化"或"不太可能激化"),36.3%的人则持相反的判断,认为矛盾可能会激化(即认为"绝对会激化"或"可能会激化"),还有25.1%的人态度犹疑,说不清是否可能激化(见表1-11)。与2006年第一次调查的结果相比,对社会利益冲突的现状和发展趋势的判断,持乐观态度的城乡居民比例略有上升,持悲观态度的略有下降,但"说不清"的人数比例也有所上升。

表1-11　关于社会群体利益冲突的认知分布(2006年、2008年)

单位:%

问题:我国各个社会群体之间是否存在利益冲突			问题:我国社会群体利益矛盾是否可能激化		
答案选项	2008年	2006年	答案选项	2008年	2006年
有严重冲突	4.7	4.8	绝对会激化	4.5	5
有较大冲突	15.7	18.2	可能会激化	31.8	33.6
有一点冲突	45.1	44.9	不太可能激化	28.5	30.4
没有冲突	17.3	16.3	绝对不会激化	10.1	8.6
说不清	17.1	15.8	说不清	25.1	22.4
样本量(人)	7139	7061	样本量(人)	7139	7061

3. 当前主要的社会群体利益冲突主要聚焦于贫富矛盾和干群冲突

公众对社会群体利益冲突的感知,主要集中在对一系列社会群体之间差异和矛盾冲突的判断上。在调查中,我们列出了七对具有对应关系的社会群体,向公众询问"哪两个群体差异最大","哪两个群体最容易产生矛盾"。结果表明,无论是从差异的角度还是从容易产生冲突的角度,"穷人和富人之间"和"干部与群众之间"都排在前两位(见表1-12)。这说明贫富关系和干群关系,是目前最需要处理好的社会利益关系。值得注意的是,"雇主与雇员之间"和"管理者与被管理者之间"由于存在着支配与被支配、管理与被管理的关系,也都被视为容易产生矛盾冲突的利益关系。

表 1-12　城乡居民对社会群体间差异和冲突可能性的判断

单位：%

社 会 群 体	哪两个群体差异最大	哪两个群体最容易产生矛盾
穷人与富人之间	56.5	24.7
干部与群众之间	16.1	23.6
城里人与乡下人之间	7.8	5.7
体力劳动者与脑力劳动者之间	6.5	3.4
高学历者与低学历者之间	4.1	2.3
雇主与雇员之间	2.9	17.8
管理者与被管理者之间	2.4	12.9
说不清	3.6	9.8
样本量(人)	7139	7139

　　城乡居民对受益群体的判断也表现出同样的分布趋势。当问及"哪些群体 10 年来获得的好处最多"时，排在前三位的群体是：国家干部（68.8%）、国有/集体企业经营管理者（60.4%）和私营企业老板（52.3%）。而排在最后三位的群体则是：农民（16%）、工人（6.8%）和农民工（6.7%）。这从一个侧面反映出在当前处理好干群关系的重要性（见图 1-2）。

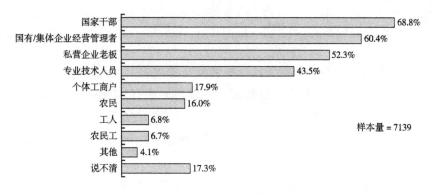

图 1-2　城乡居民对受益群体的判断分布

三　城乡居民的安全感、公平感和满意度

1. 社会安全感总体水平较高，但食品和交通的安全状况最令人担忧

调查中对城乡居民询问了人身、个人和家庭财产、个人信息隐私、交

通、劳动、医疗、食品7个方面的安全感，结果发现在上述7个方面平均有74.6%的人表示"很安全"或"比较安全"。其中人身方面的安全感最高（很安全和比较安全合计83.2%），而食品和交通方面的安全感最低，分别只有65.7%和65.3%（见表1-13），认为不安全的人达30%以上。特别值得提及的是，在2006年和2008年的两次调查中，食品安全状况都在各类安全感中排在倒数第一，这说明公众对食品卫生和安全有着长期的担忧。这种担忧在2008年10月份以来曝光的三聚氰胺掺入牛奶和鸡饲料等食品安全事件中得到充分印证。[①]

表1-13　城乡居民的社会安全感（很安全和比较安全比例）

单位：%

	全体	城镇	农村
人身安全	83.2	81.4	85.0
个人和家庭财产安全	80.1	77.6	82.4
劳动安全	78.6	76.5	80.4
个人信息隐私安全	77.2	71.4	82.4
医疗安全	72.5	68.3	76.3
交通安全	65.3	63.0	67.4
食品安全	65.7	60.9	70.2
样本量(人)	7139	3426	3713

分城乡比较来看，农村居民在社会安全感的各方面都较城镇居民为高。其中差距较大的有个人信息隐私安全，农村居民有82.4%的人认为安全，而城镇居民认为安全的比例降低了11个百分点；在食品安全方面，农村居民认为"不安全"的比例为29.8%，而城镇居民中则有近40%的人认为不安全。

2. 义务教育、公共医疗等方面的公平感有较大提高，但收入差距方面的公平感明显下跌

调查表明，城乡公众对当前的社会公平程度持基本肯定的态度。有68.35%的公众对整个社会给予了"很公平"或"比较公平"的评价，比2006年第一次调查的结果提升了6.08个百分点。社会公平感比例高于50%

---

① 我们的调查始于2008年6月，结束于2008年9月，因此调查中公众关于"食品安全"的回答至少大部分并未受到"三鹿奶粉"事件媒体报道的影响。

的方面有义务教育（85.77%）、高考制度（74.44%）、公共医疗（66.77%）、政治权利享有（65.43%）、司法与执法（52.85%）和养老等社会保障待遇（50.19%）6个领域。其中义务教育、公共医疗、养老等社会保障待遇3个领域的公平感较2006年度上升了9~15个百分点，这充分反映了近两年来政府在教育、医疗、社会保障等有关民生方面的工作实绩（见表1–14）。

表1–14　公众对不同社会领域的公平感（2006年、2008年）

单位：%

社会公平领域	2008年调查	2006年调查	社会公平领域	2008年调查	2006年调查
义务教育	85.77	76.73	工作与就业机会	41.05	44.45
高考制度	74.44	71.44	城乡之间待遇	40.37	28.97
公共医疗	66.77	49.86	地区之间的发展	37.70	33.60
政治权利享有	65.43	61.95	行业之间的待遇	35.24	33.60
司法与执法	52.85	55.12	收入差距	28.58	40.21
养老等社会保障待遇	50.19	37.51	总体上的社会公平状况	68.35	62.27
选拔党政干部	47.22	34.44	样本量（人）	7139	7161

公平感低于50%的有选拔党政干部（47.22%）、工作与就业机会（41.05%）、城乡之间待遇（40.37%）、地区之间的发展（37.7%）、行业之间的待遇（35.24%）和收入差距（28.58%）6个方面。其中收入差距的公平感比2006年下降了11.63个百分点，意味着贫富分化对社会公正的损害还在加剧。工作与就业机会的公平感也较2006年有小幅度的下降，这也和本报告前面所提到的就业压力增加、城镇就业形势严峻等现状相呼应。

3. 六成城乡居民对当地政府的工作表示基本满意，但在环境保护和惩治贪官腐败等方面对政府有更多期待

城乡居民对当地政府11个方面职能工作的评价表明，公众的平均满意率接近60%（59.75%）。其中在基础教育、医疗卫生服务、维护社会治安等方面的满意率都高于70%；社会保障、发展经济、信息公开、环境保护、依法办事、增加就业等方面的满意率居中，在50%~62%（见表1–15）。

城乡居民对当地政府工作满意度较低的方面：排在第一位的是住房问题，即为中低收入者"提供廉租房和经济适用房"；排在第二位的是"廉洁奉公，惩治腐败"，表明民众对这方面的工作还有很高的期待；此外还有扩大就业、执法公平、保护环境等。值得关注的是，城乡居民对政府工作满意

表 1 – 15   公众对当地政府工作的满意度评价*

单位：%

项 目	满意率	不满率	不清楚
提供优质的基础教育	78.52	15.66	5.82
提供好的医疗卫生服务	71.16	24.81	4.03
打击犯罪，维护社会治安	70.15	26.26	3.59
为群众提供普遍的社会保障	61.69	31.36	6.95
发展经济，增加人们的收入	60.68	32.36	6.96
信息公开，提高政府工作的透明度	57.12	27.90	14.98
保护环境，治理污染	56.53	39.00	4.47
依法办事，执法公平	56.49	33.52	9.99
扩大就业，增加就业机会	53.75	32.93	13.32
廉洁奉公，惩治腐败	48.11	38.79	13.10
提供廉租房和经济适用房	43.01	31.13	25.86
平 均	59.75	30.34	9.91

*在本表中，满意率 = 很满意百分比 + 比较满意百分比；不满率 = 很不满意百分比 + 不太满意百分比；满意率 + 不满率 + 不清楚 = 100%。

度较低的领域，也恰恰是城乡居民感到"不清楚"的人数比例较高的领域。这说明，要提高城乡居民对政府工作的满意度，除了加大相关领域的工作力度外，进一步提高相关领域的信息透明度和完善信息公开方式，也是非常必要的。需要特别指出的是，从不满率的角度看，环境保护也是公众对地方政府工作评价最差的方面，有近40%的城乡居民表示不满，在城镇居民中，甚至达到了44.4%。近年来，因环境问题引起的社会冲突明显增加，对此必须引起高度重视。

四   有关改善民生问题的政策建议

1. 加大就业促进与扶助力度

就业是民生之本。在调查中就业困难、工作不稳定也是公众面临的主要生活压力之一。今后应该继续实施积极的就业政策，加强对创业者在资金、产品、技能、税收等方面的援助，降低创业门槛；加强对农民工的就业、创业培训；教育应当更好应对未来就业市场的变化，积极发展培养技术人才的职业教育，要为高校毕业生提供更加多样的就业服务；发展新型的劳动密集型产业，以吸纳更多的就业人口。

2. 完善医疗、教育、住房、社会保障等公共服务

从调查结果看，城乡居民对于政府近年来推行的医疗、教育及社会保障政策表示满意，但也要看到实现建立覆盖城乡的社会保障体系的目标还任重道远。今后社会保障事业的重点，一是进一步扩大医疗、养老保险的城乡覆盖面，使更多的家庭具有规避生活风险的能力；二是进一步提高社会保险的统筹层面，制定全国统一的社会保险关系转续办法；三是完善住房保障体系，为中低收入者提供廉租房和经济适用房。

3. 加强社会风险的监控与监管

频发的食品安全事故给中国经济乃至"中国制造"的世界口碑都造成了恶劣影响，同时也暴露出长期以来对产品安全监管的不足。对此，在操作层面上，不仅要为企业创造良好的投资经营环境，更应该强化对产业的监管职能；在制度层面上，应该尽早建立企业和公民的社会诚信体制；在战略层面上，应该着重思考在经济全球化、市场一体化、产业链条化、媒介大众化的背景下，如何应对各类社会风险的问题。

4. 严惩贪腐人员，加强权力制衡，建立公平合理的收入分配机制

一些社会不公现象，已为公众长期诟病。究其根源，主要在于权力缺乏制衡而导致的权钱交易。因此应该加快防治腐败的制度建设，积极探索建立个人收入和财产登记与申报制度，建立公务人员的就职、离职和换岗的财产审查制度；要建立公平合理的社会分配机制，逐步破除城乡二元结构，逐步扭转收入差距的扩大趋势，消除不合理、不合法因素对收入分配的影响；加强廉政、勤政建设，密切干群关系，以高效、亲民、廉正、公开的政府形象促进社会公正。

第二章
中国总体上进入大众消费阶段

田 丰

十几年前，个人家庭拥有一套住房、一部轿车、一部手机、一台电脑，似乎都还是非常遥远的梦想，或者还只是富贵人群的身份象征；但就在时间不长的数年内，这些物品就像当年电视、冰箱、洗衣机进入千家万户一样，也成为老百姓可以消费的"日常生活耐用品"。中国的人均 GDP 进入中下等收入国家行列，城乡家庭居民消费的恩格尔系数降到 34% 左右，住房、汽车开始了进入家庭的普及过程，这些都意味着中国总体上开始进入大众消费阶段。

中国加入 WTO 并从 2003 年开始进入 GDP 增长率在 10% 以上的新一轮增长周期，一直比较依赖投资和进出口贸易的拉动，外贸依存度（进出口贸易占 GDP 的比重）一度达到 70% 左右的历史最高位，因此也潜伏着波动的风险。2008 年的国际金融危机对我国的进出口贸易产生巨大影响，经济增长率也出现较大幅度的下滑，并进而产生了一系列经济社会后果。在这种情况下，我们更加认识到，必须转变发展方式，大规模刺激和发育内需，使我国未来的长期增长更多建立在国内居民消费的坚实基础上，民富才能国强。

一 城乡居民家庭的消费结构和特点

1. 居民消费水平持续提高，中国总体上进入大众消费阶段

中国家庭居民的消费水平持续提高，2008 年的调查与 2006 年调查结果比较，家庭消费支出总额从 17388 元升高到 22555 元，消费结构也进一步改善。作为家庭生活水平标志的恩格尔系数（家庭食品支出占消费总支出的比例）进一步降低，从 2006 年的 36.6% 下降到 2008 年的 34.0%。在 2008 年城乡家庭消费支出细项中，列前三位的消费类型是食品、教育和医疗，分别占总支出的 34.0%、11.5% 和 10.6%（见图 2-1）。中国的消费结构已经在总体上完成了从生存型向发展型的过渡，进入了大众消费阶段。

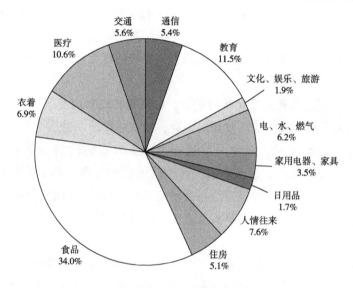

图 2-1　城乡家庭居民的消费结构

　　总体来说，在城乡家庭消费支出中，生存型消费（包括食品和衣着类）的比重约占到消费总支出的 40.9%，发展型消费（包括住房、交通、通信、文教、娱乐用品、医疗保健、旅游等）的比重占到消费总支出的 50% 以上。发展型消费支出比例已经大大超过了生存型消费支出的比例，中国消费结构已经完成从生存型向发展型的过渡。

　　根据 2008 年的调查，教育和医疗支出占城乡家庭消费总支出的比例比较高，分别占 11.5% 和 10.6%。2006 年的调查结果与这次相近，但那次是医疗支出比例略高于教育。教育和医疗的家庭消费支出比例较高，一方面显示了家庭消费结构升级的发展趋势，也就是在解决了温饱问题以后，为了今后的发展，人们更加重视教育、健康等方面的人力资本投入，而不仅仅是单纯为了生活的享受；另一方面也说明，教育、医疗的费用和支出，相对于目前我国城乡居民的收入水平来说，还存在过高的问题，从而使教育医疗支出负担过重，成为影响群众生活的一个突出问题，并进而影响到居民一般生活质量的改善。中国正在启动的教育制度变革和医疗体制改革，将减轻一般居民家庭的教育和医疗费用负担作为首要目标，进一步优化城乡家庭的消费结构。

此外，与国外明显不同的是，中国人情往来的支出在消费总量中占到了相当大的比例，平均达到7.6%，居于支出项目的第四位。注重人际关系和人情往来是中国社会生活的一个特点，但人情费用过高会影响到家庭消费的合理性支出。特别是调查结果显示，农村家庭的人情费用支出比例比城市家庭还要高，这也显示出熟人社会的人情费用高于陌生人社会的特点。对此应当通过扩大农村地区的制度化公共服务，逐步转变社会风气，发展健康的消费方式。

2. 城乡居民消费商品化程度较高，但消费特点有消费层次的差异

从购买商品和服务的消费情况来看，城乡居民的消费层次有所提高。从购买衣服的选择来看，城乡人口选择自家做衣服的比例均很低，城市为0.6%，农村为0.8%，这说明绝大多数居民已经习惯于购买商品和服务的消费，服装已经成为一种被广泛接受的商品化消费品。服装商品化的背后是普通家庭对商品生产服务的购买，说明中国城乡居民日渐成为相对成熟的消费群体。

从购买衣服地点的选择来看，城市人口更加重视对衣服质量和品牌的追求，超过一半的人会在大商场和品牌服装专卖店购买衣服，其比例也远高于农村人口。而农村人口更倾向于将衣服当做日常消费品来购买，在乡村集市购买服装的比例最高，其次是在普通服装专卖店和路边摊点购买，与城市人口相比在消费层次上存在明显差异。

外出吃饭也成为城乡居民经常性的选择，有超过40%的农村人口经常外出吃饭，城市人口外出吃饭的比例要更高一些，达到56.6%。农村人口外出吃饭主要集中在小吃店和小饭店等餐饮场所，而城市人口外出吃饭选择餐饮类型则相对丰富和均衡，除小吃店和小饭店外，大众餐馆、中档饭店等都是选择较多的类型。

3. 家庭消费水平呈阶梯层次分布，高收入家庭的数量扩大

根据收入五等分的划分原则，我们将城市和农村家庭分别按照家庭收入水平，依次分成低收入、中低收入、中等收入、中高收入和高收入五种类型。分析发现，城市和农村均出现了从低收入家庭到高收入家庭，家庭消费水平呈阶梯层次分布的状况，即收入水平高的家庭，消费的绝对水平也高。

从消费水平的相对数变化趋势（以低收入为100）来看，从低收入到中高收入家庭，消费水平增长趋势较为平稳，但高收入家庭的消费水平陡然升高，这一方面是因为高消费家庭数量在不断扩大，另一方面也说明高消费家庭的消费水平与一般家庭的差距也在扩大。

此次调查发现，高收入家庭的消费水平与其他几类家庭差距较为明显，高收入家庭的消费绝对数额约等于中等收入加上中高收入家庭的消费数额。以城市为例，中等收入家庭平均消费支出24790.5元，中高收入家庭平均消费支出为31508.7元（见图2－2），两者相加仅比高收入家庭平均消费支出55772.6元高526.6元。

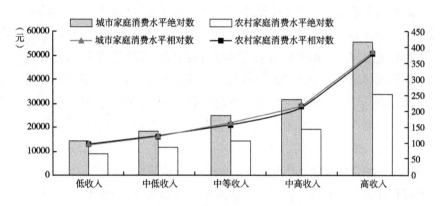

图2－2　按收入划分的城乡消费水平比较

4. 大众耐用消费品普及率较高，农村消费发展潜力巨大

随着市场经济的发展和家庭收入水平的提高，中国商品的消费结构稳步升级，大众耐用消费品日渐普及，彩电、手机等商品每百个家庭保有量已经超过100台（部），冰箱、洗衣机、固定电话等保有量也在60台（部）以上，家用汽车和电脑则成为新的消费热点。

城市和农村家庭在一些耐用消费品保有量上已经比较接近，彩电、固定电话、手机等保有量差异不大，特别是在中低收入家庭中也有了较好的普及。而在冰箱、洗衣机、微波炉、摄像机等日常使用的耐用消费品上还存在比较明显的差异，这与城乡间日常生活方式差异有关。家用电脑和家用汽车作为新兴的耐用消费品，农村家庭的保有量也远远低于城市家庭。

这次调查的一个重要发现是，城乡家庭对于家用汽车、电脑、手机这种新兴耐用消费品，即便是低收入家庭，保有量也比原来预料的高。家庭收入按五等分划分，城市高收入家庭的家用汽车每百户拥有量是27.5部，农村是14.8部，但城市低收入家庭每百户拥有量也有5.3部，农村有2.4部；城市高收入家庭的电脑每百户拥有量是99.0台，农村是26.8台，但城市低收入家庭每百户拥有量也有21.7台，农村有3.1台；城市高收入家庭的手机每百户拥有量是259.5部，农村是235.5部，几乎人手一部，但城市低收入家庭每百户拥有量也有115.4部，农村有75.3部。这说明新兴耐用消费品受到各种消费层次家庭的普遍欢迎，具有很大的消费潜力，随着社会整体收入水平的提高，有希望成为消费的热点。

从消费意愿来看，高收入家庭对上述耐用消费品购买意愿最为强烈，低收入家庭购买意愿也略高于中低收入家庭，这可能与其耐用消费品的保有量低有关，存在必要的购买需求。在大宗的耐用消费品方面，高收入家庭仍然是消费的主要群体，而中低收入家庭相对集中在小件耐用消费品方面。

尽管农村家庭耐用消费品保有量低于城市家庭，但其购买意愿却高于城市家庭，不同层次的农村家庭购买意愿均高于城市家庭。农村市场大众耐用消费品保有量低、购买意愿高的情况，有利于扩大农村消费内需，拉动经济增长。当前，中央实施的"家电下乡"政策，对农村家庭购买家用电器予以补贴，有利于激活农民购买能力，加快农村消费升级，扩大农村消费，促进内需和外需协调发展。但是，农村家庭收入和消费水平较低，尤其是大量农民工返乡，一定程度上也会影响到农村家庭的消费升级。

二 城乡居民家庭的消费差异和问题

1. 城乡家庭消费水平差距较大，消费结构差异明显

调查数据显示，城市家庭的消费水平明显要高于农村家庭的消费水平，城市家庭年均消费数额为28343.6元，比农村家庭的17284.9元高出1万元以上。在各细项中差距最大的三项是食品、住房和教育：食品支出，城市9790.2元，农村5751.0元；住房支出，城市1865.9元，农村484.7元；教育支出，城市3170.5元，农村2069.2元。在其他各细项消费水平上也存在明显的城乡差距。实际上，从调查结果来看，除了日用品和人情往来两项外，城乡家庭消费在各个细项支出上存在较大差距。

在消费结构上，城乡家庭在生存型支出方面不存在明显差异，衣食支出占家庭消费总支出的比例分别为41.4%和40.1%，两者比较接近；而城乡

家庭在发展型支出结构上存在明显差异，特别是在住房和医疗两个方面。城市地区由于近年来房价高企，与住房相关的消费支出比例明显增加，占到消费总支出的 6.6%，远高于农村住房支出的 2.8%。尽管农村医保体系在 2008 年已经基本覆盖全部农村家庭，但由于较低的保障水平，农村家庭在医疗费用支出上的压力仍然未能大幅度降低，农村家庭医疗支出占消费总支出的 12.4%，比城市家庭 9.4% 高出 3 个百分点。农村家庭除医疗支出比例高于城市家庭外，教育和人情往来支出比例也高于城市家庭。此外，文化、娱乐、旅游支出中，尽管消费水平较低，但城乡家庭间差异也很明显：城市平均 717.8 元，占 2.5%，农村平均 180.3 元，占 1.0%，说明农村家庭在文化、娱乐消费方面基本上才刚刚起步。

表 2 - 1 城乡家庭消费水平和消费结构比较

单位：元，%

消费类型	城市家庭		农村家庭	
	金额	比例	金额	比例
住　　房	1865.9	6.6	484.7	2.8
食　　品	9790.2	34.5	5751.0	33.3
衣　　着	1957.6	6.9	1171.7	6.8
医　　疗	2670.9	9.4	2141.6	12.4
交　　通	1425.0	5.0	1107.0	6.4
通　　信	1482.9	5.2	965.8	5.6
教　　育	3170.5	11.2	2069.2	12.0
文化、娱乐、旅游	717.8	2.5	180.3	1.0
电费、水费等日常开销	1935.3	6.8	926.9	5.4
家用电器、家具	1010.7	3.6	567.3	3.3
日用品	467.7	1.7	313.7	1.8
人情往来	1849.1	6.6	1605.7	9.2
合　　计	28343.6	100	17284.9	100

2. 教育、医疗等发展型消费呈刚性特点，低收入家庭生活质量受到影响

从理论上说，恩格尔系数是衡量家庭生活水平的重要指标，一般来说，食品支出占家庭总消费支出的比例越高，家庭生活水平就越低，反之亦然。但调查结果显示，情况并非完全如此。调查发现，低收入家庭的食品支出数额较低，但同时其占消费总支出的比例也较低；城市低收入家庭平均食品支出数额为 4898.8 元，占消费总支出的比例为 34.2%，高于高收入家庭的比例（31.3%），却低于中低收入（39.1%）、中等收入（35%）和中高收入家庭（36.6%）的比例。农村情况类似，低收入家庭平均食品支出占消费总支出的比例为29.8%，低于其他所有家庭的食品支出比例，但其食品的消费水平仅为2637.1元，低于其他家庭。

通过数据分析发现，低收入家庭的恩格尔系数较低的特殊情况，主要是因为城乡低收入家庭为了保证教育和医疗等发展型消费而省吃俭用。换句话说，教育和医疗等发展型消费，是一种比较特殊的消费，它们没有随收入水平的改变而表现出较大的消费弹性，而是具有消费刚性的特点。比如，城市低收入家庭的教育消费数额与中等收入家庭相当，消费比例远高于其他家庭；农村低收入家庭的医疗消费数额与中等收入家庭相当，消费比例远高于其他家庭。此外，城市低收入家庭住房消费支出数额也较高。这些都说明，由于发展型消费数额和比例的增加，消耗了低收入家庭相当部分的支付能力，使其被迫减少生存型消费支出的数额和比例，导致生活质量的降低。

在一般情况下，低收入家庭在消费能力有限的情况下，应当首先减少其发展型消费支出的数额和比例，确保其基本生活的质量，因此通常发展型消费支出的弹性，要高于生存型消费支出。但中国家庭高度重视子女教育的观念以及在多数家庭医疗看病还需要自己付费的情况下，中国低收入家庭更多地依赖省吃俭用来保障这方面的支出。在消费能力有限的情况下，中国低收入家庭消费结构中受影响最大的不是发展型支出，而是生存型支出。这说明加大教育投入和医疗保障，减少普通家庭正常消费的顾虑，有助于释放其他消费，扩大内需。

3. 家庭消费率总体偏低，消费率随收入提高而边际递减

家庭消费率是指家庭消费支出与家庭可支配收入之比，也称为家庭消费倾向。消费率是用以表示家庭消费行为的指标，消费率高意味着人们舍得消费，消费率低意味着人们更倾向于把收入节余用于储蓄而不是提高消费水平。中国家庭的消费率长期低于发达国家和其他同等水平的发展中国家，即期消费率不高。其原因一方面是与中国家庭文化和消费观念有关，长期形成的勤俭持家的优良传统使得大多数中国家庭有积蓄的习惯，另一方面也是为了应对住房、医疗、教育等大宗消费支出的不确定性，家庭长期筹集这方面的开支，压制即期消费。当前，中国经济增长仍然过度依靠固定资产投资和进出口贸易，从长期看，如果家庭支出收入比保持在较低水平，投资对经济的拉动作用就不可能持久。

我们以家庭消费率代表家庭即期消费的倾向，比率越高即期消费倾向越强烈。根据调查结果测算，家庭平均消费率在76%左右，城市家庭消费率为77.6%，高于农村家庭的74.1%，说明城市家庭的即期消费倾向要略高于农村。

不同收入层次的家庭，其消费率的变化呈现规则性的曲线。调查结果表明，不论城市还是农村，家庭消费率随着收入增加而递减（见图2-3）。低收入家庭消费率高达90%以上，这意味着低收入家庭每年收入几乎全部用于消费。而高收入家庭消费率比较低，城市和农村高收入家庭的消费率分别为57.9%和53.9%，意味着高收入家庭每年收入的40%以上用于储蓄和积累。

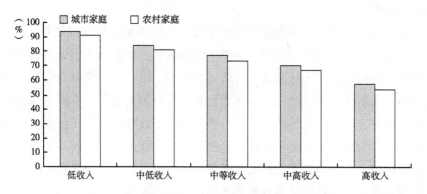

图2-3　城乡按收入水平划分的家庭支出收入比

也就是说，如果从增加收入以刺激消费的角度看，增加低收入家庭的收入比增加高收入家庭的收入，对刺激消费更加有效。如果低收入家庭收入水平提高，其购买力实现程度高，就能够更快、更多地提高消费支出水平。与之相反，高收入家庭收入的增加，将会产生更多的家庭积累和储蓄，不会在短时间内带动商品和服务消费的增长。因而，从刺激消费、扩大内需的角度来看，尽快发挥家庭消费对经济增长的主导作用，提高消费倾向较为强烈的中低收入家庭的消费水平，是一条有效途径。但是，提高中低收入家庭消费水平的关键还是分配问题。低收入家庭的消费能力低，尤其是农村低收入家庭的消费水平更低，必须通过多次分配的机制，缩小城乡间家庭收入和消费水平的差距，提高低收入家庭的收入水平，从而才能在真正意义上扩大内需，增强经济发展的稳定性。另外，从农村家庭收入低于城市家庭，但农村家庭消费率也低于城市家庭这一特殊现象来看，也有一个要在提高农民收入的同时，破除城乡二元结构、转变农村消费习惯的问题。

三　促进消费和扩大内需的意见和建议

在国际金融危机引发中国经济波动、出口萎缩的情况下，促进消费、扩大内需，拉动经济增长，已经成为普遍共识。通过对 2008 年社会状况综合调查的分析，我们认为，为了促进消费、拉动内需，投资的重点应该是民生。要加大就业、教育、医疗、住房、社会保障等领域的投资力度，完善这些领域的公共财政制度，扩大这些领域的公共产品和公共服务供给，逐步消除家庭正常消费的后顾之忧，坚定家庭居民的消费信心，采取鼓励大众消费的积极措施。

1. 认清当前我国家庭消费所处发展阶段，促消费保增长保就业

尽管国际金融危机对我国经济产生深刻影响，经济增长前景出现不稳定的预期，但我国总体上已经进入大众消费阶段，城乡居民家庭面临普遍的消费升级，依靠内需来保持经济快速增长有了很好的基础，城乡家庭和居民收入增长较快，消费日趋活跃。因此，必须下决心转变增长方式，更多依靠内需推动经济的成长。要彻底扭转居民收入和劳动收入在国民收入分配中比例下降的趋势，逐步提高居民收入在国民收入分配中的比重和劳动报酬在初次分配中的比重，增强居民消费对经济增长的拉动作用。

2. 健全住房、医疗和教育制度体系，解除家庭正常消费的后顾之忧

目前中国社会保障体系尚不健全，教育、医疗、住房消费支出的快速增长打乱了正常的消费结构升级的节奏。家庭消费中，教育、医疗消费支出表现出较强的刚性，不但对其他消费支出产生了挤压效应，抑制了家庭正常的消费支出，而且增加了家庭消费的支出预期和危机感，导致储蓄意愿强烈，消费率不高。普通家庭应对教育、医疗、住房消费支出增高的储蓄策略选择，不利于政府实施刺激消费、扩大内需的政策。因而，刺激消费、拉动内需必须建立在包括住房、医疗、教育等一系列社会保障机制相对完备的基础之上，否则，难以形成提高家庭和个人消费意愿、带动国内需求增长的局面。

3. 完善城乡均等的公共服务体系，减少农村家庭公共服务消费支出比例

由于长期存在城乡二元结构，农村公共服务体系不仅长期落后于城市，而且与当前社会经济发展不相适应，严重地影响农村家庭生活质量和消费水平的提高。特别是部分在城市被认定的公共产品，却无法被农村家庭享有。

调查发现，在医疗、教育、交通等公共服务领域，农村家庭的消费支出比例要高于城市。可见，农村家庭购买公共服务的消费支出成为城乡消费结构差异、消费结构和消费水平"倒挂"的重要原因之一。所以，需要切实加快农村社会事业发展，逐步提高农村基本公共服务水平。按照形成城乡经济社会发展一体化新格局的要求，着眼于解决农村民生问题，减少农村家庭公共服务消费支出比例，这样才能有效避免城乡消费水平和结构"倒挂"，合理带动农村家庭消费。

4. 理顺收入分配关系，重点帮扶农村和低收入家庭提高收入水平

收入分配关系不合理导致收入差距不断加大，也拉大了不同类型家庭和人群之间的消费差距。高收入家庭的消费率基本固定，农村和低收入家庭边际消费倾向较高，但实际购买力有限，导致社会整体消费能力下降。调查发现，虽然农村家庭对以家电为主的大众耐用消费品消费意愿高于城市，但农村消费受收入和社会保障水平低的局限而处于相对低迷状态。这说明尽管政府补贴对农村家庭消费起到了刺激作用，但农村家庭的消费能力仍然有限。因而，对农村和低收入家庭而言，提高收入水平才是刺激消费的关键。尤其2009年，经济波动对农村和低收入家庭的收入水平冲击可能更大，所以，重点帮扶农村和低收入家庭提高收入水平，缩小收入差距，有益于提高社会整体消费能力和经济增长的稳定性。

第三章
就业形势的特点和变化

范 雷

近年来，由于中国经济高速增长，就业形势相对平稳。但自 2008 年下半年以来，国际金融危机对我国的影响日益显现，就业形势变得十分严峻，很多中小企业出现经营困难和裁员现象，大量农民工返乡，大学生就业难问题也更加突出，就业成为当前民生问题的焦点。

一 城乡就业状况的基本特点

中国经过 30 多年改革，以计划分配、单一所有制和城乡隔绝为特征的旧就业格局消失了，一个以市场化导向、多种所有制和城乡流动为特征的新就业格局基本形成。在这一市场化转型过程中，就业问题一直是我国社会经济发展中的关键问题，而且在诸多方面面临两难选择：一方面人口基数庞大，造成劳动力供给过剩，另一方面由于劳动力结构不合理，出现了局部的和一定时期的劳动力短缺现象（如民工荒、技工荒）；一方面经济高速发展创造了大量新的就业岗位，另一方面大量新增劳动力和农村剩余劳动力需要就业及转移；一方面我国需要发展劳动密集型企业以便有利于增加就业机会，另一方面我国又需要转变经济增长方式，加快发展技术和资本密集型企业。在这种复杂和快速变化的就业形势中，中国的新型就业格局呈现一系列新的特征。

1. 市场化导向的就业制度初步形成

改革开放以来，经过一段时间的双轨制就业体系的过渡，我国最终确立了市场化导向的就业制度改革方向，其基本目标是稳步培养和推进劳动力市场的发展，建立以市场配置为主导的劳动力市场。

第一，劳动合同制成为市场化导向就业制度的基础。作为突破计划经济下的僵化就业体系的第一步，在 1980 年，劳动合同制试点开始进行。进入 20 世纪 90 年代，劳动合同制改革全面推进，逐步瓦解了传统劳动就业制度下的固定工制度。而 2008 年 1 月《中华人民共和国劳动合同法》的实施，则意味着劳动合同制改革由突破传统就业制度、推进劳动力市场形成，转向规范市场化前提下的劳动用工行为、保障劳动者合法权益。这一历史性的转变或许标志着我国市场化导向的就业体系初步形成。

本次调查结果显示，国有企业及国有控股企业中 84.1% 的职工签订了劳动合同，三资企业中 90.4% 的职工签订了劳动合同，集体企业中 59.8% 的职工签订了劳动合同，而私营企业中签订劳动合同的职工比例也达到 41.9%。同时我们也可以看到，由于《中华人民共和国劳动合同法》中对目前存在的劳动合同短期化问题做出了适当的规范，因此，非公有制企业在 2008 年 1 月以后重新签订劳动合同的职工比例相对较高，其中三资企业更达到 38.3%。

表 3-1　各类企业劳动合同签订情况

	国有企业及国有控股企业		集体企业		私营企业		三资企业	
	频数	百分数	频数	百分数	频数	百分数	频数	百分数
2008 年 1 月前签订的劳动合同，延续到现在	157	58.1	30	36.6	136	20.0	33	35.1
原来签订过合同，2008 年 1 月后重新签订了劳动合同	52	19.3	15	18.3	94	13.8	36	38.3
原来未签订过合同，2008 年 1 月后签订了劳动合同	15	5.6	3	3.7	32	4.7	10	10.6
2008 年才到此单位工作，签订了劳动合同	3	1.1	1	1.2	23	3.4	6	6.4
没有签订劳动合同	41	15.2	31	37.8	390	57.4	9	9.6
不清楚	2	0.7	2	2.4	5	0.7	0	0.0
合　　计	270	100.0	82	100.0	680	100.0	94	100.0

第二，劳动力自由流动日益频繁。市场化导向就业制度的根本特征之一，便是劳动力在就业市场中的自由流动。正是这一流动的存在，才使劳动

力的市场配置得以实现。长期以来，我国城镇劳动力经行政手段分配至单位后，便基本固定下来，很难按照个人意愿进行流动。而改革开放以来，劳动力的自由流动成为市场化导向的就业制度形成的重要基础。从调查结果看，就城镇人口而言，20世纪70年代进入初职的人平均在1.91个单位工作过，20世纪80年代进入初职的人平均在1.99个单位工作过，20世纪90年代进入初职的人平均在2.01个单位工作过。而2000年以后进入初职的人虽然工作年限较短，但其平均工作过的单位数量也达到了1.58个。这一结果虽不能全面描述新中国成立以来我国劳动力工作流动的总体状况，但我们可以从当前城镇就业人员的工作单位变更状况中，看到改革开放以来城镇劳动力日益频繁的流动。

第三，劳动力市场中介对就业的促进作用初步显现。在市场化导向的就业制度中，劳动力市场中介扮演着重要角色，它作为劳动力资源配置的专业化机构，在劳动力就业过程中发挥着节约求职成本、降低求职风险的重要作用。受中国传统的人际交往特征影响，以个人社会关系网络为基础的劳动力求职模式在市场化导向的劳动力流动中依然占据重要位置。在调查中，66.7%的失业人员以委托亲友找工作的方式求职；但我们也看到，14.9%的人曾以在职业介绍机构登记的方式寻找工作，10.5%的人曾以参加招聘会的方式寻找工作，而采取由政府及单位安置的方式寻找工作的比例仅为4.1%。

2. 劳动力市场灵活性增强，非正规就业成为重要的就业形式

由于目前我国劳动力供给过剩及国有企业转型中存在大量下岗人员，20世纪90年代中期以来，鼓励灵活就业作为我国政府积极的就业政策的重要举措之一得到推广。灵活就业以其门槛低、渠道广、进退灵活等特点，在劳动关系、劳动时间、劳动报酬、工作场地等方面与传统的主流就业形式有较大区别，因此由其而产生的非正规就业问题逐渐被人们关注。国际劳工组织在2002年讨论了"非正规"概念，从经营主体角度，将"非正规部门"分为三类：微型企业、家庭企业、独立服务者。吴要武、蔡昉在2006年根据国际劳工组织对非正规就业的定义，结合中国转型过程中的特殊性，界定了9类非正规就业者；[①] 并根据中国劳动和社会保障部2002年的全国66个城

---

① 吴要武、蔡昉：《中国城镇非正规就业：规模与特征》，《中国劳动经济学》2006年第3卷，第69~70页。

市"城市就业与社会保障"抽样调查数据，推断我国非正规就业比例在40.3%~45.2%，非正规就业数量在6551.5万~7512.5万人。

　　在2008年中国社会状况综合调查中，我们参照吴要武、蔡昉的分类标准，对就业人口进行了划分。结果表明：被调查者中非正规就业数量占全部非农就业人数的49.8%。由此可见，非正规就业已成为我国非农就业中重要的就业形式，劳动关系也日趋复杂化。

表3-2　非正规就业者构成

项　目	频数	百分数
受雇于他人，没有正式合同，且不是单位正式职工	413	33.9
家政钟点工，家政服务人员	20	1.6
社区公益岗位	26	2.1
家庭帮工与自营劳动者	468	38.4
受雇于人且工作单位为个体经济性质的劳动者	134	11.0
在正规部门工作，但就业形式为临时工	159	13.0
合　计	1220	100.0

　　从调查结果看，被调查者中的非正规就业人群以初中及以下教育程度、中老年人为主。在教育程度方面，教育程度越低，其人群中非正规就业比例越高。初中以下各类教育程度人群中，非正规就业者比例在60%以上；而大专以上学历者中，正规就业[①]者比例在78%以上。在年龄方面，39岁以下人群的非正规就业比例在40%~45%，而40~59岁人群的非正规就业比例在50%~60%，60岁以上人群的非正规就业比例达到77%以上。总体而言，非正规就业人群中，35岁及以上者占73.93%。在户籍方面，农村户口非农就业人员中近2/3属于非正规就业，而城镇户口中非正规就业比例为40.4%。这表明农村劳动力从事非农就业的最主要形式是非正规就业。

3. 非农就业成为农村居民重要的就业经历

　　改革开放以来，随着我国工业化、城市化进程的快速发展，以及人口流动政策的逐步放松、城市食品等供给制度和劳动用工制度的变化，大批农村

[①]　正规就业者包括在城乡国有、非国有等各类单位的正式职工，或签订劳动合同的非农就业人员。

富余劳动力离开土地。他们或以"离土不离乡"的方式进入本地乡镇企业务工，或以"离土又离乡"的方式进入城市务工经商，从而形成了 20 世纪 80 年代以来我国社会经济发展中规模庞大、作用巨大的新型劳动力大军——农民工群体。到 2004 年两者合计约达 2 亿人，他们成为我国工业化和城市化建设中的重要力量。

农村劳动力的非农就业在一定程度上松动了以往城乡隔绝的就业体系。从调查结果看，至少 63.8% 的农村家庭其成员曾有非农就业的经历，而目前仍有成员从事非农职业的家庭至少占 55.7%。就个人而言，43.25% 的人有着非农就业的经历，其中 1/4 的人在从事非农职业后回乡务农，目前仍有 26.41% 的农村户籍人口正在从事非农职业。这就意味着全国 7 亿农村户籍人口中，有 3 亿人有过非农就业经历，而其中有近 8000 万人回到乡村，重新务农。

改革开放以来的农村户籍人口非农就业经历塑造了三个不同群体，即非农就业群体、非农就业后回乡务农群体、无非农就业经历的务农群体。他们在个体特征上有着较为明显的区别。

非农就业后回乡务农群体中，男性占 63.7%，平均年龄为 43.2 岁，35～54 岁的占 56.9%，教育程度以初中为主，高中及以上的占 9.6%，这一方面表明早期农村居民非农就业以男性居多，另一方面表明个体生命周期在农村中年非农就业人员回乡方面起着较大的作用；而无非农就业经历的务农群体则以女性占多数，其比例为 62.2%，平均年龄为 48.27 岁，40～59 岁的占 62.7%，教育程度则以小学及以下为主，高中及以上的仅占 4.0%，表明性别及教育程度是早期农村居民非农就业的主要影响因素；非农就业群体中男性占 55.4%，平均年龄为 38.7 岁，44 岁以下占 70.2%，教育程度以初中为主，高中及以上的占 22.0%。目前非农就业群体中两性差距的缩小，表明随着近年来女性受教育程度的提高，其有非农就业经历者较以往有所增加。

二　城乡就业方面存在的问题

在我国劳动力市场形成和发育的过程中，农民工流动就业、下岗职工再就业、扩招后的大学生就业，以及逐渐为人们所关注的非正规就业等，构成了我国就业方面突出的群体性问题。

1. 失业问题有所加剧

改革开放以后，因知识青年回城和国有企业职工下岗，曾有过两次政策性或体制性原因造成的较大规模的失业现象。而目前随着市场导向就业制度的初步建立，国内外经济状况波动对我国就业市场的影响也越来越明显。

过去我国曾长期回避失业率问题，直到 1994 年，我国才正式使用"失业"和"城镇登记失业率"概念。从公布的失业率统计看，无论是城镇登记失业人员年末人数、城镇登记失业率还是城镇调查失业率，自 20 世纪 90 年代以来总体均呈上升趋势。尤其是 2000 年以来三项数据均在高位运行，其中：城镇登记失业人员年末人数近年达到 800 万人以上，登记失业率也达到 4% 以上，调查失业率在 2000 年达到 8.12%，2001～2005 年则大致稳定在 5%～6%。我们这次依据的 2008 年调查数据显示，城镇调查失业率达到 9.6%（见图 3-1）。

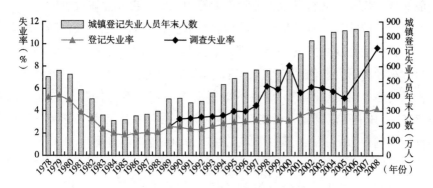

**图 3-1　1978 年以来中国城镇登记失业人员年末人数、
登记失业率、调查失业率**

* 城镇登记失业人员年末人数、登记失业率为历年《中国统计年鉴》数据；1989～1999 年、2001～2004 年调查失业率来自蔡昉主编《人口与劳动绿皮书（2007）》（社会科学文献出版社，2007），第 47 页；2000 年调查失业率根据 2000 年全国人口普查数据计算；2005 年调查失业率根据 2005 年全国 1% 人口抽样调查数据计算；2008 年调查失业率为中国社会科学院社会学研究所在 2008 年 5～8 月进行的全国社会状况综合调查数据，李培林、陈光金：《力挽狂澜：中国社会发展迎接新挑战——2008～2009 年中国社会形势分析与预测总报告》，载《2009 年中国社会形势分析与预测》，社会科学文献出版社，2008，第 8 页；2008 年城镇登记失业率为人力资源和社会保障部公布的 2008 年第四季度数据。

** 由于以上调查失业率数据来自不同调查，受其各自调查范围、抽样方式、概念界定、调查实施等差异因素影响，其调查失业率结果也不存在可比性。

第一，就城镇失业者构成看，初中及以下教育程度及中年人群成为失业者主体。其中：

在城镇失业者教育程度方面，小学及以下占15.9%，初中占40.1%，高中（含中专、技校、职高）占33.0%，大专及以上占11.0%，表明失业者以初中以下教育程度为主，但大专及以上人群也占一成以上。

在城镇失业者年龄方面，24岁及以下占11.5%，25～34岁占19.4%，35～44岁占29.5%，45～54岁占29.5%，55岁及以上占10.1%，表明失业者以35～54岁的中年人为主，但34岁及以下的青年也占近1/3。

在户籍方面，农村户口占16.7%，城镇户口占83.3%，表明农村进城务工人员在城镇失业者中已占一定比例。

从失业年数看，不足一年的占21.3%，1年的占10.6%，2年的占5.9%，3年的占6.9%，4年的占5.3%，5年及以上的占50%。这表明在2008年失业人口增长迅速的同时，以往的长期失业人口的比例也居高不下。一般而言，长期失业将导致失业者就业能力减弱，再就业难度加大。

第二，城镇失业者的社会保障程度较低。目前的城镇社会保障依就业类型、所属行业存在较大的差异。都阳、高文书用2003年中国社会科学院人口与劳动经济研究所的"流动人口社区调查"数据，对比了本地劳动力与农民工的参保情况。其中，单就本地劳动力而言，养老保险的参保比例在77.35%，其中正规就业人员在60%～80%，而自雇者仅为30%；医疗保险的参保比例在70.23%，其中个体工商户为30.77%，自雇者为35%；失业保险的参保比例在37.13%，其中私营企业仅为4.35%；工伤保险的参保比例为29.08%，其中私营企业为13.04%。就行业而言，社会服务业就业人员的各项参保比例均低于其他行业。①

本次调查所显示的城镇就业人员的各项社会保障参保率较低，而城镇失业人员的参保率等低于就业人员。仅城镇最低生活保障一项失业人口的拥有比例略高于就业人口，其余各项均远低于城镇就业人员（见表3-3）。

第三，城镇失业人口家庭面临的生活压力高于城镇就业人口家庭。调查表明：城镇失业人口家庭遇到的生活压力问题比例在大部分项目上高于城镇就业人口家庭，"物价上涨，影响生活水平""家人无业、失业或工作不稳定""家庭收入低，日常生活困难"列城镇失业人口家庭遇到的生活压力

---

① 都阳、高文书：《中国离一元社会保障体系有多远》，《中国劳动经济学》2005年第2卷。

表 3 - 3　城镇就业人员与失业人员拥有各类社会保障情况

项　　目	城镇失业人员		城镇就业人员	
	频　数	百分数	频　　数	百分数
城镇基本养老保险	62	27.3	902	41.7
城镇职工基本医疗保险(包括公费医疗)	37	16.3	855	39.5
失业保险	10	4.4	511	23.6
工伤保险	2	0.9	435	20.1
城乡最低生活保障	16	7.0	98	4.5

问题比例最高的前三位，其中"家人无业、失业或工作不稳定""家庭收入低，日常生活困难"两项高于城镇就业人口家庭 25% 以上（见表 3 - 4）。

表 3 - 4　城镇就业人口与失业人口家庭遇到的生活压力情况

单位：%

项　　目	城镇失业人员(A)	城镇就业人员(B)	(A - B)
物价上涨,影响生活水平	93.8	85.2	8.6
家人无业、失业或工作不稳定	81.3	39.4	41.9
家庭收入低,日常生活困难	72.8	45.2	27.6
住房条件差,建/买不起房	58.9	49.2	9.7
医疗支出大,难以承受	49.1	34.1	15.0
子女教育费用高,难以承受	37.9	31.2	6.7
社会风气不好,担心被欺骗和家人学坏	36.6	31.2	5.4
社会治安不好,常常担惊受怕	34.4	28.9	5.5
人情支出大,难以承受	31.7	31.4	0.3
赡养老人负担过重	26.3	19.2	7.1
子女管教困难,十分累心	17.9	20.4	-2.5
工作负担过重,吃不消	14.7	29.1	-14.4
家庭成员有矛盾,烦心得很	11.2	9.1	2.1

　　第四，潜在失业者群体的存在值得关注。在调查中我们可以看到一个城镇无业者群体的存在，其规模略小于失业者群体，但其同样为适龄劳动力群体中有能力就业的人群。他们与失业者的区别，仅在于调查时表示其没有找工作，因而按照失业率计算标准被划分到城镇无业者群体，排除在经济活动人口之外，但他们又表现出明确的就业意愿。在有关失业问题的研究中，通常称其为"潜在失业者"。从人群特征看，我们可以发现：该群体以女性为

主体（女性占 68.1%，男性为 31.9%），初中及以下教育程度占 67.6%，其中 73.3% 是 2000 年及以后失去工作的。从年龄构成看，城镇无业者群体年龄偏高，45 岁以上占 58.8%；而城镇失业者群体则以 35~49 岁居多，占 47.6%。可以推测，同样失去工作后，中青年人偏向于找工作，而成为失业者；以中老年女性为主的人群则放弃寻找工作，成为潜在失业者。但这仅仅是统计指标上的分别，对于这些无业者来说，其生活状态与失业者无异。就城镇失业者和城镇潜在失业者合计规模而言，则在被调查者中，两者合计人数约占城镇经济活动人数的 16.6%。因此，我们应给予这些城镇潜在失业者以与城镇失业者同等的关注。

2. 非正规就业人群的社会保障水平及就业质量亟待提高

在我国适度推进灵活就业政策中，增加就业的灵活性与强化就业的安全性，始终是人们关注的焦点，其中非正规就业人群的社会保障及就业质量等问题尤为突出。从本次调查的结果看，非正规就业人群普遍存在社会保障程度和工资收入较低、工作时间较长等问题。[①]

从社会保障程度看，非正规就业人群享有的社会保障比例较低。正规就业人群中 62.3% 的人有城镇基本养老保险，而非正规就业人群中仅为 19.5%；正规就业人群中 67.4% 的人有城镇职工基本医疗保险，而非正规就业人群中仅为 14.8%；正规就业人群中 45.8% 的人有失业保险，而非正规就业人群中仅为 4.3%；正规就业人群中 41.7% 的人有工伤保险，而非正规就业人群中仅为 5.2%；正规就业人群中 5.4% 的人有城乡最低生活保障，而非正规就业人群中仅为 3.4%。

从工资收入看，正规就业者平均月工资收入为 1896 元，非正规就业者为 1085 元；正规就业者中月工资收入在 999 元以下的占 17.5%，而非正规就业者中则占 52.3%。

从周工作时间看，正规就业者平均周工作时间为 46.25 小时，而非正规就业者为 56.91 小时。吴要武、蔡昉的分析结果也表明，正规就业者平均周工作时间为 42.99 小时，而非正规就业者平均周工作时间为 51.79 小时；[②] 正规就业者工作时间在 59 小时以下者占 89%，而非正规就业者则占 59.3%。

---

① 此部分正规就业人群分析不包括个体工商户雇主、私营企业主群体。
② 吴要武、蔡昉：《中国城镇非正规就业：规模与特征》，《中国劳动经济学》2006 年第 3 卷，第 75 页。

3. 城乡隔绝的就业制度虽被打破，但城乡分割的就业市场依然存在

农村户籍人口中的日益普遍的非农就业经历打破了长期以来城乡隔绝的就业制度，为农村劳动力转移、促进我国城镇化建设创造了条件。但受各种因素的影响，农村户籍人口的非农就业尚未充分实现经农村劳动力向城镇的转移，进而通过农村进城务工人员在城镇的社会融入，最终达成农村人口向城镇人口的转变。其中，城乡就业市场的分割状况是重要原因之一。

这一城乡分割的就业市场主要表现在两个方面：第一，城乡分割为城镇户籍人口几乎不愿参与的农村就业市场和农村户籍人口有限参与的城市就业市场；第二，城乡就业市场中又依据正规部门与非正规部门、国有（集体）与非国有进一步分割。从调查结果看，城镇户籍人口在城镇就业市场的各领域均占有绝对优势，其中在国有（集体）单位全职就业比例达到 96.0%；而农村户籍人口在农村就业市场中占较大比例，但他们在城镇就业市场中，也仅有 10.0% 的人参与其中，且主要集中于非正规就业领域（见表 3 - 5）。

表 3 - 5　不同户籍就业者的就业市场构成

项　　目		农村户籍就业者		城镇户籍就业者		各就业市场中城镇户籍就业者所占比例 B/（A + B）× 100
		频数 A	百分数	频数 B	百分数	百分数
城镇就业市　场	国有全职就业	23	0.6	548	36.3	96.0
	非国有全职就业	94	2.6	301	19.9	76.2
	非正规就业	247	6.7	535	35.5	68.4
农村就业市　场	国有全职就业	44	1.2	21	1.4	32.3
	非国有全职就业	248	6.7	25	1.7	9.2
	非正规就业	419	11.4	26	1.7	5.8
	兼业务农	331	9.0	7	0.5	2.1
	全职务农	2275	61.8	46	3.0	2.0
合　　计		3681	100.0	1509	100.0	—

这一城乡分割的就业市场的存在，使农村户籍人口通过从事非农职业以实现彻底的非农化的空间受到限制。在户籍制度限制、城市就业机会少、生活成本高、务工收入低、社会地位低、工作生活条件差以及与家人分离等因素影响下，回乡务农成为这些从事非农就业的农村户籍人口的最终选择。从相关调查结果看，据农村家人估计，外出农民工 89.7% 会回家；据农民工自己认为，56.6% 的人在未来打算回家乡，但绝大多数农民工视家乡为自己

的归宿。① 这就导致前面提到的农村以中年男性为主体的非农就业后回乡务农群体的出现。而这种非农就业也仅仅作为一种重要经历而存在。

三 扩大和促进就业的相关建议

改革开放 30 多年来，市场化导向就业制度的初步确立，为我国经济发展奠定了以市场效率原则配置的劳动力基础。随着这一就业制度的确立，继续推进积极的就业政策、加快建立与就业相关的社会保障体系、着力改善就业环境、进一步提高劳动力素质就成为今后面临的主要问题。在当前国际金融危机对我国经济和就业产生深刻影响的背景下，我们必须实行更加积极的就业政策，以便渡过当前的就业难关。

1. 实行就业优先的经济振兴计划

随着我国产业结构的升级，我国经济增长的就业弹性持续下降。20 世纪 90 年代，GDP 每增长 1 个百分点，就业人数平均增加 80 万人左右。2003 年以来，我国进入"高增长、低就业"时期，2003 年就业弹性系数为 0.1，2005 年以来更降到 0.08，GDP 每增长 1 个百分点，就业人数仅增加 63 万人。在这种情况下，相当多的投资增长计划，都可能是"低就业"甚至"无就业"增长计划。所以，应当实行就业优先的经济振兴计划，投资盯住就业，把促进就业作为振兴经济的首要目标。

2. 更加积极地鼓励和规范灵活就业

鼓励灵活就业是各国应对失业问题的措施之一，近年来一些发达国家的非正规就业人员占全部从业人员比重也不断上升，而发展中国家则更将促进灵活就业作为解决就业问题的重要手段。从本次调查的情况看，目前非正规就业人群占全部非农就业人员的 49.8%，表明非正规就业形式现实地承担着扩大就业的重任。

对于非正规就业人员中的自营劳动者而言，其就业动机主要是生存的需要，且非完全是其个人的意愿选择，因此在相关政策、措施方面必须以低门槛为原则。除了简化自主经营手续、减免税费等外，还应强化城镇管理部门的服务意识，为自主经营者创造良好的经营环境和经营条件。

对于非正规就业人员中受雇于他人的劳动者而言，加强其劳动权利保护

① 李强：《影响中国城乡流动人口的推力与拉力因素分析》，《中国社会科学》2003 年第 1 期。

便成为重要方面。有关研究表明：自 20 世纪 90 年代中期以来，劳动争议案件数量呈攀升之势，而其原因在一定程度上与非正规就业大量增加，劳动者法定权利得不到保障有关。劳动条件、工作环境的恶化使劳动者的就业稳定感下降，也是造成短期失业率升高的主要原因之一。

3. 重视把农民工转变为新市民的社会意义

目前大中城市在户籍制度、分割的城乡就业市场等方面对农民工定居产生了较大的阻力，导致外出务工农民无法在大中城市定居和就业，1/4 左右的农民工最终在其生命周期的影响下，选择回乡务农。随着我国户籍制度改革的方向由全面改革向以小城镇户籍改革为重点转移，本地城镇在户口制度上对务工农民定居的制度性排斥力量减弱，有助于非农就业的农村居民彻底离开土地，促进农村非农化与城镇化的同步发展。

与 20 世纪 90 年代初期第一代农民工将非农就业经历更多地视为收入增加的渠道不同，2000 年以来的进城务工农民对其非农就业经历，有着提高自身及子女社会经济状况和社会地位状况的期待，城乡间因就业而发生的个人地理空间流动，开始包含着以城乡差异为基础的个人向上的社会流动的愿望。近年来一些大中城市出现的进城务工农民随迁子女接受流入地义务教育人数逐年上升的现象，就表明新一代农民工在进城务工提高收入的同时，也希望分享城市优质教育资源以改善子女的受教育条件。因此，通过非农就业从而实现在城镇定居已逐渐成为农民外出务工的生活预期和决策机制的组成部分之一。

受全球金融危机影响，原在东部发达地区务工的部分农民工开始回流。但与以往农民工回流主要以回乡务农为主的情况不同的是，此次农民工回流过程中"回城不回乡"成为重要特点，农民工回流的首选地区是本省的城镇而非原籍农村。这就给今后的农村劳动力流动提出了新的问题，传统的城乡人口流动理论所揭示的农村劳动力单向一次性或分阶段在城市流动—沉淀模式，或许会在我国特殊国情下，演变为双向的流出—回流—沉淀模式。因此，在中小城镇就业政策及就业环境同步改善的前提下，这一流出—回流—沉淀模式将对我国城市化发展带来新的变化。目前的农民工回流与农民工在城镇流动—定居的生活预期结合，将成为现实意义上的我国农村人口城市化的途径。

4. 重视职业教育，尤其是高等职业教育的发展，提高劳动力素质

劳动者的就业状况、就业质量与其个人教育程度密切相关，同时全社会劳动力素质水平也决定了我国社会经济发展的质量、规模，因此提高劳动力素质，有助于从根本上解决目前在就业方面存在的结构性问题，为经济增长方式的转变提供人力资源保障。自 20 世纪 90 年代末普通高中快速发展，普通高等教育扩大招生后，我国职业教育发展一度倒退，规模缩小、生源质量下降、教师流失。尽管近年来我国职业教育有所恢复，但总体上与社会经济发展要求存在一定的差距。在高等教育方面，普通高校精英教育比例较大，高等职业教育比例较小，且存在过分强调学科知识教学，忽视职业岗位实践的问题。因此调整高等教育结构，加快高等职业教育的发展，是从可持续发展的角度解决就业问题的必然选择。

5. 逐步建立调查失业率的监控和公布制度

失业率数字一般被视为能够反映整体经济状况的指标。在社会统计比较发达的国家，失业率往往是每个月最先发表的经济数据，所以它是市场上最为敏感的月度社会经济指标。很多国家都根据失业率来调整利率、工资价格等。失业率同时也是重要的社会指标，是社会政策调整的重要依据。所以，现在多数发达国家和地区，每月都要公布失业率，每季度要公布调整后的数据。我国应按照国际可比较的失业率统计口径，设立专门的城镇调查失业率的统计、监控和公布制度，使失业率指标成为宏观决策的主要依据。

第四章
城乡居民社会保障状况

张丽萍

在国际金融危机的影响下，我国经济形势也出现较大波动，在这种情况下，加快建立覆盖城乡的社会保障体系，完善社会保障的各项制度，使社会保障制度起到经济"减震器"和社会"稳定器"的作用，对于保障居民基本生活，稳定居民消费预期，维护社会和谐稳定，都是十分重要的。

一 社会保障体系建设成就显著

1. 覆盖城乡居民的社会保障体系框架基本形成

近若干年来，我国社会保障发展迅速，在制度建设上坚持"广覆盖、保基本、多层次、可持续"的方针，一个覆盖城乡居民的社会保障体系框架已经基本形成。根据国家人力资源和社会保障部公布的数据，截至2008年底，全国参加城镇基本养老保险、基本医疗保险和失业保险的人数，分别达到2.19亿人、3.17亿人和1.24亿人。

现在，一个以养老、医疗、失业和最低生活保障等制度为核心的社会保障体系，正在快速发展和推进，成为实现"学有所教、劳有所得、病有所医、老有所养、住有所居"目标的重要保证，适应社会主义市场经济的社会保障网初步建立。

2. 城乡居民对社会保障的满意度明显上升

根据我们这次2008年的全国调查结果，城乡居民对政府社会保障工作的满意度明显上升，尤其是对医疗服务的满意度，上升幅度较大。2008年的调查与 2006 年的同类调查相比较，城乡居民对政府社会保障工作的满意的比例由 2006 年的 47.5% 上升到 2008 年的 62.5%，不满意的比例由 41.7% 下降到 30.8%；城乡居民对医疗服务满意的比例，由 2006 年的 57.8% 上升到 2008 年的 71.5%，不满意的由 36.9% 下降到 24.4%（见表 4-1）。

表 4-1 城乡居民对政府社会保障工作和医疗服务的满意度

单位：%

项 目	提供好的医疗卫生服务		为群众提供普遍的社会保障	
	2006 年	2008 年	2006 年	2008 年
很 满 意	6.7	11.9	7.6	11.1
比较满意	51.1	59.6	39.9	51.4
不太满意	28.9	20.4	31.3	24.3
很不满意	8.0	4.0	10.4	6.5
不 清 楚	5.3	3.9	10.8	6.7

同时医疗支出对居民的生活压力也有所减轻。在 2006 年的调查中，对于"生活压力"问题的调查数据显示，45.5% 的居民认为"医疗支出大，居民难以承受"，而在 2008 年的调查中，这一比例下降为 37.6%，其中 23.2% 的居民认为"压力很大"，11.8% 的居民认为"有一些压力"。

3. 城乡居民医药费完全自理的比例大幅度下降

城镇职工基本医疗保险、城镇居民医疗保障、农村新型合作医疗三条保障线，从制度上实现了城乡居民的全覆盖。近几年来，我国医疗保障体系覆盖面的扩展，以前所未有的速度快速推进，已经基本实现了全民覆盖的制度建设。

医疗保障体系建设的快速推进，取得了明显的效果。2008 年的调查结果显示，城乡居民医疗费"完全自理"的比例降低幅度非常大。在 2006 年的同类调查中，对"如果生了病，医疗费能否报销"的问题，65.2% 的城乡居民回答"完全自理"，而根据 2008 年的调查结果，这一比例降低为 24.7%。

农村新型合作医疗扩展覆盖面发挥的作用更加明显。在 2006 年的调查中，农村居民医疗费"完全自理"的占 72.7%，城镇居民医疗费"完全自理"的占 56.6%，农村居民医疗费需要完全自理的比例远高于城镇居民；而根据 2008 年的调查结果，农村居民医疗费需要完全自理的比例，从 2006 年的 72.7% 大幅度降到 2008 年的 17.2%，城镇居民医疗费"完全自理"的比例，也从 2006 年的 56.6% 降到 2008 年的 33.1%。

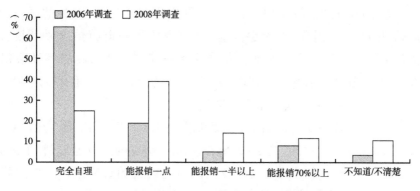

图 4 - 1　城乡居民的医疗费支出的自理比例情况

4. 相当比例的农民工享有了社会保障

农民工的社会保障问题也一直广受关注。本次调查的数据显示，农民工参加的社会保障制度比较多样化。在养老方面，他们参加的保险既包括城镇养老保险，也有农村社会养老保险；在医疗方面，他们参加的保险既有城镇职工医疗保险和城镇居民医疗保险，也有新型农村合作医疗。无论是传统意义上的城镇还是农村的保障体系都覆盖了一定比例的农民工；虽然与非农户口的就业者相比，他们享有的社会保障待遇还不是很高，但他们的社会保障覆盖程度明显提高。本次调查数据显示，在城镇工作的农民工，参加农村新型合作医疗的比例很高，参合率为 62% 。有 1/4 在正规部门就业的农民工，享有城镇职工医疗保险，有失业保险的占 14% 左右，参加工伤保险的为 36% 。使农民工逐步享有社会保障，是一件与取消农业税具有同样历史性意义的重大举措。

二　社会保障制度需要加快完善的几个方面

我国社会保障制度的建设取得了很大成就，但经济波动、人口老龄化的加剧、人口迁移流动的加快、就业形式的多样化等，都要求我国社会保障制度加快完善。

1. 养老保险尤其是农村养老保险覆盖率亟待提高

养老保障一直是居民关注的热点问题之一。随着老龄化的加剧，家庭结构日益小型化，家庭保障功能逐渐弱化，传统的家庭代际养老模式受到很大的挑战，城乡居民对城乡养老保险及相关服务的需求快速提升。在本次调查中，养老保障问题在调查的 18 个社会问题中排在第 7 位，18% 的居民认为养老保障问题是我国重大的社会问题。养老等社会保障问题的解决程度，也直接影响到居民的社会公平感。从本次调查来看，认为养老等社会保障"比较公平"和"很公平"的刚刚超过一半，为 50.04%，还有接近 40% 的居民认为"很不公平"或"不大公平"。

从国家统计局 2007 年全国人口变动情况抽样调查数据来看，全国 60 岁以上的人口占总人口的比重为 13.64%，50～59 岁的人口也占到 13.94%，所以解决好养老保障问题是应对我国人口老龄化的重要策略。根据我们 2008 年的这次调查，接近 1/3 的家庭中有 60 岁及以上的老年人，其中有一个老年人的家庭占 18%，两个老年人的家庭超过 13%；从家庭人口数来看，在所有一人户家庭中，35.2% 的一人户是 60 岁以上的老年人；所有两人户家庭中，两个 60 岁以上老年人的占 1/3。而从收入来看，无论是城市还是乡村，家中老年人数越多，家庭年人均收入越低，所以无论城乡，有老年人的家庭户的收入都相对较低（见图 4-2）。

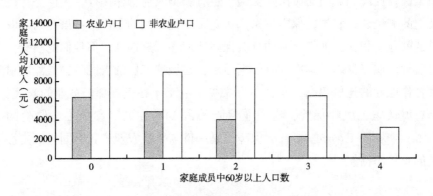

图 4-2　城乡家庭收入与老年人口数量

根据 2008 年的这次调查，在 18～69 岁的拥有城镇户籍的人口中，有 53% 的人参加了城镇养老保险（包含城镇基本养老保险和企业补充养老保险），而在 18～69 岁的拥有农村户籍的人口中，参加养老保险的仅有 5.6%。我国农村历来以家庭代际养老为主，20 世纪 90 年代以后，部分地区根据农村社会经济发展实际，按照"个人缴费为主、集体补助为辅、政府给予政策扶持"的原则，建立了个人账户积累式的养老保险，但后来一度因资金管理等方面的原因而被迫停止。从 2004 年开始，国家对农村部分计划生育家庭实行奖励扶助制度的试点：农村只有一个子女或两个女孩的计划生育夫妇，每人从年满 60 周岁起享受年均不低于 600 元的奖励扶助金，直到亡故为止。奖励扶助金由中央和地方政府共同负担。奖励扶助制度的实施在农民中引起极大反响，但这一政策是面向计生户的。到 2006 年，共有 134.7 万人受惠，目前覆盖面还相对有限。因此，在实行新型农村合作医疗制度和农村最低生活保障制度之后，需要着重考虑加快农村养老保险的试点工作，扩大农村养老保险的覆盖面。

2. 解决医疗问题依然是改善民生的重点之一

医疗作为关系到民生的大事之一，一直为城镇居民所关注。在 2006 年的同类调查中，"看病难、看病贵"是排在第一位的社会问题。尽管这两年医疗保障和医疗服务工作取得了明显进展和很大成绩，但在 2008 年这次全国调查中，"看病难、看病贵"问题依然排在第二位，是仅次于"物价问题"的社会问题。考虑到目前物价已经大幅度回落，解决"看病难、看病贵"问题在解决民生问题中的重要性更加凸显。分城乡看，39.6% 的城镇居民和 44.1% 的农村居民认为，"看病难、看病贵"是重大的社会问题之一。

"看病贵"表现为居民看病的绝对支出较高。根据有关调查，目前在城乡居民低收入家庭中，因病致贫的家庭显著增加。从调查结果看，2007 年城乡居民家庭消费总支出中，医疗支出占 10.6%，仅次于食品支出和教育支出，排在第三位。其中城镇居民家庭医疗支出占消费总支出的 9.4%，农村居民家庭的医疗支出的绝对数低于城镇，但占消费总支出的比例要高于城镇。由于调查口径的差异，卫生部门的数据显示，城镇居民 1990 年医疗保健支出占人均年消费支出的 2%，1995 年为 3.1%，2000 年上升为 6.4%，2005 年为 7.6%。但从 2006 年开始，这一比例开始下降，2007 年为 7%。但与其他国家和地区相比，家庭消费中医疗保健支出也相对较高，2005 年英国医疗保健支出在家庭消费结构中的比例为 1.6%、法国为 3.4%、德国为 4.6%、意大利为 3.2%。

3. 失业保险的覆盖面需要进一步扩大

从 20 世纪 90 年代中期至今，我国下岗失业问题的总人数增加，城镇登记失业人数急剧攀升，近五年来每年都在 800 万人以上。

但是，目前的失业保险覆盖面依然偏小，有相当部分的失业人员得不到失业保险的救助。属于登记失业范围内的失业人员，无论是再就业、自谋职业还是在养老医疗保险等方面，国家都有相关的优惠政策；而登记失业以外的失业人员，例如一部分改制的国有企业职工，因企业停产而失去工作，但企业没破产，下岗没依据，上岗没工作，生活费没处要，低保享受不了；还有一部分停产企业没有缴纳失业保险金，职工失业后也无法享受失业保险。总之，目前有相当一部分实际失业人员，并不能享受失业保险金，也没有统计在需要救助的失业人员中。

根据 2008 年的调查数据，在 18~60 岁的城镇失业者中，参加养老保险的比例是 31.3%，参加医疗保险的比例为 37.4%，而参加失业保险的比例仅为 6.1%，享有城镇最低生活保障的有 5%。根据调查，在失业保险方面，不同类型的企业，参加失业保险的比例差异也很大。参加失业保险的人员比例，最高的是国有企业，为 58.1%；其次是三资企业，为 36%，集体企业为 28.4%；而民办非企业单位和私营企业的失业保险覆盖率都略高于 12%。失业保险的调查覆盖率，要低于国家统计部门公布的数据，这主要是因为统计口径的不同，因为在调查数据中，不同类型企业的员工都包含了相当比例的农民工。

4. 要完善非公有制企业和非正规就业者的社会保险制度

根据我们 2008 年的这次调查，目前社会保障的享有状况，仍与就业单位的性质有紧密关联，公有制单位比非公有制单位的社会保障程度要高很多。调查数据显示，在目前就业的 18~60 岁的人口中，就职于公有制机构和三资企业的人员，养老保险的覆盖率较高。比如在国有企业和集体企业，城镇养老保险的覆盖率都在 60%~80%，三资企业也接近 60%。但在私营企业中，就业人员的养老保险享有的比例只有 33%。就业于个体机构和没有固定单位的人员，享有城镇养老保险的比例仅为 17% 左右。

不同类型单位就业人员的医疗保障覆盖率都在 65%~90%，但国有及国有控股企业、集体企业和三资企业的员工，主要以参加城镇职工医疗保险为主，参保率分别为 69%、47.8%、43.0%；私营企业、民办非企业单位的员工和个体工商户，则以参加农村新型合作医疗为主，参加城镇职工医疗保险的人员比例较低；特别是个体工商户，参加"新农合"的比例超过50%，而参加城镇职工医疗保险的仅有 5.4%，另外还有 12.5% 的人参加的是城镇居民医疗保险（见图 4-3）。

5. 参保人群的年龄老化问题需要引起注意

随着经济社会的发展、人民生活水平的改善和医疗技术水平的提高，居

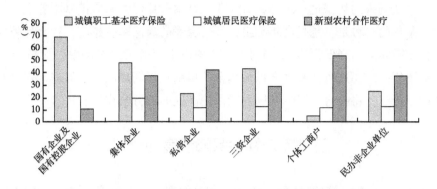

图 4 - 3　不同类型单位人员参加医疗保险情况

民的人均预期寿命也不断提高，居民的年龄结构趋于老龄化，老龄人口绝对量也在快速增加，居民家庭的老年抚养系数在提高，社会对老龄人口的养老保障、医疗保障以及相应的社会福利事业的负担也因此增加。社会保障参保人员的年龄结构也逐渐老化，社会保障基金的支付压力越来越大，我们必须及早对参保人员结构老龄化问题进行研究。以参加基本养老保险的数据为例，在 20 世纪 90 年代初，参保的在职职工与离退休职工的比例是 5.4：1，到 90 年代中期上升到 4：1，而到 2007 年这一比例为 3.06：1。

表 4 - 2　不同年龄城镇居民参加城镇社会保险的比例

单位：%，人

年龄组	城镇基本养老保险	企业补充养老保险（包括企业年金）	城镇职工基本医疗保险(包括公费医疗)	城镇居民医疗保险	样本量
18～19 岁	11.2	1.1	6.7	26.7	89
20～24 岁	19.9	4.3	16.8	18.3	186
25～29 岁	36.7	14.0	30.2	18.7	215
30～34 岁	42.9	9.7	38.2	19.7	259
35～39 岁	43.5	13.8	37.1	25.2	333
40～44 岁	42.3	14.7	37.2	23.7	333
45～49 岁	50.7	17.2	46.5	26.4	274
50～54 岁	53.4	18.0	51.3	20.6	268
55～59 岁	55.8	15.8	57.2	23.7	215
60～64 岁	59.3	10.7	55.1	23.8	167
65～69 岁	55.4	24.8	55.5	22.5	139

本次调查的数据也显示，在城镇职工基本医疗保险和城镇基本养老保险中，基本的趋势是，越是高年龄组，社会保障的参保率就越高，社会保障的参保率随年龄的降低而递减，特别是50岁以上年龄组的参保率明显高于50岁以下年龄组。这意味着养老保险基金负担系数逐渐提高，一旦养老保险基金收不抵支，将会直接影响我国养老保险制度的运行及作用发挥。

三　完善社会保障制度的建议

在当前全球经济危机的大背景下，促进消费、扩大内需，拉动经济增长，已经成为普遍共识。而未来养老、医疗及教育的成本的不确定性影响着每个家庭的储蓄，抑制了家庭正常的消费支出，而只有消除这种不确定性才能促进个人消费。近几年社会保险的覆盖范围迅速扩大，医疗养老等对居民的生活压力有所下降。社会保障体系的建立，使更多家庭有了规避生活风险的能力。进一步完善社会保障体系，有助于逐步消除家庭正常消费的后顾之忧，稳定消费预期，坚定家庭居民的消费信心，使居民放心消费，从而扩大内需。

1. 进一步巩固城乡社会保险发展成果，切实提高保障能力

经过几年的努力，社会保险的覆盖范围迅速扩大，但还需要继续努力，巩固这一成果。尤其是实行缴一年费保一年的险种，还需要增加吸引力，一方面提高保障水平，使参保群众切实受益，另一方面建立连续缴费参保的激励机制，通过扩大保险的覆盖面，增加居民社保基金的支出能力；达到保险"大数法则"的要求，促进社会保障事业健康发展；同时还要加强宣传，提高各项社会保障政策的知晓率。调查发现，很多参加各种类别医疗保险的居民都有超过15%的人不知道报销的比例，这说明在扩大社会保障覆盖面的同时，还需要更细致的工作，使居民了解参加保险后可以获得的利益。这样一方面可以解决看病贵的问题，另一方面可以使保障体系保持良好的运行态势。

另外，随着社会保障体系不断完善，覆盖范围不断扩大，管理服务对象不断增多，社会保障经办管理服务任务日益繁重。相关部门要适应新形势新任务的要求，不断提高管理服务水平，提升服务能力，以更好地适应参保人员由"单位人"向"社会人"的转变。

2. 加快农村养老保险的实施，减轻居民养老负担

我国现行的社会保障制度，主要是根据城镇和农村两种社会经济形态来设计、管理和运行，城乡二元特征明显。城镇社会保障体制框架基本确立之后，农村社会保障体系建设应该摆上政策议事日程。农民最渴望解决的养老、医疗问题，在农村新型合作医疗制度实施后，迫切需要建立新型的农村社会养老保险制度；而各地自行组织开展的农村养老保险试点工作，也需要国家政策的有力扶持和指导。目前在相当一部分比较发达的农村地区，基本养老保障制度建设的时机已经成熟，我们要把解决农村的养老保障问题，作为破除城乡二元结构、实现城乡一体化的重要突破口。

3. 关注农民工和非正规就业者的社会保障问题

农民工社会保险参保率较低，除其自身的保险意识较弱和缺乏主动性外，用人单位受利益驱动不愿参保，现行制度不太适合农民工就业实际状况，转移接续不顺畅，执法力量薄弱也是重要原因。结合我国经济的发展阶段和下一步目标，对城乡的社会保障体系建设要统筹考虑，特别是设计一套衔接城乡的符合农民工流动特点的社会保障体系，建立全国性统一的农民工社会保障制度。

4. 扩大参保覆盖面，改善参保人群的年龄结构

参保人群的老化问题要求我们必须优化参保结构，建立多层次的社会保障体系来扩大参保人群，将参保范围从原来的城镇职工扩大到全社会，设计出不同层次的医疗保险项目来适应不同层次的人群，使更多的人可以参加社会保险，扩大在职人员和年轻人参加社会保险比例，使参保人员年龄结构进一步优化，延缓参保人员结构老龄化的进程。

党的十七大明确提出，到 2020 年基本建立覆盖城乡居民的社会保障体系。2009 年对于社会保障体制建设来说又是不平凡的一年，新年伊始，保险法草案、新医改方案出台、事业单位养老保障改革、农村新型养老保险试点，表明我国社会保障体系建设进入关键时期。但可以肯定的是，随着社会保障制度改革不断加大力度、不断扩大覆盖面，将会有越来越多的民众从中受益，这对于改善民生、扩大内需将起到不可替代的作用。当前，在经济面临巨大困难，财政收入增长受阻，各方面又都需要巨大投入的情况下，更要注意保持社会保障事业的正常发展，因为完善社会保障体系才能稳定居民消费预期，才能实现扩大内需、促进经济增长的目标。

第五章
城乡居民社会支持状况

刁鹏飞

　　随着全球化、工业化、市场化的推进，各种社会风险也在大量增加，这些风险既包括传统社会风险，如日常生活中的年老、疾病、残疾、死亡以及各种自然灾害，也包括工业化过程中的失业、贫困、工伤、安全事故等，还包括金融危机、股市崩溃、环境污染、食品安全、城市混乱等各种新型的社会风险（李培林，2006）。这些风险在很多情况下超出了个人和家庭的抵御能力，需要来自社会各方面的外部支持和帮助。这种来自外部的支持和帮助一般有三种形式：一是国家和政府提供的各种制度化保障，二是市场提供的多样化的有偿服务，三是有别于国家保障和市场服务的"社会支持"。这种广义上的"社会支持"可以包括家庭支持、亲友支持、个人交往关系支持、社会互助支持、社区支持、社会组织支持等，它对于建设有效的扶危解困的社会支持网，对于帮助个人和家庭规避社会风险，都具有重要意义。

　　社会支持的重要性在社会转型期尤为突出。一方面市场转型中，原有的计划经济条件下形成的制度化保障和组织化支持渐趋弱化，新生的制度化和组织化支持体系还需要时间发育成熟。在从单位保障到社会保障、从单位"办社会"到社区自治组织、从社会生活依赖单位到依靠社区的转轨过程（李培林，2001），社会保障制度和社区自治组织要承接单位制改革剥离出来的职能，不仅需要大量的物力、人力资源投入以及组织机构建设，还需要相关个体学习和适应新的制度安排。另一方面，现代化转型使熟人社会变成陌生人社会，人们在熟人社会中结成的以血缘、地缘为依托的社会支持网络可能变得非常脆弱。社会流动和地域流动的增长改变了城乡居住单元中相对稳定的人际交往环境，社会交往的持续时间和交往的深度都可能受到影响。在市场化、现代化的过程中，人们获得社会支持的来源将发生怎样的变动；新旧体制的转轨会给生活其中的人们带来怎样的压力和挑战？

在当前自然灾害多发，国际金融危机对我国社会生活产生深刻影响的背景下，社会支持网的建设显得更加重要。因此，了解社会转型时期中国城乡居民获得的各种支持来源的现状，分析其发展变动的趋势，探索构筑新型社会支持网的途径，就成为一个重要的现实课题。

社会支持的研究自 20 世纪 70 年代发展至今，已成为跨越社区心理学、流行病学、精神健康等领域的一个多学科研究议题。早期的研究关注的是社会支持发挥的缓解个体压力和维护个体健康的"减压阀"和"缓冲器"的作用（Cassel，1976；Cobb，1976），当时的研究者主要是从心理学取向定义社会支持，认为社会支持包括被爱、被尊重及群体归属感，重要的不是现实对个体有什么影响，而是个体感受到的影响（Cobb，1976）。始于 20 世纪 80 年代，研究者将社会网络的分析概念和分析方法引入社会支持领域（Wellman，1981），社会支持网研究从社会网络的视角重新定义社会支持，并且逐渐在社会支持研究中确立其主导地位。这一时期的社会支持研究往往将社会关系、社会网络、社会支持等概念互换使用，关注的基本内容包括社会关系的存在、数量和交往频次这几方面（House，Umberson and Landis，1988）。社会支持研究认为社会支持网是发挥积极功能的关系网络，认为社会支持是可以带来帮助的人际互动（Antonucci and Knipscheer，1990）。

对社会支持网的测量，不同的研究者由于关注点不同，采用的测量工具也各不相同。一种通行的测量方法是，针对数种支持类型（比如情感、借钱、家庭事务），询问可以提供支持的人员名单（Fischer，1982）；还有一种是只针对一种支持类型（比如求职网、重要问题的讨论网），询问可以提供支持的人员名单（Burt，1984；Marsden，1987）。目前社会支持研究已经发展出多个国家之间的比较项目，国际的比较研究推动了支持网测量的标准化和文化适应的研究（见国际社会调查项目 ISSP）。

在中国社会的研究中，学者特别关注的是"关系"作为一种非正式的支持资源，在实用或情感方面发挥的支持作用。现有的对特定地区或特定人群的实证研究表明，社会关系网络可以成为人们在正式制度之外获取稀缺资源的重要途径（熊瑞梅、黄毅志，1992；李培林，1996；边燕杰，1997；边燕杰、张文宏，2001）和维系身心健康的有益保障（贺寨平，2004；Lee，

Ruan and Lai，2005；赵延东，2007）。越来越多的研究显示，社会关系网络在多个领域拥有解释力。但目前全国范围的社会支持网抽样调查还不多见。已有先行者通过特定城市、特定地区的抽样调查得到的代表性样本，描述中国人的典型讨论网的结构与组成特征，分析影响个人网的社会宏观结构的因素（阮丹青、周路、布劳和魏昂德，1990；Ruan et al.，1997；张文宏、阮丹青，1999）。

本章借鉴以往的个人网抽样调查的研究成果，使用"中国社会状况综合调查"（2008 年）的数据资料，描述中国城乡居民个体支持网的基本状况。此项调查采用提名法测量个体实际得到的社会支持。在具体的测量中，访问员记录在过去一年中对被访者有较大帮助的人和组织机构的数目，然后详细询问前 5 位支持者的个人信息以及前 3 个组织机构①的信息。

一　社会支持的状况与特点

1. 组织化支持从"单位"转向"社区"

在计划经济时期，机关、国有企业、事业单位、人民公社等"单位组织"，是组织化支持的主要力量，也是政府社会管理的基础，住房、福利、互助、扶贫解困等项支持，都通过"单位组织"进行（路风，1989；李培林、张翼，2000）。在改革开放前城镇的计划经济体制中，单位是制度化保障和组织化保障的载体，城镇职工及其家属的生活资源绝大部分依赖单位提供，职工面对伤病、经济困难、家庭矛盾、个人心理问题时可以找单位、找组织（单位党组织）来解决。同时单位还提供给职工子女教育、医疗，甚至就业机会。因此找到一个好单位（机关或全民企业），或者找到一个在好单位工作的配偶，是影响人们人生际遇的关键。改革开放以后，社会领域的一个重大变化，就是随着社会流动的大量增加，社会成员发生了从"单位人"到"社会人"的变化（李培林，2001）。单位制覆盖的范围在缩小，"单位"之外的就业人员数目大幅增长，就业、医疗、退休金等体制的改革，使昔日单位主导的社会服务和

---

①　被访者在测量中对组织化支持的提名，包含政府机构、市场营利机构。从严格意义上讲，这两类组织提供的支持不能归入社会支持的范畴。但比较这两类组织与社会组织的支持作用的差异是研究的重要议题之一，因此我们在下文分析中用组织化支持的概念涵盖各类组织机构对个体的支持。

福利逐步转由社会提供。

人们从计划经济下有问题找单位，转变为市场经济中有问题找社区。根据调查结果，当询问被访者在过去一年间，曾接受过哪些组织机构的帮助时，在全部组织化支持中，由工作单位（包括自己和亲属所在单位）提供的支持只占6.3%，而社区（村委会、居委会）提供的支持占全部组织化支持的2/5强（见图5-1）。工作单位已经不再是人们生产生活的一揽子包办者，原来单位提供的生活服务和员工福利，转由社会化的组织和制度提供。从"单位办社会"向"社区服务社会"的这种转变，使社区成为整个社会生活中最主要的组织化支持的提供者。

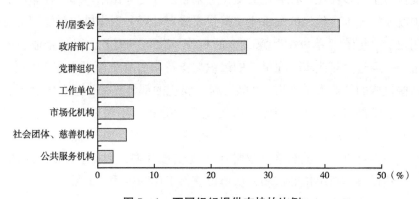

图5-1　不同组织提供支持的比例

当然，在不同单位工作的人员，所获得的组织化支持的来源也有很大差异（见图5-2）。根据对调查结果的分析，改革开放后新生的从业类别，如

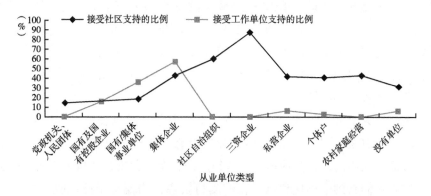

图5-2　不同单位从业者接受社区支持和工作单位支持的比例

农村家庭经营、个体工商户、私营企业、三资企业等，从业人员更多地从社区获得支持（社区支持所占比例基本都在40%以上）。与此形成鲜明对照的是，传统意义上正式工作"单位"中，如国有和集体企业、国有和集体事业单位等，员工仍然是得到"单位"的支持多于得到"社区"的支持。党政机关较为特殊，他们依靠社区支持的比例在各类工作部门中是最低的，但同时也不存在对单位的依赖。可能的解释是，在公务员方面，国家建立了较为完善的制度化保障，形成了有别于过去"单位支持"和现在"社区支持"的国家保障制度的支持。

总体来看，"单位"在整个社会的组织化支持中已不再扮演主角，以社区支持为主的多样化、社会化的支持越来越发挥主导作用。那些在非国有单位中就业的样本，他们的组织化支持主要来自社区，工作单位对他们的支持作用很少。传统"单位制"意义上的工作单位——机关、国有企业、事业单位——经过多年改革，在员工的组织化支持中占有份额平均在22%左右。对这些机构的从业人员来讲，"单位制"弱化的部分支持，正在由社区、地方政府、党群组织、社会团体和市场化机构分担。不过社区支持在这些原"单位制"下的员工的组织化支持中所占份额还不足20%，低于工作单位的支持作用。可以说，虽然单位制整体上逐步被削弱，但留在单位内部的员工，仍然保持其对单位的依赖，从单位获得工作和生活中的帮助。

2. 低收入群体获得的个体化和组织化支持最多

根据对调查结果的分析，家庭人均收入与组织化支持的数量呈负相关关系。家庭收入越低，该家庭获得组织化支持的数量就越高（皮尔逊积距相关系数 $r = -0.057$，$p < 0.01$）。通过把家庭人均收入五等分组，比较各组之间的组织化支持数量，单因方差分析结果显示收入与组织化支持呈负相关的主要原因在于：家庭人均收入最低的20%的人群，他们得到的组织化支持数量显著多于其他收入组。除了最低家庭人均收入组之外，其他四个收入组相互之间在组织化支持数量上差别不大。收入分组资料显示，组织化支持的对象向低收入人群倾斜。

另外，家庭人均收入分组与个体化支持数量之间也表现出负相关关系。最低收入的20%样本，得到的个体化支持数量显著多于其他四个收入组。除了最低收入组之外，其他四个收入组之间在个体化支持数量上没有显著差异。这样我们看到个体化和组织化的支持资源，均偏重于最低收入的20%人群（见图5-3）。

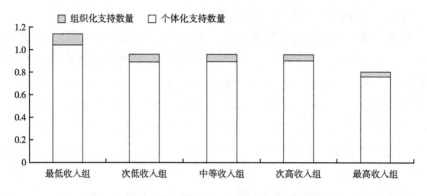

图 5 - 3　不同家庭人均收入组获得的支持数量比较

3. 经济类支持依然是最主要的支持类型

除了比较支持的数量，我们还比较了支持类型的差异。个体得到的支持可以是多方面的，有财物上的资助，精神上的安慰，或者生活各类事务等的帮助。我们的分析将其概括分为经济类、精神类、重要事务类、一般事务类等五类支持。分析结果显示，经济类支持依然是最主要的。根据收入五等分组，除最高收入组之外，其他各收入组在获得的经济、精神和重要事务三类主要支持中，经济类是最主要的支持，但各收入组获得经济类支持的多少，从最低收入组到最高收入组依次递减（见图 5 - 4），表现出明显差异。与此形成鲜明对照的是，获得精神类支持的多少，则出现总体上是从最高收入组到最低收入组依次递减的趋势。这反映社会支持，面对不同收入水平的人群，满足的是不同的需求层次。

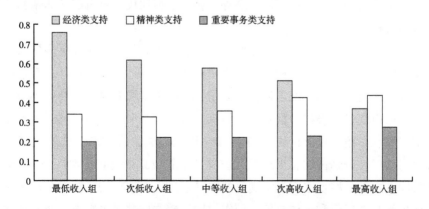

图 5 - 4　不同家庭人均收入组获得的三类支持的比较

4. 城乡居民支持网存在明显差异

调查结果显示，在城乡居民之间，无论是在个体支持方面还是在组织支持方面，支持网的特点都有明显差异。在差异中我们既看到维系传统的成分，家庭亲属关系的密切交往、相互扶持；也看到现代化和城市化过程中，个体支持网规模缩小，能够提供支持的亲属范围也在缩小，非亲属支持比例增加。

生活在熟人社会中的农村居民比城镇居民拥有更大的个体支持网，并更多地依赖亲属关系。不过二者的个体支持网都主要由亲属关系构成，亲属关系的比例分别为77.8%和72.6%。另外，农村居民个体支持网中的亲属关系是扩展型的，支持来自配偶、子女、父母、兄弟姐妹、配偶的父母、媳婿等各种亲属关系。因为农村的血缘、姻缘、地缘关系往往固定在有限的空间范围内，村民可以维系的亲属交往关系更加广泛。而城镇居民个体支持网中的亲属关系，则集中在核心家庭内部（如配偶关系、亲子关系）。而且，比较中国的东部、中部、西部三个区域，越是城市化较高的地区，居民的个体支持网络就越是集中在核心小家庭内部。工业化、城市化的步伐，往往伴随着家庭规模的小型化、核心化。核心化的小家庭在城市化过程中，逐渐独立于扩展的亲属关系，亲属的支持也慢慢退入小家庭内部，这将成为未来的发展趋势。与此相反，城镇居民的个体支持网中非亲属关系占据的比例，显著高于农村居民。农村中血缘、姻缘关系的聚居，亲属之间共同的职业，使农村居民在生产生活中遇到问题时，可以方便地向亲属关系寻求支持；城镇中亲属关系的聚居程度低于农村，城镇居民从事的职业更为多样，亲属之间从事相同职业的机会要比农村低得多。因此，城镇居民在生产生活中遇到问题时，除了身边的家庭成员可以依靠外，相比农村居民，更可能从非亲属关系中求得支持。

在组织化支持方面，生活在原来计划经济中心的城市居民更多依靠单位和党群组织，组织支持的社会化、市场化水平不高（见图5-5）。首先看一下城乡组织支持网的相似之处，一个是支持的数量没有显著差异；再一个不论是在城市还是在农村，首要的组织支持都是来自社区（居委会/村委会），分别占城、乡组织化支持资源的41.7%和43.3%，排在第二位的也都是地方政府部门，分别占城、乡组织化支持资源的22.4%和30.4%。但除了这些共同点之外，城乡之间组织支持的差异表现在，城市居民较之农村居民更多地依赖党群组织和工作单位，而农村居民较之城镇居民则更多地依赖市场化机构和社会团体。与城市相比，农村缺少工作单位这条组织化支持的渠道，党群组织也不如城市那样发达。数据显示，工作单位和党群组织在乡村的组织化支持中，仅占 1.8% 和 6.7%；而城市中工作单位和党群组织的作用远高于乡村，分别提供 10.2% 和 15.0% 的组织化支持。乡村在支持来源的市场化上，以银行（信用社）为主的市场化机构，提供了 8.5% 的组织化支持，这一比例显著高于城市。在乡村，以专业协会、行会为主的民间社会团体，提供社会化支持的比例也略高于城市。可以说市场化转型中，原有计划经济较薄弱的乡村先行一步，组织支持来源的社会化、市场化水平均高于城市；城市居民在社会化、市场化的服务尚未成熟的情况下，不得不寻求原有单位和党群组织的支持。

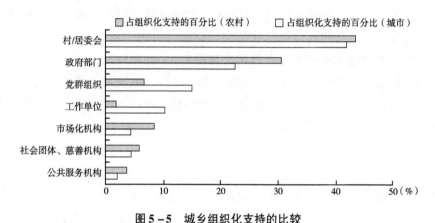

图 5 - 5　城乡组织化支持的比较

城乡支持网络的比较结果，显示出从传统到现代、从计划到市场两种社会变迁过程作用于转型中人们生活的细微之处。从传统的熟人社会向现代社会的转变中，人们并没有丢掉其生长于其间的亲属关系，虽然远亲属之间的交往不可避免地减少，但近亲属之间的支持互助还维系着；虽然现代城市生活让人们有更多的亲属之外的交往机会，但能够提供支持的人却仍然集中在家庭亲属关系中。市场转型中，新生的社会化、市场化支持不会在一朝一夕长成，对普通居民来说，他们需要学习并适应在新旧体制的转轨中，建构支持网络、规避风险之路。

二　社会支持体系存在的问题

在调查分析中，我们看到，在巨大的社会变迁过程中，新的支持体系正在发育并替代原有的支持体系，但在这一变迁过程中，还存在以下几方面的问题。

1. 社会支持的覆盖面还有待提高

根据调查结果，在过去一年间接受过组织化支持的居民只占样本的6.2%，而且其中绝大部分（92.5%）仅得到1个组织的帮助，极少有被访者能得到多个组织的支持。"单位"的保障功能逐渐弱化，"单位"在各类组织化支持中所占比例不足7%，而且相当一部分人未能加入正式保障制度。另外，组织化支持多数集中在粮食直补、困难补助、最低生活保障、救济一类的经济支持，经济支持以外的其他支持较少。此次调查中不包括70岁以上的老年人，如果考虑这一部分群体的对生活照料的需求，那么包括生活服务在内的支持的缺口就更显著。

2. 组织化支持依然主要依靠地方政府

随着单位制的弱化，以往可以从工作单位得到的支持，居民转为向社会组织和市场机构寻求。但目前社会化、市场化的机构还有待培育。调查数据显示，社会团体和慈善组织仅占全部组织化支持的5%，市场化的机构也只占6.3%。虽然2008年《中国社会统计年鉴》的数字显示，进入21世纪以来，全国社会组织有了长足发展，其中民办非企业和基金会的数量增长很快，但它们在社会服务方面发挥的作用还极有限。组织化支持需要的资源，依然主要依靠地方政府配置，这使得城乡居民在获得组织化支持方面，对地方政府抱有过高的期待。

3. 社会支持网过多地依赖私人关系

根据调查结果，过去一年接受过其他个体较大帮助的被访者占样本总量的38.5%，远远超过组织化支持的覆盖面，转型期的人们更多依靠私人关系获得支持。在得到过个体化支持的被访者中，仅得1人支持的占40%，得到过2人及以上个体支持的被访者接近60%。对个体支持网中支持提供者的特征分析显示，个人支持网是由亲属主导的、频繁联系的人组成的小规模的紧密网络，其中绝大多数（93%的支持者）是被访者最为熟悉的人。

但维系一个熟人的关系网络，成本也在不断增加。调查显示，家庭用于人情往来的消费与个体化支持的数量之间呈正相关关系。被访者获得个体化支持的数量越多，则家庭用于人情往来的消费也较高（皮尔逊积距相关系数 $r = 0.038$，$p < 0.01$）。人情支出大已经成为居民生活中的负担，特别是在农村，人情支出占家庭支出的比例甚高。我们进一步分析人情支出费用与

"人情支出大"压力之间的关系，结果显示，人们用于人情的开销占家庭总支出比例越大，造成人情支出的压力也越大（皮尔逊积距相关系数 $r = 0.265$，$p < 0.01$）。农村居民比城市居民维系的个体支持网规模大，相应的人情支出占家庭总支出的比例高，进而导致"人情支出大"的压力水平比城市高。本来个体支持网具备灵活性高、成本低的特征，能够发挥贴近需求、支持及时的积极作用。然而对个体支持网的过度依赖，反而造成了社会支持的成本过高，给被支持者带来压力和负担。

4. 低收入家庭仍面对较大的生活压力

尽管最低收入组获得的个体化支持和组织化支持的数量均高于其他收入组，但必须看到低收入家庭获得的社会支持依然不足。最低收入组感受到"收入低生活困难"的压力远高于其他四个组。涉及"住房条件差，买/建不起房"、"医疗支出大"、"无业、失业或工作不稳定"、"赡养老人负担过重"、"收入低生活困难"这五类压力，同样也都是最低收入组的压力感最重（见图5-6）。不仅如此，最低收入组还比高、中收入的前三组感受到更大的"人情支出负担"。现有的私人个体化支持并未能有效缓解低收入家庭面对的压力。

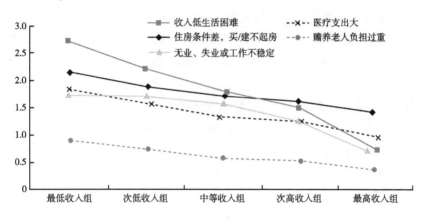

图5-6　按照收入五等分组的居民生活压力比较

相比其他四个收入组，最低收入组家庭不仅生活压力较大，而且制度化保障水平也较低。该组被访者具有以下特征：平均年龄在五个收入分组中是最高的，大多是已婚在职人员，平均教育程度是五组中最低的（90%初中以下，60%小学以下），职业上大多是农业劳动者（81%）和产业工人（6.6%），工作单位偏向非正规的就业部门（85%农村家庭经营，12%私营、个体、三资），多领取各类补贴（65%），来自高负债家庭（57%）。这一收入组内的居民，享有最多的社会保障类型是"新型农村合作医疗"，其他各类保障都不超过5%。收入水平低，生活压力大，加上保障水平低，低收入组家庭在遇到疾病、失业等风险时可用资源匮乏，即使有家庭和亲属提供的个体化支持，也无法有效解决他们的问题。

三　建设社会支持网的相关建议

1. 大力加强社区建设

基层社区组织在正式支持资源的配置中占据重要地位。然而目前社区自治组织处于"上面千条线，下面一根针"的被动工作状态，还没有形成社区工作可依托的"专业化"的组织队伍。而且近年来的统计资料显示，全国村（居）民委员会的数量，以及村（居）委会的成员人数均有较大幅度的下降。单纯依靠社区现有资源，要承担从单位剥离和政府转移的社会服务职能，资金不足和专业人员短缺是普遍问题。因此，社区建设应以社会化服务网络中心为载体，依托社区提高公共服务水平，从简单的发放救助的"助人"工作，发展到整合支持资源，帮助居民构筑社会支持网络的"助人自助"工作。这需要根据各地的实际条件，加大政府投入，动员社区内外的单位、社会组织和志愿者群体等各项资源，发展社区服务网络，使社区从福利资源的"中转站"变为整合资源服务居民的"中心"。

2. 积极推进社会工作，培育社会服务专业化组织

社会工作是创新我国社会管理体制的一种重要载体和实施手段。在社会管理领域大力推进社会工作的理念与方法，是适应我国社会发展变化的必然选择，也是现代社会管理逐步走向成熟的标志。社会工作在扶贫济困、帮弱助难、提供各种社会支持等各方面，都发挥着重要的作用。要培养一支庞大的专业化的社会工作人才队伍，培育社会工作专业化组织，通过制度创新和组织创新，拓展社会工作专业组织、培训机构与基层社区合作的多种途径，充分利用现有社区服务设施和资源，构建适应社会发展需求的社会支持网。要在税收、专业技术资格认定、教育培训和就业等方面，给予发展社会工作大力支持。

3. 继续发挥工作单位的支持作用

在市场化的过程中，工作单位在组织化支持上的角色发生了很大转变，

但需要看到，单位支持在目前的转型过渡时期，依然发挥着积极作用。工作单位提供的支持，相比地方政府等的其他组织提供的支持，同时涵盖经济类、精神类、重大事务类等多项支持的比例最高。原因是单位接触员工的工作生活各方面信息的机会多，能够及时全面地了解员工个体遇到的困难和需要的帮助。而社会团体、政府部门对个别居民的了解难以深入，提供的支持往往是单一类型的。目前来看，新生的制度化组织化保障体系还未成熟，贴近居民生活的社区服务网络还需进一步建设。所以说，在社会转型时期，依然要注重发挥工作单位的社会支持作用。

4. 建设广泛覆盖的社会保障和公共服务体系

虽然社会支持网对个体来讲是不可缺少的"减压阀"和"缓冲器"，但现有的社会支持过分依赖私人关系提供的个体化支持，未能有效缓解低收入群体面对的压力。从整个社会层面来讲，规避生活风险更重要的是依赖制度化的保障和服务体系。只有建立健全广泛覆盖的社会保障制度，加强和完善医疗卫生、就业、养老等公共服务体系，才能建成比较完备的社会安全网。社会保障、公共服务体系和社会支持体系，是社会安全网的三根重要支柱。以往单独依靠单位的组织化支持或者依靠家庭亲属关系的个体化支持，都可能带来过度依赖、资源短缺和支持不足的问题。我们建议应注重制度化的保障、公共服务体系和社会支持体系三者之间的相互配合，提高整个社会应对风险的能力，保障团结互助、互信繁荣的和谐社会生活。

第六章
收入差距演变的过程与趋势

陈光金

关于中国现阶段的收入差距，国内外学术界已经进行了相当广泛的研究。总的来说，各种研究结论几乎一致认为，无论用什么标准来测量，改革开放以来中国社会的收入差距都呈现不断扩大的趋势，分歧主要集中在如何判断这种差距的社会经济意义。例如，现有差距是否已经过大，是否出现两极分化或单级分化，库兹涅茨的倒 U 形假说在中国是否适用，未来中国社会的收入差距又将如何演变，等等。

一 研究的问题与假设

现阶段中国收入差距已经较大，不管人们对此有怎样不同的理解，这一点终究是一个不容否认的事实。我们关注的问题是，这种较大程度的差距是怎么演变过来的？其演变过程具有怎样的特征和性质？差距的未来演变又将如何？这些问题不仅是学术研究的焦点，也是全社会普遍关注的重大问题。围绕这些问题，学术界开展了一系列研究，提出了许多竞争的理论观点。

不同国家的收入差距在不同时期都有其自身的演变模式。所谓收入差距变动模式，除了差距本身变动的过程态势之外，更重要的是蕴涵在这种态势中的贫富分化情形。例如，库兹涅茨发现，在第二次世界大战之前的 50 年中，西方发达国家的收入差距经历了一个倒 U 形变化过程（Kuznets，1955）；其他一些学者的研究又发现，从 20 世纪 60 年代后期起，西方主要国家的收入差距呈现大 U 形转变（Alderson，Beckfield and

Nielsen，2005）。就中国而言，在收入差距日益扩大的情况下，这种差距的演变中是否出现两极分化态势？这就成为一个值得研究的问题。关于这个问题，国内学术界的相关研究提出了种种看法，但大体可以分为三类主要观点。

第一种观点认为，迄今为止，中国不存在收入两极分化现象。这种看法主要有两类依据。第一类依据是，当代中国的收入差距是在全社会整体收入水平共同提高的基础上出现的，而不是富者愈富、穷者愈穷，因此不能认为中国收入差距已经出现两极分化，即使收入差距程度较高，也不等于出现了两极分化（陈宗胜，1997；王明华，2003）。第二类依据是某种理论逻辑。部分学者援引库兹涅茨假说，相信现阶段中国收入差距的扩大是市场化经济发展过程中的正常现象，不必大惊小怪。部分学者援引马克思、邓小平的有关论述，认为两极分化是被马克思、邓小平赋予了确定含义的概念，是与生产资料私有制、商品经济以及剥削等相联系的经济范畴；因此，两极分化是一个阶级概念，在这个意义上中国目前不存在两极分化（苏晓离，1996；金喜在，1996；王明华，2003；朱红军，2007；宁德业、庞业君，2007）。

第二类观点认为，中国目前已经存在收入分配两极分化，甚至相当严重。相关研究大多撇开了阶级分化问题，将分析矛头直指中国社会的收入分配格局及其变动过程本身。当然，其中往往也包含特定的理论或价值指向。有学者认为，在国家相关政策不够合理的情况下，市场经济的发展必然带来收入分配的两极分化（胡代光，2004；杨圣明，2005；章洪海、苟娟娟，2005；周新城，2006；张保平，2007；王小鲁，2007；傅玲、刘桂斌，2008；徐现祥、王海港，2008；张奎、王祖祥，2009）；有学者归咎于所谓"生产关系具有资本主义性质"的非公有经济的存在（谭芝灵，2006）；还有学者则认为市场竞争和非公有经济中存在的"剥削"是主要原因所在（卢嘉瑞，2002）。这种认识的经验依据主要是各种官方统计数据，个别也有实证调查作为基础。一项实证研究发现，20世纪90年代以来，中国城乡内部的收入分配变动趋势是高收入群体占有的收入份额在迅速上升，而低收入群体的收入份额在不断下降（马晓河，2003），这就具有"富者愈富、穷者愈穷"的两极分化意味了。

第三类观点则认为，中国的收入差距程度较高，存在发生两极分化的可能性。许多研究者持论谨慎，一方面，他们认为现阶段中国收入差距已经达到相当大的程度，而且仍呈继续扩大的趋势，甚至处于失控状态；另一方面，他们不认为这种状况意味着中国收入差距已经达到两极分化的程度，但存在出现两极分化的可能性，值得引起高度警惕，需要尽快遏制或扭转现有分化趋势，避免出现严重的差距和两极分化（孙立平，2003；李实、佐腾宏，2004；刘国光，2005；郭飞，2005；权衡，2006；Wang，2006；宋士云，2007）。一些文献在分析中使用了两极分化概念，并根据极化指数等指标研究了中国收入差距变动情况（洪兴建、李金昌，2007；张陶新，2009），但实际上并未确定中国是否真的出现了两极分化，因为他们所说的"两极分化"实际还是一般意义上的收入差距，有的还得出当前中国居民收入"两极分化的程度是比较适度的"奇怪结论（张陶新，2009）。

第一种主张所援引的理论依据是存在问题的。且不说库兹涅茨假说是否已经成为得到经验证据普遍证实的收入分布变化"法则"，就是对马克思和邓小平的有关论述，似乎也存在误读之处。确实，马克思所说的两极分化，首先是与生产资料的私有制相联系的，是生产资料占有状况的分化；但同时也与收入和财富分配的分化相关，形成一极积累财富、另一极积累贫困的格局①。邓小平对中国两极分化问题的看法经历了一个变化发展过程。20 世纪80 年代中期以前，邓小平大体上也是从阶级分化角度来理解两极分化问题的。在提出可以允许一部分地区先发展起来、一部分人先富起来的改革主张时，他确实相信，中国不会出现两极分化，因为中国将遵循两个重要原则，一是公有制经济始终占主体地位，这样就不会出现一个新资产阶级；二是坚持走共同富裕道路，这样在收入分配方面就不会出现贫富分化格局（中共中央文献研究室，2004）。可见，即使在这个时期，邓小平也未把两极分化仅限于阶级分化，贫富分化也是其中一个重要方面。20 世纪80 年代中期以后，邓小平的关注重点明显发生了转移，更多地考虑收入分化问题，并对中国出现收入两极分化的担心越来越大，1993 年他甚至说："我们讲要防止两极分化，实际上两极分化自然出现。"（中共中央文献研究室，2004：1364）因此，他设想，到20 世纪末中国实现小康目标时，就要对收入分配进行调节。这种重点的转移不是没有道理的。随着中国改革开放不断深化，非公有经济日益发展，公有经济在数量上能否继续占据主体地位越来越成

---

① 参见《马克思恩格斯选集》第 1 卷第 273 页，第 2 卷第 259 页。

问题。① 这样，继续坚持从所有制角度论证中国两极分化的不可能性，便没有什么现实意义。而从收入差距方面来讨论两极分化问题，理应成为最主要的分析视角。实际上，国际学术界对两极分化问题的讨论，几乎都集中于收入分化问题（Alderson，Beckfield and Nielsen，2005）。另外，在收入差距与两极分化之间确实不能简单画等号；不过，认为只要现有收入差距是在收入水平普遍提高的基础上出现的，只要不存在"富者愈富、穷者愈穷"的趋势，就不存在两极分化问题，这也是过于简单的逻辑（王检贵，2000）。

坚持第二种判断所依据的相关文献，多数往往直接把收入差距扩大或已达到较高程度作为经验证据，有把两者直接等同起来之嫌。两极分化当然以收入差距为基础，但差距究竟达到多高才算出现两极分化，是一个迄今为止都没有得到解决的问题（王检贵，2000）。另外，多数这类研究所援引的经验证据，如上所述，主要是各种收入分配的绝对差距，缺少对差距的内部结构以及变动趋势的实证考察。② 因此，现有的这种观点还缺少说服力。

持有第三种主张的研究文献，多数特别重视研究方法和抽样调查数据。不过，这些研究所依托的数据的采集时间都比较早，其中最新的全国抽样调查数据也是五六年以前采集的。考虑到中国收入分配差距一直在逐年扩大，目前的收入分配差距格局究竟如何，需要有新的数据来说明。另外，这些研究所发现的收入差距程度其实都是很高的，只是由于两极分化的标准没有一致意见，所以它们的结论不免显得谨慎有余。

正如有的学者所说，中国的收入分配差距是否已经出现两极分化格局，主要不是一个理论问题而是一个经验问题。中国收入差距的各项综合性指标确实都已经达到较高的程度。例如，中国城乡收入差距之大，在国际上是数一数二的（Knight and Song，1999；Eastwood and Lipton，2004）；又如，根

---

① 据国资委统计，2006 年全国国有和国有控股企业实有资产 29 万亿元左右；同期，据国家工商行政管理总局统计，非公有经济组织的注册资本折合人民币总计 16 万亿元左右，而从中共中央统战部和全国工商联合进行的历年全国私营企业抽样调查看，它们的实有资产至少是注册资本的 2 倍。因此，从全国层面看，非公有经济的实有资产总量上可能超过公有经济。据国家发改委统计，2008 年中国非公有经济的增加值已经占到国内生产总值的60% 左右（江国成，2009）。另据国家统计局统计，2007 年中国就业的所有制构成为：国有单位占 8.34%，集体单位占 0.93%，其他单位和农户家庭合计占 90.73%。

② 也有一些研究基于经验数据进行系统考察，但其收入数据或者是基于国家统计数据估计的各省区劳动报酬分布（例如，徐现祥、王海港，2008），或者仅涉及个别地方而非全国（例如，张奎、王祖祥，2009）。

据我们课题组在 2006 年所做的调查，2005 年全国收入分布基尼系数已经非常
接近 0.5 的水平（李培林等，2008），在国际上同样是很高的（参见表 6－1）。
从国际经验看，总体差距的这种水平，至少为收入分配两极分化准备了条
件。有研究指出，即使一国收入差距的综合性测量指标没有达到中国的水
平，如果这种差距的内部结构出现两端扩张态势，这个国家也可能存在两极
分化。例如，阿尔德森等人基于卢森堡收入调查数据研究了 16 个 OECD 核
心国家的收入差距变动趋势，结果发现，这些国家的收入分配出现了两极分
化趋势（Alderson，Beckfield and Nielsen，2005）。而从表 6－1 的资料看，
在属于 OECD 组织的 30 个国家中，收入分布基尼系数超过 0.4 的国家只有
墨西哥（2005 年为 0.509）、美国（2007 年为 0.45）和土耳其（2003 年为
0.436）。

表 6－1 近年世界各国（地区）基尼系数分组分布*

	欧洲	北美洲	拉丁美洲	大洋洲	非洲	亚洲	合计
0.2 ~ 0.299	19	0	0	0	0	1	20
0.3 ~ 0.399	21	1	0	2	11	17	52
0.4 ~ 0.499	2	1	8	0	13	8	32
0.5 ~ 0.599	0	1	12	1	5	3	22
0.6 及以上	0	0	0	0	5	0	5
合　计	42	3	20	3	34	29	131
最高值	俄罗斯 0.413	墨西哥 0.509	玻利维亚 0.592	巴布亚新几内亚 0.509	纳米比亚 0.707	新加坡 0.522	

*①在亚洲部分，没有包括中国香港地区和中国台湾地区。香港地区 2007 年的收入分布基尼系
数为 0.533，台湾地区 2000 年的基尼系数为 0.326。②原数据中，中国大陆的基尼系数为 0.470，这
可能低估了。中国实际已经进入 0.5 以上的变动阶段。③表中 11 国的数据出自 20 世纪 90 年代，
120 国的数据出自 21 世纪以后。

资料来源：根据 CIA（2003 ~ 2008 年）提供的数据整理。

因此，立足于国际经验以及现阶段中国收入差距的基尼系数已经接近甚
至超过 0.5 的现实，我们有理由就中国现阶段收入差距变动的模式提出如下
假设：**在中国迄今为止的收入差距格局的变动中，存在两极分化的态势，并
且这种态势是逐渐加剧的**（假设 1）。

我们当然也知道，中国的收入差距程度，在改革开放之后便已开始上
升，对此已有大量研究结果给出了验证，即使国家有关部门公布的全国收入
分布基尼系数，也从 1982 年的 0.288 上升到 1988 年的 0.349。不过，我们

也要注意到，30 年来，中国收入差距变动的背后是有不同的机制起作用的。
20 世纪 80 年代的改革，是在宏观上不放弃计划经济体制的条件下以调动人
民的生产积极性为目的的改革，而不是以建立市场经济体制为目的的改革
（陈光金，1996）。当时社会上流行的"鸟笼说"是对这一时期改革的总体
特征的一个很好注解。结果是，尽管农村收入分配的基尼系数有较大幅度的
提升，但城镇基尼系数却始终维持在 0.3 以下（何娅，2007）。因此可以
说，这一阶段中国收入分配基尼系数得以超过 0.3，是与农村家庭承包责任
制改革和乡镇企业的异军突起密切相关的，这些改革和发展内在地包含有市
场化的因素，但总体上还不能说它们的性质就是市场化。1989 ~ 1991 年是
中国经济社会发展的一个特殊时段，其特征是国家对计划体制以外的经济领
域的发展给予了压制甚至打击，因此，这一时期出现了差距下降的态势。根
据国家统计局公布的数据，1989 年中国的基尼系数为 0.360，1990 年为
0.348，1991 年略有抬头，为 0.362。不过，我们认为，官方数据可能低估
了当时的收入差距程度。1992 年以后，众所周知，中国真正进入了以建立
市场经济体制为目的的改革阶段，并突出地表现为乡镇企业和国有企业的大
规模改制。总的来说，这种性质的改革一直延续到今天，中国的经济和社会
都因此发生了深刻的转轨和转型。据研究（Nielsen and Alderson，1997；
Alderson，Beckfield and Nielsen，2005），OECD 核心国家的收入分配之所以
会出现大 U 形转变，也是与 20 世纪 70 年代末期开始的新自由主义改革紧密
联系在一起的（当然还有其他一些原因，如全球化等）。由此，关于近 20
年来中国收入差距的变动模式特征，我们可以提出第二个假设：**20 世纪 80
年代末期以来，中国的收入差距也存在某种程度的 U 形变动特征。这种 U
形变动的底部转折点，将大致与乡镇企业和国有企业改制基本完成的时间吻
合**（假设 2）。这是因为，这些改制具有双重影响。在这种改制进行的初中
期，实际上会出现差距有所下降的形势。例如，乡镇企业的改制打破了它们
原来具有的农村社区归属性质，乡镇企业所在社区的人们享有的某种分配和
再分配优势将被打破，从而降低其他地区的农村社区与乡镇企业发达社区的
差距。而这种改制一旦完成，就会形成一种新的机会结构和利益关系结构
（孙立平，2002），促使中国社会的收入分配按照某种固有趋势演变，这就
是重新扩大收入分配差距。

关于中国收入差距的未来变动趋势，学术界也存在广泛争论。如上所
述，在讨论中国收入差距问题时，一些学者不断援引影响国际学术界对收入

差距的研究长达 50 多年的库兹涅茨假说（Kuznets，1955），或者试图证明中国的收入差距将遵循该假说提出的规律性趋势，或者试图证明其不适用于中国收入差距的变化趋势。该假说认为，在市场经济体制之下，随着工业化和城市化的发展，一国收入分配差距的变动将呈现先上升到某个拐点之后再下降的所谓收入差距的倒 U 形变化趋势。基于这一趋势判断，该假说还断定：①在发展中国家，城市地区的收入差距高于农村地区；②在发展中国家，农业部门的差距小于非农业部门。

中国也不断有研究声称，中国社会的收入差距变动趋势对倒 U 形假说给出了积极的验证（陈宗胜，2000；郭熙保，2002；管晓明，2006），但毕竟市场化条件下的中国收入差距变动的时间还比较短，现在就认为已经验证了该假说似乎为时尚早（李实，2000；丁任重、陈志舟、顾文军，2003；王小鲁、樊纲，2005）。倒是前述基于库兹涅茨假说提出的两个关于发展中国家城乡两个地区和农业与非农业两个部门的收入分配变化趋势的断言，颇值得我们关注，可以说为我们检验库兹涅茨假说提供了可行路径和操作假设。一方面，中国迄今为止还是一个发展中国家。另一方面，中国经济的市场化已经达到较高水平。因此，按照库兹涅茨的上述两个断言，关于现阶段中国收入差距变动趋势，我们也可以提出两个趋势性假设，**一是随着时间的推移，城市地区收入差距将高于农村地区**（假设3）；**二是随着时间的推移，农业部门收入差距将小于非农业部门**（假设4）。如果这两个趋势真的存在，则可预期，按照库兹涅茨假说，中国收入分配差距将会随着经济发展而缩小。

除此以外，国际上在对一国收入分布差距的变动进行分解研究时发现，大体上可以把收入差距的变动归因于收入结构变动与收入集中趋势变动两个方面。据认为，在现代社会，收入差距变动的倒 U 形假说本质上与收入分布的结构性变动相关（万广华，2008）。所谓收入结构变动，是指在存在二元经济结构的情况下，随着经济的发展，国民经济结构将发生重大调整，即传统部门逐渐萎缩，现代部门逐渐扩张，最终整个经济实现现代化。随着这种结构调整的不断深化，收入差距的结构性效应也会不断弱化，甚至最终消失。如上所述，中国社会的转型过程到现在已经取得相当进展，尽管城乡结构的变化滞后于经济结构的变化，但就业的市场化水平、所有制结构和国内生产总值结构的非公有化都取得相当重大的进展。因此，关于中国收入差距的未来变化趋势，我们可以提出第三个假设：**随着时间的推移，造成收入分**

布差距的结构效应将会弱化，集中效应将会增强（假设5）。如果这一假设得到验证，那么就可以说，中国收入差距的未来变动趋势将符合倒U形假说。

二　数据与研究方法

1. 关于本文研究数据的说明

本文将以两种数据作为分析基础。

第一种数据是本课题组2008年"中国社会状况综合调查"（CGSS 2008，CASS）。该调查采用分阶段等比例抽样的原则，在全国28个省份（不含海南、西藏和甘肃）抽取135个县（县级市/区/旗），在其中抽取257个乡（镇/街道）的520个村委会和居委会，获得样本住户7139个，进行入户问卷调查。调查覆盖了住户人口基本情况和部分成员就业情况，在收入方面则对住户2007年的总收入净额和各项收入来源进行调查，这些资料形成本文的研究基础。

第二种数据来自中国居民营养和健康调查（CHNS），该调查由美国北卡罗来纳大学和中国预防医学科学院联合执行。[①] 调查始于1989年，并于1991年、1993年、1997年、2000年、2004年、2006年分别对住户上一年的人口、就业和收入等状况进行调查。调查采用多阶段分层随机整群抽样方法，依据地理位置、经济发展程度、公共资源丰裕程度和健康指数，覆盖了中国东、中和西部8~9个省份。[②] 除了选取每个省的省城和较低收入的城市外，在每个省依据收入分层（高、中、低）和一定权重随机抽取4个县，每个县抽取县城和按收入分层抽取3个村落，每村20个样本住户，城市内的城区和郊区是随机选取的。经与国家统计局的统计数据进行比较，调查样本户的收入水平与国家统计局公布的水平非常接近，具有全国代表性。这样，我们就有了1988~2007年间8个年份的全国性住户收入抽样调查数据，时间跨度为20年。

两种数据的收入定义基本一致。本课题组2008年全国抽样调查中的住户收入调查项目包括农户的家庭农业经营收入、非农业经营收入（经营利

---

①　该项调查由美国国家卫生研究所（R01 - HD30880，DK056350 and R01 - HD38700）、北卡罗来纳人口中心与中国疾病预防和控制中心共同资助，调查者向作者慷慨提供了7个年度的调查数据，谨于此表示感谢。

②　1989年、1991年、1993年调查的8个省份分别为：辽宁、江苏、山东、河南、湖北、湖南、广西、贵州；1996年把辽宁替换为黑龙江；1999年以后恢复了对辽宁的调查。

润和分红等）、工资性收入（包含工资以及与工资相关的奖金和津贴收入以及离退休收入等）、财产性收入（出租收入、存款利息收入）、非工资性补贴收入（来自政府和社区的补贴收入、最低生活保障收入、救济性收入）以及其他收入（如赠与性收入等）。这些收入都属于净收入，扣除了生产经营成本和税费。CHNS 汇总的收入定义范围是：家庭农业经营净收入、非农业经营收入、家庭工资性总收入（含工资、奖金以及各种与工作相关的补贴）、离退休总收入、总补贴收入（政府和社区的转移性收入）、其他来源总收入（含各种财产性收入、赠与性收入等）。可见，总的来讲两类数据的收入定义是相同的，只是归类上有些不同。本课题组的调查把财产性收入与其他来源收入做了区分，而 CHNS 数据则把离退休金（养老金）与工资性收入做了区分。已经公开的 CHNS 数据根据被调查住户情况以及 2006 年的物价指数进行了调整。为了大致与此配合，我们按照 2007 年各省份的消费物价指数对样本住户收入进行了消胀处理。

接下来的问题是，历年的 CHNS 调查具有追踪调查性质，其间的一致性是没有疑问的；CGSS 2008，CASS 调查要能够与 CHNS 调查可比，需要具备与 CHNS 调查相似的被调查者主要特征分布结构。除此之外，这些调查数据是否具有全国代表性，能否作为分析 20 年来全国收入分配变化趋势的依据？为了回答这些问题，下面将以被调查者的个人特征数据为基础做一分析。表6-2 从性别、年龄、教育水平、户籍身份、就业人员的就业部门构成（少量兼业人员所占比重被平分给农业部门与非农业部门）、非农就业人员所在部门的性质六个方面对被访者（不含在校学生）的主要特征分布结构做了描述。下面分别加以概括。

（1）性别构成。在 CHNS 调查中，历年被访者的性别分布大致相同，都是男性略多于女性；在我们 2008 年的调查中，加权后的性别分布是女性略多于男性，但两套调查数据的被访者性别结构的差异应当说是很小的，不会影响相关的分析。

（2）年龄构成。从 1989 年到 2008 年，被调查者的平均年龄呈上升趋势，这是与中国人口年龄结构变化的总趋势相一致的：现阶段中国人口已经进入老龄化阶段，人口的平均年龄一直在上升。当然，表 6-2 中的调查数据并不是反映全部人口的，仅涉及 16 岁及以上年龄的人口，因而这里的平均年龄并不代表总人口的平均年龄。另外，从各个调查年度的年龄分布标准差来看，不同调查年份的被调查者年龄分布的内部结构大体也是相似的。

表6－2　历次调查中被访者的基本分布结构

单位：%，人

类别 \ 年份		1989	1991	1993	1997	2000	2004	2006	2008
性别构成	男	50.8	50.9	51.0	51.9	51.7	50.4	50.6	49.8
	女	49.2	49.1	49.0	48.1	48.3	49.6	49.4	50.2
	样本数	9325	9175	8590	8780	8814	7467	7065	6789
年龄构成	平均值	37.4	38.4	39.4	40.8	42.7	46.6	48.3	45.2
	标准差	14.8	14.7	14.8	14.7	14.8	15.0	14.7	13.2
	样本数	9373	9103	8579	8549	9156	7467	7064	6789
教育水平（年）	平均值	7.6	7.7	7.8	9.5	8.5	8.6	9.5	8.5
	标准差	4.0	3.9	3.8	2.9	3.7	3.8	4.2	4.0
	样本数	9364	9158	8577	8878	9281	7459	7070	6789
户籍构成	非农业	32.6	30.8	34.1	36.2	37.0	40.7	40.8	37.1
	农业	67.4	69.2	65.9	63.8	63.0	59.3	59.2	62.9
	样本数	9373	9178	8595	8878	9248	7366	6910	6789
就业部门构成	农业	52.8	55.3	53.9	51.9	48.2	56.4	45.7	47.4
	非农业	47.2	44.7	46.1	48.1	51.8	43.6	54.3	52.6
	样本数	8538	8529	7928	8058	8316	6133	5894	5244
非农就业性质	体制内	45.7	49.0	45.8	34.8	31.1	31.5	26.6	23.5
	体制外	54.3	51.0	54.2	65.2	68.9	68.5	73.4	76.5
	样本数	3833	5368	3758	4031	4466	2791	3259	2477

（3）教育水平。在8次调查中，被调查者的受教育年数总体上呈增长趋势，这同样反映了中国教育事业发展的总趋势。不过，调查得到的被调查者平均受教育年数可能略高于全国15岁以上人口的平均受教育水平。例如，根据2000年全国人口普查数据估计，当年全国15岁以上人口的平均受教育年数为7.11年，比本研究所使用的CHNS 2000年调查结果低1.4年，其中一个主要原因可能是本研究仅包括16岁及以上年龄的被调查者。考虑到这一点，这里的调查结果对全国16岁及以上人口的实际平均受教育年数的偏离不会过大。

（4）户籍构成。历次调查结果，一方面反映了中国的城市化进程，即非农户籍比重总体上呈上升趋势；另一方面，2008年的CGSS 2008，CASS调查与2006年的CHNS调查相比，非农业户籍比重下降了3.6个百分点，这可能主要是我们从城乡、年龄和性别等维度对数据进行综合加权的结果，在不加权的情况下，CGSS 2008，CASS调查中的非农业户籍比重为43.1%

（样本数为6972），与总体趋势并不违背。

（5）从业人员的就业部门构成。总的趋势是农业就业比重下降，非农就业比重上升，这也与全国的趋势一致。不过，与《中国统计年鉴》公布的数据相比，2000年及以前的调查中的农业就业比重偏低，而此后则偏高。如果把调查发现的兼业者全部归入非农业就业部门，这种差异就会小很多。总的来说，两套数据在这方面也是可比的。

（6）非农从业人员的就业属性。在CHNS调查中，总的趋势是，"体制内"就业的比重不断下降，而"体制外"就业的比重则不断上升。CGSS 2008，CASS调查很好地延续了CHNS调查的这一趋势，在这个意义上，我们认为，把两种数据合在一起分析是可行的。

总结上述简要分析，可以认为，首先，把CHNS调查数据与CGSS 2008，CASS调查数据结合起来分析1989～2007年的中国收入分配趋势，不存在显著的被访者主要特征分布结构差异障碍；其次，与《中国统计年鉴》提供的官方统计比较，这里使用的调查数据总的来看是与全国人口的相关主要特征结构大体相似的，即使在具体的数据上有一些差异，但仍然与全国人口的相关主要特征结构变迁趋势基本一致。因此，我们可以把两套数据结合起来使用。

2. 关于研究方法的说明

（1）考察收入差距变动模式的方法

本文将从多个方面对中国20年来的收入差距变动模式进行定量分析。首先计算20年间的总体收入差距的测量指标，其中运用最广泛的是基尼系数。基尼系数的计算方式有很多，不同方法的结果可能有一些细微差异。我们将运用下述基于洛伦茨曲线的数学公式计算基尼系数（以G表示）。

$$G = \frac{1}{2n^2\mu}\left(\sum_{i=1}^{n}\sum_{j=1}^{n}|x_i - x_j|\right) \tag{1}$$

式中，n为样本数，μ为样本均值，x_i为样本观察值。陈宗胜曾经认为（陈宗胜，1991），判断一国收入差距是否出现两极分化，一个重要标准是收入分布基尼系数的大小及其变动趋势。他认为，对于私有制经济，基尼系数达到0.5以上并保持较长时间（比如10年），可以认为存在两极分化；中国是以公有制经济为主体的国家，两极分化的基尼系数标准应低于0.5——他主张定为0.43，当然也要稳定10年左右。除了基尼系数之外，还有其他若干指标测量收入差距。据万广华（2008）分析，从各指标的性质来看，来源于广义熵（Generalized Entropy）的三个指标可能是基尼系数以外的其他差距测量指标中较好的指标。广义熵的数学表达式是：

$$GE = \frac{1}{\alpha(1-\alpha)}\Big[\sum_{i=1}^{n}\frac{1}{n}\Big(1-\frac{y_i}{\mu}\Big)^{\alpha}\Big]$$

式中，y_i 代表收入观察值，μ 代表平均收入，n 代表样本量，α 为常数，代表差距厌恶程度，其取值为 0 时表示完全厌恶差距，此时的广义熵指数即为泰尔 L 指数（又称为均值对数离差）；如果 α 取值为 1，广义熵指数即为泰尔 T 指数（亦即通常所说的泰尔指数）；如果 α 取值为 2，表示对差距持更加宽容的态度，此时的广义熵指数称为泰尔 V 指数，L 和 T 的取值范围均为 $[0,1]$，V 的取值范围为 $[0,\infty]$。由于 V 指数的取值范围没有上限，除了能够反映某种趋势外，难以据其做出相对程度判断，因此下面不考虑这个指数。L 指数和 T 指数的计算公式分别为：

$$GE(0) = \frac{1}{n}\sum_{i=1}^{n}\log\frac{\mu}{y_i}$$

$$GE(1) = \frac{1}{n}\sum_{i=1}^{n}\frac{y_i}{\mu}\log\frac{y_i}{\mu} \tag{2}$$

泰尔指数和基尼系数之间具有一定的互补性。基尼系数对中等收入水平的变化特别敏感，泰尔 T 指数对上层收入水平的变化很敏感，而泰尔 L 指数对底层收入水平的变化比较敏感，因此它们往往被同时使用。[①]

但仅有这些指标，仍不足以全面判断收入差距的结构性特征。因此，有学者（李实、赵人伟、张平，1998）主张，应根据最高收入组与最低收入组的平均收入变化趋势，以及他们的平均收入与中值收入之比的变化趋势，来做出判断。如果最高收入组的平均收入增长而最低收入组的平均收入下降，或者前者的平均收入与中值收入之比上升而后者的平均收入与中值收入之比下降，则可认为收入差距出现两极分化，前者被称为"绝对标准"，后者则是"相对标准"。这两个标准的意义是明确的，但也有不足之处。例如，最高收入组和最低收入组的平均收入都可能出现增长，但前者增长更快，以致最高收入组在总收入中占有的份额上升也更快；而后者则可能上升

[①]　有的研究还使用 Atkinson 指数。但该指数与 GE 指数之间存在一一对应的单调转换关系，因此有了 GE 指数之后，就没有必要计算 Atkinson 指数了（万广华，2008）。

较慢，导致最低收入组所占份额实际下降。在这种情况下，从总体上看，收入差距的变动仍然具有两极分化的性质。因此，作为一个补充，我们在这里提出一个"份额标准"，即最高收入组与最低收入分组所占收入份额的各自变化，如果它们朝着彼此背离的方向变化，就可以说存在两极分化趋势。

应当指出，上述收入差距及其变动的测量都限于对总体差距和最高收入组与最低收入组的收入变动比较，尚未触及收入差距变动的内部结构特征。为此，这里引入一种新的分析方法。汉德科克和莫里斯（Handcock and Morris，1999）提供了一种识别收入分配变迁模式的方法。该方法的基础是"相对分布"，定义为基年某个收入组别的样本住户比例与对照年该收入组别住户比例之比，分组方式可以是五等分组，也可以是十等分组。具体地说，在分析时，首先把基年样本住户分为 10 组（也可以是 5 组），然后，为了消除十分位数变化的影响，以基年的中值收入与对照年的中值收入之比为权重来调整对照年的收入；最后，按照基年的十分位数值把对照年的样本住户分为 10 组，如果对照年样本住户中某一组的比重上升或下降，那么其相对分布也会上升或下降；若无变化，整个分布结构就是平坦的。据此就可以判断期间的收入分配变化模式。这一方法实际上是从住户分组分布变化的角度考察两极分化问题，是对单纯从收入差距角度考察两极分化的一个重要补充。

最后，我们还有必要进一步对极化程度进行测量。学术界提出了不少测量极化程度的指标，如 W 指数、ER 型极化指数等。有学者指出，对于内生型的分组数据，利用 W 指数分析差距的两极化程度就可以了。而且，研究表明，W 指数正是 ER 型指数在按中位数分组时的特殊情况。W 指数是沃尔夫森（Wolfson，1994）提出的，他在两极分化曲线概念的基础上给出了一个测度两极分化的公式。该公式为：

$$W = \frac{2(2T - G)}{M/\mu} \tag{3}$$

式中 M、μ 分别表示所有被调查者的收入中位数和算术平均数，G 为基尼系数，T 表示 50% 低收入成员的人口份额与其收入份额之差，即 $T = 0.5 - L(0.5)$，$L(0.5)$ 表示收入最低 50% 被调查者的收入份额。

对我们来说，仅仅了解依据中位数分组时的两极分化程度是不够的，我们还需要知道各个分组对两极分化的贡献。汉德科克和莫里斯在中值相对分布方法的基础上，构造了"中位收入相对极化指数"（MRP），MRP 指数的数学表达式为：

$$MRP_t(Q) = \frac{4}{Q-2} \sum_{i=1}^{Q} \left| \frac{2i-1}{2Q} - \frac{1}{2} \right| \times g_t(i) - \frac{Q}{Q-2} \tag{4}$$

式中，$g_t(i)$ 是相对分布，即按中位数调整后其收入落入一对分组收入切点之间的 t 年住户比例与基年相应收入组住户比例之比，$i=1$，2，$\cdots$，Q。MRP 的值域为 $[-1,1]$。当 t 年某个收入分组的住户分布相对于基年的相应分布没有变化时，MRP 为 0；MRP 为正值时表示其相对极化，为负值时表示其收入分布向中间收敛。MRP 极化指数可以被分解为中位数以上与以下两部分的分布变化的贡献。中位数以下相对分布极化指数（LRP）与中位数以上相对极化指数（URP）可以按下述公式计算：

$$LRP_t/URP_t(Q) = \frac{8}{Q-2} \sum_{i}^{Q/2} \left| \frac{2i-1}{2Q} - \frac{1}{2} \right| \times g_t(i) - \frac{Q}{Q-2} \tag{5a}$$

$$MRP_t = (LRP_t + URP_t)/2 \tag{5b}$$

在公式（5a）中，对于中位数以下的相对分布极化指数，$i=1$，2，3，4，5；对于中位数以上的相对分布极化指数，$i=6$，7，8，9，10。应当注意到，MRP 指数对分组分布两端的相对分布是比较敏感的，因为其计算公式赋予了两端的相对分布最大的权重。在这个意义上，MRP 指数能够更好地反映两端的分布变化。

（2）本文考察收入差距未来变动趋势的主要方法

关于中国收入差距的未来变动趋势，本文基于库兹涅茨假说提出三个操作化的假设。对于其中的假设 3 和假设 4，检验的方法还是基于泰尔指数的收入差距分解，即分别按城—乡和农业—非农业分组。在按农业—非农业分组时，CHNS 数据已经提供了各调查年度两个部门从业人员的年收入。至于本课题组 2008 年的调查数据，尚需通过估计来获得相关数据，关于估计的方法，下文将做具体分析。测量各组收入差距的指标也是基尼系数和泰尔 T 指数。

检验假设 5 的方式，是对以基尼系数测量的收入差距的时间变化进行分解（万广华，2008）。这种分解分析的逻辑是，利用基于收入来源的年度基尼系数分项分解结果，可以得到不同年度的基尼系数变动、分项收入份额变动和分项收入集中率变动，并把基尼系数的变动分解为分项收入份额变动、分项收入集中率变动以及这两项变动共同作用的贡献。分项收入份额变动被认为是经济结构变动的结果，因此其对差距变动的贡献被称为收入差距变动的结构性效应；而分项收入集中率的变动则反映了各项收入的集中性，因而被称作收入差距变动的集中效应。基尼系数变化的分解可以按照下式进行：

$$\Delta G = \sum_{i=1}^{K} G_{it} \times \Delta S_i + \sum_{i=1}^{K} S_{it} \times \Delta C_i + \sum_{i=1}^{K} \Delta C_i \times \Delta S_i \qquad (6)$$

式中，ΔG 为基尼系数的变化值，C_{it} 为第 i 项收入在 t 年的集中率，ΔC_i 为第 i 项收入集中率的变化值，S_{it} 为第 i 项收入在 t 年总收入中所占份额，ΔS_i 为第 i 项收入份额的变化值。式（6）右边第一项是结构性效应，第二项为集中效应，第三项为二者的共同效应。

三　20 年来中国城乡收入差距的变动模式

1. 差距程度的变动态势

首先考察全体居民家庭人均收入差距的基本变化趋势，具体的计算结果如表 6 - 3 所示。从表 6 - 3 可以看到，平均收入水平一直呈增长趋势，但分布的差异化程度也在提高。例如，标准差除了在 1990 年比 1988 年减少外，在其他年份都是显著增加的，平均值与中位数之间的偏离也越来越大，总之，越到后来收入分布的差异化程度越高。这无疑将使收入分配的差距程度也逐年扩大。收入分配不良指数在 20 世纪 90 年代中期以前是在波动中上升，而在 1999 年以后则几乎是直线上升。

测量差距的四个指数的变化也有一些相似趋势，总的来讲，1996 年是一个转折点。此前，T 指数和基尼系数的变化是波动的，L 指数则呈下降趋势；此后四个指数都稳定上升，到 2007 年都达到了很高的水平。回顾中国改革历程，1996 年确实也是一个重要年份，经过 1992 年开始的市场化改革，到这时，几乎全部的乡镇集体企业被改制，其中少部分破产关闭，大多数被私有化；然后，绝大多数城镇集体企业和中小型国有企业也发生了类似的改制运动。这样大规模的企业改制事件必然对中国收入分配产生重大影响，表 6 - 3 正是对这种影响的反映。由此我们很难像有的学者（例如，陈志武，2006）那样得出结论说，市场化和私有化运动具有缩小收入差距的作用。

表 6－3　1988～2007 年中国家庭人均收入分配差距趋势

年份	平均值	中位数	标准差	不良指数*	L 指数**	T 指数***	基尼系数	样本数(人)
1988	1060.3	892.8	1068.0	9.9	0.1398	0.1287	0.3990	3743
1990	1081.8	907.6	816.0	8.6	0.1222	0.1053	0.3797	3586
1992	1529.2	1164.7	1376.9	11.0	0.1017	0.2145	0.4260	3410
1996	3137.2	2525.0	2690.6	10.2	0.1418	0.1237	0.4091	3805
1999	3953.5	2999.6	4247.7	15.0	0.1841	0.1628	0.4589	4300
2003	5608.2	3802.9	6081.6	18.8	0.2082	0.1805	0.4943	4318
2005	6743.6	4306.5	9402.2	21.8	0.2363	0.2179	0.5225	4359
2007	8237.4	4774.0	30697.5	23.0	0.2465	0.2445	0.5384[③]	6986

＊即最高 20% 收入者与最低 20% 收入者的收入份额之比。

＊＊计算这几个泰尔指数时，删除了收入为 0 的住户（因为不能计算其对数值）；另外还删除了 2007 年数据中的一个极端值即 236.2 万元，否则其将对 T 指数产生不合理的巨大影响。

＊＊＊计算时删除了极大值 236.2 万元。

2. 20 年来中国居民家庭人均收入差距变化的结构性特征

接下来，让我们考察 20 年来中国城乡居民收入差距变化的结构性特征，亦即通过分析最高收入组与最低收入组的收入分布变化趋势，来探究收入差距是否存在两极化趋势。这里，我们按一般做法将被调查户划分为 10 个组别，相关分析结果如表 6－4 所示。基于表 6－4，可以得到以下几个结果。

表 6－4　1988～2007 年中国家庭人均收入不平等变化的结构性特征

年份	最低 10% 收入组				最高 10% 收入组				收入份额之比***
	平均收入(元)	年增长(%)*	均值比中值**	收入份额(%)	平均收入(元)	年增长(%)*	均值比中值**	收入份额(%)	
1988	147.5	—	0.1652	1.39	2952.9	—	3.3075	27.83	20.0
1990	172.6	8.17	0.1902	1.60	2815.5	-2.35	3.1021	25.98	16.3
1992	203.4	8.55	0.1746	1.33	4509.1	26.55	3.8715	29.49	22.2
1996	417.7	19.71	0.1654	1.33	8935.9	18.65	3.5390	28.45	21.3
1999	349.3	-5.78	0.1164	0.88	12833.2	12.82	4.2783	32.46	36.7
2003	408.5	3.99	0.1074	0.73	19674.2	11.27	5.1735	35.02	48.1
2005	429.1	2.49	0.0996	0.63	25462.8	13.76	5.9126	37.68	59.4
2007	579.6	16.22	0.1214	0.70	35302.7	17.75	7.3948	42.82	60.8

＊ 这里使用的年增长率计算公式为 $\left(\sqrt[N]{I_n/I_1}-1\right)\times100\%$，式中，$I_1$ 为基年平均收入，I_n 为对照年平均收入，n 为间隔年数。据此式计算，20 年中，最低 10% 收入组的平均收入年均增长 7.47%，最高 10% 收入组的平均收入年均增长 13.95%。另外，由于对调查数据做了消胀处理，这里的收入是可比的。

＊＊ 以人均收入中值为 1。

＊＊＊ 以最低 10% 收入组的收入份额为 1。

第一，对照两个收入组的人均收入均值在 20 年中的变化，可以看到，总体上两个收入组的平均收入均值都在增长，因此，即使存在收入差距两极化的趋势，也还不是高收入组收入增长而低收入组收入下降这样一种恶性的两极分化。但也要看到，最低收入组的人均收入均值增长幅度明显小于最高收入组，而且前者的稳定性也更差。这种结果表明，最低收入组的人均收入均值的增长总是赶不上最高收入组。

第二，比较两个收入组的人均收入均值相对于全体的人均收入中值的位置变化，可以看到，对最低收入组来说，这种位置在 1990～2005 年稳步下降，2007 年有所上升。而对最高收入组来说，一方面，其相对收入位置始终远高于最低收入组，另一方面，在 1996 年以前，这个收入组的相对位置有所波动；1996 年以后，其相对收入位置便一直上升。据此可以判断，在这 20 年中的多数年份里，最低收入组的相对收入位置变动方向，与最高收入组的相对收入位置变动方向相反，这是收入差距具有两极分化性质的重要表征之一。

第三，最低收入组占有的收入份额，在 1990～2005 年稳步下降，2007 年略有回升，但并未影响最高收入组的份额以前所未有的幅度上升。最高收入组的收入份额在 1996 年以前有较大的波动，在最低收入组的收入份额下降的情况下，这种波动应当意味着其他处于中间位置的收入组的收入份额的波动。在 1996 年以后，最高收入组的收入份额就一路上升了，基本上每年上升一个百分点。这种变化也同样表明，在 20 年间的多数年份里，最高收入组与最低收入组的收入份额呈现了反方向的变动趋势。当然，由于最低收入组的收入份额下降的幅度小于每年一个百分点，处于中间的某些收入组的份额也会是下降的。最后，最高收入组的收入份额与最低收入组的收入份额之比，在 1996 年前有所波动，1996 年以后便迅速上升，到 2007 年，前者已经是后者的近 61 倍，这种差距是非常惊人的。

总结上述结果，可以说，在最近 20 年中，中国城乡居民的收入差距的变化趋势在较大程度上具有两极分化的特征。

3. 按收入分组的住户/人口相对分布变化模式

为了进一步观察收入差距变化模式的内部结构特征，我们利用汉德科克和莫里斯提出的"相对收入"分布分析方法，以 1988 年被调查住户人均收入分布的中位数和十分位数为基础，对此后 7 个年度的调查住户人均收入进行调整和重新分组，得到了各组的分布变化模式。图 6－1 是分析的结果，其中，左图是按住户分组计算的各组比例变化模式，右图是按住户分组后计算的各组人口比例变化模式。

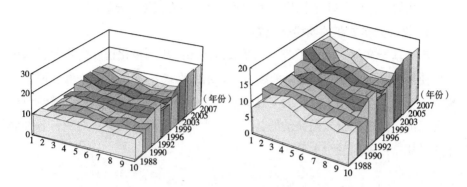

图 6-1　以 1988 年为基期的十等分组"相对收入"分布变化

从图 6-1 的左图看，在 1996 年及以前，收入差距的变化基本上是最高收入组的相对分布增加，而最低收入组的相对分布减少；1996 年以后，最高收入组的相对分布继续保持较大的比例，同时，最低收入组的相对分布也出现上升趋势，而中间各组的比例则趋于下降。换句话说，被调查户的相对分布趋势是向两端移动。

从图 6-1 的右图看，总的趋势大体与左图相同。但值得注意的是，在1988 年的调查中，最低收入组人口的相对分布大致呈现一种双峰形状，第 1组（最低收入组）、第 6 组和第 9 组的人口比例相对较低，第 4 组、第 8 组和第 10 组（最高收入组）的人口比例相对较高，表明这时的收入差距真的不存在极化特征。在 1992 年和 1996 年，各组人口的相对分布开始出现极化趋势，一方面，最高收入组的人口比例明显上升，较低收入组的人口比例也有所上升，中间收入组人口比例趋于下降。而在此后的 4 个年份中，分组的人口相对分布向两端移动的趋势就愈益明显，中间各组的人口相对分布出现明显的凹陷，靠近最高收入组的几个收入组的人口相对分布凹陷得尤为突出，这便是比较明显的两极分化趋势。

另外，比较图 6-1 的左图与右图，可以看到，单纯按户分组时，最低收入组的相对分布上升幅度并不太大，在最高年份的比例不到 13%，比基年的该比例提高不到 30%，但最高收入组的比例在最高年份达到 21.5%，比基年的比例上升 1.15 倍，可见在两极分化的结构性模式上较多地显示出向最高收入组偏斜的趋势；而在考虑各组的人口时，两极的人口相对分布差异要小一些，最低收入组的人口比例在最高的年份接近15%，比基年的比例增长88%，最高收入组的人口比例在最高年份为17.4%，比基年的比例增长87%。可见，当加入住户人口这个因素后，两极分化的程度更为显著。[①]

4. 收入分布差距的两极化指数

前文基于文献，梳理了若干测量收入分布差距两极化程度的指数，这里主要使用的是 W 指数和 MRP 指数，计算结果见表6-5。总的来看，两极化指数的变化与前述收入差距的变迁具有相似特征，即1996年是一个转折点。在此以前，两极化指数是波动的，呈现先上升后下降的趋势；然后，各种分布两极化指数就都趋于上升了。

表6-5　1988~2007年中国城乡居民收入分布极化指数

年份	W	不考虑住户人口时的 MRP			考虑住户人口时的 MRP		
		LRP	URP	MRP	LRP	URP	MRP
1988	0.3530	—		—	—		—
1990	0.3892	-0.0555	0.0490	-0.0033	0.1291	-0.0363	0.0464
1992	0.4186	-0.0280	0.1750	0.0735	0.0329	0.1529	0.0929
1996	0.3819	-0.0260	0.0860	0.0300	0.0308	0.0737	0.0522
1999	0.4241	0.0775	0.1415	0.1095	0.1736	0.1065	0.1401
2003	0.5014	0.0905	0.2690	0.1798	0.2898	0.1862	0.2380
2005	0.5766	0.1250	0.3135	0.2193	0.3570	0.1932	0.2751
2007	0.5993	0.0950	0.3120	0.2035	0.3091	0.1809	0.2450

W 指数测度的收入分布两极化水平比较高。该指数在考虑基尼系数的前提下，主要顾及的是中位收入以下的住户，没有考虑中位收入以上住户中那些不属于最高10%收入组的组别的情况，因而，可能夸大收入分布两极化程度。MRP 指数较好地弥补了这一缺陷，因为它们考虑到了每一个分组的相对分布的变化。另一方面，W 指数虽然比较大，但2007年与1988年相比，其上升幅度为69.8%；而 MRP 指数的上升幅度则明显大得多：在不考虑住户人口时，2007年的 MRP 比1992年上升了约1.8倍（2005年上升约2

---

① 应当指出，汉德科克和莫里斯只是提出按调查住户分组来考察相对分布的变化，而我们则将这一方法做了推广，即在按住户分组后对各组的家庭人口相对分布变化进行分析。结果表明，这一推广是很有意义的，尤其在中国，家庭作为生活单位整体影响着每一个家庭成员，这样的推广更有必要。

倍），在考虑住户人口时，2007 年的 *MRP* 比 1990 年上升约 4.3 倍（2005 年上升 4.9 倍）。还有，从符号看，在不考虑住户人口时，1992 年的 *MRP* 相对于 1988 年甚至是收敛的，亦即是反两极分化的。

MRP 指数还揭示了更多的信息。首先，在不考虑住户人口的情况下，*LRP* 指数在三个年份为负值，亦即这些年份的 *LRP* 是倾向于缩小两极分化的。在其他年份里，*LRP* 指数值也小于 *URP*，因而 *URP* 对 *MRP* 的贡献更大。其次，在考虑住户人口规模的情况下，*LRP* 指数在所有年份都大于 *URP*，表明 *LRP* 对 *MRP* 的贡献更大，亦即从住户人口角度来看，有更大比例的人口在收入分布函数中的位置是向下移动的。从这个角度来看，中国的收入分布差距形势更为严重。

综上所述，考虑到两极分化指数的变动模式以及其中的结构性特征，中国现阶段的收入分配差距确实出现了两极化的趋势，尤其是，从 *MRP* 指数来看，中国收入差距的变动是从两极化收敛向两极化凸显的方向变化的。

四 中国收入分布差距未来变动的可能趋势

1. 城乡内部差距：城镇内部差距程度是否更高？

分析 20 年来中国农村和城镇内部收入差距的方法是简单的，即分别计算它们的泰尔指数和基尼系数。表 6 - 6 是计算的结果。可以看到，首先，无论是在农村还是在城镇，收入差距变动的共同趋势，与总体差距的变动趋势基本相同，即以 1996 年为转折点，此前，农村和城镇内部的差距有所波动，此后便一路攀升，*L* 指数、*T* 指数和基尼系数尤其如此。

表 6 - 6 1988 ~ 2007 年农村与城镇内部收入差距变动趋势比较

年份	农　　村			城　　镇		
	L 指数	*T* 指数	基尼系数	*L* 指数	*T* 指数	基尼系数
1988	0.1545	0.1411	0.4253	0.0804	0.0889	0.3112
1990	0.1320	0.1190	0.4012	0.0783	0.0670	0.2988
1992	0.1553	0.1345	0.4290	0.1258	0.1107	0.3783
1996	0.1383	0.1239	0.4112	0.1255	0.1045	0.3708
1999	0.1773	0.1575	0.4541	0.1549	0.1368	0.4148
2003	0.1932	0.1704	0.4828	0.1878	0.1498	0.4558
2005	0.2214	0.2064	0.5145	0.2151	0.1929	0.4840
2007	0.2234	0.2261	0.5135	0.2169	0.2141	0.4883

其次，测量农村差距的 L 指数、T 指数和基尼系数，始终高于城镇的相应指数。

再次，农村和城镇的差距均略低于总体差距，但其间的差距并非很大。尤其是 1996 年以后，三者基本上是平行变动的，只是在 2007 年，农村差距似乎略微向城镇差距接近了一点。图 6-2 更加直观地呈现了这种变动趋势。

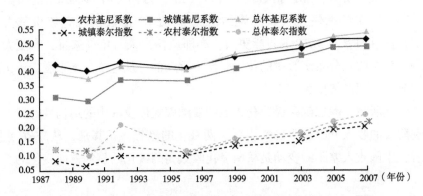

图 6-2　1988~2007 年城乡被调查住户收入分布泰尔 T 指数和基尼系数变动趋势比较

总之，虽然我们只有 8 年的调查数据可做分析，但我们还是有较大的把握认为，在这 20 年中，大抵是不存在城镇差距大于农村差距的现象的。因而，前面提出的假设 3 也不能得到支持。

2. 部门内部差距：农业部门与非农业部门孰甚

CHNS 调查获得了每一个从业人员在调查前一年的从业部门和净从业收入，可以方便地用于分析农业部门与非农业部门的收入差距变动趋势（不包括其中的兼业人员）。我们课题组在 2008 年的调查中询问了非农从业人员在调查前一个月获得的非农就业或经营收入，但缺少农业劳动者的收入数据。我们根据各省份 2008 年农村住户农业家庭经营收入的实际增长率，以及我们在调查中获得的 2007 年农村住户月均农业经营收入，估计了 2008 年农业从业人员的月收入水平。然后我们再根据 2007 年相对于 2006 年的各省份城乡消费物价指数，对农业从业人员 2008 年月收入估计值进行消胀处理；同时，根据各省份 2008 年相对于 2006 年的城镇消费物价指数对 2008 年非农从业人员的调查前一个月的收入做消胀处理，从而得到大体可与 CHNS 调查数据比较的 2008 年农业和非农业从业人员的年收入分布。表 6-7 反映了

20 年来中国农业部门与非农业部门从业人员收入差距的变动趋势，分析这些趋势，可以得出这样几个结论。

表 6 - 7 1988～2008 年部门内收入差距变动趋势比较

年份	农业部门			非农业部门		
项目	L指数	T指数	基尼系数	L指数	T指数	基尼系数
1988	0.2406	0.2050	0.5801	0.1471	0.2222	0.4552
1990	0.2226	0.2032	0.5623	0.0871	0.0920	0.4405
1992	0.2480	0.2094	0.5580	0.1185	0.1356	0.3912
1996	0.2085	0.1817	0.5001	0.0978	0.1119	0.3760
1999	0.2358	0.1991	0.4868	0.1141	0.1268	0.3656
2003	0.3065	0.2559	0.5201	0.1299	0.1290	0.3914
2005	0.3106	0.2547	0.5004	0.1674	0.1751	0.3292
2008	0.2875	0.3089	0.5131	0.1612	0.2093	0.4334

首先，从农业部门看，总的趋势也是以 1996 年为转折点，此前的差距在波动中下行，此后的差距则在波动中上行，呈现一种轻度的 U 形变化趋势。从 L 指数大于 T 指数的情况来看，在多数年份，农业部门的收入分布较多地向下端集中。从基尼系数的变动来看，存在一种在高位水平上有所下行的趋势，当然中间也存在波动（参见图 6 - 3a）。

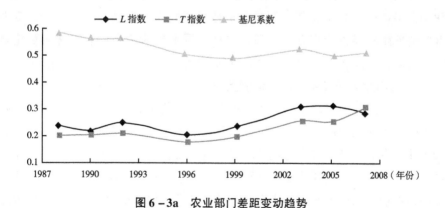

图 6 - 3a 农业部门差距变动趋势

其次，从非农业部门来看，两个泰尔指数的变动都是呈现一种底部比较平坦的 U 形变化态势，其凹陷程度大于农业部门的相应变化态势，而其转折点也是 1996 年（参见图 6 - 3b）。同时泰尔 L 指数一般小于泰尔 T 指数，

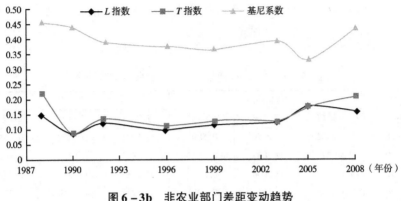

图 6－3b　非农业部门差距变动趋势

表明非农业部门的收入分布较多地在上端集中。基尼系数的变动趋势大体相同，但转折点向后推延了。结合这些指数的统计性质来分析，可以说，在20年期间的中间时段上，非农业部门的收入分布在中间有相对大一些的密度，而在此前和此后则是上端分布密度更大一些。

最后，无论农业部门与非农业部门内部的收入差距如何变化，一个不变的趋势是，农业部门内部的差距始终大于非农业部门内部的差距。例如，农业部门的基尼系数明显比非农业部门的基尼系数高出不少，与前者相比，后者最低相差 15.5%，最高相差 34.2%，平均相差 24.7%。

综上所述，一方面，无论在农业部门还是在非农业部门，收入差距的变化中都不存在倒 U 形趋势，倒是有某种程度的 U 形趋势；另一方面，农业部门的差距始终高于非农业部门，并且还看不到前者向后者靠拢的稳定迹象。因此，上面提出的假设 4 没有得到支持。

3. 结构效应与集中效应：何者更为突出

分项收入差距对总收入差距的影响，就其性质而言可以分为结构效应、集中效应和共同效应三个部分。按照库兹涅茨假说，随着经济社会的市场化和工业化发展，结构效应将逐渐减弱，集中效应则将逐步增强。所谓集中效应的作用增强，当然并非简单地意味着收入更加集中，从而一定导致更大的差距。按照库兹涅茨假说的逻辑，市场化和工业化水平的提高首先意味着结构性效应的降低，因为发展中国家的经济二元结构在这个过程中被破除，结构转型过程带来的收入差距将会下降到最低限度，而收入集中化的程度会有所提升，从而形成收入分布差距的另一种推动力量；但是，随着市场化和工业化的进一步发展，收入的集中程度也会出现下降，从而最终促使收入分布向着平等化的方向演变。因此，如果这些变化在一个国家的现实收入分布变化趋势中存在，便可以根据库兹涅茨假说预期，这个国家的收入分布差距将经历倒 U 形变化。根据这样的原理，我们利用前述公式（6）对调查数据进行了基尼系数变化的分解分析，得到表 6 – 8 的结果。需要注意的是，在表 6 – 8 中，每一个年度的基尼系数变化，都是相对于上一个年度的基尼系数而言的。

表 6 – 8　基于分项收入对基尼系数变化的分解分析

项目 年份	结构效应		集中效应		共同效应		贡献率 合　计	系　数 变动额*
	贡献额	贡献率	贡献额	贡献率	贡献额	贡献率		
1990	− 0.0047	− 16.9	− 0.0184	− 66.0	− 0.0046	− 16.5	− 100.0	− 0.0278
1992	0.0071	17.0	0.0370	88.8	− 0.0024	− 5.8	100.0	0.0416
1996	0.0043	19.5	− 0.0246	− 111.8	− 0.0017	− 7.7	− 100.0	− 0.0220
1999	0.0440	57.4	0.0202	26.4	0.0124	16.2	100.0	0.0766
2003	− 0.0217	− 40.9	0.0660	124.5	0.0087	16.4	100.0	0.0530
2005	0.0234	80.1	0.0052	17.8	0.0006	2.1	100.0	0.0292
2007	0.0323	185.6	− 0.0325	− 186.8	0.0176	101.2	100.0	0.0174

＊与表 6 – 7 对照，本表各年度基尼系数变动额均存在少许差异。分析其中原因，应当与计算中反复发生的四舍五入过程密切相关。对我们的目的来说，最重要的是三种效应的变化趋势，而非这些差异。

从表 6 – 8 看，在 7 个年份中，除了 1992 年和 2003 年外，其余 5 个年份的结构效应对基尼系数变动的作用远比集中效应的作用大，如果考虑结构效应对共同效应的参与，这种关系就更突出了。总之，在所考察的 7 个年份里，大多数年份的情形是结构效应大于集中效应。

图 6 – 4 则更加清楚和直观地表明，两种效应的贡献基本上是反向变动

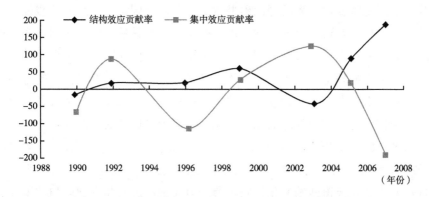

图 6 – 4　基尼系数变动的结构效应与集中效应变动趋势比较

的，尤其是在 1996 年以后，两种效应的贡献率可以说是大起大落，很不稳定，表明现阶段中国收入分配差距的形成机制处于一个急剧变化时期。但与此同时，多数调查年份的收入分布基尼系数的变动主要来源于结构效应的事实也表明，目前还看不到集中效应的影响稳定接近甚至超过结构效应的希望。在这个意义上，显然，前文提出的假设 5 也得不到经验数据的支持。

五　简要结论

发现中国现阶段收入分布差距的程度有多大，并不是我们的主要目的，而只是进一步分析的一个基础。重要的是研究较大的差距具有怎样的性质，亦即是否出现两极分化趋势。我们根据现有的理论争论和相互存在显著差异的经验研究结果提出的假设是，在最近的 20 年中，中国的收入差距格局的变动中存在两极分化的趋势，并且这种趋势呈现加剧态势（假设 1），同时还提出了一个关于可能存在 U 形变化的相关假设（假设 2）。为了检验假设 1，我们采用了多种分析工具对调查数据进行多层面的解剖，尤其是深入分析了现阶段中国社会收入差距的内部结构性特征和相对分布变动趋势，并主要根据相对分布模型计算了两极分化指数。我们还对相对分布模型做了一个推广，即不仅仅考虑对住户做分组分析，而且进一步考虑各个住户本身的人口规模因素。分析结果多少是令人沮丧的：我们的假设在较大程度上得到了经验数据的支持——我们其实并不希望如此。

现阶段中国收入差距已经达到了较高的水平，那么未来这种差距将会如何变化？这也是人们普遍关心的问题。迄今为止，据认为最成熟的可据以预测收入差距未来变化趋势的理论模型就是库兹涅茨假说。库兹涅茨假说作为理论预测模型涉及若干重要条件，而这些条件是否具备就成为根据该假说预测未来收入差距变化趋势的关键。因而围绕这些条件问题，学术界发展出了许多中程性质的理论。对于发展中国家来说，城镇社会和农村社会的差距的相对变化，农业部门与非农业部门差距的相对变化，以及综合来看影响收入差距的结构效应与集中效应的相对变化，就成为可选择的判据。

从这样的逻辑出发，并且考虑到，中国既是一个发展中国家，又在近30 多年中取得了巨大的发展，市场化程度已经达到较高水平，经济所有制结构也发生了翻天覆地的变化，农村劳动力大规模进入非农领域和城镇务工经商，经济社会结构随之发生深刻转型，我们也提出了三个相关假设：其一，随着时间的推移，城镇地区收入差距将高于农村地区（假设3）；其二，随着时间的推移，农业部门收入差距将小于非农业部门（假设4）；其三，随着时间的推移，造成收入分布差距的结构效应趋于弱化，集中效应趋于增强（假设5）。但是，数据分析结果并不支持这些假设。与此相反，我们看到，农村地区的收入差距始终高于城镇地区，农业部门的收入差距始终高于非农业部门，影响收入差距的结构效应在大多数年份高于集中效应，并且目前甚至突出地呈现反向变动的趋势。对此，库兹涅茨假说是难以给出解释的。

最后，在检验上述假设的过程中，相关分析结果对假设2做出了间接的检验。当然，看起来，过去20年中国收入差距变化的U形态势并不明显，并且在总的差距中，我们只是看到1996年前后确实是一个转折点，此前的收入差距程度是波动中有所下降，此后则稳定提高。但是，在一些分组分析中，在某些组别，收入差距的变动确实呈现轻度的U形趋势。另外，在下一章对现阶段中国差距的形成机制和原因的分析中，我们还会看到，在体制外从业人员的收入分布中，这种U形态势是比较明显的。

需要指出的是，与西方发达国家相比，中国收入差距的两极分化程度发展是比较快的。根据阿尔德森等人的分析（Alderson, Beckfield and Nielsen, 2005），在从1969年到1999年的30年中，英国两极分化指数 *MRP* 不到0.2，美国的 *MRP* 不到0.15。反观中国，从1988年到2007年，仅仅经过20年的演变，*MRP* 指数在不考虑住户人口的情况下达到了0.2035，在考虑住户人口时则达到了0.2450。真是不做比较，便不知道中国收入差距的两极分化程度有多高。再不对中国的收入差距进行调节，则未来的两极分化将达到何种程度，便难以设想了。

第七章
收入差距扩大的状况和原因

陈光金

一　研究的问题与假设

在第六章里，我们对 20 年来中国收入差距的变动模式、特征以及未来可能的演变趋势进行了实证考察，结果显示，一方面，中国 20 年来的收入差距达到了相当高的水平，并且呈现两极化的演变态势以及轻度的 U 形变动模式；同时，按照库兹涅茨假说得以有效的条件，对未来可能的变动趋势也进行考察，而且没有得到关于中国收入差距可能按照库兹涅茨假说变化的证据。因此，我们需要寻求更加合理的理论框架来解释这种变化。本章的任务就是对 20 年来中国收入差距的形成机制进行考察并做出初步的解释，这一工作既是一个极具实践—政策意义的研究方向，也具有理论意义。因此，这种研究已经吸引了大量研究者的注意力，相关研究文献之多，可谓汗牛充栋。可以说，中国收入差距的形成机制一直是学者关注的重要问题，并形成了几个研究焦点。

首先，中国收入差距的扩大究竟是缘于市场化改革还是另有其他原因？周业安发现，市场化发展本身确实会带来发展的不平衡以及地区、行业之间差距的拉大。市场化进程必然带来不平等，而在转型过程中，在各项制度还不完备的条件下，这种不平等必然带来不公平。从收入结构看，无论是农村还是城镇，都出现了严重的不平等，这种不平等趋势与地区及产业结构的变动趋势是内在一致的（周业安，2004）。非国有集体单位劳动报酬增长速度较慢也被认为是收入分配差距扩大的一个原因（江苏省统计局，2007）。但是，更多的学者相信，收入差距的扩大并不是市场化的必然结果，相反，市场机制本身存在着缩小收入差距的因素。而城乡差距、地区差距、行业差距以及市场化过程中广泛存在的利益相关方权利不平等，都是市场化程度不高的表现，因而是收入差距持续扩大和不合理的根源（李实、罗楚亮，2007a）。还有一些研究者则把收入差距扩大归因于政府行为和相关制度的缺陷，而对市场条件下形成的差距多持肯定态度（林幼平、张澍，2001；何伟，2007）。

其次，广泛存在的各种灰色收入对中国收入差距及其扩大有什么影响？中国社会各个阶层一直广泛关注这个问题，而且它已经对社会情绪或心态产生了广泛的消极影响。学术界也不断有人提出这样的问题，一些学者想要通过把差距完全归咎于这种具有非法性或不正常性的收入分配形式，来反驳市场化扩大差距的论题（陈宗胜、周云波，2001；王小鲁，2007）。灰色收入本身具有隐蔽性，对其进行量化研究有很大难度，因而学术性的研究并不多见。我们的调查没有涉及识别灰色收入，因此本章不打算探讨这个问题。不过，正如我们已经指出的，已经发现的不涉及灰色收入的收入差距已经足够大，如果把灰色收入计算在内，则中国的收入差距将会更大（李培林等，2008）。

再次，更多研究集中于探讨中国的城乡差距和地区差距对全国收入差距的影响。这些研究多半也有一个目的，即把中国收入差距的形成主要归因于城乡差距以及区域差距。不同研究的结果存在种种不一致之处。一些研究发现，城乡差距对总差距的贡献呈现下降趋势。例如，林毅夫、蔡昉和李周（1998）的计算表明，城乡间差距所占的比重，由1978年的53.36%下降到1995年的49.51%，城乡内部差距的贡献之和从46.64%上升到50.49%。王洪亮、徐翔（2006）的分析结果也表明，1978~2002年，城乡间差距的贡献相当大（2002年为63.66%），但呈下降趋势。然而，李实、罗楚亮（2007b）基于住户调查数据进行泰尔指数分析的结果则是，1988~2002年，城乡之间收入差距的贡献率是上升的，即从38%提高到43%。王红涛（2009）对1990~2007年城乡收入差距的研究结果显示，城乡间差距的贡献从42.86%上升到了56.12%。万广华（2006）甚至认为，截至2002年，中国总体差距的70%~80%要由城乡间差距来解释。关于区域差距的影响，综观已有研究，总的来看是相对较小的，但不同研究也有不同结果。例如，李实等人的研究显示，1988年，三大地区各自内部的收入差距对总差距的贡献合计达到92.5%，地区间差距贡献了7.5%；到1995年，这两个贡献率变为90.7%、9.3%，这似乎表明地区间差距的贡献率在20世纪90年代是上升的（李实、张平、魏众、仲济根等，2000）。而万广华（2006）对

1987～2002 年中国收入差距的研究结果是，区域间差距的贡献可达到 20%～30%。而我们基于 2005 年的全国抽样调查进行分析的结果是，区域间差距对总体差距的贡献率为 9.5%（李培林等，2009）。

关于区域间差距对中国收入差距的影响，鉴于已有研究多半表明其比较小，本章将不做考察。而关于城乡差距的影响，现有的研究似乎存在两个问题。一是相当多研究的数据基础是省级城镇居民人均可支配收入和农村居民人均纯收入，研究单位是省（市、区）而不是城乡住户，这无疑忽略了各省份城镇内部和农村内部的收入差距。即使有的研究用统计部门公布的按五等分分组的各组人均收入数据来构造各省份城乡收入分布，也只是有限地缓解了问题。因而不难理解，这些研究所发现的城乡间差距的贡献往往都特别巨大，但这可能并不是事情的真相，相反可能显著夸大了城乡间差距的贡献。① 二是许多基于全国抽样调查的研究所采集的数据，往往比较早。例如，有一些研究采用了国家统计局采集的样本住户记账数据，但由于种种原因，这些研究能够利用的数据似乎多为 20 世纪 90 年代及以前采集的；还有不少研究利用的是中国社会科学院经济研究所课题组在 1988 年、1995 年和 2002 年采集的全国抽样调查数据。现在时间又过去了六七年，城乡差距对中国收入差距的影响究竟发生了什么变化？考虑到中国城镇和农村内部的收入差距都在上升，②我们假设，**近年中国的城乡间差距对总体差距的贡献存在一种下降趋势，而城镇和农村内部的差距对总体差距的贡献则呈现上升趋势**（假设 1）。③

但是，对中国收入差距的形成机制的研究，不能局限于仅仅关注城乡—区域差距的影响，还有许多其他因素值得关注。在以往的研究中，各种关于中国居民收入获得机制的研究，如教育回报率研究、工作经验回报率研究、社会阶层或群体收入差距研究等，都在某种程度上暗示这些因素对收入差距具有重要影响（Zhou, 2000; Zhao and Zhou, 2002; 陈晓宇、陈良、夏晨，2003; Li, 2003; 李实、丁赛，2003; 李春玲，2003; 王姮、汪三贵，2006; 赵力涛，2006）。教育获得差距对收入差距的影响更为明显——国内

---

① 已经有不少的经验研究指出，各省（市、区）城镇和农村内部的收入差距都在显著扩大（例如，冯星光，2004; 梁勤、米建伟、章奇，2006; 曹林，2008; 韩留富，2009）。

② 例如，李实和罗楚亮发现，农村居民收入基尼系数从 1978 年的 0.21 上升到 2005 年的 0.38，而城镇居民收入基尼系数也相应地从 0.16 上升到 0.34（李实、罗楚亮，2007b）。

③ 实际上，我们已经发现，2005 年中国城乡不平等对总体不平等的贡献率仅为 12.1%（李培林等，2008）。不过，这只是一个时点上的数据结果，还难以作为一种趋势来论断。本章将要解决这个问题。

外的研究大多发现存在这样一种趋势（Chiswick，1971；Tinbergen，1972；赖德胜，2001；白雪梅，2004；岳昌君，2004）。工作经验的影响虽然存在，但呈现下降趋势（Deng and Li，2009）。此外，相关研究表明，像性别、职业、社会阶层和权力也是中国收入差距尤其城镇居民收入差距的重要决定因素（刘欣，2005；Millimet and Wang，2006），这可能也是一种世界性的趋势（Weeden，Kim，Di Carlo and Grusky，2007）。如果教育对收益率的影响确实在提高，那么，教育获得的差距应当也会对收入差距产生重要影响，因此，我们可以提出第二个假设：**在教育的收益率提高的情况下，教育获得的差距将会对收入差距做出重要贡献**（假设2）。

中国社会的转型过程，还有一个独特的方面，这就是，与苏联—东欧地区不同，中国的改革没有采取"休克式疗法"，而是渐进式改革。这种渐进式的改革使得中国的社会转型与传统体制没有形成断裂关系，而是有一种内在联系（孙立平，2008）；并且在体制之外逐步成长了一个影响日益扩大的经济社会活动空间。其结果之一就是形成了所谓的"体制内"与"体制外"的区隔，这种区隔对中国的差距具有重要影响（陈光金，2004；李春玲，2005）。这种区隔也已经不仅是学术界的共识，而且已经成为一种社会认知，引起媒体的关注（曾金胜，2007）。这种区隔应当也是中国社会收入差距的重要形成机制，并且会对中国收入差距有相当大的贡献。但是，随着改革的不断深化，"体制内"与"体制外"的区隔的意义是逐渐降低的，因而这种区隔所造成的"体制内"与"体制外"的收入差距对总体收入差距的贡献会呈下降趋势。我们尤其可以判断，"体制外"的收入差距对总体差距的贡献会是最大的，因为它的市场化程度是最高的。我们不妨就此提出第三个假设：**随着时间的推移，"体制内"与"体制外"的收入差距对总体差距的贡献将会下降，而它们各自内部的差距对总体差距的贡献将会上升**（假设3）。

我们还注意到，无论是什么形式的因素，其影响都将在人们的收入获得来源上表现出来。研究不同收入来源对收入差距的影响或贡献，也是相关学者经常使用的方法（万广华，2006；李培林等，2008）。这方面的研究文献也非常多，这里不一一列举。本章同样有必要对此作出分析。然而，我们现在有一个不同的视角，这就是，在理解不同收入来源的性质并分析它们的影响时，更多地想要识别市场化程度较高的收入来源与市场化程度较低的收入来源对差距的具体影响，从而为一个更一般的理论命题提供验证。关于不同收入来源的收入差距对总体差距的影响，我们尝试提出一个假设：**市场化程度**

较高的收入来源对总体差距的贡献将会较大（假设4）。我们没有以"一种收入来源的市场化程度越高，其对总体收入差距的贡献越大"这样的表述来提出这一假设，是因为，在绝大多数社会成员的收入中，工资性收入肯定占据了最大的比重，而不同社会成员的工资性收入会有不同的性质。一些人的工资性收入的市场化程度较低，另一些人的工资性收入则可能是完全市场化的，但在按收入来源进行分解分析时，我们只能把它们作为同一种收入来源纳入分析模型。不过，前述关于"体制内"与"体制外"的假设，应当可以补偿这一不足。

就像发现中国收入差距不是研究收入差距变动趋势的终点一样，发现各种因素对收入差距的影响也不是收入差距形成机制研究的终点，更重要的是要对它们的影响进行一体化的量化考察，从而可以对它们的相对影响程度做出一个判断。从现有的研究进展来看，量化研究的基本方法，一是回归分析，二是对差距进行因素分解分析。回归分析可以让我们发现不同因素对收入获得的影响，但不足以对它们的影响程度做出统一判断。例如，我们在解读回归结果时总是要以"其他因素不变"的假定作为前提条件。至于现有的各种基于分解分析的研究，或者把重点放在各种经济学因素上面，对社会学因素顾及较少；或者聚焦于城乡之间、区域之间、城镇或乡村内部的分组分解（万广华，2006；Millimet and Wang，2006；Chi，Li，Yu，2007；万广华、张藕香、伏润民，2008），把各种分类变量和连续的特征变量统一纳入一个模型进行分解分析的研究尚不多见。本章将尝试进行这样一种分解分析。如上所述，中国目前正处在社会转型的过程中，收入差距的形成机制比较复杂；但大体上可以认为有两组因素影响着收入差距，一组是与各种传统体制相关的因素，如城乡（户口）、再分配权力等；一组是与市场化转型相关的因素，包括各种在市场化程度高的经济体中都会影响收入差距的个人或其家庭的要素禀赋和社会地位因素（如社会阶层地位等）。我们知道，现阶段中国的社会转型已经取得相当进展，所有制结构、国内生产总值构成以及就业结构等的非公有化已经达到相当高的水平。[①] 因此，关于什么类型的因

---

① 据马广奇测算，1999 年中国经济的市场化水平达到 60% 左右（马广奇，2000）；据北京师范大学经济与资源管理研究所（2005）测算，2003 年中国市场化水平达到 73.8%。当然，不同研究者的测算结果往往不同，甚至有很大差距（例如，张晓晶，2004）。另据国家发改委提供的最新数据，目前在社会商品零售总额和生产资料销售总额中，市场调节价所占比重已分别达到 95.6% 和 92.4%（江国成，2009）。而据有关研究，市场化程度达到 85% 可能是中国经济市场化的终极目标（马广奇，2000）。

素对中国现阶段收入差距的影响更大的问题，我们可以提出这样一个综合性的假设：**由于其收入水平受市场化影响的人口在总人口中所占比例已经大大超过与传统公有体制相关的人口所占比例，现阶段中国收入差距将更多地来源于在市场化条件下影响人们的收入获得的禀赋因素**（假设5）。[①] 这一假设并不意味着赞成或反对转型社会学中的市场转型命题或对该命题的批评（参见陈那波，2006），因为整体收入差距不仅受收入集中程度影响，也受不同收入水平的人口群体的规模影响（万广华，2008）。

二　数据与方法

本章的研究，将主要围绕上述三个假设展开。当然，假设3还需要进一步的操作化界定，对此本章将在进行具体实证分析时做出这样的界定。关于本章采用的研究数据，上一章已经给出了说明，这里就不再赘述。下面着重说明本章的主要研究方法。

概括地说，本章使用的基本方法，一是差距的分解，二是回归分析。回归分析不仅是为了识别各种相关因素是否对收入获得产生具有统计显著性的影响，也是为上面所说的综合性分解做准备。对于本章提出的假设1和假设3，进行贡献分解分析以资检验的方法，就是基于泰尔 T 指数的分组分解分析，其计算公式为：

$$T = \sum_{g=1}^{G} p_g \lambda_g T_g + \sum_{g=1}^{G} p_g \lambda_g \log \lambda_g \circ \tag{1}$$

式中，G 表示分组，p_g 为第 g 组人数与总样本人数之比，λ_g 为第 g 组样本户家庭人均收入的均值与总样本户家庭人均收入的均值之比，T_g 为第 g 组的泰尔指数；等号右边第一部分为组内差距之和，第二部分为组间差距。我们只要观察历年两种差距的贡献率变动，就可以对假设1和假设3进行验证。

需要说明的是，对于假设3，首先要对从业人员个人收入进行分组。分组的方法是，将所有具有非农户籍的党政机关和国有事业单位的正式职工、

---

① 理论上，在现代社会，教育因素本身也属于影响收入分配的市场机制的组成部分，我们只是为了强调教育获得不平等对收入差距的影响，而单独把它提出来，形成一个独立假设（假设2）。

国有企业单位的经营管理人员以及专业技术人员归类为"体制内"从业人员；其余全部归入"体制外"从业人员，包括国有企业的普通职工（改革以后他们基本上也是市场化就业者）。我们假定，体制内工作人员的工资性收入由国家规定或认可，因而具有非市场化性质；其余人员的工作和报酬获得，基本上由市场机制决定。按照这种分组进行收入差距分解，可以看出市场化收入差距与非市场化收入差距对总差距的贡献及其变化。农业劳动者的收入获得本质上也具有市场性质，不仅是因为农业生产的许多环节（例如生产资料等）是市场化的，而且他们的实物收入在调查中也是按市场价格计算的。但在学术界关于"体制外"与"体制内"的界定中，一般不考虑农业劳动者。我们尊重这一传统。

对于本文提出的假设 4，由于泰尔指数的分解分析主要适合分组数据，而不适合收入来源这样的非分组数据，我们将以基尼系数为差距指标，按收入来源进行差距的分项分解。运用基尼系数进行分项分解的基本公式是：

$$G = \sum_{k=1}^{K} (\mu_k/\mu_y) \times C_k \tag{2}$$

$$R_k = \frac{\mathrm{cov}[y_{ki}, f(Y)]}{\mathrm{cov}[y_{ki}, f(y_k)]} = \frac{C_k}{G_k} \tag{3}$$

式（2）中，G 表示总体收入差距的基尼系数，K 表示第 k 项收入来源，μ_y 为总样本均值，μ_k 为第 k 项收入的均值，C_k 为第 k 项收入的集中系数（又叫伪基尼系数）。集中率有一个重要的统计意义，即可以根据某项收入的集中率是大于还是小于总收入分布基尼系数，来判断这项收入未来将会拉大还是缩小总体差距。C_k 可以通过式（3）计算出来。在式（3）中，R_k 表示第 k 项收入与总收入的相对相关系数，y_{ki} 表示第 k 项收入的第 i 个观察值，f 是第 k 项收入的各个观察值的序号，$f(Y)$ 表示在计算 R_k 时按总收入的升序排列第 k 项收入的分布，$f(y_k)$ 表示在计算 R_k 时按第 k 项收入自身的升序排列其分布，因此，中间项的分子意为第 k 项收入与按总收入升序排列时的相应收入观察值的序号的协方差，分母意为第 k 项收入与按其自身的升序排列时的相应收入观察值的协方差。在我们的数据中，被调查住户的收入来源包括家庭农业经营收入、非农业经营收入、工资性收入、财产性收入、公共转移性收入以及其他收入（如私人赠与性收入）。其中，公共转移性收入具有明确的非市场性质；各种经营性收入具有较为明确的市场属性；工资性收入则由于人们的就业单位不同而内在地蕴涵着市场化与非市场化的两重性，但考虑到就业市场化程度不断提高，它的分布差异的变化应当越来越多地反映市场化的影响；财产性收入主要是指各种有价证券产生的收入、资产出租收入以及其他金融资产（如存款）的孳息，因而具有市场收入属性。遗憾的是，CHNS 调查把财产性收入与赠与性收入、继承性收入等都归入"其他收入"范畴，难以将其剥离出来。

由于上述分析没有涉及许多其他家庭特征对收入分布的影响，因此，我们需要根据家庭各种禀赋特征对家庭人均收入差距的形成机制进行考察。这一分析的核心同样是对各项禀赋特征的差距贡献进行分解，其目的则是检验假设 2 和假设 5。关于这种分解，有很多方法可供利用，不过，其中不少方法往往都受到这样那样的限制，而最突出的限制是，难以在同一种分解方式中纳入不同测量尺度的变量。例如，分组分解不能综合考察非分组分布的影响，基于基尼系数的分解不能纳入分类性质的变量。万广华在 Shorrocks (1999) 工作的基础上，提出了基于回归的夏普里值分解方法，初步解决了这个问题（Wan，2002，2004）。这一分解方法由两个步骤组成。首先，基于 Mincer 收入决定方程建构回归模型。万广华经过多种尝试后认为，对数线性模型是比较适合的模型。其次，在通过回归得到回归模型后，根据各项回归因素的回归系数进行夏普里值分解。[①] 其结果将对假设 2 和假设 5 做出检验。对数线性回归模型的基本数学形式为：

$$\ln(Y) = a + \sum_{i=1}^{n} \beta_i X_i + \varepsilon \tag{4}$$

式中，a 是常数项，X_i 为变量（包括分类性质的虚拟变量和连续性的特征变量），ε 为残差。需要说明的是，在一般的 Mincer 收入决定方程中，表示人力资本的教育和经验（如工作时间或年龄）往往都有一个平方项进入模型，但我们在尝试之后发现，它们的平方项不仅没有统计显著性，而且降低模型的解释力，所以在具体确定模型时我们剔除了其平方项。得到回归模型后，需要将模型从对数方程转变为自然对数的底 e 的指数方程，其具有如下形式：

---

① 此项分解的工作量巨大，非手工所能完成。万广华在联合国大学工作期间开发了一个 Java 程序，他慷慨地将该程序提供给了作者，在此表示诚挚的感谢。

$$Y = (e^a) \cdot [e^{\beta_1 X_1 + \beta_2 X + \Lambda + \beta_n X_n}] \cdot (e^\varepsilon) \qquad (5)$$

在具体运算时，常数项的贡献可以不考虑（但这是有争议的），残差项的贡献等于总体差距与式（4）的中间项各个变量对总体差距的贡献之和的差额。

三　收入差距扩大原因的解释

1. 城乡间收入差距对总体收入差距的贡献及其变化

我们首先把调查得到的家庭人均收入分布分为城镇与农村两组，划分标准是被调查住户作为一个家庭的长期居住地区的类别；然后根据上述泰尔 T 指数的分解公式，可通过计算获得 20 年中国城乡间收入差距对总体收入差距的贡献。需要预先说明的是，即使数据分析结果显示城乡间差距的贡献缩小了，也不意味着城乡间差距本身缩小了，而是说明城镇和/或农村地区内部的收入差距加剧了，它们对总体差距的贡献上升了。计算结果见表 7 - 1。

表 7 - 1　基于泰尔 T 指数和城乡分组的收入差距分解

年份	泰尔 T 指数	城乡组内贡献额			城乡间贡献额	城乡组内贡献率（%）			城乡间贡献率（%）
		城镇	农村	合计		城镇	农村	合计	
1988	0.1287	0.0391	0.0791	0.1182	0.0105	30.4	61.5	91.9	8.2
1990	0.1053	0.0279	0.0694	0.0973	0.0080	26.5	65.9	92.4	7.6
1992	0.2145	0.0452	0.0889	0.1341	0.0804	21.1	41.4	62.5	37.5
1996	0.1237	0.0442	0.0715	0.1157	0.0081	35.7	57.8	93.5	6.5
1999	0.1628	0.0612	0.0865	0.1477	0.0151	37.6	53.1	90.7	9.3
2003	0.1805	0.0681	0.0930	0.1611	0.0195	37.7	51.5	89.2	10.8
2005	0.2179	0.0880	0.1123	0.2003	0.0177	40.4	51.5	91.9	8.1
2007	0.2445	0.1497	0.0652	0.2149	0.0296	61.2	26.7	87.9	12.1

从表 7 - 1 的结果看，20 世纪 90 年代初中期仍然是一个转折点，组间差距的贡献率在 1992 年达到 37.5%，此前和此后，组间差距的贡献率都比较小；本课题组 2006 年调查的结果也表明，城乡间差距对总体差距的贡献率也是 12.1%（李培林等，2008），组内差距的贡献率则是巨大的，总体差距的绝大部分由城镇内部差距和农村内部差距构成。已有的一些研究大多认为，就城乡分组而言，组间差距对总差距的贡献率超过组内差距的贡献率。如上所述，不少研究所采用的数据，是国家统计局公布的分组数据，这可能

会低估城镇和农村内部的差距,从而低估这些内部差距对总体差距的贡献。另外,城镇内部差距的贡献率,在1992年以前是下降的趋势,此后就不断上升了;相应地,农村内部差距的贡献则在总体上呈现下降趋势,但到2005年为止一直大于城镇内部差距的贡献,2007年的情况看来有些特殊。CHNS调查住户的城乡分布特征是城镇住户较少,而2008年调查住户中,城乡住户大约各占一半(城镇略少),因而据其数据计算的城镇内部差距的贡献率大于农村内部差距的贡献率。从上面的公式(1)可以看出,由于城镇居民人均收入远高于农村居民人均收入,因而前者与总体均值之比(λ)也会大大高于后者与总体均值之比。这个时候,如果城镇人口比例也上升,城镇内部差距对总体差距的贡献也会上升,甚至超过农村内部差距对总体差距的贡献,即使农村内部差距仍然大于城镇内部差距。

无论如何,我们的经验分析结果表明,目前,中国城镇和农村内部的差距对总体差距的贡献,大于城乡之间的差距,从而也表明,城镇和农村内部的收入差距已经达到相当的程度。

2. 基于收入来源的住户人均收入差距分解结果

在基于收入来源对收入分布的基尼系数进行分解分析时,我们的目的并不仅仅在于发现不同来源的分项收入分布差距对总体差距的影响,而且还尝试从一个方面揭示收入差距的形成机制及其变化。表7-2总结了这一分析的结果,这一结果对我们在前面提出的假设4给予了一定程度的支持。

表7-2 基于收入来源的住户人均收入分布基尼系数分解分析

年份	农业经营收入(%)	非农经营收入(%)	工资性收入(%)	转移性收入(%)	财产性收入(%)	其他收入(%)	合计(%)	总体基尼系数*
1988	9.2	8.1	57.9	20.7	4.1		100.0	0.3979
1990	9	12.2	57.7	15.3	5.8		100.0	0.3787
1992	10	14.4	58.3	10	7.3		100.0	0.425
1996	7.2	16.7	62.2	5.9	8		100.0	0.4069
1999	2.5	9.9	72.8	8.3	6.5		100.0	0.4586
2003	5.2	8.2	65.9	4.4	16.3		100.0	0.4941
2005	4.1	9.4	72	3.1	11.3		100.0	0.5221
2007	1.2	19.6	69.6	0.6	5.7	3.3	100.0	0.5401

* 在进行分解计算时,CHNS调查的住户分项收入数据中存在负数,必须将相应样本删除,再加上四舍五入的原因,所以这里计算得到的基尼系数与上一章的结果略有出入,但基本可以忽略。

　　首先，一个最为清晰的趋势是，来自国家和集体的各种转移性收入对差距的贡献，在 20 年中比较稳定地下降了。对于促成这一趋势的原因，大抵可从三个方面来理解。一是 1992 年以后的乡镇企业改制，导致发达农村地区的社区福利急剧下降，从而缩小了与原先乡镇企业不发达地区的社区福利差距。二是国家社会保障和其他福利制度在 20 年中无论如何还是有显著发展的，尤其是最低生活保障制度的建立和在城乡地区的逐步推行，以及近年来国家陆续出台的各种惠农政策，都理应起到了缩小城乡各种福利分配差距的作用。三是城乡居民的劳动收入和经营收入客观上也在增长，转移性收入在居民收入中的相对地位必然会下降。这些解释在多大程度上成立还值得进一步研究，但转移性收入占居民收入的比重下降则是不争的事实。在调查涉及的 8 个年份中，这一比重分别为：19.04%、12.44%、7.91%、4.29%、5.07%、2.95%、2.32% 与 1.46%。另外，这项收入的集中率在 2005 年以前一直大于总体基尼系数（见图 7-1），而在 2007 年的调查中，总体基尼系数为 0.54 左右，转移性收入的集中率为 0.2099。这样，转移性收入便有可能不再像以往那样扩大差距。

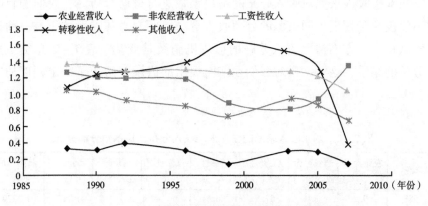

图 7-1　各分项收入集中率与总体基尼系数之比

　　其次，农业经营收入差距的贡献同样明显下降了，虽然在个别年份还有所波动。应当说，20 年来农业经营的市场化程度是提高的。不过，至少由于两个方面的原因，住户农业经营收入难以成为收入差距的拉动力量。一方面，对于绝大多数从事农业经营的住户来说，土地等农业生产资本规模有限，并且其配置总体上比较平均。另一方面，农业的市场化其实更多地与"资本下乡"有关，我们不难看到，各地各种大规模农业企业，其实与个体农户没有多大的关系。对于绝大多数农户来讲，在非农收入不断增长的形势下，农业生产越来越成为一种生存保障途径。这意味着从总体上说此项收入难以成为扩大总体差距的因素。实际上，在各个调查年份，农业经营收入的集中率始终远低于总体基尼系数。当然，如果单独考察农村收入分配，则农业经营收入对农村内部差距的影响可能还是值得注意的。

再次，非农业经营收入对差距的贡献有较大的起伏波动，潜伏着一种上升的趋势。不过，调查结果可能并未完全反映此项收入的差距对总体差距的影响，因为从经验上看，能够进入调查范围的非农业经营者较少，经营规模较大的尤其如此。另外，在8个调查年份中的多数年份里，此项收入的集中率大于总体基尼系数，同时还呈现一种先有所下降然后迅速上升的趋势，表明它将成为未来拉动中国收入差距的一个重要因素。

最后，工资性收入差距一直是总体差距的主要贡献者，但具有某种阶段性变化特征。在1999年以前，其贡献率基本呈稳定上升趋势；2003年以后，则显示某种波动，但总体水平高于1999年以前。此外，从图7－1看，工资性收入的集中率与总体基尼系数之比一直大于1，表明它始终是扩大差距的主要拉动力量。究竟是什么因素使其产生这样的影响，尚需更深入的分析。初步的判断是，就业市场化程度不断提高的影响不容小觑。不过，我们从图7－1也能看到某种缓慢下行的趋势，到2007年，两者之比仅为1.04，未来降低到1以下也未必没有可能。当然，这也取决于其他几种收入来源——尤其是非农经营收入差距——对总体差距的影响的未来变化。

至于其他收入的影响，也是不可忽视的。其对总体基尼系数的贡献率，呈现一种波动中上升的趋势。就CHNS的数据而言，我们不清楚个中原因是什么。2008年的调查则似乎提供了某种线索：财产性收入可能正在成为一个扩大差距的重要因素。

3. "体制内"与"体制外"孰重：非农从业人员收入差距的分组分析

从上面的分析来看，20年来农业收入对总体差距的贡献日益减弱，反过来便意味着非农业收入的贡献在不断增大。因此我们转向非农从业人员个体的收入差距，进一步澄清其中的关节。我们依据前面论述的方法，把非农从业人员按其就业单位的性质和个人的职业地位分成"体制内"与"体制外"两个组群，分析组内差距和组间差距对他们的收入差距的影响，结果如表7－3所示。

表 7 - 3　非农从业人员收入差距的泰尔 T 指数分组分解

年份	泰尔 T 指数	组内贡献额			组 间 贡献额	组内贡献率(%)			组 间 贡献率(%)
		体制内	体制外	合计		体制内	体制外	合计	
1988	0.3335	0.0764	0.1283	0.2047	0.1288	22.9	38.5	61.4	38.6
1990	0.0885	0.0180	0.0819	0.0999	-0.0114	20.3	92.6	112.9	-12.9
1992	0.1517	0.0417	0.0775	0.1192	0.0325	27.5	51.1	78.6	21.4
1996	0.1078	0.0219	0.0847	0.1066	0.0012	20.3	78.6	98.9	1.1
1999	0.1188	0.0328	0.0852	0.1180	0.0008	27.6	71.7	99.3	0.7
2003	0.1309	0.0359	0.0873	0.1232	0.0077	27.4	66.7	94.1	5.9
2005	0.1806	0.0403	0.1328	0.1731	0.0075	22.3	73.5	95.8	4.2
2008 *	0.3014	0.0582	0.2508	0.3090	-0.0076	19.3	83.2	102.5	-2.5

＊ 这是根据调查前一个月非农从业人员的月收入计算的。

表 7 - 3 的结果颇耐人寻味。首先，从非农从业人员收入的总体差距变化过程看，1996 年同样是一个转折点（虽然 1990 年的泰尔 T 指数很小，但这是一种与特殊历史时期相关的现象）。泰尔 T 指数呈现一种 U 形而非倒 U 形变化的趋势（见图 7 - 2a），这让我们想起西方发达国家发生的收入差距大 U 形转变。

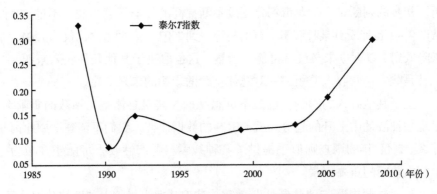

图 7 - 2a　非农从业人员收入泰尔 T 指数的变动趋势

其次，组间差距对总体差距的贡献最初较为可观，但随后迅速下降，个别年份为负值。当然，这并不意味着组间的绝对差距不重要；不过这种差距的变化也很有意思：从图 7 - 2b 可以看到，体制内从业人员的收入均值与总体均值之比在多数年份是上升的，并且在 1999 年变得大于 1 了；而体制外非农从业人员的收入均值与总体均值之比，则经历了一个下降过程，相应地，在 1999 年变得小于 1。也就是说，在 1999 年以前，两类从业人员之间的收入差距的特征是体制外从业人员的平均收入水平高于体制内非农从业人员，而此后则颠倒过来了。当然，在 2005 年以后，两者重新开始靠拢。

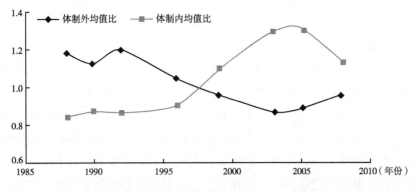

图 7-2b　体制内与体制外的组间收入差距变化

再次，组间差距贡献率的下降当然意味着组内差距贡献率的上升。在大多数年份，组内差距贡献巨大，是非农从业人员收入差距的绝对成因。尤为值得我们注意的是，体制内非农从业人员收入差距对总体差距的贡献率基本维持在 25% 上下，而体制外的这种贡献在 8 个调查年份里有 5 个年份高于70%，最低的 1988 年也达到 38.5%，与组间差距贡献率相当。由此我们可以有把握地说，在非农从业人员中，体制外从业人员中的收入差距是总体差距形成的主体因素。这种状况必然影响更大范围的收入差距。因此，数据分析结果显示，本章提出的假设 3 得到了很好的经验支持。

4. 基于对数线性回归的夏普里值分解：对相关假设的综合检验

基于对数线性回归的夏普里值分解分析方法的优势在于把分组分解方法和住户（个人）特征分解方法结合起来，运用一个模型综合地考察相关因素的效应。在运用该方法进行分析时，需要根据假设建立模型。如上所述，这里将运用对数线性模型进行分析。

在建构模型之前，首先界定相关变量。从宏观上看，影响收入分配的因素应当包括工业化和城市化的水平，同时也有制度性的因素。基于以往的研究，我们使用家庭有效获得非农收入者的比重（反映家庭劳动力就业的非农化程度）以及家庭人均非农收入占人均收入的比重（反映家庭人均收入的结构特征）作为测量工业化影响的指标，使用一个住户是否有多数成员

（50%以上）居住在城镇（农村为参照）作为反映城市化的指标，以户籍身份（农业户籍为参照）作为反映制度影响的指标，以被调查住户居住地的区域作为反映地区发展差异的指标（以西部为参照）。

除宏观变量外，家庭的人口结构和资产状况也是影响家庭收入的重要方面。在人口方面，考虑使用家庭人口总数、老少人口比重（意味着扶/赡养负担）和家庭有收入者中的女性比重（间接反映家庭人口的性别结构，直接测量家庭收入获得是否受到他们的性别结构影响，亦即是否面临性别歧视）作为主要指标。家庭资产状况包括两个方面，即物质资产和人力资本的占有水平。测量物质资产的指标有两个，即家庭人均生产性资产总额和人均金融资产总额。在人力资本方面，以家庭有效的有收入者数作为表示家庭人力资本的数量指标，同时以家庭有收入者的平均受教育年限和年龄作为测量家庭人力资本的质量指标，工作经验方面缺少较好的测量指标，因为大量农民工的工作年限无法界定。所谓"有效的有收入者"，既包括从业人员中全职工作者（视为1人）和半职工作者（视为0.5人），也包括拥有离退休收入的人员（以各地平均离退休收入与平均工资水平之比作为权数加权）。

在宏观指标与家庭微观指标之间，我们把家庭劳动力的就业状况和职业地位作为中间层次的变量，它们一方面连接着宏观经济社会发展形势，另一方面又连接着家庭及其成员的个人特征。[①] 就业水平以家庭失业劳动年龄人口（不含在校学生）比重作为测量指标，职业地位以中国社会科学院社会学研究所"当代中国社会结构变迁研究"课题组提出的"十大阶层"分类框架为依据（陆学艺，2001），把家庭主要成员的最高职业阶层地位作为代表家庭职业地位的指标；同时，为了减少变量，我们根据数据做了初步的聚类分析，发现大体可以把十个阶层分成五组：第一组为私营企业主和企业经理人员家庭，第二组为国家与社会管理者、专业技术人员和办事人员家庭，第三组为个体工商户、产业工人和商业服务业员工，第四组为无业失业半失业人员家庭，第五组为农业劳动者家庭（分析时作为参照变量不进入模型）。但是，我们的数据中缺少可以识别家庭劳动力就业单位的体制性质的指标，因而无法通过回归分析判断体制内—体制外的划分对家庭人均收入的影响。

基于上述指标和本课题组2008年的调查数据，我们以家庭人均收入

---

① 这里存在共线性问题，但对数线性函数允许共线性和异方差性存在（万广华、张藕香、伏润民，2008）。

的自然对数为因变量，以上述测量指标为自变量，建立简单的对数线性回归模型——基本上是 Mincer 人力资本方程的扩展（但年龄的平方和受教育年数的平方都不具有统计意义，直接删除了），回归结果见表 7-4。表中的前 4 个模型是这样形成的：首先是全变量模型，然后依据回归系数大小逐步将 3 个在该模型中没有统计显著性的变量剔除，产生其余三个模型。

在模型 1 到模型 4 中，从业人员平均年龄、家庭成员居住状况以及户籍身份都没有显著影响。在其余变量中，从回归系数看，影响最大的是住户人口数，且其符号为负，亦即具有显著减少家庭人均收入的作用，这一点不难理解。其次是地区因素和职业阶层因素。地区因素的影响如此突出，出乎我们最初根据已有研究形成的看法。职业阶层地位的重要影响则在我们的意料之中。属于第三层次的影响因素包括家庭有效的有收入者人数、有效的有收入者的平均受教育年数以及家庭人均物质资产，它们分别反映了家庭的人力资本和物质资产存量对家庭收入获得的影响，它们的符号均为正，表明它们将增加家庭人均收入。还值得注意的是，在这一层次的变量中，回归系数最大的是教育年数，表明其影响确实不可低估，而且，由于家庭有收入人口的平均受教育年数可以达到 10 年以上，因而其影响甚至不会低于第一层次的几个变量——对此，当我们完成夏普里值分解之后，将能够得到证明。第四层次的变量则包括回归系数小于 0.01 但具有统计显著性的几个因素，即家庭人均非农收入比重、家庭有效非农收入获得者（占全部有效收入获得者的）比重、家庭劳动年龄人口失业比重、家庭老少人口比重以及有效女性收入获得者比重。其中，前两个变量的作用是增加收入，而后三个因素的作用则是减少收入。不过，有效的女性收入获得者比重的回归系数最小，表明性别歧视问题并不突出。老少人口占家庭总人口的比重的回归系数在各模型中也比较小，但其影响比有效的有收入者中的女性比重的影响更大。

总结上述结果，可以认为，大多数变量的作用都反映出市场化发展对城乡居民家庭收入获得的影响，这也是 Mincer 模型得以建立的制度背景条件。当然，一些非市场化的因素也具有影响，主要表现为地理因素和阶层因素的影响，这些因素具有混合性质。地区发展水平差距的存在，既有市场化水平不同的影响，也有非市场的因素（如制度和文化差异）的作用。阶层地位的获得，从现有的许多研究结果来看，也是市场性因素与非市场性因素

表7-4　2007年被调查者家庭人均收入的对数线性回归分析①

项目	模型1	模型2	模型3	模型4	模型5
常数	7.455(90.161)***	7.484(141.148)***	7.482(141.267)***	7.481(141.303)***	7.435(152.568)***
住户人口数②	-0.168(-13.240)***	-0.168(-13.234)***	-0.167(-13.196)***	-0.169(-13.603)***	-0.173(-14.082)***
有效收入获得者比重(%)	0.051(3.257)***	0.051(3.229)***	0.050(3.189)***	0.051(3.308)***	0.055(3.534)***
女性有效收入获得者比重(%)	-0.001(-2.126)**	-0.001(-2.195)**	-0.001(-2.092)**	-0.001(-2.186)**	—
有效非农收入获得者比重(%)	0.003(6.563)***	0.003(6.772)***	0.003(6.697)***	0.003(6.710)***	0.003(6.495)***
有效收入获得者平均年龄	0.001(0.457)	—	—	—	—
收入获得者平均受教育年数	0.067(16.085)***	0.067(16.423)***	0.066(16.394)***	0.067(17.108)***	0.067(17.182)***
失业人口比重(%)	-0.006(-6.107)***	-0.006(-6.136)***	-0.006(-6.313)***	-0.006(-6.285)***	-0.006(-5.919)***
老少人口比重(%)	-0.002(-2.516)**	-0.002(-2.614)***	-0.002(-2.627)***	-0.002(-2.599)***	-0.002(-2.484)**
金融资产(万元/人)	0.053(12.346)***	0.053(12.346)***	0.053(12.336)***	0.053(12.350)***	0.053(12.350)***
生产投资(万元/人)	0.011(4.519)***	0.011(4.512)***	0.012(4.539)***	0.011(4.513)***	0.011(4.501)***
人均非农收入比重(%)	0.008(24.917)***	0.008(24.950)***	0.008(24.942)***	0.008(25.172)***	0.008(25.380)***
住户人口主要居住在城镇	-0.037(-1.029)	-0.036(-1.006)	—	—	—
住户人口户籍身份为非农户籍	0.038(1.033)	0.041(1.139)	0.020(0.679)	—	—
东部	0.390(14.375)***	0.391(14.466)***	0.391(14.476)***	0.391(14.463)***	0.392(14.484)***
中部	0.099(3.875)***	0.099(3.882)***	0.100(3.899)***	0.100(3.913)***	0.101(3.946)***
阶层类别1	0.192(3.301)***	0.193(3.322)***	0.191(3.287)***	0.199(3.503)***	0.208(3.671)***
阶层类别2	0.117(3.679)***	0.118(3.746)***	0.114(3.640)***	0.121(4.128)***	0.128(4.409)***
阶层类别3	0.295(7.083)***	0.298(7.245)***	0.293(7.177)***	0.302(7.812)***	0.308(7.962)***
阶层类别4	0.507(8.260)***	0.510(8.358)***	0.505(8.303)***	0.513(8.628)***	0.520(8.745)***
模型总结	$R^2=0.506$,调整$R^2=0.504$,$N=5772$	$R^2=0.506$,调整$R^2=0.504$,$N=5772$	$R^2=0.505$,调整$R^2=0.504$,$N=5772$		$R^2=0.505$,调整$R^2=0.504$,$N=5772$

**** p<0.01；** p<0.05。

注：①各模型的标准化残差平均值为0，标准差为0.999，基本满足对数线性回归模型的相关要求。

（如家庭背景、社会关系网络以及某些制度因素）共同作用的结果。不过，这里我们还无法把其中两类潜在因素的影响识别出来。城乡居住状况没有产生具有统计显著性的影响，与一般的看法似乎冲突，但可能反映了如下的事实。首先，在经济层面，中国并不存在典型的二元结构，即现代产业集中于城镇，传统产业分布于农村，相反，在中国，农村同样有大量现代产业在发展。其次，社会层面的二元结构在改革开放以来不断被打破，至少农村劳动力可以进城务工经商。当然，二元社会制度对城乡居民的影响还是存在，但这种影响也随着农民工进城而被复制到城市社会，城乡间差距在城镇由此在内部发展起来，结果，当我们不分城乡进行分析时，既有的城乡差距的影响就被冲淡了。

回归分析中各个变量的影响，本质上意味着家庭收入获得的差异化或分化。但回归分析并不能具体确定这些变量对收入差距的影响的大小，这个问题需要通过差距分解分析来加以解决。为此我们特别设计了表 7－4 中的模型 5。设计模型 5 的出发点就是尽可能减少变量，以方便进行夏普里值分解分析（虽然有程序可以利用，但据程序研制者的经验，当进入夏普里值分解模型的变量超过 11 个时，程序运行将面临过大的计算量而难以输出相关结果）。为此，我们以模型 4 为基础，剔除了有效的女性有收入者比重。分析结果显示，减少这个变量，模型的解释力几乎不受影响（事实上，如果对性别加权，该变量的影响便不再具有统计显著性）。模型 5 中还有几个虚拟变量，即地区变量和职业阶层变量。根据有关学者的建议，可以基于它们的回归系数，对它们做进一步归并整理，一是分别以东部和中部的回归系数作为预测值（参照地区即西部的预测值仍为 0），建立一个统一的地理变量；二是分别以四个阶层类别的回归系数为预测值（参照群体即农业劳动者的观察值仍为 0），建立一个统一的阶层地位变量。这样，我们就可以将进入夏普里值分解程序运行的变量减少到 11 个。将模型 5 转换为一个指数方程，对收入差距的基尼系数进行夏普里值分解，得到表 7－5 的结果。从表 7－5 看，分解分析的结果非常理想，得到解释的差距占到 94.2%，未解释的残差部分仅占 5.8%。所有 11 个变量都具有扩大差距的作用，而从贡献大小来看，大体可以把它们分为 4 组。第 1 组由人均非农经营/劳动收入占人均收入的比重、人均金融资产和有收入者的平均受教育年数组成，三者的贡献率合计达到 52.7%。第 2 组包括住户人口数和阶层变量，它们的贡献率都略高于 10%，合计为 22.4%，接近 1/4。第 3 组包括地区变量和有效的有非农收入者比重，它们的贡献率合计为 15.6%，接近 1/6。其余 4 个变量的贡献率合计为 5.4%。大致说来，这四组变量与市场化的关系的密切程度是趋于衰减的。当然，其中也包含非市场化的因素。例如，非农收入既有来自"体制外"的也有来自"体制内"的，但肯定以来自体制外的为主；阶层地位的获得既有后致机制的作用也有先赋机制的作用。目前，这两种机制的作用可能难分伯仲。相应地，它们与非市场化的关系的密切程度，则趋于增强，例如，住户人口数和老少人口比重本身是与市场化无关的。由此，我们可以得出一个总的结论，即：在现阶段，受市场化机制影响的各种家庭禀赋特征是收入差距的主要贡献者，这就较为有力地支持了我们的假设 5，同时也支持了假设 2——受教育年数的差距对总体差距的贡献排到了第三位。

表 7 - 5　基于对数线性回归的基尼系数夏普里值分解

因　　素	贡献额	贡献率(%)
人均非农经营/劳动收入占人均收入的比重	0.0999	19.2
住户人均金融资产	0.0909	17.5
有收入者的平均受教育年数	0.0833	16.0
住户人口数	0.0621	11.9
阶层变量	0.0548	10.5
地区变量	0.0435	8.4
有效的有非农收入者比重	0.0267	5.1
住户人均生产投资	0.0149	2.9
住户失业人口比重	0.0063	1.2
住户老少人口比重	0.0053	1.0
有效的有收入者人数	0.0016	0.3
合　　计	0.4893	94.0
残　　差	0.0303	6.0
总　　计*	0.5196	100.0

　* 由于进入回归模型的样本总数为 5771 个（全部存在 1 个以上缺失值的样本都不能进入模型），所以与表 7 - 2 相比，本表的基尼系数略小一些。

四　简要结论和讨论

本章围绕中国现阶段收入差距较大的事实，基于对现有相关理论和研究文献的梳理，针对现有收入差距格局的形成机制，以关于市场化影响收入差距的预设为逻辑，逐步深入地提出了 5 个相关假设，利用 CHNS 和我们课题组 2008 年调查的数据，运用各种分析工具，对这些假设进行了检验，并得到了一些重要的发现和结果。总的来说。所有 5 个假设都在不同程度上得到了数据的支持。

城乡分组的泰尔 T 指数分解分析结果显示，由于近年来中国城镇和农村内部的收入差距都在上升，城乡间差距对总体差距的贡献大致说是存在下降趋势的，相应地，城镇内部和农村内部的差距对总体差距的贡献是巨大的，决定性的；尤其是农村内部的差距，在大多数年份对总体差距做出了一般以上的贡献，当然，这种贡献总体上存在一种下降趋势，相应地，城镇内部差距的贡献则呈现上升趋势。

基于基尼系数对收入来源差距的贡献的分解分析结果显示，工资性收入的贡献始终是最大的，这一点可以理解，因为对绝大多数城镇住户来说，工资性收入是家庭收入的最主要来源；对于大多数农村住户来说，工资性收入的比重也不断上升，目前也占到农户人均纯收入的一半左右。更重要的是，除了工资以外的其他收入来源与市场化的关系越是密切，其对收入差距的影响就越大；而工资性收入本身，也应当在很大程度上具有市场化性质。

基于泰尔 T 指数对"体制内"与"体制外"非农从业人员的收入差距分组分析结果同样表明，"体制外"从业人员的收入差距对总体差距的贡献远远大于"体制内"收入差距的贡献，而"体制内"收入差距的贡献又远远大于"体制内"与"体制外"之间的收入差距的贡献。另外，我们还注意到，非农从业人员的收入差距在 20 年间呈现出一种比较明显的 U 形变化趋势，这一结果尤其不容小视。

对数线性回归分析和基于对数线性回归的夏普里值分解分析结果，一方面充分揭示了教育获得对收入获得的重大影响，另一方面也显示出教育获得差距对收入差距的巨大贡献。更重要的是，这些分析综合性地反映了影响中国收入分配的一个基本机制，这就是市场化倾向于扩大差距。夏普里值分析还测量了其中各种反映住户禀赋特征的因素对总体收入差距的贡献大小。根据这种贡献份额，进入分解分析过程的 11 个因素可以分成四组，它们与影响收入获得的市场化机制的关系越是密切，对总体收入差距的贡献就越大；反过来，与影响收入获得的非市场性机制的关系越是密切，其对总体收入差距的贡献就越小，当然其中一些因素在这方面具有混合性质，它们的贡献则处于中等或中等偏上的水平。这样，本章提出的假设 2 和假设 5 就都得到了较大程度的检验。

所有这些结果似乎都与现有的一些关于收入差距变化的理论学说或假说（例如库兹涅茨假说）的结论不一致。看来，必须寻求和发展出新的理论框架来分析中国的收入差距现象，尤其是其形成机制。值得注意的是，库兹涅茨假说是基于对西方发达国家在第二次世界大战前 50 年的收入差距变动历程的研究提出来的（Kuznets，1955），而中国也已经长期快速稳定地发展了 30 多年，按照库兹涅茨理论的假定，收入分布的变动趋势应当开始出现倒 U 形拐点，但现实是，甚至连出现这种拐点的迹象都没有，从某些角度分析，甚至存在 U 形变动格局。而且，我们还发现，1996 年前后是这种 U 形变动趋势的时间拐点。这并不是偶然的。正是在这一时期，迈向市场逻辑的经济体制转轨，力度和范围前所未有的公有制企业改制，成为改革开放以来强度最大、影响最深远的剧烈社会变革。一种新的、与以往迥然相异的机会结构和利益关系结构在这种变革中形成，并且很快覆盖整个社会。在这种机会结构和利益关系结构中，各种强势社会群体和阶层占据了有利的位置，获得了更多的机会。例如，我们曾经在一项经验研究中发现，正是从 1996 年前后起，新兴私营企业主阶层的新增成员中，来自其他优势阶层的人与来自底层社会的人在比例上发生了根本性的倒转，前者从此前不到 1/3 迅速上升到超过 3/4，而后者则从此前的 50% 多下降为不到 10%（陈光金，2005）。

如果说，新的社会机会结构和利益关系结构将以新的社会阶级阶层结构为依托和载体，那么阶层差距引起的收入差距不容忽视。例如，在前文基于对数线性回归的夏普里值分解分析中，阶层变量本身对差距的贡献超过了 10%。而其他一些涉及家庭禀赋特征的变量，其实也与阶层变量直接或间接相关。

在一个相当长的时期里，偏好效率和经济增长的制度及公共政策安排，或者与优势阶层的强势利益诉求相配合而不能有效克制这种强势诉求对其他社会阶层的不利影响，或者支离破碎软弱无力而不能支撑弱势阶层获得发展机会、分享改革发展的成果，因此在某种意义上强固了这种新型机会结构和利益关系结构。例如，1996 年以后，在"体制内"从业人员中，一方面维持着比"体制外"人员更高的平均收入水平，另一方面又维持相对较低的内部差距；而在"体制外"人员中，在平均收入水平低于"体制内"的同时有着越来越高的"内部"差距，相关公共政策在调整这种差距方面几乎无能为力，以致总体收入差距的变化赫然呈现相当典型的 U 形趋势（参见

图 7 – 2a，图 7 – 2b）。在其他分析维度上，同样存在这样的复杂格局，而无论这样的格局有多么复杂，共同的结果就是"克制"在类似库兹涅茨假说这样的理论看来理应减少差距的因素发挥作用，不断拉大收入差距的程度。

库兹涅茨假说就是这样失效的。当然，这并不是库兹涅茨本人的问题，实际上，他本人对收入差距的倒 U 形变化趋势的理解与后人的理解是不同的：后人只是看到了这个假说提及的市场发展和工业化的作用，而他本人则还看到西方国家收入差距出现倒 U 形变化背后的社会哲学以及相关公共政策的影响（Kuznets，1989）。而从波兰尼（2007）的角度看，这种社会哲学的本质就是，当市场过度强势以致对社会产生破坏性影响时，我们就要保卫社会。不过，探讨从改善收入差距状况的角度保卫社会的公共政策，已经超出了本章研究的范围，暂且搁置。

第八章
社会分层结构的变动及社会流动

张　翼

　　改革开放以来中国经济的快速增长，使劳动力人口的职业结构、教育结构和收入结构发生了重大变化。这种变化导致的一个直接结果，就是社会流动的加速与阶级阶层结构的快速变化。因此，很多社会学家和经济学家认为：中国正在经历千年未有之变局。由经济市场化所导致的工业化和后工业化、城市化，以及教育的大众化，一方面加速了中国社会的分化，另一方面也固化了中国社会阶级阶层流动的大趋势——农民阶级向体力工人阶级、体力工人阶级向白领工人阶级的转变。我们希望通过这里的分析，既描述中国当前的阶级阶层结构，又在代际流动的意义上分析中国社会流动的影响因素。

　　在这里，使用何种方法去划分现存社会的阶级阶层，是理解当前中国社会阶级阶层结构及可能变化的前提。在 2000 年之前，对中国的阶级阶层结构比较关心的主要是社会学家。但进入 21 世纪之后，经济学家和政治学家等，也对中国的阶级阶层结构产生了浓厚的兴趣。甚至某些商业调查机构，也开始关注阶级或阶层结构变化等话题。但毋庸置疑的是：中国的阶级阶层结构不仅发生了重大变化，而且还越来越影响社会政策的配置。胡锦涛于2006 年在全国统战工作会议讲话中就说："必须科学分析和准确把握我国社会阶层结构发生的深刻变化，全面兼顾和实现社会各阶层群众的利益，充分发挥社会各阶层在推动经济社会发展中的作用。要坚持充分尊重、广泛联系、加强团结、热情帮助、积极引导的方针，切实做好新的社会阶层人士的工作，尊重他们的劳动创造和创业精神，凝聚他们的聪明才智，引导他们做合格的中国特色社会主义事业的建设者。"

　　胡锦涛在 2009 年全国政协成立 60 周年大会上又说："要关注不同阶层利益诉求，协助党和政府妥善处理好各方面利益关系，团结和鼓励各阶层人士共同致力于中国特色社会主义事业。"可见，中国社会阶级阶层结构的变化，已经成为国家政策配置的一个重要影响因素。因此，分析阶级阶层的人数构成及结构变化，不仅在理论研究层面，而且在社会治理层面，都具有不可或缺的现实意义。

　　那么，如何分析当前中国的阶级阶层结构呢？

　　社会学家一般从两个方面分析一个社会阶级阶层结构的变化：其一是认同阶层，其二是客观阶层。认同阶层主要指的是社会成员的阶层主观归属——因为阶级阶层表征着社会分层的结果——高低有序的社会阶梯位置，故社会成员可以经过自我评估和自我认定将自己归属为某一具体的阶层。客观阶层指的是依据一定指标，将社会个体划分为不同的社会阶层。虽然指标很多，但人们的受教育程度、收入、职业地位等市场位置，则是划分阶级阶层的主要考量因素。下面，我们分而述之。

一　阶层认同结构的变化

　　与发达国家相比较，中国的主观认同阶层，主要偏重于"下层"，而"中上层"和"中层"偏少。从表 8 - 1 可以看出，即使与发展中国家相比较——比如与印度相比，中国的主观认同阶层，在"中层"和"中下层"的百分比上，也远远低于印度。比如说，印度的主观认同"中层"，与法国差不多（法国为 57.7%，印度为 57.5%）。但中国主观认同阶层中的"中层"所占比重，在 2006 年为 41%，在 2008 年为 40.3%。中国主观认同阶层中的"中上层"，在 2006 年为 6.2%，在 2008 年为 6.8%。

　　应该说，主观认同阶层的分层结构，一方面受受访者自我感知的影响，另一方面也受国家政策或经济波动周期的影响。倘若问卷调查时间正好是在经济波动的低谷，那么，原来将自己认同为"中上层"的人，会转而认同"中层"甚至"中下层"。但倘若经济发展创造了比较多的发展机遇，则认同"下层"或"中下层"的人，就可能向"中层"或"中上层"偏移。

　　但在所有社会中——不管是发达国家还是发展中国家，将自己认同为"上层"的人数百分比，都非常低。即使在统一前的西德和美国，主观认同"上层"的人数百分比，也仅仅分别为 1.8% 和 1.9%。而另外一个老牌

表 8-1　中国与其他国家公众主观阶层认同情况比较①

单位：%

国　　家	主观阶层认同					（样本量）
	上层	中上层	中层	中下层	下层	
西德	1.8	11.2	62.5	20.0	3.6	（1127）
美国	1.9	15.7	60.7	17.4	3.6	（987）
法国	0.4	10.9	57.7	25.2	5.3	（993）
意大利	0.7	7.0	56.9	22.2	8.0	（1000）
澳大利亚	1.1	8.6	72.8	10.4	2.7	（1104）
加拿大	1.2	14.2	68.8	11.8	2.2	（1012）
巴西	4.4	13.1	57.4	17.2	5.5	（1000）
日本	1.1	12.5	56.0	24.4	5.0	（1042）
新加坡	1.0	3.9	74.2	16.2	3.0	（996）
韩国	1.1	14.7	51.0	23.7	9.0	—
印度	1.2	12.0	57.5	21.7	7.5	（1020）
菲律宾	1.3	7.0	67.1	18.5	5.9	（1574）
中国（2002）省会城市	1.6	10.4	46.9	26.5	14.6	（10738）
中国（2006）全国	0.5	6.2	41.0	29.3	23.1	（6789）
中国（2006）居住在城市城镇	0.3	5.4	37.5	30.7	26.1	（2822）
中国（2006）居住在农村	0.7	6.7	41.2	27.8	23.5	（4142）
中国（2008）全国	0.8	6.8	40.3	30.4	21.7	（7014）
中国（2008）户口在城市市区	0.9	7.4	36.3	35.8	19.6	（236）
中国（2008）户口在区县城区	0.8	2.1	41.6	36.7	18.9	（186）
中国（2008）居住在城市城镇	0.6	6.1	35.5	33.9	24.0	（2942）
中国（2008）居住在农村	0.9	7.5	44.4	27.5	19.7	（3831）

注：①世界各国资料根据渡边雅男（1998：333～334）的作品整理，该数据为1979年9月至11月由盖洛普国际（Gallup International）在各国开展面访获得，其中巴西、印度和韩国只在城市调查，其他均为全国性调查。中国2002年数据来自2002年中国城市公众社会冲突观念调查（参见李培林，2005：57），2006年的数据为2006年中国社会状况调查（CGSS 2006），2008年数据为2008年中国社会状况调查（CGSS 2008）。2006年数据缺少户口所在地变量，故无法与2008年的相关数据进行比较。

资本主义国家——法国，其主观认同"上层"的人数百分比也仅仅为0.4%——甚至比中国2006年的全国调查数据还要低。但在巴西的调查却发现：被访问者的主观认同阶层——尤其是认同"上层"的人数百分比，却远远高于西德和美国，达到4.4%。因此，主观认同阶层的国际比较，表现的是不同国家公民的"阶级认同心理"差异。

同样在中国，2002年省会城市调查发现，主观认同"上层"和"中上层"的人数百分比，分别达到1.6%和10.4%，接近于西德，超过法国。这就预示：如果中国社会的发展水平，达到2002年省会城市的标准，则中国认同"上层"和"中上层"的人数百分比，可能会大大提高。

但同样让人忧虑的是：即使从2002年省会调查数据中我们也可以发现，将自己认同为"下层"的人数百分比，也达到14.6%——是有数据可查的国家中最高的。这一方面反映了收入分配的不公，另一方面也反映了中国公众对"下层"认同的偏移心理。因为同样是收入差距较大的巴西，其认同"下层"的人数百分比，也仅仅为5.5%。

在将中国与不同发展阶段的世界其他国家进行比较的同时，我们还关心的，是在不同调查时段来自中国全国和不同居住区位被访问者内部的差异。看表8-1的下半部分可以发现：总体而言，与2006年相比较，2008年的主观认同阶层人数百分比，有"上移"的趋势。比如说，从2006年全国被访问案例统计到的认同"上层"的人数百分比为0.5%，但在2008年则是0.8%；2006年全国被访问案例统计到的"中上层"人数百分比是6.2%，而2008年则是6.8%。虽然相较于2006年的全国调查"中层"有所缩小，但下层人数百分比却降低了更多——由2006年的23.1%降低到2008年的21.7%。

另外，将2006年居住在城市城镇与居住在农村的被访问者进行比较可以发现：在居住在城市城镇的被访问者当中，认同为"上层"的百分比为0.3%，"中上层"的百分比为5.4%，"中层"的百分比为37.5%，"中下层"的百分比为30.7%，而"下层"的百分比则为26.1%。在居住在农村的被访问者当中，认同于"上层"的百分比为0.7%，"中上层"的百分比为6.7%，中层的百分比为41.2%，"中下层"的百分比为27.8%，"下层"的百分比则为23.5%。同样，将2008年居住在城市城镇与居住在农村的被访问者进行比较，也可以发现：在城市居民被访问者中，认同为"上层"的百分比为0.6%，"中上层"的百分比为6.1%，"中层"的百分比为35.5%，"中下层"的百分比为33.9%，而"下层"的百分比则为24.0%。

可反过来，在农村居民被访问者中，认同于"上层"的百分比为0.9%，"中上层"的百分比为7.5%，中层的百分比为44.4%，"中下层"的百分比为27.5%，"下层"的百分比为19.7%。从这里的比较我们很容易可以看出：农村居民的阶层认同，在"上层"、"中上层"和"中层"

上，均高于城市城镇居民，但在"中下层"和"下层"上则低于城市城镇居民。

这是一个很有趣的社会现象。大约是"比较群体"的异质性或同质性影响了人们的阶级认同心理。因为农村居民的同质性比较强，而城市居民的异质性较强。居民的异质性——在某种程度上即表现为收入差距与财富积累差距。社区越大，人口越多，收入差距和消费差距所表现的异质性就越强。因此，对城市城镇居民而言，其在阶层认同中将自己归属为较低阶层的可能性就比较大。但农村居民的参照群体则为自己的村庄或周边地区，故在比较中将自己归属为较低阶层的可能性稍微小一些。

但将 2006 年与 2008 年的数据做进一步比较，我们还会发现：不管是农村居民还是城市居民，认同于"上层"、"中上层"和"中层"的人数百分比，都伴随社会发展而有所增加，而认同于"中下层"和"下层"的人数百分比，则在 2008 年都有所减少。

所以，认同阶层——即人们的阶级心理，在社会转型过程中，抑或在社会发展和社会进步过程中会发生历史性变化。这种变化的部分原因，一方面可能来自社会转型与客观阶层的变化，另一方面也可能来自社会观念与意识形态的变化。比如说，日本的历次社会调查就发现，人们的阶层认同状况，会伴随社会发展与结构转变而变化。

从表 8 - 2 可以发现，在日本，自我认同为"下下层"的人数百分比，在从 1955 年的 18.6% 下降到了 1965 年的 8.8% 后，又继续降低到 1975 年的 3.9%。但在 1985 年却又上升到了 5.9%。这是因为：该年认同为"中层"的人数百分比有所下降——降低到了 47.3%。

表 8 - 2　日本主观认同阶层结构的历史变化

单位：%

年　份	1955	1965	1975	1985
上上层	0.2	0.3	1.2	1.9
上中层	7.1	12.1	23.4	24.0
下中层	34.8	42.7	53.0	47.3
下中层	37.7	32.2	16.7	17.5
下下层	18.6	8.8	3.9	5.9
不知道/未回答	1.6	3.9	1.8	3.4

数据来源：高坂健次主编，2004：102。

但"上上层"的人数百分比，却在各个调查年份都有所增长——在1955年为0.2%，在1965年增长到0.3%，在1975年增长到1.2%，在1985年增长到1.9%。在"上中层"这一行的数据表现趋势，与"上上层"的趋势完全一致。

所以我们说，中国社会认同阶层"偏下"的趋势，会在社会发育到一定程度之后，伴随中国社会整体工业化水平和后工业化水平的提高，逐渐有所上移。日本社会与中国社会都属于东方社会，从日本社会结构的转型过程，可以大体预测中国社会结构的转型。

二 阶层认同的影响因素分析

是什么影响了人们的认同阶层归属？这是一个非常重要的问题。从表8-1的分析中我们可以看出：农村居民认同"上层"、"中上层"和"中层"的人数百分比反倒大于城市和城镇居民，但认同"下层"的人数百分比却小于城市和城镇居民。为什么会产生这样一个偏向性的主观选择结果？

按理来说，农村居民的平均收入水平、职业地位和受教育程度，都低于城市居民；农村居民的客观阶层地位，也低于城市居民，可为何主观阶层认同会高于城市居民呢？在这里，除参照群体差异的影响外，会不会存在一些其他原因？

为此，我们将主观认同阶层分为两个类别，即将"上层"、"中上层"、"中层"分为一个类别，赋值为"1"，将"中下层"和"下层"分为一个类别，赋值为"0"，由此构成二分变量，采取 logistic 回归法，检视不同自变量的影响结果。

表8-3中的模型1，只放入了被访问者自身的相关变量，而在模型2中放入了家庭背景变量。在这里需要说明的是：因为问卷填答的原因，模型2涉及的"个案数"减少了许多。毕竟，对于某些年龄较大的被访问者而言，父母亲离世的可能性很大。另外，有些被访问者回答了自己的职业，有些被访问者没有回答自己的职业，所以，模型2只有1297个个案数，而模型1却纳入了3970个个案数。

从模型1可以看出，如果只就被访问者自身而言，就"性别"因素来说，男性的主观认同阶层地位较低。这就是说，女性会将自己的主观阶层位

表 8 - 3 阶层认同的影响因素分析（logistic 模型）

自变量	模型 1		模型 2	
	B 系数	Exp(B)	B 系数	Exp(B)
被访问者变量	—	—	—	—
性别	-0.208***	0.812	-0.136	0.873
年龄	0.010***	1.010	0.008	1.008
教育资本	0.007	1.007	-0.013	0.987
职业社会经济指数	0.006	1.006	-0.009	0.991
户口(非农=1)	-0.410***	0.664	-0.250	0.779
是否党员(党员=1)	0.553***	1.738	0.434*	1.543
收入水平(对照组:低收入组)	—	—	0.378*	1.459
中下收入组	0.381***	1.464	0.378*	1.459
中上收入组	0.727***	2.069	0.760***	2.138
高收入组	1.233***	3.433	1.196***	3.308
最高收入组	1.302***	3.676	1.115***	3.048
生活改变	0.473***	1.605	0.446***	1.562
未来感觉	0.246***	1.280	0.440***	1.553
家庭背景变量	—	—	—	—
父亲教育资本	—	—	0.014	1.014
母亲教育资本	—	—	-0.002	0.998
配偶教育资本	—	—	0.069***	1.071
常数	-3.695***	0.025	-4.156***	0.016
样本量	3970		1297	
-2 Log likelihood	5169.325		1646.456	
Nagelkerke R^2	0.159		0.193	

数据来源：2008 年 CGSS 调查。

置归属得较高一些。而"年龄"，在某种程度上大体可以代表一个人工作时间的长短，似乎年龄较大的人会将自己的主观阶层认同得较高一些。正如前文所说的那样，"非农户口"的被访问者，反倒在主观阶层认同上向下偏移——这就是说，农村居民的主观阶层认同相对较高。在控制了其他变量的前提下，这个变量的显著性，也从另外一个方面证明了主观阶层认同中的城乡差异。

人们的政治资本——"党员"这个变量，不管在模型 1 还是在模型 2 中，都具有统计显著性：党员相较于非党员，会将自己的主观阶层认同得较高一些。

接下来是"收入水平"：显然，人们的收入水平越高，就会将自己的主观阶层认同得较高。所以，在客观阶层分层中起着重要作用的三个变量——"教育"、"职业"与"收入"中，只有"收入"这个变量才对人们的主观阶层认同具有显著而稳定的解释力——这在发展中社会是易于理解的问题——毕竟，收入的改善，可以直接带来社会生活水平的提高。因此，在控制其他变量的情况下，人们的收入水平越高，会将自己的主观阶层认同得较高；人们的收入水平越低，会将自己的主观阶层认同得较低。

被访问者对"过去五年生活水平上升状况"的自我评定，以及被访问者对"未来五年生活水平预期上升的感觉"，是两个非常具有解释力的变量——不管是在模型 1 还是在模型 2 中，它们都对被访问者的主观阶层认同具有很强的解释力。这就是说，过去五年生活水平上升得越高，对未来五年生活水平改善状况的预期越强，则人们会对自己的主观阶层认同得越高。这就是说，不管是农村居民还是城市居民，过去生活水平的改善，及其对未来生活水平改善状况的预期，对人们的主观阶层认同具有预测意义。

在家庭背景变量中，本拟纳入"当前"配偶的"职业社会经济指数"、"父母亲的社会经济指数"等变量，但遗憾的是，本次问卷调查中缺少这样的变量，故只放入"父亲教育资本"、"母亲教育资本"和"配偶教育资本"这三个变量。从这里可以看出，父母亲的教育资本，缺少统计解释力。但"配偶教育资本"却具有显著推断力——配偶的教育资本越高，被访问者会将自己的主观阶层认同得越高。这里让人疑惑不解的是：为什么被访问者自己的教育资本失去了显著性，但配偶的教育资本却具有显著性？考虑到婚姻缔结中的"阶层内婚制"（同一阶层内部的结婚概率要远远大于不同阶层的结婚概率），我们可以说，如果配偶职业的社会经济指数越高，配偶的收入水平就会越高，则自己从家庭内部分配中得到的实惠也就相对较高，自己的阶层认同也就较高。

当然，对已婚调查对象而言，性别不同，其在主观阶层认同过程中与配偶的相关性会存在某种程度的差异，因此，在这里的分析中得到的结论，无疑需要在社会调查中进一步研究。

三　社会分层结构的变动

如何定义客观阶层？是从阶级阶层关系的意义去给出定义，还是从职业分化的意义上给出定义？依据不同标准划分的阶层肯定会有不同。事实上，社会学研究中争论的很多问题，产生于概念定义的不同——也就是说，表面看起来发生的理论争论，实际上导源于概念定义的外延与内涵差异。

所以，在这里，需要首先定义中国的客观阶层。

因为我们主要拟讨论中国当前的社会流动状况，故在阶级分层中，有必要比较多地考虑到职业分层的因素。为便于与其他国家数据进行比较，我们首先将被访问者分为农业劳动者（农民阶层）、城市体力工人（蓝领阶层）和城市白领（白领阶层）三大类，从不同维度比较中国当前农民阶层、蓝领阶层和白领阶层的结构变化状况。

1. 农民阶层、蓝领阶层和白领阶层

在农业社会向工业社会转型的过程中，农民阶层人数百分比的缩小与非农阶层人数百分比的扩大，会表现为一个不可逆转的趋势。也就是说，工业化速度越快，农民阶层人数所占百分比缩小的速度就越快；工业化速度越慢，农民阶层人数所占百分比缩小的速度就越慢。因此，工业化所导致的社会变迁，是农民阶层人数百分比缩减的主要原因。

从表8-4可以看出，当前农民阶层人数所占百分比为42.8%，城市蓝领阶层所占百分比为34.7%，城市白领阶层所占百分比为22.5%。中国教育的扩张与城市化速度的加快，以及农民向"农民工"的转化，使得农民阶层的人数所占百分比降低。即使在农村，也会有一部分人非农化。比如说，他们在一年的主要时间从事非农劳动，比如进行农机修理、经商、到邻近城市打工等。尽管他们也进行农业生产，但农业生产已经不是收入的主要来源，也不在一年中占用主要的劳动时间。

表8-4　中国农民阶层、蓝领阶层与白领阶层的分布

阶　　　层	频次（N）	所占百分比（%）	累积百分比（%）
白领阶层	1418	22.5	22.5
蓝领阶层	2183	34.7	57.2
农民阶层	2695	42.8	100.0
总　　　计	6296	100.0	

数据来源：2008年CGSS调查（数据处理时经过加权）。

中国蓝领阶层的扩大，主要来源于制造业与建筑业的扩张。在每年新创造的劳动需求中，大约有30%的用工需求来自制造业。中国已经成为世界制造业中心，尤其是那些劳动密集型的制造业，不管是在南方及东部沿海地

区，还是在中部地区和西部地区，都在失业压力下得到长足的发展。尽管自2008 年以来，受国际金融危机的影响，失业率一度上升，但在 2009 年第二季度，中国的制造业就开始有所恢复。这使得南方地区又一度出现了"招工难"。

白领阶层也是一个扩张得比较迅速的阶层。这其中的主要原因，来自高等教育招生规模的扩张。自 1999 年开始扩招起，到 2009 年 7 月，大约有4000 万左右接受过大学教育的毕业生进入劳动力市场。因为整个城市劳动力人口（加上流动到城市时间满 6 个月的农民工）刚好 3 亿，故 4000 万大学生向劳动力市场的进入，大大提高了白领阶层在劳动力人口中的比重。中国劳动力人口中农民阶层、蓝领阶层和白领阶层的变化状况，还可以从不同的人口出生群中看出来。

从表 8 - 5 可以看出，伴随中国社会的发展，在现在还存活的 1938 ~1956 年这个出生同期群人口中，"现职"或"终职"为白领阶层的人数百分比为 19.5%，蓝领阶层为 23.0%，农民阶层为 57.5%。但在 1957 ~ 1965年这个出生队列中，存活人口属白领阶层的百分比为 22.5%，蓝领阶层为31.2%，农民阶层为 46.3%。在 1966 ~ 1976 年"文化大革命"时期出生同期群中，存活人口的阶层结构为：白领阶层为 25.3%，蓝领阶层为 34.7%，农民阶层为 40%。在 1977 ~ 1991 年出生的"文化大革命"后同期群中，白领阶层所占百分比为 22.8%，蓝领阶层所占百分比为 51.1%，农民阶层仅仅占 26.1% 的比重。

表 8 - 5　出生同期群与白领、蓝领和农民职业阶层的分布

单位：%，人

出生同期群	白领阶层	蓝领阶层	农民阶层	总计
1938 ~ 1956	19.5	23.0	57.5	100.0
1957 ~ 1965	22.5	31.2	46.3	100.0
1966 ~ 1976	25.3	34.7	40.0	100.0
1977 ~ 1991	22.8	51.1	26.1	100.0
样本量	1417	2183	2695	6295

数据来源：2008 年 CGSS 调查。

在阅读这个数据表的时候，我们需要注意到的是：不同阶层具有不同的死亡率。一般而言，城市的死亡率小于农村；上层阶层的死亡率小于下层阶

层。在此情况下，现存人口中——尤其是年龄较大的同期群人口中白领阶层和蓝领阶层的比重会被高估。因此，这里我们重点强调的是：表 8－5 的结果，是现在存活人口的阶层结构分布状况。

但为什么 1977～1991 年这个同期群白领阶层所占百分比低于 1966～1976 年这个同期群呢？这其中的主要原因，是年龄较大的同期群社会流动的平均次数和距离，均大于年龄较小的同期群。在分析社会流动时，社会学家发现：社会成员的社会流动，一般近距离社会流动率，或者两个临近阶层之间的社会流动率，会远远大于跨阶层的社会流动率，或者大于远距离流动的社会流动率。我们假定人的一生处于不断流动的过程中，故年龄大的群体，会流动到不能流动的位置，而年龄较小的群体，则处于最初流动阶段或中期流动阶段。这样，年龄较小群体中最高阶层所占比重会稍微小一点。

尽管如此，我们也可以看出：农民阶层所占比重，在不同出生同期群中，越来越趋于缩小；而蓝领阶层和白领阶层所占比重，会越来越趋于扩大。

2. 社会阶层结构状况

为了更进一步研究中国现阶段的职业阶层结构状况，我们通过对职业类别的区分，再兼顾社会成员在劳动力市场中的位置（即雇用与被雇用状况），将中国现阶段的社会阶层分为这样 6 类，即公务员及国有企业管理者阶层、民营企业家阶层、知识分子阶层、工人阶层、自雇阶层和农民阶层。

从表 8－6 可以看出，公务员及国有企业管理者阶层占 8.7%，民营企业家阶层占 3.7%，知识分子阶层占 4.8%，工人阶层占 27.3%，自雇阶层占 13.2%，农民阶层占 42.3%。在这里需要注意的是，民营企业家阶层中也包括了一部分个体户——如果企业内部雇用了非家庭成员为劳动力，则我们会将其纳入民营企业家阶层；如果个体户未雇用员工，或者只雇用家庭成员作为员工，则我们将之归属为自雇阶层。从这里可以看出，自雇阶层是一个渐趋壮大的阶层。

1955 年日本的 SSM 调查发现，日本的农民阶层在整个劳动力职业阶层结构中所占比重为 40.4%。而中国在 2008 年调查中得到的农民阶层人数所占百分比为 42.3%。由此可以看出，现在中国的职业阶层结构，与日本在1955 年左右的职业阶层结构差不多。但中国是一个人口大国，且南方和北方、东部与西部的气候差异很大，故农民阶层人数降低到一定程度后，会缓

表 8 – 6　劳动力人口的"现职"或"终职"社会阶层结构*

分　类	包括人群	百分比(%)	累积百分比(%)
公务员及国有企业管理者阶层	国家公务员、国有企业管理人员、国有企业办公室工作人员、非国有企业管理人员	8.7	8.7
民营企业家阶层	有雇员的业主	3.7	12.4
知识分子阶层	各级各类科研人员、教学人员	4.8	17.2
工人阶层	各类企业工人,其中也包括居住在农村但从事工业生产或机械维修的人员(包括农民工)	27.3	44.5
自雇阶层	自我雇用人员或者家庭成员经营人员(如夫妻店等)	13.2	57.7
农民阶层	以农业生产或畜牧业、林业生产为职业的人员	42.3	100

　　*该次调查采用先抽中家庭户,然后在户内采集被访问对象以完成问卷的形式,故企业内部的农民工或者居住在建筑工地的农民工没有被采集到,这会在某种程度上低估工人阶层的比例。

　　数据来源:2008 年 CGSS 调查。

慢下降。再加上中国为世界第一人口大国,粮食和谷物不能依靠进口解决缺口问题,因此,当粮食价格上涨到一定限度,农民阶层的人数就会相对稳定下来。就此而言,中国与西欧发达国家不能相提并论,也与日本不能简单对照。

　　另外,中国社会与日本的一个相似之处,就是家族企业具有持久生命力。正如中国台湾地区和中国香港地区的工业化和后工业化没有消除家族企业一样,中国内地的工业化和后工业化,也会长期衍生出一个庞大的家庭企业群体。这使自雇阶层的百分比,会维持在一个相对较高的水平。

　　在此基础上,表 8 – 7 为我们详细报告了不同出生同期群的阶层结构状况。在这里,我们仍然需要提请读者注意:因为较早出生队列受了死亡人口的影响,故表 8 – 7 给我们报告的是到调查时点仍然存活人口的"现职"或"终职"阶层结构。故在 1938 ~ 1956 年人口同期群中,公务员及国有企业管理者阶层所占比重较高,达到 8.04%,民营企业家阶层百分比最低,为 0.51%,知识分子阶层所占比重也相对较高,为 4.19%。工人阶层所占比重较高,为 25.07%,自雇者阶层所占比重也较低,为 4.98%。农民阶层所占比重最高,为 57.21%。

表 8-7 不同出生同期群的现职或终职社会阶层分布

单位：%

出生同期群	公务员及国有企业管理者阶层	民营企业家阶层	知识分子阶层	工人阶层	自雇者阶层	农民阶层	总计
1938~1956	8.04	0.51	4.19	25.07	4.98	57.21	100
1957~1965	7.13	0.86	2.66	33.67	10.26	45.42	100
1966~1976	6.41	1.45	4.46	35.71	12.53	39.44	100
1977~1991	6.39	1.17	3.26	55.15	8.21	25.82	100

数据来源：2008 年 CGSS 调查。

在 1957~1965 年人口出生同期群中，公务人员及国有企业管理者阶层所占比重为 7.13%，民营企业家阶层所占比重为 0.86%，知识分子阶层所占比重为 2.66%，工人阶层所占比重为 33.67%，自雇者阶层所占比重为 10.26%，农民阶层所占比重为 45.42%。

在 1966~1976 年人口同期群中，公务员及国有企业管理者阶层所占比重为 6.41%，民营企业家阶层所占比重为 1.45%（是四个同期群中所占比重最高的），知识分子阶层所占比重为 4.46%，工人阶层所占比重为 35.71%，自雇者阶层所占比重为 12.53%，农民阶层所占比重为 39.44%。

在 1977~1991 年同期群中，公务员及国有企业管理者阶层所占比重为 6.39%，民营企业家阶层所占比重为 1.17%，知识分子阶层所占比重为 3.26%，工人阶层所占比重为 55.15%（是所有同期群中占比最高的），自雇者阶层所占比重为 8.21%，农民阶层所占比重为 25.82%——是所有同期群中占比最低的。

从这里的分析中可以看出这样两个明显的趋势——伴随年龄段的降低，农民阶层所占比重越来越低，工人阶层所占比重越来越高。在这里需要说明的是：为什么在 1977~1991 年人口出生同期群中，工人阶级所占比重达到 55.15% 的高比重？这需要从农民工的年龄段上去找答案。我们知道，绝大多数农民工介于 18~40 岁。故在年龄较大的同期群中，农民工所占比重会很小，而在 1977~1991 年同期群中，农民工所占比重相对较大，这拉高了工人阶层在该年龄段中的百分比。

总的来说，在工业化和城市化影响之下，年龄较小出生同期群中的社会成员，会有更多的机会向上流动。而中国当前的最大特色，就是农民阶层向工人阶层的转化。这种工业化和城市化的拉力，再加上教育对中国人口平均人力资本提高的贡献，农民阶层在未来的缩小，是完全可以预见的。

四　中国的社会流动

在俄裔美国社会学家索罗金将社会流动分为水平流动与垂直流动之后，绝大多数有关社会流动的研究，因循了这一进路去刻画社会流动的趋势。所谓水平的社会流动，主要指人们在同一职业或同一阶层内部的流动，或者在就业内容不同但职业地位基本相同，或者那些就业地位相同但就业区位不同位置间的流动。比如农民工在不同城市之间的流动，就在很大程度上表现着水平社会流动的特性。

所谓垂直的社会流动，指的是社会成员在不同职业地位或不同阶层之间的流动。这种流动可以分为向下的社会流动与向上的社会流动两类。向下的社会流动，主要指从比较高的职业地位或阶层位置向地位较低的职业或阶层的流动。相反，向上的社会流动，主要指的是从较低的职业地位和阶层向较高的职业地位和阶层的流动。事实上，水平社会流动也多多少少地会表现出某些垂直社会流动的特征。正因为如此，垂直社会流动的速度和流动率才在某种程度上表现着社会的开放或封闭特征。

一般的，社会学假定在完全封闭的社会中，所有人的社会地位都会是父母亲社会地位的继承。但在社会的"开放"过程中，上层社会地位会给下层阶层的人们一个途径，这会使子女一代经过各种努力，流动出父母亲的较低社会地位而爬升到较高的社会地位。所以，社会学考察的是：有多大比例的人继承了父母亲的社会地位？有多大比例的人爬升了自己的社会地位？有多大比例的人降落了自己的社会地位？

自工业化以来，劳动力社会流动的总体趋势是从农业向制造业，再向服务业流动。伴随中国城市的扩展及兴建，中国在工业化与市场化促动之下的劳动力产业转移，实际上还表现为从农业向制造业和建筑业，然后再向服务业的转移。劳动力转移所表现的职业阶级阶层流动趋势，就是农民阶层所占人数比重的减少、蓝领阶层和白领阶层人数所占人数比重的扩大。

1. 社会流动的结构性原因

为什么会存在社会流动？我们知道，在传统社会中，尤其是在前工业社会，社会的封闭性特征使得绝大多数社会成员不得不继承父母亲的社会地位和维生职业。父母亲是农民的，绝大多数子女也会成为农民；父母亲为工匠的，绝大多数子女也会成为工匠；父母亲为军人的，其儿子转变为军人的概率也比较大。这种来自父母亲的影响，就是家族背景的影响，实际上表现着"继承"和"被继承"的特征，即自己的社会地位或职业不是"自致"的，而是"被遗传"的。那种由于自身努力而得到的社会地位，比如通过学习、作战、做生意等获得的社会地位，则是自己努力的结果，故被定义为"自致"的地位。但除家庭背景与个人因素的影响外，还有一些因素也影响着人们社会地位或职业地位的获得。这些因素就是社会结构的可能变化所造成的影响——主要包括人口出生率、工业化和城市化因素的影响。

（1）人口出生率的影响

人口出生率从两个方面影响社会的结构性变化。第一，总体而言，在工业化中后期以后，历经后工业化影响的国家的出生率，会越来越趋于降低。我们知道，人口出生率的降低，意味着人口金字塔底部的缩小。在社会发展创造出更多非农就业岗位，或创造出能够吸纳社会底层人口向上流动的就业岗位时，人口出生率的降低就意味着新出生人口向上层社会流动之机会的增加。比如说，中国20世纪70年代以来，人口出生率就趋于下降。而70年代以后——尤其是80年代及之后工业化速度的加速，则创造了更多城市就业岗位。在农村人口出生率的下降过程中，农村新生人口进入城市就业的几率就相对增加了。事实上，由城市拉动的非农化，现在已经使整个劳动力人口中的农业就业人口降低到了42%左右。

从表8-8可以看出，乡村劳动力每年都在净减少，而城镇劳动力每年都在净增加。比如说，在2007年，乡村劳动力净减少了450万人，而城镇

表8-8　中国劳动力由农村向城镇的流动

单位：万人

年份	城镇劳动力	城镇劳动力变化	乡村劳动力	乡村劳动力变化
2003	25639	—	48793	—
2004	26476	837	48724	−69
2005	27311	835	48494	−230
2006	28310	999	48090	−404
2007	29350	1040	47640	−450
2008	30210	860	47270	−370

数据来源：根据2009年《中国统计年鉴》表4-1"就业基本情况"计算。

劳动力则净增加了 1040 万人。在 2008 年，由于受国际金融危机的影响，中国城镇劳动力人口的增加额有所缩小，回落到 860 万人。与此趋势相同的是：乡村劳动力人口的净减少也回落了，只减少了 370 万人。但总体趋势却没有变化，仍然是乡村劳动力人口的净减少、城镇劳动力人口的净增加。由此可以看出：在工业化的拉动之下，非农劳动力开始日趋上升。

第二，工业化中后期人口出生率变化的一个特点是：上层阶层的出生率低于下层阶层。即使排除了计划生育政策的影响，蓝领阶层的生育意愿也会低于农民阶层，白领阶层的生育意愿会低于蓝领阶层。这样，在劳动力需求拉动之下，城市必然会吸纳更多的农村进城人口以填充城市劳动力人口短缺而造成的空余的工作岗位。

（2）城市化因素的影响

工业化和后工业化过程必然导致城市化——城市面积的扩大和城市人口的增长，以及城市在国民经济与政治生活中作用的增强。城市面积的扩大，一方面增加了城市的人口容量，另一方面也将城市周边的农村包入城市，使其中的农民转变为城市人口。因此，城市化速度越快，城市在国家政治经济生活中重要性程度越高，农村劳动力人口向城市流动的冲动就越大。而城市化创造的工业工作岗位和后工业特性的工作岗位，则正好为社会流动提供了不可或缺的渠道。这也会加速社会底层阶层向社会中上层的流动。也就是说，虽然父母亲的社会地位较低，但子女一代却会在社会发展中摆脱农业或农村的束缚，进入城市而成为"工人"，改变其出生时的社会阶层地位。

从这里可以看出，在 1950～1958 年，这一时期的城市化速度较快。但在 1959～1961 年前后的"大饥荒"影响下，由于城市粮食供给的短缺，在 60 年代初出现了城市人口的递减（见图 8-1）。故 20 世纪整个 60～70 年代，中国的城市化速度几乎是停滞不前的。这大大阻滞了农民阶层转化为其他阶层的渠道。但在 1980 年之后，中国的城市化速度又开始加速，故社会流动率也增加了。所以，城市化是工业化过程中拉动社会流动的一个主要力量。

2. 职业阶层的代际继承与流动

考察社会流动的一个重要维度，就是看阶层地位在代际的差异。如果我们将父亲的社会地位作为出发点，那就看子女的阶层地位是上升了，还是继续继承了，或者降低了父亲的职业地位或阶层地位。这就需要检视父亲职业地位与子女职业地位的差异。

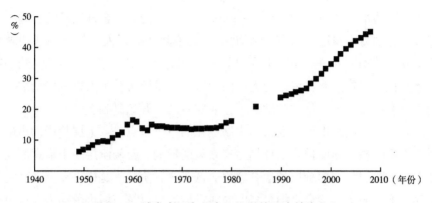

图 8 – 1　城市人口占总人口比重的历史性变化 *

　　* 1980 年以前数据来源于 1987 年《中国统计年鉴》第 89 页 "人口数及构成"，中国统计出版社，1987；1980 年以后数据来源于 2009 年《中国统计年鉴》表 3 – 1 "人口数及构成"，中国统计出版社，2009。

　　前已述及，在工业化过程中，社会流动的基本趋势是从农民阶层到蓝领阶层进而再到白领阶层。另外，子女的社会流动，也深受父亲业已取得的社会地位的影响，故相近阶层之间的流动率应该大于相距较远阶层的流动率。但在某些具体社会背景下，这个趋势也会受某些社会事件的影响而有所变化。

　　比如说，中国社会在 1949 年前后的政治大变动，就曾经改变了原有社会的流动格局，而在新的流动形势下影响人们的流动路径。这从 1938 ~ 1956 年出生同期群的流动表中可以很明显地观察到。在这个同期群中，被访问者参加工作时父亲的职业为白领阶层的，在被访问者自己的 "现职" 或 "终职" 中，有 38. 51% 的人也是白领阶层，有 31. 76% 的人为蓝领阶层，有 29. 73% 的人为农民阶层。但在参加工作时父亲职业为蓝领阶层的人当中，自己的 "现职" 或 "终职" 为白领阶层的人数百分比为 33. 16%，自己也为蓝领阶层的人数百分比为 58. 42%，自己为农民阶层的人数百分比仅为 8. 42%。在参加工作时父亲职业为农民阶层的人当中，自己 "现职" 或 "终职" 为白领阶层的人数百分比为 14. 02%，自己为蓝领阶层的人数百分比为 13. 26%，自己依旧为农民阶层的人数百分比为 72. 72%（见表 8 – 9）。从这里可以看出，在该同期群中，蓝领阶层的阶级继承性非常显著，白领阶层的阶级继承性较低，而农民阶层的阶级继承性则较高。为什么白领阶层的阶级继承性这样低呢?

表 8 – 9　父亲和子女的职业流动表

单位：%

1938 ~ 1956 年出生同期群		被访问者"现职"或"终职"			总计
		白领阶层	蓝领阶层	农民阶层	
参加工作时父亲职业	白领阶层	38. 51	31. 76	29. 73	100
	蓝领阶层	33. 16	58. 42	8. 42	100
	农民阶层	14. 02	13. 26	72. 72	100
1957 ~ 1965 年出生同期群		被访问者"现职"或"终职"			总计
		白领阶层	蓝领阶层	农民阶层	
参加工作时父亲职业	白领阶层	45. 26	35. 26	19. 48	100
	蓝领阶层	31. 25	60. 94	7. 81	100
	农民阶层	14. 17	21. 18	64. 65	100
1966 ~ 1976 年出生同期群		被访问者"现职"或"终职"			总计
		白领阶层	蓝领阶层	农民阶层	
参加工作时父亲职业	白领阶层	46. 15	38. 46	15. 39	100
	蓝领阶层	39. 08	50. 00	10. 92	100
	农民阶层	16. 73	28. 86	54. 41	100
1977 ~ 1991 年出生同期群		被访问者"现职"或"终职"			总计
		白领阶层	蓝领阶层	农民阶层	
参加工作时父亲职业	白领阶层	46. 67	47. 18	6. 15	100
	蓝领阶层	24. 53	64. 53	10. 94	100
	农民阶层	15. 81	46. 86	37. 33	100

数据来源：2008 年 CGSS 调查。

　　一个可资思考的原因，可能是改朝换代的革命，打碎了旧有的上层建筑，建立了新的社会流动机制，使得那些在农村有地，在城市有产业的白领阶层，也不得不将某些子女安排到农村，以分散革命"风险"。但中国户籍制度的建立，长期约束了农村劳动力向城市的流入，故在父亲为白领阶层的这些人中，自己为农民阶层的比重高达 29. 73% 。

　　另外一个需要思考的原因，是新中国成立初期的很多"革命干部"，妻子儿女在农村，子女的户口又按照户籍制度的规定随母亲，这使得其子女在农村做农民的概率也增加了。

　　还有一个原因，就是农村的中小学教师，在"文化大革命"及以前，很多来自于"民聘"代课教师，干的是"白领阶层"的工作，户口却属于农业户口，子女随妻子也是农业户口，如果无法通过参军、提干等转变为白领，则会终身为农民。

相反，在1938~1956年出生同期群中，如果参加工作时父亲为蓝领阶层，则自己也为蓝领阶层的比重为58.42%，自己的"现职"或"终职"为白领阶层的比重为33.16%，自己的"现职"或"终职"为农民阶层的比重仅仅为8.42%。为什么蓝领阶层流入农民阶层的概率很低呢？一个主要原因，是蓝领阶层为工人时，既可以受到当时社会制度的支持（工人阶级是领导阶级），也很少会发生逆向流动——到农村去做农民。总体而言，父亲为工人阶级的，其在参加工作时为蓝领阶层的概率也会很大，向上流动到白领阶层的概率，也比农民阶层要高很多。即使是在人口损失的影响下，这个趋势也容易被观察出来。这种情况，虽然在1938~1956年出生同期群中表现得极其突出，但在1957~1965年、1966~1976年这两个出生同期群中，也可以观察到，参加工作时父亲是白领阶层，但自己的"现职"或"终职"是农民阶层的概率，大于参加工作时父亲是蓝领阶层，而被访问者自己是农民阶层的概率。

直到1977~1991年这个出生同期群，即出生于"文化大革命"后，在20世纪90年代末期或21世纪才参加工作的这个新生群里，社会流动的趋势，才与西方发达国家相似：比如说，参加工作时父亲是白领阶层，自己也是白领阶层的百分比达到了46.67%，自己是蓝领阶层的百分比为47.18%，自己是农民阶层的百分比仅仅为6.15%。从这里可以看出：白领阶层的代际继承性大大增强了。相反，比较这四个出生同期群农民阶层的代际继承百分比，即比较这四个出生同期群中父亲是农民阶层，自己也是农民阶层的百分比变化趋势就会发现，伴随工业化和城市化，农民阶层的代际继承性越来越减弱了，从1938~1956年出生同期群的72.72%，下降到1977~1991年出生同期群的37.33%。也就是说，在我国的抽样中，在这个年轻的同期群中，只有37.33%的子女继承了父亲的农民阶层地位，而有46.86%的人将自己转变为蓝领阶层，有15.81%的人将自己转变为白领阶层。因为这个出生同期群的"现职"，是其刚刚开始社会流动的"现职"，故未来这个出生同期群进入白领阶层和蓝领阶层的百分比比值，还会有进一步的增长。

3. 社会阶层的代际继承与流动

社会阶层的代际继承与流动状况，可以从另外一个维度为我们展示中国社会结构的变化。在这里，我们将社会成员分为两个人群：其一为出生于1956年及以前的群体，其二为出生于"文化大革命"时期及以后的群体。

（1）"文化大革命"前出生人口的社会流动状况

因为"文化大革命"时期中国的户籍制度控制得很严，故城市化率非常低。而且在知识青年"上山下乡"的影响下，有些地区的城市化率还出现过负增长。所以，在那个时代，新就业社会青年的初职，肯定不如其参加工作时父亲的阶层位置。但在随后的努力中，子女一代逐渐改变了其受时代影响的不利地位，而渐趋爬升到较高的社会阶层。尽管如此，"文化大革命"前出生的那一代人的社会流动率，仍然是比较低的。

从表8-10我们可以看出，即使是那些参加工作时父亲为公务员及国有企业管理者阶层的人，自己的"现职"或"终职"为农民阶层的比重也很大（有25.58%），自己现在是公务员及国有企业管理者阶层的人数百分比仅仅为17.54%。这就是说，这个阶层的阶级继承性是比较低的。

表8-10　"文化大革命"前出生人口的社会阶层代际流动状况

单位：%

参加工作时父亲社会阶层	子女——被访问者的社会阶层						总计
	公务员及国有企业管理者阶层	民营企业阶层	知识分子阶层	工人阶层	自雇阶层	农民阶层	
公务员及国有企业管理者阶层	17.54	1.90	6.64	41.23	7.11	25.58	100
民营企业阶层	100.00	—	—	—	—	—	100
知识分子阶层	18.92	4.05	13.51	28.38	4.05	31.09	100
工人阶层	14.73	0.71	4.28	65.08	7.36	7.84	100
自雇阶层	13.04		8.70	39.13	13.04	26.09	100
农民阶层	4.24	0.50	2.34	17.22	6.91	68.79	100

数据来源：2008年CGSS调查。

事实上，从表8-10还可以看出，除农民阶层和工人阶层外，出生于1965年之前的这个同期群的人们的阶级继承性都比较低。在户籍制度的影响下，人们受教育程度及早年的就业等，具有很强的路径依赖性，所以，这个出生同期群的家庭阶级出身（即父亲的社会阶层属性）是农民阶层时，子女成为农民阶层的概率非常大（达到了68.79%）。家庭的阶级出身为工人阶层的人们，其同样成为工人阶层的概率也比较大（达到了65.08%）。父亲属于农民阶层的成员，其子女要转变为工人，要么必须外出务工（这一出生同期群中较为年轻者），要么招工进厂（年纪较大者）。但这些人被招工进厂的概率微乎其微，尤其是在城市和城镇就业压力增大之后。所以，这些人中年纪较小者，如果赶上高考，或者通过国家正式考试进入大学，则可以将自己转变为国家公务人员或教师。所以，农民阶层的流出率是比较低的。农民阶层流入到工人阶层的比重最高，为17.22%——在这些人中，农民工应该占据很大的比重。当前的农民工，如果不能最终转化为城市市民，伴随其年龄继续扩大，其"终职"将不得不重归农民阶层。

而父亲为工人阶层时，其子女流落到农民阶层的比重则比较低，仅仅为7.84%。这是所有阶层中流落到农民阶层比例最低的阶层。为什么父亲身为工人阶层时，很少有子女落入农民阶层？是工人阶层比其他阶层更具"下落"抵抗性吗？非也。这得从中国社会的特殊性上去理解。如果父亲身为工人阶层，那绝大多数工人阶层属于城市居民，其所生的子女，也会获得城市户籍，身受城市招工制度的"保护"，故很难落入农村做农民。但在其他阶层中，尤其是在那些工作于农村的国有企业管理阶层或乡镇干部阶层（公务员阶层）中，其妻子是农民阶层的概率就增加了，其子女中的某些人，会得到父亲的"照顾"而摆脱"农门"，但另外一些，则可能难以被父亲所照顾到，不得不仍然继续做农民。

笔者在广西访谈时碰到这样一个案例：一位当地某中学的老师，在反"右"扩大化时被打为"右派"，不得不回乡参加农业生产；"文化大革命"后经平反昭雪和落实政策，他又回到中学任教。其妻及5位子女，全部在农村为农民。后其调入当地县的拖拉机厂工作，在年纪稍大时，正好碰上"顶替"政策，故其提前退休，将职位让给他最小的女儿"顶替"。这样，这位被访问者虽然不属于农民阶层，但除小女儿最后转变为工人阶层外，其他子女均为农民阶层。

但父亲身为工人时，子女成为农民阶层的概率会很小。比如说，在20世纪90年代中后期出现的"下岗分流"政策，就曾经使东北老工业基地的许多老厂，不得不裁减工人。阜新某厂为解决下岗职工的生活问题，也曾经承包农场，动员下岗职工去发展种植业。但时过不久，下岗职工就不愿种地而重新返回城市。从这里可以看出，在工业化逻辑中，不管是知识青年的"上山下乡"，还是"下岗分流"中的农场经营，都难以扭转社会流动趋势从农民阶层向非农阶层的流动。

民营企业阶层和自雇阶层是改革开放之后新出现的阶层。虽然在社会主义工商业完成改造之前，中国社会也存在过民营企业阶层和自雇阶层（做小买卖者），但当时为数较少，故表8-11很难完整再现原有社会的基本状况，在参加工作时父亲为民营企业这一行，缺少流动到其他阶层的数据。

表8-11　"文化大革命"及"文化大革命"后出生人口的社会阶层代际流动状况

单位：%

参加工作时父亲社会阶层	子女——被访问者的社会阶层						总计
	公务员及国有企业管理者阶层	民营企业阶层	知识分子阶层	工人阶层	自雇阶层	农民阶层	
公务员及国家企业管理者阶层	16.58	1.60	7.49	47.59	10.70	16.04	100
民营企业阶层	8.33	41.67	—	33.33	12.50	4.17	100
知识分子阶层	19.27	0.92	23.85	40.37	4.59	11.00	100
工人阶层	9.19	2.02	3.49	63.97	10.66	10.67	100
自雇阶层	4.96	—	6.61	55.37	26.45	6.61	100
农民阶层	3.63	0.60	2.44	37.23	10.05	46.05	100

数据来源：2008年CGSS调查。

参加工作时父亲为自雇阶层的人数之所以较多，是许多进城打工的农民，在年纪较大时，不得不转变为小商小贩及街头夫妻店面的经商人员。这些人虽然赚钱不多，利润不高，但一旦摆脱农民阶层，就不愿再回乡务农。农民阶层的那种强劲的流动性，使其在非农化过程中表现出城市的草根性。但从表8-11中可以看出的是：在父亲为自雇阶层时，被访问者自己主要流动到了工人阶层（或者在建筑业、或者在制造业）——流入该阶层的人数百分比达到55.37%。

（2）1966年之后的出生同期群的阶层流动

出生于"文化大革命"时期或之后的人们，虽然在其早期接受教育的时候，会受到某种程度的影响，但当其进入到初中或高中之后，教育体制渐趋完善，教育招生规模也逐年上升，故其平均人力资本，要远远大于"文化大革命"前出生的同期群。

而且，"文化大革命"时期及其后出生的人们，在其成年转变为劳动力之后，正好赶上改革开放。国民经济的市场化、快速工业化及城市化进度，都为其社会流动创造了前所未有的机遇。这使得他们向上流动的概率大为增加。所以，如果将表8-10和表8-11相比就会发现以下特点。

第一，各个阶层落入农民阶层的比重大大降低了。当然，看父亲为工人阶层，子女落入到农民阶层的比重就会发现，其（10.67%）反比表8-10

的 7.84% 要高出一点。但考虑到表 8 - 11 反映的是出生于 1966 年之后人们的社会流动状况,其将来要继续流动的概率远远大于表 8 - 11 所反映的趋势。故在父亲是工人阶层时,一部分落入农民阶层的子女,会通过各种因素的努力,仍然继续改变其社会阶层位置,故将来改变其职业身份的机遇还比较多。因此,落入到农民阶层的被访问者的流出率,在将来还占一定比重。

除此之外,父亲是农民阶层,自己也为农民阶层的人数百分比已经下降到 46.05%,相比表 8 - 10 下降了 20 多个百分点。而父亲为自雇阶层,子女落入到农民阶层的比重,也只有 6.61%。父亲为知识分子阶层,子女落入农民阶层的比重下降到 11.00%。

从这里可以看出,在工业化运动的促发之下,农民阶层所占人数,会越来越趋于降低。

第二,知识分子是最大的赢家。在知识成为生产力、在教育资本越来越成为劳动力市场的工资待遇信号之后,知识分子借助自己的职业机遇,更多地促使自己的子女转变了就业身份,提升了自己的阶层位置。比如说,父亲在知识分子阶层,而子女转变为公务员及国有企业管理者阶层的比重,不仅在表 8 - 10 最高,而且在表 8 - 11 表现得更高——达到了 19.27%,甚至于比第一行父亲为公务员及国家企业管理者阶层,自己也为公务员及国有企业管理者阶层的 16.58% 高出了许多。

另外,在父亲为知识分子阶层的人当中,其落入到工人阶层的比重也相对较低。虽然在父亲为民营企业阶层的人当中,自己成为工人阶层的比重只有 33.33%,低于父亲为知识分子阶层,自己为工人阶层的百分比,但考虑到民营企业阶层的人数百分比很低,故其代表性不强。正因为如此,我们才说,知识分子通过教育的通道,在家庭知识再生产过程中,提高了子女的学历水平,使子女可以通过劳动力市场的渠道提升自己的阶层地位。

第三,由民营企业阶层和自雇阶层落入农民阶层的比重最低。在 1957 年之后,社会主义工商业改造的完成,逐渐消除了非公经济的存在基础,使中国除全民所有制与集体所有制外,再无其他经济形势。改革开放之后,经济形式的多元化使得自雇阶层和民营企业阶层逐渐形成,并成为新阶层的主要组成部分。从表 8 - 11 可以看出,在父亲处于民营企业阶层和自雇阶层时,子女落入农民阶层的比重最低——父亲是民营阶层,子女落入到农民阶层的比重为 4.17%;父亲是自雇阶层,子女落入农民阶层的比重是 6.61%。这说明,这两个新产生的社会阶层在非农行业的就业能力最强。

　　总之，中国社会仍然是一个处于转型过程的社会。虽然在总体上表现出很强的向上流动趋势，但阶层的边界性还比较强，自农民阶层家庭流出的子女，主要进入了工人阶层，转变为城市社会的主要劳动力。另外，工人阶层的阶层继承性还很强，不管是在表 8 – 10 还是在表 8 – 11，我们都可以从其中看出，工人阶层的子女仍然主要是工人阶层，其阶层流出率较小。知识分子阶层和公务员及国有企业管理者阶层的阶级继承性比较低。

　　中国社会的城市化已经达到了 45% 左右。根据世界城市化经验，一个国家的城市化如果超过了 30%，就会进入快速城市化阶段。中国每年的城市化速度都超过 1%。而且，现在中国每年新毕业的大学生也达到 600 万人以上，这些新生劳动力，基本都进入了白领阶层就业。这会大大加速中国社会的流动速度。农民阶层的绝对人数及其在整个就业人口中所占的百分比，仍然会大幅度缩小；工人阶层的百分比会有一个长足的增长；而服务业增长中白领阶层的扩张，以及中产阶级的扩大等，将是中国阶级阶层结构变化的主要趋势。所以，中国在未来会迎来一个波澜壮阔的中产化阶段。

五　研究结论

　　第一，中国的主观阶层状况，与世界其他各国相比，具有显著的特殊性：认同于"上层"的人数百分比还比较低，认同于"下层"的人数百分比还比较高。

　　第二，中国社会的主观认同阶层结构，主要受社会个体收入状况的影响，而甚少受职业结构状况和教育结构状况的影响。社会个体"过去五年"生活状况的改善状况，及其对未来五年生活状况的预期，显著影响着主观认同阶层的形成。因为农民阶层感觉其过去五年生活状况改善较大，故其在主观阶层认同中认同于"上层"、"中上层"和"中层"的百分比才比较高。正因为如此，在客观阶层中的农民阶层中，才相对于城市居民，有比较大比例的人认同于"中层"及以上。

　　第三，中国的客观阶层结构，从农民阶层、蓝领阶层与白领阶层的这个维度考量，总体而言，会发现中国农民阶层的百分比只有 42% 左右，白领阶层也占据 22% 多的比重。但如果将社会个体依据出生同期群分组，就会看出，越是年轻的出生同期群，其"现职"或"终职"为农民阶层的百分比越低。在 1977 ~ 1991 年这个同期群中，"现职"或"终职"为农民阶层的百分比，仅仅为 26% 左右。这说明，在青年一代中，已经有越来越多的成员转变了自己的职业阶层，流动到了非农阶层中。从社会阶层的维度考量，则也显示越是年轻的同期群，其进入工人阶层的比重越大，进入农民阶层的比重越小的趋势。

第四，从代际阶层流动与地位继承上来说，越是年轻的同期群，在父亲为白领阶层时，其为农民阶层的比重越低。因为户籍制度的影响，中国蓝领阶层流入到农民阶层的人数百分比，在不同的历史阶段，都显示出非常低的比值。

在社会阶层这个维度，父亲是公务员及国有企业管理者阶层，子女为知识分子阶层的阶级继承性比较低。这可能与中国社会的发展阶段相关甚大。伴随未来中国教育尤其是高等教育的大众化，中国社会的白领化会继续加强，由蓝领阶层和农民阶层转变为知识分子阶层和公务员及国有企业管理者阶层的人数百分比，还会有一个显著的上升。

第九章
劳动力市场中人力资本对
地位获得的影响

李培林　田丰

一　问题的提出和已有的研究

改革开放以来，特别是 20 世纪 90 年代中期以后，中国有两个相互矛盾的现象伴随产生：一个现象是收入差距不断扩大，收入和财富差距越来越成为不同社会阶层之间明显的界标；另一个现象是教育越来越普及，高等教育的毛入学率从 1997 年的 9.1% 上升到 2007 年的 23%，中国进入高等教育大众化阶段，同时教育收益率不断提高，而教育通常被人们认为是现代社会促进社会平等的最重要因素。

对于这种矛盾现象，有两种可能的解释：一是多种因素影响下收入差距的迅速扩大，抵消了教育普及的平等化效应；二是教育机会本身存在不平等问题，教育的发展和教育收益率的提高并没有真正发挥促进社会平等的作用。对于后一种解释，早在 20 世纪 60 年代初，美国教育社会学家安德森（C. A. Anderson），基于大量新的调查材料的分析，就提出著名的"安德森悖论"：教育的民主化过程并没有对有利于社会平等的社会流动产生促进作用，而在此之前，各种研究结论几乎一致以为，教育的大众化普及会使社会地位的平等化程度提高（Anderson，1961）。法国当代著名社会学家布迪厄（P. Bourdieu）和帕斯隆（J. C. Passeron）则把这个悖论推向一个具有震撼力的命题，他们在《继承人》和《再生产》两部著作中，通过对法国高等教育经验材料的分析，提出学校教育并不是像人们想象的那样是一种铲除社会不平等的制度，而是一个以"遗传"的方式生产和再生产社会不平等，并使此类不平等正当化和永久化的重要手段。他们还认为，教育的不平等也并非仅仅取决于经济因素，而是各种因素共同作用的结果，其中文化因素起到了至关重要的作用，成为生产与再生产社会阶层以及社会不平等的核心要素（Bourdieu and Passeron，1964，1970）。他们这一对传统现代化思想具有颠覆性的"文化资本"和"社会再生产理论"，在学术界引起了激烈而广泛的争议，也对现代教育社会学产生深远的影响。

　　国外一些研究中国的社会学家，通过经验研究发现，在中国改革开放之前的20世纪60~70年代，教育收益率的估计值是负数，与世界各国的一般经验大相径庭（Whyte，1975，1981；Whyte & Parish，1984；Parish，1984；Davis-Friedmann，1985）。这个结果尽管存在很大的争议，却与改革初期的所谓"脑体倒挂"现象相吻合。赖德胜曾根据中国社会科学院经济研究所"收入分配与改革课题组"1988年和1995年全国收入分配调查资料①，计算出1988~1995年，我国平均教育收益率从3.8%上升到5.73%，改变了改革初期的"脑体倒挂"和"论资排辈"状况，从工龄收益率高于教育收益率转变为教育收益率高于工龄收益率（赖德胜，1999：456~457）。李春玲（2003）运用中国社会科学院社会学研究所"中国社会结构变迁研究课题组"于2001年在全国12个省的调查数据，计算出2001年中国教育收益率约为11.8%，如果考虑到制度等其他因素的影响，则教育收益率降低到6%，而且教育收益率并未随工作年限增加而提高。她认为"脑体倒挂"现象已基本消除，对收入差距和教育收益率最重要的制度影响因素是城乡分割的二元社会结构。刘精明（2006b）分析了中国人民大学社会学系2003年度"全国综合社会调查"在全国28个省市区的调查资料，发现1998年以后高教领域中的教育不平等总体上呈现一种下降趋势，但来自社会阶层背景以及自身社会阶层位置的影响差异，一直明确地存在于1978~2003年间。

　　基于以上的研究，本文考察的主要问题是，在日益市场化的劳动力竞争中，人力资本究竟发挥着什么作用？这种作用又受到了哪些因素的限制，在何种程度上决定着人们的经济社会地位？通过什么渠道才能在充分发挥人力资本作用的基础上促进社会经济地位的公平？

---

　　① 这项研究主要由赵人伟、李实主持，其研究成果已经先后收录于《中国居民收入分配研究》（中国社会科学出版社，1994），《中国居民收入分配再研究》（中国财政经济出版社，1999），《中国居民收入分配研究Ⅲ》（北京师范大学出版社，2008）。

二　基本数据和变量的说明

本章研究所使用的数据，是中国社会科学院社会学研究所于 2008 年5～9 月，采用分层多阶段抽样方式，进行的第二次"中国社会状况综合调查"（CGSS 2008，CASS）[①]，覆盖全国 28 个省自治区、直辖市的 135 个县（县级市/区/旗）、257 个乡（镇/街道）和 520 个村（居）委会，共成功入户访问了 7139 位年龄在 18～69 岁的居民，调查误差小于 2%，符合统计推论的科学要求。这次调查以民生为主题，调查内容涉及收入、消费、就业、教育、医疗、社会保障、社会态度等诸多方面。

本章使用的几个主要概念包括：人力资本、教育收益率、经济社会地位，以及"知识人力资本"、"技能人力资本"和"经验人力资本"等人力资本的次属概念。

人力资本：诺贝尔经济学奖得主西奥多·舒尔茨在 1960 年美国经济学年会上，以会长的身份作了题为《人力资本投资》的演说，第一次系统地提出了人力资本的理论。舒尔茨认为，国民产量的增长比土地和按时计算的劳动量以及能再生产的物质资本的增长更大，这种情况在现代社会越来越明显，对人力资本的投资就是这个差额的主要说明，而技术和知识是人力资本的主要类型（舒尔茨，1990）。在此后关于人力资本的大量经验研究中，教育、医疗健康和技术培训等，是被最经常使用的表征人力资本的指标。在本章中，我们用受教育年数、技术水平和工作年数，分别代表"知识人力资本"、"技能人力资本"和"经验人力资本"。

教育收益率：教育收益率是从人力资本的角度衡量教育投资的经济效益的重要指标，通常从两个方面计算：一是从个人角度，即个人教育收益率，是指对个人因接受教育数量的增加，所获得的经济回报的一种测度；二是从社会整体的角度，即社会教育收益率，计算国家和社会加大对教育投资后所获得的经济回报。两个方面的收益率均可以采用明瑟尔收益率和内部收益率进行测算。本文中的教育收益率按照国内学者的一般做法，从个人角度出

[①]　该项调查研究由李培林主持，李炜及他率领的社会学研究所社会发展研究室负责调查实施，2008 年的调查（以民生问题为主题）是继 2006 年此类调查（以和谐稳定为主题）后的第二次调查。

发，是使用明瑟尔收益率计算方法所获得的个人收益率。在计算过程中将地
区、单位体制、性别、户籍制度等因素纳入，建立明瑟尔方程的扩展形式。

经济社会地位：社会经济地位（缩写为 SES）是一个建立在收入、教
育、职业、社会保障状况等基础上的，衡量个人或者家庭所处的与其他群体
相对而言的经济和社会位置，是一个综合经济和社会两个方面的综合性指
标；在分析家庭的社会经济地位时，要通盘考虑收入、教育、职业和社会保
障等方面。

三 人力资本对经济地位的影响

参照国内已有的对社会分层的研究（李强，1993；陆学艺主编，2004；李
培林，2005），我们依照以职业为主划分社会阶层的分类方法，将社会职业人
群划分为国家干部、公有制企业经营管理者、私企老板、非公有制企业经营
管理者、专业技术人员、办事人员、个体工商户和自营职业、城市工人、农
民工和农民十个社会阶层。由于抽样调查和样本规模有限的影响，社会中主
要的社会阶层的比例，与以往研究相比有一定的出入，但总体变化不大。

表 9 - 1 显示了各个社会阶层的"知识人力资本"（受教育年限）、"经
验人力资本"（工作年限）和年收入水平的基本状况，图 9 - 1 更为直观地
表现了"知识人力资本"与收入水平和"经验人力资本"与收入水平之间
的关系。可以看到，私企老板在收入水平与受教育年限和收入水平与工作年
限的散点分布中，明显地脱离其他阶层。其他九个阶层的收入水平和受教育

表 9 - 1 教育和工作经验对社会分层的影响

项　　目	百分比(%)	年收入水平(元)	受教育年限(年)	工作年限(年)
国家干部	0.59	35561	14.8	23.1
私企老板	0.73	93567	9.8	24.6
公有制企业经营管理者	1.18	35262	13.5	25.8
非公有制企业经营管理者	1.75	39181	12.2	20.9
专业技术人员	4.28	29441	14.5	19.6
办事人员	6.27	23905	13.0	18.9
个体工商户和自营职业者	11.16	19578	8.9	26.6
城市工人	12.78	15804	10.7	24.1
农民工	13.41	7556	7.7	27.0
农民	47.84	5170	6.0	34.6

年限呈现明显的线性分布特征，即随着平均受教育年限的增加，收入水平也在提高。而在计算以职业分层为基础的受教育年限与收入水平之间的相关系数时，如果将私企阶层排除后，两者的相关系数从 0.204 上升到 0.856，达到一个非常高的相关水平，这说明"知识人力资本"对阶层间收入水平的解释是有效的。

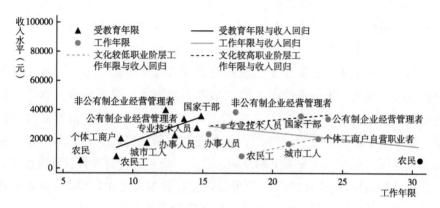

图 9 - 1　各阶层平均受教育年限、工作年限和收入的分布和回归

　　而收入水平和工作年限之间的关系则要复杂得多。由于受私企老板群体这个奇异值的影响，全社会劳动力市场上收入水平与工作年限是负相关，其相关系数为 - 0.240，即工作年限越长，收入水平越低。"经验人力资本"对收入水平的作用是反向的，这种结果显然违背了真实的社会情况。因此，我们把私企老板群体这个奇异值排除，并把劳动力市场中的不同职业分成白领职业（包括国家干部、公有制企业经营管理者、非公有制企业经营管理者、专业技术人员和办事人员）和蓝领职业（包括个体工商户和自营职业者、城市工人、农民工）两组，分别观察"经验人力资本"和收入水平的相关关系，则可以发现显著的线性变化，即工作年限越长，收入水平越高的趋势。

　　由此可见，各职业阶层间"知识人力资本"和收入水平存在较强的相关关系，前者对后者甚至有一定的决定性作用，受教育程度事实上已经成为高收入高保障职业的门槛，这也反映了社会总体上"脑体倒挂"的现象已经根本扭转，但在局部领域仍可能存在。"经验人力资本"与收入水平总体上存在虚假的负相关关系，实际上"经验人力资本"对职业阶层和收入水平的向上流动能够发挥比较大的作用。"知识人力资本"和"经验人力资本”两者比较，前者的门槛性作用更强，后者是阶梯式的上升；这两者之间并非是相互独立的，而是同步进行。

四　人力资本对各阶层收入的不同影响

"知识人力资本"和"经验人力资本"除了对职业阶层间的收入水平差异具有重要的影响外，也对各职业阶层收入水平产生不同的影响。本章使用明瑟尔方程，进一步考察各职业阶层不同的教育收益率。

从分析结果来看，国家干部阶层的教育收益率较高，为12.2%，且显著性较好，说明国家干部阶层内部"知识人力资本"是影响收入水平的较为稳定的因素。私企老板阶层教育收益率为8.5%，但回归模型解释力很弱，也证实了前文中分析的"知识人力资本"和"经验人力资本"难以解释私企老板阶层收入水平差异的现象。公有制企业经营管理者教育收益率为8.1%，而非公有制企业经营管理者的教育收益率仅为4%。同为企业的经营管理者，单位体制的差异使得双方的教育收益率存在着比较明显的差距，这说明公有制企业中"知识人力资本"对收入的影响更大。专业技术人员和办事人员是职业阶层中教育收益率较高的，分别达到13.5%和13.3%，"知识人力资本"对收入均有明显的影响，而且方程的解释力较高，说明"知识人力资本"和"经验人力资本"能够较为有效地解释他们的收入水平差异。个体工商户和自营职业者的教育收益率较低，仅为4.2%，"知识人力资本"发挥的作用并不大。城市工人教育收益率是7.9%，远远高于农民工的1.9%，且受教育年限对城市工人收入的影响是显著的，对农民工却不显著，这种差别说明户籍制度仍造成了劳动力市场的分割。农民职业阶层的教育收益率为5.3%，但回归方程的解释力较低，也说明农民收入受到"知识人力资本"和"经验人力资本"的影响并不明显。

综合上述分析结果来看，在多数职业阶层内部，"知识人力资本"越高，收入越高，这说明随着竞争性的劳动力市场逐步形成，"脑体倒挂"的现象不仅在职业阶层之间，而且在职业阶层内部也基本消失。同时，在各职业阶层之间，存在着明显的教育收益率差异，真正统一的劳动力市场尚未形成，在分割的劳动力市场中，"人力资本"并不能解释所有的收入差异。以农民工阶层为例，不但其收入水平明显要低于城市工人，而且在其职业阶层内部的"知识人力资本"基本没有发挥作用。

表 9 – 2　分职业阶层的教育收益率 *

变　　量	总　　体	国家干部	私企老板	公有制企业经营管理者	非公有制企业经营管理者	
常数项	7.729 ***	7.757 ***	9.979 ***	8.176 ***	9.603 ***	
受教育年限	0.147 ***	0.122 *	0.085	0.081	0.04	
工作年限	− 0.011 *	0.056	0.011	0.043	0.04	
工作年限平方	0.000	− 0.001	0.000	0.000	− 0.001	
R^2	0.236	0.186	0.063	0.075	0.096	
调整后 R^2	0.235	0.096	− 0.023	0.028	0.058	
教育收益率	14.70%	12.20%	8.50%	8.10%	4.00%	

变　　量	专业技术人员	办事人员	个体工商户和自营职业者	城市工人	农民工	农民
常数项	7.769 ***	7.866 ***	9.197 ***	8.719 ***	8.990 ***	7.242 ***
受教育年限	0.135 ***	0.133 ***	0.0415 *	0.079 ***	0.019	0.053 ***
工作年限	0.016	0.012	0.002	− 0.017	0.007	0.030 **
工作年限平方	0.000	0.000	0.000	0.000	0.000	0.000 *
R^2	0.117	0.183	0.055	0.065	0.01	0.029
调整后 R^2	0.105	0.175	0.049	0.06	0.004	0.028
教育收益率	13.50%	13.30%	4.20%	7.90%	1.90%	5.30%

* 显著水平 *** $p \leq 0.005$；** $p \leq 0.01$；* $p \leq 0.0$。

　　市场化程度高的部门，教育收益率也更高，这种假设没有得到证实。公有制企业经营管理者的教育收益率要高于非公有制企业经营管理者，而通常人们认为非公有制部门市场化水平较高，人力资本要素应该能够发挥更大的作用。

　　教育收益率较高的阶层与受教育水平较高的阶层是重叠的，比如国家干部、专业技术人员和办事人员中教育收益率较高，均在 12% 以上；他们的平均受教育年限也在 13 年以上。这三个阶层在社会学研究中通常被定义为标准的"中产阶级"。这也说明，随着产业结构的升级和社会结构的变动，教育和"知识人力资本"对社会阶层划分影响也越来越大。

五　不同劳动力市场条件下人力资本要素对收入的影响

　　以往研究从多重视角来划分劳动力市场，于学军（2000）分析了劳动力市场由于性别差异所带来的教育收益率差距，他发现 1986 年男女收益率的差异为 2 个百分点，而到 1994 年这一差距扩大到 3 个百分点以上。还有的研究按照单位体制类型，将劳动力市场划分为公有制部门和非公有制部门，并认为市场化程度高的部门，其教育收益率要高于市场化程度低的部门，因而公有制部门的教育收益率要低于非公有制部门（杜育红、孙志军，2003）。在社会经济快速发展过程中，教育收益率的地区差异也会扩大，但国内研究对地区教育收益率的差异并无定论，但总体上看，西部地区的教育收益率并不低。户籍制度一直被认为是影响劳动力自由流动和市场竞争的关键性因素，直接导致了城乡二元体制，并造成了城乡地区间的教育收益率差异。阿普勒顿等人（Appleton, Knight, Song and Xia, 2002）根据对 1999 年中国城市劳动就业调查数据研究发现，城市中两类群体（城镇居民和农民工）的收益率已经相差不大，并推论竞争性的劳动力市场在中国城市已初步形成。而对教育收益率随着时间变化出现升高的趋势，研究界基本已经达成共识，但对原因的解释上还存在一定的分歧。在本章中，我们在教育收益率的分析中，加入性别、所有制形式、户籍、区域和年龄组等变量，并把这些变量的差异，视为给定的不同的劳动力市场条件，然后考察在不同的劳动力市场条件下，教育收益率可能发生的变化。

1. 性别因素对人力资本在劳动力市场中作用的影响

通过男女性别之间的教育收益率比较发现（见表 9 - 3），男女教育收益率基本相当，分别为 13.5% 和 13.6%，女性甚至略高于男性。在公有制单位中，女性教育收益率达到 15%，比男性的教育收益率要高出 2.4 个百分点，而在非公有制单位中，女性教育收益率仅为 10.1%，低于男性 0.7 个百分点。实际上在同等的受教育水平下，非公有制单位女性的平均收入要低于公有制单位女性的平均收入，特别是接受过高等教育的女性"知识人力资本"在非公有制单位中难以实现，可能是导致部门之间女性教育收益率差异的主要原因。

非农业户口从业人员的教育收益率，无论男女都要明显高于农业户口从业人员的教育收益率；而相比较男性来说，农业户口女性从业人员的教育收益率下降的幅度更大。非农业户口的女性教育收益率略高于男性，为 12.5%，而农业户口的女性教育收益率仅为 5.0%，说明户籍制度对"知识人力资本"的限制对女性造成的损失更大。

表 9 - 3　性别因素对人力资本在劳动力市场中作用的影响

不同劳动力市场	男　性		女　性	
	教育收益率(%)	调整后 R^2	教育收益率(%)	调整后 R^2
总　　体	13.5	0.203	13.6	0.237
公 有 制	12.6	0.167	15.0	0.226
非公有制	10.8	0.147	10.1	0.157
农业户口	7.2	0.090	5.0	0.066
非农业户口	12.3	0.148	12.5	0.147
东　　部	10.2	0.197	14.2	0.343
中　　部	11.6	0.146	11.3	0.150
西　　部	13.6	0.209	11.2	0.167
城　　市	11.6	0.161	13.8	0.225
农　　村	7.9	0.087	3.7	0.049

从地区之间教育收益率差异来看，男性教育收益率在东中西部是依次递增；而女性则是依次递减。特别是在东部地区，女性教育收益率为 14.2%，比男性高 4 个百分点；而西部地区的女性教育收益率要低于男性 2.4 个百分点。东中西部之间的教育收益率差异可以解释为高等教育所带来的收益差距。比如，东部地区接受过大学本科教育的年平均收入超过了 4.1 万元，中部地区不到 3.2 万元，而西部地区还不到 2.4 万元，正是高等教育收益的差距导致女性劳动力市场"知识人力资本"作用降低。

2. 单位体制因素对人力资本在劳动力市场中作用的影响

本章分析发现，总体而言公有制部门的教育收益率更高（见表 9 - 4），为 13.9%，比非公有制单位高 1.9 个百分点，这说明"知识人力资本"在公有制部门收益更高。研究还发现，在公有制部门就业的农业户口劳动力和在农村公有制部门就业的劳动力的教育收益率较低，分别为 4.1% 和 4.3%。导致两种情况的原因基本相同，他们多属于中低受教育程度劳动者，但是收入明显高于非公有制部门的同等受教育程度的劳动力，如公有制部门就业的小学文化程度的农业户口劳动者平均收入为 1.1 万元，而在非公有制部门就业的小学文化程度的农业户口劳动者平均收入仅为 0.6 万元。公有制部门中低人力资本的收入均等化事实上非常类似于计划经济下的"大锅饭"，是造成公有制部门农业户口就业劳动者教育收益率低的原因。

公有制部门的教育收益率还会受到地区因素的影响，并呈现依次下降的趋势，东部地区为 15.9%，中部地区为 12.4%，西部地区为 9.7%；非公有制部门中东部地区的教育收益率最高，中部最低，西部居中。

表9-4　单位体制因素对人力资本在劳动力市场中作用的影响

不同劳动力市场	公有制单位		非公有制单位	
	教育收益率(%)	调整后 R^2	教育收益率(%)	调整后 R^2
总　　体	13.9	0.190	12.0	0.169
男　　性	12.6	0.167	10.8	0.147
女　　性	15.0	0.226	10.1	0.157
农业户口	4.1	0.027	8.0	0.091
非农业户口	15.3	0.194	9.4	0.105
城　　市	14.5	0.194	11.0	0.153
农　　村	4.3	0.003	7.7	0.083
东　　部	15.9	0.285	11.4	0.243
中　　部	12.4	0.132	8.9	0.090
西　　部	9.7	0.114	9.8	0.111

3. 户籍制度因素对人力资本在劳动力市场中作用的影响

非农户口的劳动者教育收益率明显要高于农业户口，高出4.4个百分点，"知识人力资本"明显受到户籍制度的影响。而在分析中即便控制了地域影响，只分析城镇就业的非农业户口和农业户口劳动者，同样发现明显的差异，因此，并不能认为统一的竞争性劳动力市场已经形成。前文分析中发现，城市工人的教育收益率较高，而农民工的教育收益率很低，这也证明劳动力市场存在明显分割。

户籍制度对人力资本在劳动力市场中作用的限制，在地区间也有所不同，西部地区非农户口的"知识人力资本"作用最明显，教育收益率达到了12.9%（见表9-5）。东部地区农业户口的教育收益率最高，为8.9%，这说明东部地区由于企业用工较少考虑户籍因素的影响，形成竞争的劳动力市场可能性更大，所以，尽管受到户籍制度的限制，东部地区农业户口的劳动力的市场化程度更高。

表9-5　户籍制度因素对人力资本在劳动力市场中作用的影响

不同劳动力市场	非农业户口		农业户口	
	教育收益率(%)	调整后 R^2	教育收益率(%)	调整后 R^2
总　　体	12.7	0.146	8.3	0.096
东　　部	12.0	0.167	8.9	0.192
中　　部	10.7	0.095	5.9	0.041
西　　部	12.9	0.149	5.4	0.052

4. 地域因素对人力资本在劳动力市场中作用的影响

总体而言，西部地区的教育收益率为13.1%，高于中部地区，仅比东部地区低0.3个百分点。这说明"知识人力资本"同样可以在西部地区发挥作用，因此，投资于西部教育或东部教育并不会产生效率方面的明显差距，应当制定有利于西部高等教育的社会政策。

城乡间的教育收益率差异一直存在，有研究认为，2001年两者的差距达到了7个百分点（李春玲，2003）。本章研究发现，城乡间的教育收益率差异为5.1个百分点，差距也是比较悬殊的。城乡之间教育收益率差距悬殊，说明现阶段劳动力市场仍然受到城乡二元分割体制的影响。而经济体制转型后，市场经济发展较好的城镇地区，教育收益率的作用更为明显，而在缺乏竞争性劳动力市场的农村，教育收益率明显低于城镇地区。

表9-6　地域因素对人力资本在劳动力市场中作用的影响

不同劳动力市场	教育收益率(%)	调整后 R^2
地区：		
东部	13.4	0.289
中部	12.7	0.165
西部	13.1	0.199
城乡：		
城市	13.3	0.196
农村	8.2	0.089

5. 年龄因素对人力资本在劳动力市场中作用的影响

分析发现，教育收益率在不同的年龄组中，呈现出年龄组越大，教育收益率越低的特点（见图9-2）。在15~24岁的年龄组中，教育收益率高达

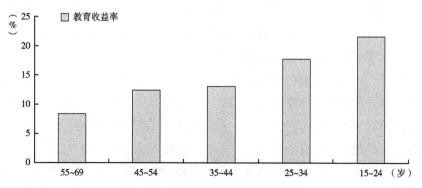

图9-2　年龄对教育收益率的影响

21.7%；25～34 岁组的教育收益率为 17.9%；35～44 岁组和 45～54 岁组的教育收益率差不多，分别为 13.0% 和 12.5%；55～69 岁组的教育收益率最低，仅为 8.4%。这也证明随着时间的推移，"知识人力资本"在对经济地位和收入水平的决定作用上越来越大。

六　经济地位获得的影响机制

由于社会经济发展的不平衡，制度因素方面尚存在一定的不平等，因此在中国劳动力市场上，人力资本要素（包括知识、技能和工作经验）与各种其他经济社会因素，形成了共同的经济社会地位影响机制。

本文以明瑟尔方程为基础，逐步建立扩展方程。先加入被调查的技能水平，分析人力资本三个要素（包括知识、技能和工作经验）对收入的影响机制；然后加入地区、单位体制、性别、户籍等与社会制度相关的要素，分析各种制度因素对收入的影响机制（见表 9 - 7）。

第一个回归模型是根据明瑟尔方程的计算结果，总体的教育收益率达到了 14%。

第二个回归模型在明瑟尔方程的基础上加入了被调查者技术水平，构建成了一个较为完整的人力资本三个要素对收入影响的回归模型，模型的解释力从 0.24 上升到 0.35，说明"技术人力资本"对收入水平解释是有效且必要的。

第三个回归模型在人力资本三个要素的基础上又加入了社会制度因素的影响，主要考虑地区、性别、户籍和单位体制四个因素。结果显示，"知识人力资本"和"技术人力资本"影响有所下降，"经验人力资本"影响有所上升，说明在同等的社会制度条件下，"经验人力资本"对收入水平的作用要更大一些。同时，模型的解释力从 0.35 上升到 0.44，说明社会制度因素对收入水平的影响也是必须考虑的变量。

通过上述三个模型的分析发现，人力资本要素对经济地位获得有重要的影响，但这种影响并非是独立作用的，而是与社会制度变量共同作用的。社会制度因素与人力资本要素一样，对收入水平有重要的影响，非农业户口、男性、东部地区、公有制单位的劳动者平均收入水平要更高一些。

人力资本三个要素对收入水平的影响机制并不相同：在控制了"技术人力资本"之后，"知识人力资本"的影响有所下降，说明"知识人力资本"

表 9 – 7 经济地位获得影响机制的回归模型

项 目	模型 1			模型 2			模型 3		
	回归系数	标准化回归系数	显著性	回归系数	标准化回归系数	显著性	回归系数	标准化回归系数	显著性
常数项	7.780	—	0	8.685	—	0.000	8.912	—	0.000
受教育年限	0.140	0.464	0	0.083	0.275	0.000	0.050	0.164	0.000
工作年限	– 0.006	– 0.066	0.162	0.013	0.134	0.003	0.019	0.216	0.000
工作年限平方	0.000	0.021	0.647	0.000	– 0.142	0.001	0.000	– 0.238	0.000
技术水平(以技术劳动为参照)	—	—	—	—	—	—	—	—	—
半技术半体力劳动	—	—	—	– 0.461	– 0.148	0.000	– 0.364	– 0.118	0.000
体力劳动	—	—	—	– 1.141	– 0.455	0.000	– 0.778	– 0.311	0.000
地区(以东部为参照)	—	—	—	—	—	—	—	—	—
中部	—	—	—	—	—	—	– 0.386	– 0.151	0.000
西部	—	—	—	—	—	—	– 0.553	– 0.190	0.000
性别(以男性为参照)	—	—	—	—	—	—	—	—	—
女性	—	—	—	—	—	—	– 0.395	– 0.157	0.000
单位体制(以公有制为参照)	—	—	—	—	—	—	—	—	—
非公有制	—	—	—	—	—	—	0.351	0.137	0.000
户籍性质(以农业户口为参照)	—	—	—	—	—	—	—	—	—
非农业户口	—	—	—	—	—	—	0.410	0.150	0.000
每周工作时间	—	—	—	—	—	—	—	—	—
R^2	0.2432	—	—	0.3512	—	—	0.4421	—	—
调整后 R^2	0.2427	—	—	0.3505	—	—	0.441	—	—
样本量	4860	—	—	4804	—	—	4800	—	—

和"技术人力资本"存在一定程度的共性,"经验人力资本"则是相对独立的变量。同时,在相同的"知识人力资本"和"技术人力资本"条件下,收入水平的差异是由"经验人力资本"的差异来决定的。在控制社会制度

因素后，"经验人力资本"比"知识人力资本"和"技术人力资本"对收入水平的作用要更大一些，也说明了"论资排辈"也是"经验人力资本"差异的反映，并不能完全否定。

七　结论与讨论

中国经济体制改革极大解放了生产力，人民生活水平普遍提高，国家综合实力显著增强。"中国经验"和"中国道路"成为国际学术界关注和研究的一个热点。但在对"中国经验"和"中国道路"的总结中，收入和财富的差距不断扩大，却成为被普遍忧虑和诟病的一个突出问题。对这个问题，民众普遍不满，学者进行了各种原因分析和道义批评，政府也采取了一系列有力措施进行干预。但从目前来看，效果并不明显。这说明，在市场化的条件下，扭转收入差距扩大的趋势，要比在"大锅饭"的情况下拉开收入差距困难得多。

然而，不容否认，收入差距的扩大中，也有合理的因素，比如劳动力市场上教育收益率的显著提高。本章的研究发现，教育收益率的提高，使得人力资本在决定收入方面发挥了更为重要的作用。中国劳动力市场上个人教育收益率的不断提高，意味着中国劳动力市场化程度不断加深，机会公平竞争的机制在逐步形成。而教育收益率在不同职业阶层之间存在明显的差异，说明人力资本对职业群体分层是一个非常重要的影响因素。

人力资本在劳动力市场上的作用，仍然受到一些制度性因素的限制甚至扭曲。特别是户籍、单位体制等制度因素，对劳动力市场的分割作用以及对教育收益率的影响，都是十分明显的。综合多种影响因素分析，人力资本要素和多种制度因素一起，共同形成了决定收入水平和经济地位获得的机制，而经济地位的获得，又与户籍、社会保障、教育、医疗等社会地位决定因素紧密相关。这说明，要缩小收入差距，单靠提高教育收益率和增进教育机会的公平是无济于事的，必须从制度因素入手，加大调整收入分配的力度。

不过，个人教育收益率的提高，只是说明劳动力市场公平竞争程度的提高，并不能证明教育的发展对社会公平就一定能起到促进作用。本章由于数据资料的限制，并没有分析获得教育机会的公平问题；教育机会不公平，即便个人教育收益率提高，也难以促进社会公平，反而可能会固化原有的不平等。

　　另外，即便形成了公平竞争的劳动力市场，也不能确保社会公平的实现。市场竞争公平与社会公平是不同的概念，市场公平的原则是优胜劣汰，而实现社会公平则需要救助市场竞争的弱者。政府必须通过财政、税收、社会保障制度和社会福利政策，来促进社会公平的实现。

　　在本项研究中，私有企业主群体作为一个奇异值的发现，是值得关注和研究的现象，这说明私有企业主的成功，并不主要依赖人力资本的投入和工作经验的积累，而是依赖其他的因素。这些其他的因素，有可能是初始资本的拥有、创业精神、社会资本网络、对营利机会的把握等，也可能是权力关系、投机行为等。由于掌握的研究文献有限，我们还不是很清楚，私有企业主群体这种不同于其他社会阶层的特点，究竟是中国转型期的特有现象，还是带有普遍性的现象？

　　总的来说，尽管中国劳动力市场化程度已经有了很大幅度的提高，却仍然带有多重二元分割状态；人力资本要素在人们收入获得机制中发挥了重大作用，但还会受到各种因素的限制，统一、开放、流动的劳动力市场尚未完全形成；人力资本作用和个人交易收益率的提高，并没有能够遏制收入差距扩大的趋势；政府必须从完善财政、税收、社会保障制度、社会福利政策和促进教育机会公平两方面入手，采取强有力的措施，才能扭转收入差距不断扩大的趋势。

第十章
家庭背景、教育差异与社会经济地位获得

张　翼

经过三十多年的改革开放，中国社会已在很大程度上完成了从计划经济到市场经济的转变。伴随这一转变的发生与继续深化，中国社会的阶层结构也得以重新形塑。在市场机制日益对资源配置起基础性作用的同时，某些新产生的阶层，不仅在市场化过程中取得了其应有的经济地位，而且也日渐固化了其在社会等级中的序列。虽然市场化、快速城市化与工业化或后工业化过程，曾经一度为全社会，亦即为各个社会阶层的生存和发展创造了机遇，但中国社会的阶层再生产模式，却通过人力资本或教育资本的传承竞争，增加了阶级封闭性特征，并在"初职"就业地位获得和"现职"地位获得中强化了家庭背景的影响。这既与现代化社会所要求的以"后致性因素"为主获得职业地位的要求相背离，而且也增加了社会的不平等，影响着中国社会的稳定。本文拟通过阶层出身，以及这种出身对教育资本的影响，进而分析人们的职业阶层地位获得，即从"初职"社会地位到"现职"（终职）职业阶层地位的获得上，揭示阶层继承的连带影响，并针对分析中发现的问题提出可能的政策性建议。

一　研究假设、变量与数据介绍

1. 研究假设

众所周知，传统农业社会的封闭性特点，既束缚了人口的迁徙与流动；也固化了家庭代际的职业或阶层继承。如果不是因为兵役、劳役抑或灾荒，

农民的子女必然要继续做农民。农民的职业技能，只需家庭内部的传承而不需其他专门培训即可胜任。但工业社会打破了家庭为单元的生产和再生产模式，分化了社会的职业结构，在国家和家庭之间组建了企业及其他非政府组织。社会分化的细密化也带来劳动分工的精细化。人们要参加社会生产劳动，就必须接受除家庭之外的专门教育与培训。因此，人们的劳动技能和生存方式等教育资本，才日渐彰显其重要性。一个劳动岗位所需要的劳动程度越复杂，胜任该岗位的劳动者所需的教育资本就越高，其需要接受的教育时间就越长，支付的教育和培训费用就越高[①]。

因此，在工业社会和后工业社会，人们要想取得较高的收入，达致较高的社会地位，就必须通过教育体系积累自己的教育资本。而教育体系，也适应于劳动力市场的竞争性特点，合法地建构了初级、中级和高等教育等级，以供不同年龄和不同经济能力的家庭选择。在这种情况下，家长要提高自己的阶层地位，或者想使自己的子女提高其阶层地位，就必须参与教育资源的竞争。因此，稀有的教育资源，越来越具象地表现为各个阶层在代际之间维持或晋升社会地位、巩固或增强权力资源、表现或展示社会声望的重要手段。尤其是在当文凭成为就业场所的主要人力资源表征时，是否能够获得更高一级的教育机会，就成为一个人能否就业、在何种场所或单位就业或者获得工资回报的机遇性评估尺度；而这个尺度，还是为政府所支持和保护的合法性、合理性尺度。时下的中国，不管是公务员的招考，还是企事业单位的招聘，都明确写出了需求人员的文凭标准。正因为如此，为自己或者为其子女较多竞争到较高一级的受教育机会，或者拿出较多的经济支持帮助自己或子女在这些竞争性考试中居于优势地位，就成为家庭经济支出决策的重要内容。

也因此，家长的阶层地位、社会网络和货币支付能力，一方面表现为通过经济支持，为自己的子女购买或争取教育机会，使子女获得合法合理的入学竞争能力（比如参加各种名目的考试、聘请有经验的老师课外辅导、缴纳高昂的赞助将子女转学到重点学校等，这被形象地总结为"掏票子"[②]）；另外一方面，也表现为家长的阶层地位和阶层关系网络，为子女创设有利于

---

① 张翼：《中国人社会地位的获得——阶级继承与代内流动》，《社会学研究》2004 年第 4 期。
② 家长的这种竞争性特点，并不只表现在小学升初中的考试中，甚至更早——在非义务制教育的早期，对幼儿园的选择，就充满了竞争性特点。在乡村，能否上幼儿园，在城镇和城市，能够上什么样的幼儿园，决定着子女对小学的选择。

其发展的社会资源，使子女能够获得最大程度的教育收益，这被形象地总结为"批条子"、"找路子"。当然，优势的阶层地位，在更惯常的情况下，还表现为文化的代际传导：毕竟，接受过较多教育的家长，能够以自己之所学，或者直接辅导子女的功课，或者间接启发子女的学业，或者激励子女的志向，使子女之所学直接指向于未来的就业目标。所以，家庭的阶层背景，亦即家庭的阶层出身，尤其是父亲或者母亲的阶层地位，对子女的教育获得，有着非常显著的影响。

在现代社会，貌似开放的机遇，实则为很多经济的和政治的门槛所阻隔，故在个人通往未来的道路上，除自身能力、天赋、运气、努力等因素的影响外，家庭的阶层出身，是一个切不可被忽视的变量。有研究表明，即使是在"文化大革命"后期的 1972 ~ 1976 年，70% 通过推荐入学的大学生是高干子弟，或是那些有政治关系的家庭的孩子①。由此可以得到以下几个假设。

假设 1：人们的家庭阶层出身，显著地影响了其教育获得。家庭出身越优越，其获得较高教育资本的可能性就越大。

另外，教育资源不仅是稀缺的，而且在区域分布上是存在差异的。这种区域分布的差异表现在城乡区分上，是城市的教育资源丰富于农村；表现在地区区分上，是沿海及发达地区的教育资源丰富于中西部地区。即使在同一区域内部，即在城市行政区划内部，抑或在农村行政区划内部，也表现为重点学校和非重点学校的差异。重点学校的教育资源，尤其是师资资源，远远丰富于普通学校的师资资源。重点学校的教育财政投入与设备配备，抑或接受的社会捐赠，也优于普通学校。这种差异所造成的格局，从幼儿园、小学到中学和高中，甚至于在大中专院校和高等院校，都普遍存在②。但要具体区别哪些人进入了重点学校，哪些人进入了非重点学校，的确需要特殊的资料收集渠道。而且问卷调查所需要的抽样设计，也应该根据研究设计而分配样本。因此，我们在研究过程中，拟以户口这个被先天赋予的变量来区别被访者的城乡所属，尤其是以一个人 14 岁时母亲的户口来区别人们的城乡户口特征，并以此检视"地区"这个变量给人们教育资源获得的影响。由此我们也可以得到：

假设 2：由于人们所在的地区与户籍属性，与该地区教育资源的丰富程

---

① 邓贤：《中国知青梦》，人民文学出版社，1993，第 163 页。
② 陈彬莉：《教育获得之中的路径依赖》，《北京大学教育评论》2008 年第 4 期。

度密切相关，故由此也影响了人们的教育获得。

另外，1999 年以来的高等教育扩招，是中国社会的大事，被誉为教育从精英教育向大众教育的转型。事实上，九年义务制教育的推行，高等教育的扩招，也为适龄受教育者提供了高中阶段受教育机会。在高中适龄人口缩减的同时，大学的升学率有了本质性的提高。因此，教育的扩张，迅速提高了新生中国社会劳动力的平均教育资本。但这种提高所造成的连带影响，就增加了社会就业压力，尤其是增加了非体力劳动者的就业压力。

这就是说，与教育短缺供给的时代相比，教育文凭有可能贬值，即与入学之预期相比，毕业时获得的初职社会地位有可能降低。为免遭贬值之影响，家长必须动用一切社会资源去帮助子女就业，使子女的"初职"职业地位获得，达到预期的目的。因此，上层阶层的家庭，或者说父母的社会经济地位较高的家庭，能够通过自己的社会资本和关系资源，顺利化解风险的袭扰，帮助自己的子女获得相对较高的职业阶层地位。如果在"初职"职业阶层地位获得中难以实现这一目标，则经过一段时间的努力，在"现职"或"终职"职业地位获得中，也可以看到明显的家庭支持。

正因为如此，某些上层阶层成员，即使自己的子女难以在高考中获得通向上层社会的入场券——录取通知书，也会通过其他合法途径，比如非全日制教育或者通过在职教育，轻易地拿到为人事制度所求取社会承认的文凭。不仅中国的各类学校在制造着各种各样的机会，就是西方的大学，也为中国学生广开了门路，设计出了各种省钱的机制，以满足日益扩张的富人阶层的文凭需求。所以，教育与经济收入和社会地位之间的关系是相辅相成的。如果一个人丰富了某一种资源，就可以通过资源交换来相对便捷地获取其他资源。因此，除全日制教育之外，非全日制教育和国外教育，也为上层阶层成员及其子女的教育获得，源源不断地提供了机遇[①]。只有这样，我们才有道理理解这一社会现象：一方面是教育文凭在贬值，另外一方面却是富人阶层想尽一切办法，在教育渠道中获取文凭。由此我们得到：

---

① 有媒体报道：北京市某重点初中，在小学升初中的招生录取过程中，还没有到电脑派位的时候，就已经录取了占招生人数 80% 左右的学生，也就是说，只有大约 20% 左右的名额是用来录取电脑派位生的。尽管如此，在"电脑派位"过程中，如果某些人拿到了"条子"，还会干扰电脑派位的结果。甚至于有专家称，在某些教育资源比较差的学校，经过层层淘汰机制之后，到开学半学期之后剩下的初一年级学生的家长，就连一个科长都找不到了。可见，所谓的"小升初"，与其说考的是家长的社会背景，毋宁说进行的是教育资源的阶层选择。

假设3：人们的阶层出身，也显著影响其初职阶层地位的获得。如果因各种社会制度配置的限制，这种影响难以在"初职"显示其重要性，也会通过继续教育的中介，在"现职"地位获得或"终职"阶层地位获得中显示明显影响。

当然，在教育扩张为教育需求提供了必要通道后，中国自20世纪70年代日渐严格的计划生育政策，率先在城市降低了生育率，继之在农村大幅度降低了生育率。这直接导致了家庭子女数即一对夫妇所生子女数的大幅缩减。城市户口的新婚夫妇，只能生一个孩子。农村户口的新婚夫妇，也最多只能生育两个孩子；到80年代甚至降低到平均只生1.5个孩子。这使改革开放之后家庭总收入提高的同时，也迅速提高了家庭成员的平均收入。也就是说，在家庭人口规模缩减的情况下，家长更有能力提高子女的受教育水平。尤其是城市，不管是生育了男孩的家庭，还是生育了女孩的家庭，都能够集中资金投资子女的教育。这种人口结构变化所产生的一个"非预期结果"，就是消除了传统社会非常显著的性别受教育差异。也就是说，子女数较多的家庭，对子女的投资会自然存在男性选择偏好。但计划生育或者一对已婚夫妇只能生一个孩子或两个孩子时，这种性别选择性偏好，就失去了存在基础：只要家长愿意投资于子女的教育，其不得不只为自己那唯一的子女投资，而无论其性别差异。差异可能只存在于社会性别所要求的兴趣或文化性别导向，而不可能存在性别之选择。正因为如此，生育的子女数越少，家庭集中投资于子女身上的资金就越多，子女的"家庭学习条件"就越好，学校的教育资源就越优越，与父母亲的沟通机会就越多①。这可以导出另外一个假设，即，

假设4：家庭子女数量的减少，消解了家庭投资中的性别差异，由此也使女性获得了较多的教育资本，并通过劳动力市场的竞争，逐渐减轻职业地位的性别差异。

2. 变量介绍

家庭阶层出身：为对以上假设进行验证，我们以父亲的社会阶层定义子女的家庭阶层出身。将父亲的职业阶层划分为：政府工作人员与国营企业管理者阶层、民营企业家阶层、知识分子阶层、工人阶层、自雇和小业主阶

---

① 赫克明、汪明：《独生子女群体与教育改革——我国独生子女状况研究报告》，《新华文摘》2009年第10期，第109~112页。

层、农民阶层。但在将父母亲的职业阶层地位设想为一个连续性变量时，我们采用邓肯的国际职业声望量表来定义父母亲的阶层地位。毕竟，同属于知识分子阶层的大学老师和中学老师的社会影响是不同的。而且，邓肯的国际职业声望量表，是在综合考察被访者问者的学历和收入水平后计算的"社会经济指数"。这个指数也被社会学界广泛使用。

教育资本：被调查者的受教育年数。截至目前，中国劳动力人口的受教育程度主要集中在初中阶段。尽管与发达国家相比，接受过高中及以上文化程度教育的人口所占比重仍然比较低，但在九年义务制教育的强力推行及高等教育扩招的影响下，自21世纪以来，中国劳动力人口的受教育程度已得到迅速提高。所以，在年龄同期群中，越是年轻的群体，其平均受教育程度越高。因此，为控制同期群的影响，也为分析高中及以上受教育程度的家庭阶层背景的影响，我们在有些模型中，也使用教育的类别变量，即将被调查者的文化程度区别为初中及以下文化程度、高中文化程度和大专及以上文化程度进行分析。

另外需要说明的是：有些研究，或为综合分析家庭背景的影响，或为表现"家庭"的作用，经常将父母亲的教育资本即将父母亲的受教育年数相加在一起，将其和作为一个变量使用。但我们的研究，为了分析来自于父母亲的不同影响，则分别考察父亲和母亲的教育资本变量[①]。

在进行分析的过程中，我们将被访者问者的年龄、性别等作为控制变量。即使在将模型区别为不同的出生同期群后，我们仍然将年龄作为控制变量。这中间的一个主要原因，是在同一同期群内部，不同年龄的被访者问者，仍然受年龄的影响。毕竟，不管是教育资源，还是就业时的职业选择，都在不同的年代有不同的时代特征。故控制年龄这个变量是必要的。

3. 数据介绍

本文研究所使用的数据，是中国社会科学院社会学研究所于2008年5～9月采用分层多阶段抽样方式，进行的第二次"中国社会状况综合调查"（CGSS 2008，CASS），覆盖全国28个省自治区、直辖市的135个县（县级市/区/旗）、257个乡（镇/街道）和520个村（居）委会，共成功入户访

---

① 倪志伟：《市场转型理论：国家社会主义由再分配到市场》，载边燕杰主编《市场转型与社会分层——美国社会学者分析中国》，生活·读书·新知三联书店，2002，第195页。

问了7139位年龄在18~69岁的居民，调查误差小于2%，符合统计推论的要求。这次调查以民生为主题，调查内容涉及收入、消费、就业、教育、医疗、社会保障、社会态度等诸多方面。

表 10 – 1　变量介绍

项　目	变量类型	案例数	最小值	最大值	平均值	标准差
被访者现职/终职阶层	类别变量	6372	1	6	4.67	1.430
被访者初职所属阶层	类别变量	3667	1	6	4.68	1.315
被访者身份(党员 =1)	虚拟变量	7014	0	1	0.07	0.248
被访者户口性质(非农 =1)	虚拟变量	7011	0	1	0.35	0.478
被访者 14 岁时母亲户口(非农 =1)	虚拟变量	6688	0	1	0.21	0.405
被访者性别(男 =1)	虚拟变量	7014	0	1	0.50	0.500
被访者教育资本	定比变量	7009	2	19	8.70	3.233
父亲教育资本	定比变量	3568	2	19	6.96	3.428
母亲教育资本	定比变量	4321	2	19	5.32	3.380
被访者年龄	定比变量	7009	18	70	41.44	13.830
被访者初职时教育资本	定比变量	3759	2	19	8.66	3.001
被访者现职或终职教育资本	定比变量	6529	2	19	8.54	3.226
被访者 14 岁时父亲教育资本	定比变量	6384	2	19	5.92	3.504
初职时父亲教育资本	定比变量	5955	2	19	5.81	3.469
被访者初职社经指数	定比变量	3625	16.00	72.00	36.0492	8.31138
被访者现职或终职社经指数	定比变量	6304	16.00	82.00	36.8435	9.71434
被访者 14 岁时父亲社经指数	定比变量	6204	16.00	85.00	35.2555	9.67578
被访者 14 岁时母亲社经指数	定比变量	6319	16.00	72.00	32.0797	5.94345

数据来源：2008 年 CGSS 调查。

二　家庭阶层背景对教育获得的影响

自布劳—邓肯已降，传统社会地位获得模型的经典做法，就是以被访者14岁时父亲的教育资本和社经指数，去预测被访者的教育资本获得，然后看以父亲为代表的家庭阶层背景，如何影响了被访者的教育资本获得。但在布劳—邓肯研究美国时，美国女性的就业率并不高。可是中国的情况恰恰相反：中国是世界上女性就业率最高的国家之一。在这种情况下，如果只在模型中置入父亲的变量，而视母亲的影响于不顾，则与现实社会相距甚远。故我们在模型中加入了母亲的变量，并以此分别分析母亲和父亲对子女教育资本获得的影响。

从表10-2可以看出，被访者14岁时父亲的阶层所属，对被访者的教育获得具有显著影响。父亲的阶层地位越高，子女的教育获得就越多。在"大专"栏可以看出，被访者14岁时父亲是农民阶层的群体中，只有1.7%的人获得了"大专"学历；0.5%的人获得了"本科及以上"的学历。但在"政府工作人员与国营企业管理者阶层"，其子女获得大专学历的比重却高达5.2%，获得本科及以上学历的比例则高达4.9%。当然，民营企业家阶层的子女获得本科及以上学历的比重高达6.7%，仅次于知识分子阶层的6.9%。民营企业家阶层的子女之所以会获得如此之高的本科文凭，一个重要的原因是家长的阶层背景的影响，而另外一个原因，则是这个阶层的成员，大部分是改革开放之后新产生的。他们可以通过自己的经济支持，给子女创造较好的学习条件，尤其是非全日制学历教育的条件，提高子女的教育获得。当然，在"文化大革命"之前，也曾经存在过一个规模并不太大的民营企业家（民族资产阶级），但这个阶层的子女，本身就能够获得较高的学历教育。毕竟，教育的阶层传承性，在当时是非常明显的。

表10-2　被访者14岁时父亲职业地位与被访者初职时教育获得*

单位：%

项　　目	未　受正式教育	小学	初中	高中	技校/中专	大专	本科及以　上	其他
政府工作人员与国营企业管理者阶层	1.6	17.0	44.4	20.3	6.5	5.2	4.9	0.1
民营企业家阶层	—	13.3	53.3	6.7	20.0	—	6.7	—
知识分子阶层	0.0	7.8	43.1	25.9	5.2	11.1	6.9	—
工人阶层	1.4	11.7	54.3	16.9	7.5	6.6	1.6	—
自雇和小业主阶层	2.5	17.3	51.9	12.3	6.2	7.4	1.2	1.2
农民阶层	7.2	32.5	48.0	7.5	2.4	1.7	0.5	0.2
总　　计	5.1	25.5	48.9	11.3	4.1	3.5	1.4	0.2

* 教育获得中既包括自全日制教育获得的教育程度，也包括自非全日制或自学考试等获得的教育程度；"工人阶层"中包括了农民工。

数据来源：2008年CGSS调查。

　　表 10 - 3 给我们报告了跨时段的分析。从模型 1 中 1965 年及此之前就参加工作的同期群中可以看出，在这一历史时段，性别是最主要影响人们的教育获得的变量：男性的教育获得，要大大高于女性。但父母亲的社会经济地位，对子女的教育获得的影响却并不显著。这中间的主要原因，是新政权的初建对整个国家的阶层地位的调整，具有重要的影响。工人阶级被赋予领导阶级的意识形态地位。农民阶级也获得了土地资产，并在此间的集体化运动中也被赋予了农村领导阶级的意识形态地位。虽然在 1949 年之前，有产阶级子女更有机会获得较高的教育，但在 1949 年之后，有产阶级地位的相对抑制，也使其子女的教育获得受到了负面影响。但父母亲的教育资本，却显著影响了子女的教育获得。父母亲的教育资本越高，子女接受到的教育就越多，积累的教育获得就越高。但在这一时期，由于城乡差距的存在，也由于长期以来子女只能随母亲的户口落户，14 岁时母亲的户口类型，严重影响了子女的教育获得。也就是说，尽管新政权打碎了旧有国家机器，但在教育的阶层传承机制里，子女的教育获得，仍然受家庭背景的影响。

表 10 - 3　家庭背景对被访者初职时教育获得的影响

项　目	模型 1 1965 年之前	模型 2 1966～1976 年	模型 3 1977～1984 年	模型 4 1985～1999 年	模型 5 2000～2008 年
性别(男 = 1)	0.261 ***	0.193 ***	0.124 ***	0.089 ***	- 0.048
年龄	0.042	0.051	0.140 ***	0.095 ***	0.043
14 岁时父亲社经指数	0.008	0.081	0.125 ***	0.084 ***	0.102 *
14 岁时母亲社经指数	- 0.081	0.017	0.004	0.053	0.107 *
14 岁时父亲教育资本	0.157 **	0.106 **	0.168 ***	0.143 ***	0.176 ***
14 岁时母亲教育资本	0.139 *	0.023	0.116 **	0.172 ***	0.190 ***
14 岁时母亲户口(非农 = 1)	0.244 ***	0.307 ***	0.227 ***	0.213 ***	0.354 ***
样本量	285	568	570	1111	654
调整后 R^2	0.210	0.203	0.254	0.249	0.253

　　注：*** p < 0.001；** p < 0.01；* p < 0.05；方程中的系数是标准回归系数。
　　数据来源：2008 年 CGSS 调查。

　　在模型 2 中，1966～1976 年间初次参加工作的同期群里，14 岁时母亲户口类别所造成的差异更为严重。我们知道，在"文化大革命"时期，虽然政府普及了农村小学和初中教育，但小学或初中的辍学率却很高。户籍制度又严格限定了老百姓的迁徙，生产队、人民公社的硬性管理方式和公共资源分享方式，严重约束了农村人口对教育资源的使用，这使城市与农村之间的教育差距越来越大。虽然农村的教育获得在历史向度上大有改进，但在横向比较上，却难以缓解城乡之别。"文化大革命"期间的另外一个特点，就是对知识分子阶层地位的抑制，对"知识青年到农村去接受贫下中农再教育"政策的提倡，也消解了部分家庭背景对子女教育获得的影响。不仅父母亲的社会经济地位指数不见显著意义，而且，母亲的教育资本也失去了影响，父亲的教育资本的影响力度也减少了。

模型3反映了改革开放初期教育获得的差异。这中间的一个显著特点，就是家庭背景因素的强力显现。不管是父亲的社会经济地位，还是父母亲的教育资本，都对子女的教育获得发生了重大影响。在"文化大革命"时期被压抑的读书情结，伴随知识分子政策的落实，也伴随高等教育招生制度的正常化，激发出了青年一代的求学积极性。那些接受过更多教育的父母亲，更有能力帮助自己的子女获得较多的教育。所以，父母亲的教育资本，是子女获得更多教育资本的主要支持力。而14岁时母亲的户口类别，虽然也影响子女的教育获得，但与"文化大革命"时期相比，这一影响因素的作用力却有所降低。

模型4反映的是1985~1999年高等教育扩招前的情况。从这里可以看出，父亲的社会经济地位，虽然仍然具有统计学意义的影响，但其标准回归系数的值却大大降低。父母亲的教育资本，却仍然具有很强的影响力。这就是说，来自于家庭背景的影响，在社会分化中更集中在教育资本上，而不在与权力或社会经济地位的高低上。

模型5反映的问题，却与模型4反映的信息大有区别。在模型5中，性别的统计影响意义消失了。这预示着计划生育制度在缩减了家庭子女数的同时，也为下一代子女的教育公平带来了福祉。在独生子女家庭中，父母亲无法进行教育投资的性别选择，而不得不将剩余资金投资于家庭唯一的子女上。但在高等教育的扩招过程中，父母亲的社会经济地位的作用却变得愈发显著。母亲的社会经济地位，在1999年之前，都是不显著的，而唯独在2000年之后，变得显著起来。这一方面预示家庭子女数的减少，给了女性尤其是城市女性更多的机会去发展自己的职业生涯，提升自己的阶层地位，使之能够显著地对子女发挥影响意义。这个影响意义甚至超过了父亲社会经济地位对子女的影响意义。毕竟，在模型5中，母亲的教育资本标准回归系数和社会经济地位标准回归系数，分别大于父亲的教育资本标准回归系数和社会经济地位标准回归系数。但模型 5 也增加了我们的担忧：来自于 "14 岁时母亲的户口类型" 的影响大大增加了。这就是说，城市户籍的子女，在控制了其他变量的情况下，能够获得更多的教育机会，提升自己的教育资本。

考察整个历史时段的影响，我们会发现，"文化大革命" 时期的户口政策，严重影响了适龄青年的教育获得。在 1977 ~ 1984 年，或者在 1985 ~ 1999 年，"户口" 因素的影响有所减弱，但在 2000 年之后，"户口" 因素的影响却增强了。这就是说，在教育扩招促使高等教育 "大众化" 的背景下，城市人口比农村人口享受了更多的教育资源，获得了更多的教育机会，接受了更高阶段的教育——高等教育扩招的结果，不是缩小城乡差距，而是扩大了城乡差距。尽管农村生源的升学率也获得了某种程度的提高，但城市地区的升学率，却远远高于农村地区。

另外，在 2000 年之后，家庭背景对子女的教育获得——不管是来自于父亲，还是来自于母亲的影响，都较之前一阶段有所加强。这证明了我们的假设：父亲和母亲的阶层地位，影响着子女的教育获得。父母亲的教育获得，更直接和更有力地影响了子女的教育获得。教育的阶层传承作用，在市场化过程中被强化了。

三　家庭阶层所属、教育获得对子女职业地位的影响

前文已经指出，在现代工业社会，教育的社会化、教育获得的专业特性与劳动素质标签特性，已成为人们在劳动力市场上获得就业岗位的表征。一个人获得的教育文凭的高低，直接决定了其预期的求职社会空间，从而也影响其初职阶层地位的高低。如果人们的工作获得只是依靠教育文凭的指引而分流了劳动力渠道，那我们将只考察教育的分流功能。但现实情况却是：在求职压力下，人们除依靠既已获得的文凭或教育资本外，还不得不依靠家庭的支持。因此，父母亲所在的阶层属性，就会对子女的求职，存在显见的影响。但这种影响，在不同时代、不同政治抑或经济制度约束之下，会多多少少地发生一些变化。

所以，"初职" 的阶层地位，可能是家庭背景的部分影响，而不是最终影响。因此，在分时段进行的模型分析中，有些时候来自于父母亲所代表的家庭背景的某些变量是显著的，但在另外一些时候，来自于父母亲为代表的

家庭背景变量是不显著的。这种统计数据所反映的显著或不显著的背后，隐藏着当时社会制度对社会分层过程的干预。

从表 10－4 可以看出，在模型 1965 年及此之前获得"初职"的同期群人群中，我们可以明显看出：人们"初职"阶层地位的高低，主要取决于自己获得的教育资本。而观察父母亲社会经济地位所代表的家庭背景变量就会发现，母亲社会经济地位的高低，影响着子女"初职"地位的高低，但来自于父亲的影响却消失了。一个可能的解释是 1949 年之后新政权的建立所导致的"重新阶层化"，在最初虽然保留了 1949 年之前地位较高的那些群体的职位，甚至也照顾到了其子女的就学和工作安排，但在集体化和国有化完成之后，则对那些"阶级成分"不好的家庭，实行了歧视性的就业政策。这在某种程度上影响了"父亲"对子女的"初职"地位获得的影响。

表 10－4 初职社会经济指数

项　　目	模型 1 1965 年之前	模型 2 1966～1976 年	模型 3 1977～1984 年	模型 4 1985～1999 年	模型 5 2000 年以后
被访者年龄	0.044	0.144 ***	0.037	－0.019	0.092 *
初职时户口(非农 =1)	0.337 ***	0.356 ***	0.295 ***	0.065 *	0.077 *
性别(男 =1)	－0.067	0.034	0.062	－0.029	0.018
参加工作时父亲社经指数	－0.060	0.019	0.004	0.103 ***	0.118 **
参加工作时母亲社经指数	0.187 ***	0.019	0.097 *	0.091 ***	0.095 *
14 岁时父亲教育资本	－0.095	0.048	0.091 *	0.029	0.055
14 岁时母亲教育资本	－0.005	－0.019	－0.028	－0.019	0.027
初职时教育资本	0.332 ***	0.168 ***	0.207 ***	0.375 ***	0.302 ***
初职时父亲政治身份 (党员 =1)	－0.027	0.019	0.035	－0.033	0.022
样本量	223	427	512	957	265
调整后 R^2	0.190	0.222	0.274	0.218	0.285

注：*** ＝p＜0.001；** ＝p＜0.01；* ＝p＜0.05；方程中的系数是标准回归系数。
数据来源：2008 年 CGSS 调查。

模型 2 为我们报告了"文化大革命"时期的情况。拿这一时期的数据与前期或后期相比较就会发现，教育资本即子女"受教育年限的长短"这个变量的标准回归系数大大缩水。城市就业岗位的减少，城市化速度的停滞不前，以及国民经济状况的恶化，使国家不得不开始推行"知识青年上山下乡"运动。成千上万的初中毕业生或高中毕业生，不得不离开城市，到农村去"大有作为"，结果使"教育变量"在"初职"阶层地位获得中大大降低了效力。尽管如此，在户籍制度的约束下，"户口"这一变量对"初职"地位的影响，却格外显著而有力。应该说，户籍制度在控制了劳动力人口的流向的同时，也严格限制了农民转变为工人的可能性，更严格限定了工人转干的可能性。此一时期，工人职级很少提升，干部级别难以晋升，农民基本被限定在生产队和生产大队，很难转变自己的职业身份。所以，如果一个人生来为农民，其就不得不继续为农民；一个人生在城市，就被"安排"为工人。甚至干部的子女，也在"初职"地位获得上，不得不从普通工人做起。知识分子作为小资产阶级的一部分，摆脱不了"被改造"的命运——其子女的"初职"地位，不是继承父业，而是首先转变为体力劳动者。这就是说，很多子女"初职"的社会地位，其实是向下流动，而不是代际继承或向上流动。

模型3向我们报告了"文化大革命"后几年的初职获得情况。从这里可以看出，以父母亲社会经济地位为代表的家庭背景变量，开始显现其作用：母亲的社会经济地位，"14岁时父亲的教育获得"具有显著的统计解释力。在落实知识分子政策的过程中，那些受过较好教育的家长，有可能帮助自己的孩子考取更好的学校，获得更好的教育。初职时人们的教育资本，对初职社会地位的获得，显示了较"文化大革命"时期更强的解释力。但户口制度，仍然具有市场分割意义。具有城镇户口的人们的"初职"地位获得，明显高于农业户口的人们。事实上，最初从农村到城市的流动人口，都是农闲自带口粮到城市、农忙又回乡务农的"候鸟式"的农民工。很明显，这些农民工的"初职"，绝大多数属于"农民"。

模型4向我们报告了城市体制改革大规模展开之后的"初职"地位获得情况。在此一历史时段，户口仍然具有统计解释力，但作用似乎在减弱。但来自于家庭背景的影响，却更为显著。父亲的社会经济地位、母亲的社会经济地位直接而显见地影响着子女"初职"地位的获得。应该说，以社会经济地位为代表的家庭背景，实际上也综合反映了家长的社会职业声望和权力使用能力。这一点与"文化大革命"刚刚结束后的制度调整期很不相同。"文化大革命"结束之后的最初时段，家长的受教育程度具有一定功效。但这一时期，家庭背景影响中的主要因素，已经转移到了家长的社会经济地位上。父母亲双方的社会经济地位，都影响了子女"初职"社会经济地位的获得。

　　模型 5 向我们报告了高等教育扩招之后人们"初职"地位的获得情况。在此一模型中，户口仍然具有显著影响作用。但"年龄"这一变量却有了统计解释力。年龄在这里的重要意义，可能表现为就业竞争中的职位搜寻。在那些毕业后必须马上就业的人们中，有很多人的家庭经济状况与家庭背景难以支持其延长工作搜寻时间；尤其是那些贷款上学的大学生，属于典型的"有工作就干"，是"干中学"和"干中跳槽"，故他们"初职"社会地位并不高。但那些在毕业后可以等一段时间，并依靠家庭背景的支持而就业的人，则会获得相对较高的职业地位。这就是说，在控制了"初职"教育资本的情况下，年龄越大，"初职"地位越高，实际表现的是毕业后推迟了初职年龄。在这里，来自于父母亲的影响力，也有所加强。因为在标准回归系数里面，除自己"初职"时教育资本外，来自于父母亲职业社会经济地位的系数，算是较高的。虽然"初职时教育资本"对"初职"职业地位贡献了最主要的解释力，但相对于前一时期，该系数值则有所下降。这就是说，教育资本是重要的，但家庭背景的作用也是重要的。在教育分流人们的职业时，家庭背景的作用具有强化之势。

　　在"初职"社会地位的获得模型中，性别基本失去了影响意义。或者说在我们的模型中，性别这一变量失去了显著性。但性别的确表现不出歧视性吗？非也。看表 10 - 4 可以知道，在"现职"社会经济地位的获得过程中，在 1984 年及此之前，性别的作用未能被本次调查所验证。但在模型 4 和模型 5 中，男性比女性更易于获得较高的社会经济地位。这说明性别歧视问题，仍然存在于我们的社会。

　　户口制度，一如既往地影响着人们社会经济地位的获得。不仅影响初职，而且还有力地影响"现职"和"终职"。这是中国社会绵延半个多世纪的最大不公。人们不是因为自身能力的限制，而是由于出生地点的限制，或者与生俱来的那种先天家庭背景的限制，而不能参与社会地位的公平竞争。如何将户籍制度的负面影响消除到最小，也应该是我们不得不深入思考的社会问题。

　　在经过"初职社会经济地位"影响后，父母亲的受教育程度，失去了那种可见的显著意义。但这并不预示家庭背景只影响人们"初职"社会经济地位的获得。因为另外一个非常显著的影响变量"参加工作时父亲的社会经济地位"却长期而持续地影响了人们现职地位的获得。比较模型 3 就会发现，在"初职"地位的获得过程中，在 1984 年之前一个很长的历史时期，"初职时母亲的社会经济地位"大多是显著的，但父亲的社会经济地位只在 1985 年之后显著。但在模型 4 中，"父亲的社会经济地位"在每一历史时段都显著。一般而言，在中国社会普遍存在的"上迁婚"影响下，母亲的"社会经济地位"指数相对低于父亲。所以，母亲"社会经济地位"的高低，以及母亲的社会活动能力及交往网络，就代表了这个家庭的家长最低的基本社会资源动用能力。在政治制度的约束之下，来自于母亲的影响，就是家庭最低程度的代际影响。也就是说，家庭背景对子女"初职"社会经济地位的影响，是较低程度的影响。

但在"现职社会经济地位"的获得或"终职社会经济地位"的获得过程中，家庭有时会动用家庭的最大资源，寻找更多的社会资助，为子女谋求和建构"最好"的社会发展空间。所以，来自于父亲的影响力最终发挥了出来。我们还不能解释为什么在 1985～1999 年这一时段来自于父亲"社会经济地位"的影响失去了显著性。但可以肯定的是，在 2000 年以后的这一模型中，父亲社会经济地位的影响力再度显现，并表现得很有力，其标准回归系数很高，达到了 0.142（见表 10－5）。

表 10－5　现职社会经济指数

项　目	模型 1 1965 年之前	模型 2 1966～1976 年	模型 3 1977～1984 年	模型 4 1985～1999 年	模型 5 2000 年以后
被访者年龄	0.113	0.195	0.013	0.105 ***	0.004
被访者的性别(男 =1)	-0.194	0.049	0.005	0.072 *	0.044 *
14 岁时父亲教育资本	-1.012	0.183	-0.005	0.001	-0.051
14 岁时母亲教育资本	-0.406	-0.025	-0.069	0.073	0.069 **
现职户口(非农 =1)	0.467 **	0.315 *	0.385 ***	0.104 **	0.040
参加工作时父亲社经指数	0.498 ***	0.142 *	0.103 **	0.006	0.142 ***
参加工作时母亲社经指数	0.127	0.034	-0.018	-0.027	0.016
自己政治身份(党员 =1)	-0.293	0.055	0.192 ***	0.094 **	0.067 **
初职时父亲政治身份(党员 =1)	-0.052	0.008	-0.027	0.006	0.042 *
现职或终职教育获得	0.550 **	0.283 *	0.383 *	0.251 ***	0.148 ***
初职时社会经济指数	-0.024	0.135	0.253 ***	0.184 ***	0.170 ***
样本量	219	527	548	954	587
调整后 R^2	0.208	0.215	0.279	0.258	0.286

注：*** ＝p＜0.001；** ＝p＜0.01；* ＝p＜0.05；方程中的系数是标准回归系数。
数据来源：2008 年 CGSS 调查。

　　非常有意思的是：在获得"现职"或"终职"时人们的教育资本（亦即积累了接受过全日制教育与非全日制教育之后的教育资本），在对"现职"地位获得的影响上，显示了不同时段的差异。在 1965 年之前，教育资本是最主要的影响因素：模型 1 中该变量的标准回归系数最高。但在模型 2 中的 1966~1976 年的"文化大革命"时期，"户口"取代了"教育资本"成为最主要的解释变量；"户口"的回归系数大于"教育资本"。甚至在模型 3 中，"教育资本"也仅仅与"户口"的解释力相当。但到模型 4 1985~1999 年的模型中，"教育资本"又恢复了最主要解释变量的地位。这说明这一时期，教育对人们社会地位获得的影响，具有非常重要的意义。让人担忧的是，在 2000 年之后，教育对人们社会地位的影响力又开始下降，恢复到了与父亲的"社会经济地位"相当的水平。这说明，高等教育扩招之后，一方面存在文凭缩水现象，另外一方面也存在就业竞争，这可能提升了父亲"社会经济地位"的作用。

　　初职时的"社会经济地位"，在"文化大革命"及"文化大革命"之前，缺少统计显著性。但在"文化大革命"之后，"初职"社会经济地位的高低，对"现职和终职"社会经济地位获得的影响意义开始彰显。但总体来看，在历史趋势上，"初职社会经济地位"对"现职和终职"社会经济地位的解释力有所降低。可资解释的原因可能是：就业之后人们再度获得受教育机会的可能性增加了。毕竟，改革开放以来，除全日制教育之外，国家也大力发展了非全日制教育和非学校教育。自学考试、成人高考、夜校与远程网络教学的展开，都提升了在职人员的学历水平和知识技能。这使人们岗位地位的提拔，除考虑"初职"社会经济地位因素外，文凭的作用也不可低估。另外，在家庭背景尤其是在父母亲的支持之下，子女"现职或终职"地位的获得，也会降低"初职"经济地位的支撑力。社会的开放程度，或曰人们就业岗位的可流动性，也在改革开放程度的加深过程中释放了其应有的效力。一个人最初的工作岗位固然重要，但伴随学识增进和劳动力市场发育程度的提高，社会流动尤其是地区之间和单位之间的社会流动，在扩展水平流动空间的同时，也会带来垂直的流动。

　　总之，不管是"初职"社会经济地位的获得，还是"现职或终职"社会经济地位的获得，家庭背景的作用都在新时期增加了。但本研究最重要的发现是，在 2000 年之后，人们的职业地位获得，在"初职"时大多受教育资本的影响；但在"现职"社会经济地位的获得过程中，教育资本固然重要，来自于家庭背景的作用却也显著。高校扩招的结果，一方面增加了社会各阶层的受教育机会，另外一方面却使城市受惠更多，借此扩大了城乡差距。这种教育机会扩展的不平等性，传递到就业领域，则是家庭背景的不平等增加了"初职和现职"社会经济地位的不平等。毕竟，在控制了教育资本的情况下，父亲的"社会经济地位"这一变量，在人们的"初职"社会经济地位和"现职及终职"社会经济地位获得中，都具有非常强的解释力。教育与社会地位获得的双重不平等，会直接阻滞下层社会通向中上层社会的合理通道，造成很强的中国阶层结构的代际继承性。如果下层阶层的代表难以进入上层阶层，如果下层阶层的政治意愿难以在社会上层得到表达，如果制定社会政策的主要人员中缺少来自于下层阶层的成员，那么，社会流动的封闭性就会增加阶层之间的隔离。这一切，都会给中国社会的和谐发展带来负面影响。

四　小结及进一步讨论

1. 家庭背景影响了子女接受教育机会的公平性

家庭背景，主要是父母亲受教育程度的高低，或者说父母亲教育资本的多少，在任何时代和制度约束下，都显著而直接影响着子女的受教育资本。这就是说，父母亲的教育资本越高，其子女的教育资本也就越高。尽管在"文化大革命"时期，出现过"知识越多越反动"的对知识分子的歧视环境，但父亲的教育资本，仍然影响了子女教育资本的获得。而"文化大革命"结束后，母亲教育资本的解释力也随之复现。但应该注意的是：在2000年之后，伴随高等教育扩招政策的实施，在大学招生从精英教育转为大众教育之后，来自于父母亲教育资本的影响力，反倒更为增强。伴随教育资本影响力的上升，父母亲的社会经济地位，也在2000年之后显现了直接而显著的影响。这就是说，"教育的大众化"，实际上更加扩展和方便了上层阶层子女的就学。教育的职业阶层传承性，在追求"教育公平化"的时代背景中，反倒制造了教育差距。

不管是来自于父母亲的影响，还是来自于户籍制度的影响，都属于先赋性因素，而非后致性因素。个人不是因为自身的原因，而是因为先赋性因素的影响，而导致了其接受教育机会与教育资本积累的差异，这就是我们时代最大的不平等。这种不平等的制度配置和资源配置不改变，教育不平等就会永远被维持，中国社会的不平等就不会得到根本改变。不管怎么说，收入差距研究得到的最主要结论，就是人力资本或教育资本直接影响着人们的收入。

2. 家庭背景对子女"初职"和"现职"社会经济地位获得的影响显化

在中国社会的工业化和后工业化、在中国乡村社会的非农化和整个社会的城市化过程中，职业分化使得教育资本对职业地位获得具有举足轻重的解释力。但在不同的时代，这种影响也不同。因为"文化大革命"之前，限制劳动力流动并以户籍制度配置社会福利的约束环境，使农民家庭的子女，不得不继承父母亲的职业地位，难以提升自己的阶层梯级。即使在"文化大革命"之后的 1977～1984 年，户口制度也是人们"初职"社会经济地位获得的最主要影响因素。只是在 1985 年之后，教育资本的影响才超过了户籍制度的影响。但在教育资本提升解释力的同时，父母亲的社会经济地位却也显化了对子女社会经济地位获得的影响。而且这种影响是仅次于户籍制度影响的重要因素，且在 2000 年之后，其还增加了力度。

考虑到父母亲的教育资本和社会经济地位已经传承到了子女的教育资本获得上，所以，父母亲社会经济地位对子女"初职"社会经济地位影响的显化，意味着中国"社会经济地位获得"不平等程度的提高。

而且，需要强调的是，那些对"初职"社会经济地位获得影响的因素，在人们的"现职或终职"社会经济地位获得中，也同样发挥着显著而重要的影响。因为现职地位获得，具有家庭支持的积累性效应。也就是说，现职职业地位的获得，积累了父母亲长期的影响。这种影响，却在 2000 年之后变得更为重要；其对"现职"地位获得的解释力，甚至于与子女自己的"初职社会经济地位"和子女自己的"教育资本"几乎同等重要。事实上，在控制了其他变量的情况下，在 1985 年之后，在人们"现职"社会经济地位的获得中，教育资本的解释力处于渐次降低的态势。

在这种情况下，我们认为：不管是在教育资本的获得，抑或是职业地位的获得上，中国社会在 2000 年之后，都强化了家庭背景的作用，社会流动的先赋性因素提升了社会预期功能。这种情况增加了中国社会的不平等性，导致阶层继承的代际继替性。如果不警惕这一点，中国社会在改革开放过程中创造的机遇共享性，就会为社会流动的封闭症状所消解。这会加速阶层意识的形成，但不利于社会团结。

21 世纪以来，关于中国社会开放性与封闭性的推断，渐渐成为社会学研究的核心之所在。学者们发现，工业化与后工业化程度的加深，并不必然带来社会开放性程度的上升。在制度约束、流动空间受限、教育机会不公的影响下，工业化的迅速推进，以及教育部门的突然扩张，会增加教育机会与就业机会的竞争。即使教育扩招降低了招生门槛，就业竞争所形成的阶层地位过滤机制，既会限制中下层阶层自身代内流动的渠道，也会限制中下层阶层代际流动的渠道。也就是说，看似扩张的教育机会，经过社会流动机制的筛选，会为上层阶层创造更多的机会。而工业化和后工业化所带来的就业机会——尤其是在新经济部门所创造的就业机会，则更通过上层阶层对教育机会的竞争性选择而排挤下层阶层子女的进入，在社会流动上表现出某种程度的"封闭性"特征。所以，社会流动的"工业化逻辑"，不是伴随工业化过程的展开而自动表现的逻辑，而是被一定社会制度和社会运行过程所影响的流动逻辑。中国的经验表明，一旦教育机会的公正性被阶层门槛所限制，则就业的公正性会更为严重地被阶层门槛所扰动。

3. 以户籍制度配置社会资源的政策必须改变

在我们的研究中，不管是教育资本的获得，还是"初职和现职"社会经济地位的获得，都深受户籍制度的限制。父母亲的户籍在农村，其子女就失去了与城市户籍孩子公平竞争的机会，这也是由先赋性因素造成的我们时代的不公平。尤其重要的是，表面看起来，在教育扩招[1]过程中，农村地区学生的升学机会也增加了，但需要指出的是：城镇户籍学生们得到了更多升学机会。

城镇和城市教育资源的优势表现，在给非农户口孩子创造了受教育机会的同时，也为他们选择到更著名的大学带来了资源支持——比如重点大学招生名额的分配比例，就在地区之间存在差距。这种不平等衍生到"初职"就业中，还使城市地方保护主义者更多地照顾了本地生源的就业，而集体性地排挤了外地生源。在整个城市就业体制的封闭性政策影响下，户籍制度在本质上更多地歧视了农业户口生源的就业竞争。

事实上，在将农业户口人口视为流动人口的制度割裂中，城市的教育与就业排外政策，还人为制造了整个社会保险制度歧视性政策的连续出台。考

---

① 高等教育的扩招，实际也拉动了高中阶段教育的扩招。虽然自21世纪以来，中国普通高中招生的规模已经开始下降，但大学招生规模却趋于上升，这也给农村儿童创造了升学机会。但需要注意的是：农村地区与城市地区高中学生的升学机会是不平等的。也就是说，城市或城镇户口的学生得到了更多的福利，重点高校的招生名额向这些人更加倾斜。

察中国城市的福利制度和社会保障制度就会发现，城市在为本地人口设计了就业保护政策、教育机会优先享受政策、经济适用房购买政策的同时，还为本地劳动力设计了城镇社会保障政策。时至今日，在强大的舆论压力和城市户籍就业人口短缺的压力下，城市虽然出台了专门针对流动人口的社会保障政策，但这些政策也无一例外地带有歧视性内容。

考虑到这些内容，如果户籍制度仍然存在，或者城市的公共社会资源仍然以户籍制度作为政策设计的准则，则教育机会的不平等和就业机会的不平等，会在户籍制度的约束下，形成更为严重的不平等。这会影响到中国社会城乡一体化的进程，造成中国社会某种程度的割裂，将城乡二元社会带入城市，形成城市内部的新的二元结构。所以，以户籍制度配置社会资源和社会福利政策的现状必须改变。当前一个可行的思路，应该是以人们的常住地设计城市福利保障措施，以此缩小城乡差距。

4. 要继续消除性别歧视

应该说，伴随独生子女政策的实施，也伴随整个中国社会家庭子女数的减少，曾经一度极其盛行的教育歧视有所缓解。在我们的模型中，教育获得的性别歧视状况，自改革开放以来处于逐渐降低的态势，到2000年以后，教育获得的性别歧视状况，已经不具有统计显著性。另外，在"初职"社会地位获得中，性别歧视也不显著。但在"现职或终职"社会地位获得过程中，近期显示的趋势是性别的歧视作用强化了。尤其是在2000年之后，就业竞争所带来的劳动力市场的恶化，使男性有了某种程度的优势。如何健全劳动力市场，逐步减轻直至消除性别差异，也是我们的社会政策需要努力的地方。

第十一章
农民工的经济状况与社会态度

李培林　李 炜

改革开放 30 多年来，中国道路最显著的成就是快速发展。1978～2008
年中国经济年均增长 9.8%。中国道路呈现的发展奇迹，是由各种因素促成
的，包括在政治上采取了解放思想、实事求是、与时俱进的思想路线和保持
宏观调控能力的政治领导，在经济上建立了富有强大动力和社会活力的社会
主义市场经济体制，在社会方面实现了工业化和城市化的快速推进。当然，
也还包括实现了人口低增长速度、劳动力的充分供给和社会抚养比的持续下
降等。其中，一个非常重要的因素，就是调动起广大人民群众的积极性，特
别是数以亿计的农民从农业劳动转移到工业和服务业等非农产业领域，极大
地提高了全社会的劳动生产率，使"中国制造"成为世界瞩目的改变世界
经济格局的新现象。

然而，2008 年爆发的由美国次贷危机演变而成的全球性金融危机，对
中国的经济景气产生了深刻影响，特别是对中国农民工的就业和工作状况产
生了很大的冲击。改革开放以来，中国出现过三次较为严重的就业紧张局
面，但每次主要涉及的就业人群是不同的。第一次是改革开放初期，由于
1000 多万"上山下乡知识青年"集中返城，出现了非常严峻的城镇就业紧
张形势；第二次是 1998～2003 年国有企业大规模改革期间，5 年中累计下
岗 2818 万人；第三次就是这次在国际金融危机的影响下，数千万农民工的
就业受到冲击。由于国际经济形势的恶化，对中国产品的需求锐减，据
2009 年 2 月 2 日中央农村工作领导小组办公室主任陈锡文在国务院新闻发
布会上公布的数字，全国大约有 2000 万农民工因金融危机失去工作，占外

出农民工总数的 15.3% ①。根据国家统计局农民工监测调查数据，在 2009 年春节前返乡的大约 7000 万农民工中，因企业关停、企业裁员、找不到工作、收入低等与国际金融危机影响有关的因素而返乡的农民工为 1200 万人，占返乡农民工的 17.1%，占全部外出农民工的 8.5% ②。另据人力资源和社会保障部副部长杨志明披露，2009 年春节返乡的大约 7000 万农民工中，有 80% 已经返城，但其中 1100 万人尚未找到工作；在面临失业压力之外，农民工的劳动状况也出现一些逆转，如农民工工资拖欠问题出现反弹，流动性大的行业和小企业中农民工劳动合同签订率偏低，农民工社会保险参保率环比下降等 ③。

　　农民工是中国产业工人的主要组成部分，也是支撑中国经济持续增长的重要力量。农民工的工作、生活状况和社会态度，与中国的经济增长、社会稳定和农民的生活改善都密切相关，这也是我们的调查所关注的主题。本调查报告使用的数据，来自中国社会科学院社会学研究所于 2006 年及 2008 年开展的两次 "中国社会状况综合调查" ④。此项全国抽样调查覆盖全国 28 个省、自治区、直辖市的 135 个县（县级市/区/旗）、257 个乡（镇/街道）和 520 个村（居）委会，两次调查分别成功入户访问了 7069 位和 7139 位年龄在 18~69 岁的居民，调查误差小于 2%，符合统计推论的科学要求 ⑤。我们利用其中农民工、城镇职工和农民群体的案例数据资料形成本研究报告。

---

① 陈锡文：《无工作返乡的农民工约两千万政府积极应对》，http：//news. xinhuanet. com/politics/2009 - 02/02/content_ 10750425. htm。

② 盛来运、王冉、阎芳：《国际金融危机对农民工流动就业的影响》，《中国农村经济》2009 年第 9 期。

③ 杨志明：《国际金融危机下的中国农民工问题及对策》，《中国党政干部论坛》2009 年第 5 期。

④ "中国社会状况综合调查" 为中国社会科学院国情调查重大项目，是由中国社会科学院社会学研究所主持的一项大型纵贯的横断面社会研究调查。调查每两年进行一次，第一次调查的时间为 2006 年 4~8 月，第二次调查的时间为 2008 年 5~9 月。

⑤ "中国社会状况综合调查" 的抽样方法是以 2000 年全国第 5 次人口普查的区、市、县统计资料为基础进行抽样框设计，采用分层多阶段抽样方式。首先，采用城镇人口比例、居民年龄、教育程度、产业比例 4 大类指标 7 个变量，对东、中、西部的 2797 个区、市、县进行聚类分层，在划分好的 37 个层中，采用 PPS 方法抽取 130 个区、市、县，在抽中的每一区、市、县中，采用 PPS 方法抽取 2 个乡（镇/街道）；在抽中的每一乡（镇/街道）中，采用 PPS 方法抽取 2 个村（居）委会，而后收集抽中村（居）委会中所有居民个人或家庭的名单资料，共覆盖 160 余万人，近 50 万户居民。然后，在此抽样框中，采取 PPS 方法抽样，最后抽中 7000 余户进行调查访问。

一　农民工的收入和社会保障

本研究所界定的农民工，是指具有农业户籍身份从事第二、第三产业劳动的工资收入者，并未包括那些农业户籍的具有雇主、个体经营和自我雇用身份的第二、第三产业从业者。因此本文中农民工群体的规模会小于农业户籍的非农从业人员，而后者在一些论著中也被理解为宽泛意义上的农民工。采用这一界定主要是考虑到，虽然同是农业户籍的非农产业劳动者，但雇员与雇主或自我雇用者，在劳动方式、经济境遇和社会地位上存在着明显的差异。为了和农民工群体相比较，对城镇职工，我们也界定为非农户籍身份的从事第二、第三产业劳动的工资收入者。农民则是目前正在从事农业生产劳动的农业户籍人口。

在 2006 年、2008 年两次调查的样本中，这 3 类人群的案例数以及主要的人口特征分布见表 11－1。

表 11－1　2006 年及 2008 年调查中城镇职工、农民工与农民群体的样本构成

单位：%，人

		2006 年			2008 年		
		城镇职工	农民工	农民	城镇职工	农民工	农民
人　　数		1152	769	2703	981	820	2514
性别	男	60.1	66.7	48.5	62.5	57.7	48.3
	女	39.9	33.3	51.5	37.5	42.3	51.7
年龄分组	18～24 岁	9.6	14.6	4.2	9.5	37.7	7.5
	25～34 岁	38.5	37.1	18.7	25.9	26.3	13.4
	35～44 岁	29.2	29.4	29.7	34.4	21.5	28.8
	45～54 岁	17.9	14.7	26.2	23.2	10.8	24.7
	55 岁及以上	4.8	4.2	21.2	7.0	3.7	25.6
教育程度	小学及以下	8.0	38.4	72.0	4.3	15.0	56.2
	初中	22.6	45.0	23.8	33.6	64.0	39.7
	高中（职高技校中专）	33.6	13.6	4.1	31.2	18.1	3.8
	大专及以上	35.8	3.0	0.1	30.9	2.9	0.3

调查结果显示，与 2006 年相比，农民工的工作条件和待遇得到了一定程度的改善，但和城镇职工相比，仍有较大差距。农民工最大的收益是工资收入的提升。与 2006 年相比，2008 年农民工的平均月工资从 921 元涨到了 1270 元，提高了近 38%。在 2006 年，有近 80% 的农民工月工资在 1000 元以下，而在 2008 年千元以上月收入的农民工占了 53.9%。农民工工资增加

的速度快于城镇职工的工资增长，因此农民工的工资收入和城镇职工的差距在缩小。但尽管如此，农民工和城镇职工的收入差距还是十分明显的，只相当于城镇职工平均月工资的 76.3%（见表 11-2）。

表 11-2　农民工与城镇职工的月收入比较

单位：%

月工资收入	2006 年		2008 年	
	农民工 样本量 =738	城镇职工 样本量 =1126	农民工 样本量 =813	城镇职工 样本量 =971
500 元及以下	27.1	17.1	8.8	8.0
501 ~ 1000 元	52.2	37.0	37.3	31.2
1001 ~ 1500 元	13.9	21.8	30.3	21.3
1501 ~ 2000 元	3.8	11.2	15.9	17.7
2000 元及以上	3.0	12.9	7.7	21.8
总　计	100.00	100.00	100.00	100.00
平均月薪(元)	921	1346	1270	1665
	$X^2 = 111.83, p < 0.001$		$X^2 = 77.01, p < 0.001$	

尽管农民工的工资收入与 2006 年相比有较大的提升，然而劳动强度仍然很高。从劳动时间上看，农民工的周平均工作时间 2008 年为 56.2 小时，2006 年为 56.6 小时，几乎相同。城镇职工的周平均工作时间 2008 年为 47.4 小时，2006 年为 47.9 小时，也基本没有变化。在平均收入远低于城镇职工的情况下，农民工周平均劳动时间高于城镇职工近 9 小时。在 2006 年和 2008 年，分别有 81% 和 77% 的农民工每周实际劳动时间超过 40 小时，约 1/3 的农民工每周工作在 60 小时以上（见表 11-3）。

表 11-3　农民工与城镇职工的周工作时间比较

单位：%

每周工作时间	2006 年		2008 年	
	农民工 样本量 =762	城镇职工 样本量 =1146	农民工 样本量 =807	城镇职工 样本量 =960
不足 20 小时	2.3	2.6	2.1	1.5
21 ~ 40 小时	16.3	44.2	20.6	45.0
41 ~ 60 小时	47.8	39.5	42.4	41.9
61 ~ 80 小时	25.9	10.3	23.3	7.9
80 小时以上	7.7	3.4	11.6	3.7
总　计	100.00	100.00	100.00	100.00
平均每周工作时长(小时)	56.6	47.9	56.2	47.4
	$X^2 = 199.53, p < 0.001$		$X^2 = 185.3, p < 0.001$	

　　农民工和城镇职工更重要的工作待遇差异，是在社会保障方面。如在养老保险方面，只有 9% 的农民工拥有基本养老保险，在城镇职工中为59.9%；在医疗保险方面，农民工享有职工医疗保险或居民医疗保险的比例为 17.4%，而城镇职工的享有率为 71.3%；农民工失业保险的覆盖率为8%，城镇职工为 38.7%；工伤保险方面农民工和城镇职工相比差距小一些，覆盖率分别为 23.1% 和 33.5%①。不过，有 2/3 的农民工参加了"新型农村合作医疗"（见表 11 - 4）。

表 11 - 4　农民工与城镇职工享有的社会保障待遇比较（2008 年）

单位：%，人

社会保障	农民工 样本量 = 769	城镇职工 样本量 = 1152	X^2	P
基本养老保险	9.0	59.9	493.2	0.000
医疗保险	17.4	71.3	517.7	0.000
失业保险	8.0	38.7	222.3	0.000
工伤保险	23.1	33.5	34.2	0.000
生育保险	3.0	15.3	89.9	0.000
新 农 合	66.7	5.7*	759.9	0.000

　　* 新型农村合作医疗的参保人群应该是拥有农业户口的居民。但在调查中我们发现，在快速推进城市化的过程中，有部分原户籍身份为农业但已转变为非农户口的城镇居民，其原先参加的新型农村合作医疗仍然有效，因此出现了城镇职工中仍有极少部分人享有"新农合"的情况。

　　在劳动权益保障方面农民工和城镇职工也有较大的差距。尽管《中华人民共和国劳动合同法》于 2008 年 1 月 1 日开始施行，我们在半年后的调查中仍然发现，农民工的劳动合同签订率仅有 44.3%，低于城市职工的61.3% 签订率 17 个百分点。通过不同单位的劳动合同签订率的比较可以发现，在国有企业和三资企业中，劳动合同签订率较高，均在 80% 以上，其中农民工和城市职工的签订率并没有太大的差异；国有或集体事业单位的劳动合同签订率居中，为 77.4%，但在此类单位就业的农民工的签订率远远

---

　　① 据人力资源社会保障部公布的 2008 年全国社会保险情况，当年全国参加基本养老保险、医疗保险、失业保险、工伤保险的农民工分别为 2416 万人、4266 万人、1549 万人和 4942 万人。根据人力资源和社会保障部及国家统计局对农民工就业状况的调查，2008 年底农民工就业人数为 2.25 亿人。以此推算，2008 年农民工基本养老保险、医疗保险、失业保险、工伤保险的覆盖率分别为 10.74%、18.96%、6.88% 和 21.96%，和表 11 - 4 中我们调查所得数据极为接近。参见中国政府网，http://www.gov.cn/jrzg/2009 - 06/11/content_ 1337841.htm。

低于城镇职工，其比例仅为后者的70%；集体企业和私营企业的签订率较低，平均在44%~57%之间，其中集体企业中的农民工劳动合同签订率和城镇职工的差距最大（35.5%:74%）；个体工商经营机构的劳动合同签订率非常低，平均为9.5%，其中农民工的签订率仅为城镇职工的43%。由此可见，依靠《劳动合同法》维护劳动者的权益，不仅要普遍提高劳动合同签订率，还要特别关注提高农民工的劳动合同签订率。

在2006年"中国社会状况综合调查"的第一次调查中，我们就发现，农民工与城镇职工的收入差距并非来自于户籍身份的歧视，而是两个群体在人力资本（教育水平和劳动技术水平）上存在差异的影响[1]。此次调查数据的分析结果依然相同。从受教育情况看，农民工中依然有79%的人仅具有初中及以下的教育水平，高中、中专学历者占18.1%，大专及以上学历者微乎其微，仅有2.9%；而在城镇职工中，约70%具有高中以上的教育水平，有35%具有大专及以上学历。从所从事工作的技术水平来看，农民工中从事体力和半体力劳动的比例高达61.4%，而城镇职工有58.3%的人从事需要专业技能的工作，比农民工高出20个百分点（见表11-5）。

表11-5 农民工与城镇职工的工作技能比较（2008年）

单位：%

工 作 技 能	农民工样本量=819	城镇职工样本量=981
需要很高专业技能的工作	2.70	6.60
需要较高专业技能的工作	6.50	22.10
需要一些专业技能的工作	28.60	29.60
半技术半体力工作	34.90	24.20
体力劳动工作	26.50	15.90
其他	0.80	1.60
总 计	100.00	100.00
$X^2 = 131.1, p < 0.001$		

我们采用多元回归分析进一步考察农民工和城镇职工的收入差距的主要原因。表11-6的多元线性回归中的因变量是农民工和城镇职工的月收入；由于收入的分布是右偏态的，因此采用取对数的方式进行了转换，即半对数模型（semi-log model）。自变量涵盖了4个大类：①身份，农民工为1，城

---

① 李培林、李炜：《农民工在中国转型中的经济地位与社会态度》，《社会学研究》2007年第3期。

镇职工为0的虚拟变量;②人力资本,包括一组劳动技能等级的虚拟变量、受教育年限、年龄及年龄平方(年龄与收入的关系往往是二次曲线形态)、性别(男性为1,女性为0的虚拟变量);③工作状况,包括每周工作时间和有无管理职位(有管理职位为1,无管理职位为0);④就业地点,包括一组就业场所的虚拟变量(大中城市、小城镇、农村,以农村为参照组)和一组就业区域的虚拟变量(东、中、西部,以西部为对照组)。表11 - 6的多元回归分析结果表明,当人力资本、工作状况、就业地点相同的条件下(即这些因素得到控制),农民工身份对应的回归系数未达到统计显著性,这说明农民工与城镇职工的收入差异并非受身份差异的影响,更主要的还是受人力资本因素的影响(见表11 - 6)。

表11 - 6　各类因素对农民工和城镇职工工资收入对数的多元回归分析(2008 年)

变量类型	自变量	非标准回归系数	标准误	标准回归系数
	常　数	5.504 ***	0.157	—
身　份	农民工(对照组:城镇职工)	-0.038	0.038	-0.030
人力资本	劳动技能(对照组:体力工作)	—	—	—
	高级专业技能工作	0.697 ***	0.066	0.242
	较高专业技能工作	0.483 ***	0.048	0.273
	一些专业技能工作	0.291 ***	0.038	0.214
	半技术半体力工作	0.203 ***	0.036	0.149
	受教育年限	0.032 ***	0.006	0.148
	年龄	0.028 ***	0.007	0.515
	年龄平方	0.000 ***	0.000	-0.582
	男性(对照组:女性)	0.200 ***	0.026	0.157
工作状况	周工作时长	0.004 ***	0.001	0.108
	管理职位(对照组:无管理职位)	0.194 ***	0.034	0.123
就业地点	就业场所(对照组:乡村)	—	—	—
	大中城市	0.139 ***	0.040	0.110
	小城镇	-0.115 ***	0.039	-0.080
	就业区域(对照组:西部)	—	—	—
	东部	0.375 ***	0.036	0.299
	中部	0.038	0.039	0.028
	样本量 = 1708			
	$R^2 = 0.342$			

注:*** 为 $p < 0.001$。

　　由于这一回归方程中含有部分虚拟变量，各自变量的标准化回归系数无从比较，因此要想得知各自变量对因变量收入的解释力大小，可以采用各自变量的净决定系数①（net R^2）相互比较的方法。从表 11 - 7 的自变量的净解释权重②一项中可以看出，在回归方程给定的 4 大类 9 组变量中，东、中、西部的区域差异对收入的净解释力权重最大，占 21.65%；其次为劳动技能，占 17.46%；受教育年限、年龄、性别、周工作时长、管理职位、就业场所等自变量的解释力权重分别为 3.69%、3.34%、6.87%、5.06%、3.38% 和 6.82%，而是否农民工身份对收入的净解释力仅有 0.11%。由此可以看出，能从事专业技能工作、就业于东部地区和大中城市市区、有管理职位、男性、受教育年限较长的农民工和城镇工人，都会得到较高的工资；当引入人力资本、工作状况、就业地点等因素来考察农民工和城镇职工的收入差异时，农民工身份因素对收入几乎没有什么影响（见表 11 - 7）。

表 11 -7　各类因素对农民工和城镇职工工资收入影响力的分析

模型	自变量	模型 R^2	自变量的净 R^2	自变量的净解释权重(%)
全模型	包含所有自变量	0.3423	——	——
模型 1	不包含农民工身份	0.3419	0.0004	0.11
模型 2	不包含劳动技能	0.2825	0.0598	17.46
模型 3	不包含受教育年限	0.3296	0.0126	3.69
模型 4	不包含年龄及年龄平方	0.3308	0.0114	3.34
模型 5	不包含性别	0.3187	0.0235	6.87
模型 6	不包含周工作时长	0.3249	0.0173	5.06
模型 7	不包含管理职位	0.3307	0.0116	3.38
模型 8	不包含就业场所	0.3189	0.0233	6.82
模型 9	不包含就业区域	0.2682	0.0741	21.65

①　自变量的净决定系数是某自变量对因变量收入的净决定系数。其算法是用含有所有自变量的回归方程（即全模型）的 R^2，减去不含某变量的回归方程（即嵌套模型）的 R^2。这两个模型之间 R^2 的差值，可以理解为在其他解释变量都纳入的条件下，排除某一自变量，所导致的对因变量解释力的边际递减，因此可以看做该自变量的净解释力。

②　表 11 -7 中的"自变量的净解释权重"是某自变量对因变量收入的净决定系数占回归方程中所有自变量的决定系数（R^2）的比重。在表 11 -7 中，4 大类 9 组变量对收入因变量的总解释力 R^2 = 0.3423，而 9 组自变量各自的净解释力合计为 0.2341，占解释力 R^2（0.3423）的 68.4%。R^2 中其余的 38.6% 的解释当归于自变量之间的交织重复的关系。

综上所述，农民工的工资水平近两年有了显著提高，与城镇职工的工资水平的相对差距有所缩小，而且这种差距主要是受区域差异以及劳动者的受教育水平和劳动技能等人力资本因素的影响，而不是户籍等身份因素的影响；与此同时，农民工的社会保障状况，虽然近两年有了显著改善，但与城镇职工相比还有很大差距，这种差异则与户籍制度有着密切的联系。这些情况及其变化说明，劳动力市场分割的情况有所改进，但依然存在，建立统一的劳动力和人力资源市场必须深化体制改革，而改善农民工的经济状况，则需要加大农民工的人力资本投入。

二　农民工社会态度的变化

在金融危机的背景下，农民工群体的生活压力感的方向有所变化，在社会安全感、社会公平感、对政府的满意度等方面有所降低，对社会群体利益冲突的感知出现上升趋势。

金融危机首先影响了农民工群体对于生活压力的感知。在调查中我们列举了公众经常遭遇到的 10 个方面的生活困扰，农民工遭受这些生活困扰的平均比例为 29.3%；虽然和 2006 年相比变化不大，但明显可以看出，农民工群体在教育（"子女教育费用高，难以承受"）和医疗（"医疗支出大，难以承受"）方面的生活压力感大幅下降了 10 余个百分点，而在就业方面（"家人下岗失业或无稳定收入"）的压力感上升了 12.2 个百分点。同样，农民群体 2006 年和 2008 年的生活压力感知也出现了类似的趋势。这一方面说明近年来政府推行的新型农村合作医疗、农村免费义务教育等一系列惠农措施，使农民的生活和社会保障有了明显的改善，另一方面也说明在金融危机的影响下，农民工感觉到了就业形势的严峻（见表 11 - 8）。

通过农民工、城镇职工和农民 3 个群体在两次调查中对近年来生活水平变化认可比例的比较，也可以发现，在金融危机的背景下，农民工的生活状况受到了影响。2006 年和 2008 年两次调查中都询问了"和 5 年前相比您的生活水平发生了什么变化"这一问题，在 2006 年城镇职工、农民工和农民群体中分别有 61.2%、69.5% 和 72.3% 的人认为自己的生活水平有所改善（即认为"有很大提升"和"有较大提升"之和）。由此可以看出，这 3 个群体对生活状况改善的认可度以农民群体最高，其次为农民工，最后为城镇

表 11-8　农民工、城镇职工和农民生活压力感知的比较

单位：%

生活压力	2006 年			2008 年		
	城镇职工	农民工	农民	城镇职工	农民工	农民
住房条件差,建/买不起房	44.2	45.4	48.0	52.8	42.2	48.6
子女教育费用高,难以承受	34.2	35.1	34.6	30.9	22.3	26.1
医疗支出大,难以承受	33.8	39.4	50.9	33.1	26.7	40.4
赡养老人负担过重	21.3	25.5	24.0	18.8	20.4	20.0
家庭收入低,日常生活困难	34.3	51.6	60.8	40.3	49.2	56.4
家人下岗失业或无稳定收入	32.2	28.0	21.5	36.2	40.2	34.5
人情支出大,难以承受	25.0	30.0	43.9	28.8	23.6	41.8
家庭成员有矛盾,烦心得很	6.3	9.3	12.2	7.2	12.5	11.4
社会风气不好,担心被欺骗和家人学坏	29.4	22.6	19.0	31.9	28.5	22.7
社会治安不好,常常担惊受怕	32.2	26.7	18.9	30.8	27.8	22.2
总体上的生活压力状况	29.3	31.4	33.4	31.1	29.3	32.4

职工。而在 2008 年的调查中，城镇职工中认可生活水平改善的比例上升了 4 个百分点（自 61.2% 升至 65.2%），农民群体相应的比例上升了近 9 个百分点（自 69.5% 升至 78.4%），而农民工群体只上升了不到 1 个百分点（72.3% 升至 73.1%）。

在社会安全感方面，与 2006 年相比，农民工的平均值有轻微下降，由 73.7% 降到 71%。从安全感的 7 个方面看，农民工对劳动安全的感知下降最为突出，比 2006 年低了 6.3 个百分点（75.6%∶69.3%），其余各项没有太大变化（见表 11-9）。这似乎也反映出在金融危机的背景下，农民工的劳动条件和劳动关系也出现了一定程度的恶化。

与 2006 年相同的是，城镇职工、农民工、农民 3 个群体的社会安全感仍然呈现依次由低到高的倾向，其平均值分别为 69.5%、71.0% 和 78.8%，说明农民工群体的社会安全感相对低于农民而高于城镇职工。但同时我们也可以看出，城镇职工和农民群体的社会安全感都较 2006 年有所上升，而农民工群体的安全感不升反降，在结果上更靠近低端的城镇职工，而和安全感最高的农民群体拉开了距离。这也体现了农民工群体社会安全感的相对减弱。

表 11 - 9　农民工、城镇职工和农民的社会安全感比较

单位：%

安全感	2006 年			2008 年		
	城镇职工	农民工	农民	城镇职工	农民工	农民
财产安全	76.1	81.0	77.8	77.0	79.0	82.2
人身安全	74.8	84.4	84.2	80.7	79.6	85.6
交通安全	59.9	62.8	67.4	58.7	60.9	67.7
医疗安全	57.0	65.8	66.4	66.6	66.5	77.8
食品安全	44.5	62.7	68.8	59.2	63.1	72.7
劳动安全	75.8	75.6	81.7	76.6	69.3	82.3
个人信息隐私安全	75.3	83.4	78.6	67.7	78.3	83.5
总体上的安全状况	66.2	73.7	75.0	69.5	71.0	78.8

与 2006 年相比，农民工的总体社会公平感也有所下降，自 2006 年的 61.8% 降至 2008 年的 58.7%。下降最明显的方面有"财富及收入分配"，自 42.2% 明显下降到 27.4%；"工作与就业机会"也下降了近 6 个百分点。这些方面的公平感减弱，可能与金融危机带来的失业风险加大、收入紧缩有关。但在"提拔干部"、"公共医疗"、"义务教育"、"城乡之间待遇"、"养老等社会待遇" 5 个方面又有明显的提升（见表 11 - 10）。这些变化也反映出农民工群体对近年来农村社会保障成效的认可。

表 11 - 10　农民工、城镇职工和农民的社会公平感的比较

单位：%

社会公平感	2006 年			2008 年		
	城镇职工	农民工	农民	城镇职工	农民工	农民
财富及收入的分配	31.5	42.2	44.9	21.5	27.4	35.2
工作与就业机会	39.5	51.4	50.8	36.8	45.6	45.9
高考制度	75.9	73.8	68.6	81	71.6	71.4
提拔干部	30.1	33.0	39.5	42.9	47.3	54.8
公共医疗	49.7	52.5	52.1	63.8	60.8	71.8
义务教育	75.8	76.6	77.4	84	87.6	86.9
实际享有的政治权利	61.9	66.5	61.2	64.2	61.8	67.3
司法与执法	57.3	54.6	53.3	51.9	50.7	56.6
不同地区、行业之间的待遇	28.3	36.8	37.4	33.2	35.3	40.4
城乡之间待遇	27.9	28.7	28.6	41	37.9	38.6
养老等社会保障待遇	45.2	37.9	33.5	61.2	50.5	47.3
总体上的社会公平状况	55.9	61.8	67.2	67.4	58.7	74.3

与 2006 年不同的另一点是，农民工总体的社会公平感明显地低于城市职工和农民群体。2006 年城镇职工、农民工、农民 3 个群体的总体社会公平感分别为 55.9%、61.8% 和 67.2%，农民工比城镇职工高出近 6 个百分点，并且农民工在 11 个领域中的社会公平感都明显高于城镇职工。但 2008年上述 3 个群体的总体公平感比例分别为 67.4%、58.7% 和 74.3%，在城镇职工和农民群体总体社会公平感上升的对比下，农民工反而成了公平感最低的群体，而且仅有 5 个领域的社会公平感高于城镇职工。

在对地方政府工作的满意度（很满意和比较满意）方面，与 2006 年相比，2008 年度农民工的满意度在不同方面有升有降①（见图 11 - 1）。上升最明显的两项是"医疗卫生服务"和"社会保障救助"，分别从 2006 年的59.3% 和 48.3%，上升到 70.3% 和 59.4%，提升了 10 个百分点左右。而下降最明显的两项是"发展经济"和"环境保护"，分别从 2006 年的 71.8%和 57.5% 降至 63.5% 和 46.5%。这也进一步印证了农民工对政府推进社会保障的成效的赞许，以及对金融危机条件下经济环境不景气状况的忧虑。

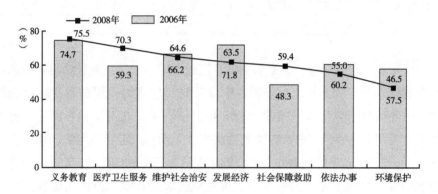

图 11 - 1　农民工群体对地方政府满意度的年度比较（2006 年、2008 年）

在 2006 年的调查中，农民工对地方政府的满意度也明显高于城镇职工（63.4%∶60.5%）。但在 2008 年的调查中，这一趋势有所不同。农民工的平均满意度非常接近且略低于城镇职工，而和农民群体的差距较大，低于后者

---

① 2008 年的调查中，关于对当地政府满意度的题目有部分调整，措辞也不一致，因此难以和2006 年调查数据完全对应。为了便于比较，图 11 - 1 中所列题目选择的是两个年度政府满意度测量中内容相同但措辞不完全相同的 7 个题目，在措辞上统一采用 2006 年问卷的表述方式，特此说明。

4.3 个百分点（见表 11 – 11）；其中在社会保障、基础教育、保护环境、维护社会治安等方面，都明显低于城镇职工和农民群体。

表 11 – 11　农民工、城镇职工和农民对当地政府满意度的比较（2008 年）

单位：%

政府满意度	城镇职工	农民工	农民
提供好的医疗卫生服务	67.9	70.1	77.9
为群众提供普遍的社会保障	65.5	59.4	64.6
提供优质的基础教育	80.7	75.5	80.2
保护环境,治理污染	53.3	46.5	63.6
打击犯罪,维护社会治安	69.6	64.6	74.3
廉洁奉公,惩治腐败	45.8	48.1	51.5
依法办事,执法公平	53.6	55	60.7
发展经济,增加人们的收入	57.8	61.5	64.3
为中低收入者提供廉租房和经济适用房	47.8	46.1	40.0
扩大就业,增加就业机会	56.9	58.7	53.1
政府信息公开,提高政府工作的透明度	59.2	57.0	59.8
总体上的政府满意度	59.8	58.4	62.7

伴随着社会安全感、公平感和满意度的下降，农民工对社会群体间利益冲突的感知也有所上升。对于调查中询问的"您认为我国是否存在社会群体之间的利益冲突"这一问题，2006 年城镇职工、农民工和农民 3 个群体回答"有严重冲突"和"有较大冲突"的比例分别为 37.4%、18.6% 和 15.6%；在 2008 年的调查中，3 个群体对这一问题的相同答案的比例分别为 30.1%、21.6% 和 13.7%。由此可见城镇职工和农民群体认为我国社会群体之间有严重或较大利益冲突的比例都在下降，而农民工群体的相应回答却在上升。

同样，3 个群体对社会群体间的利益冲突未来激化可能性的判断，也出现类似的趋势。在 2006 年调查中，认为社会群体利益冲突"绝对会激化"和"可能会激化"的比例，城镇职工为 54.4%，农民工为 38.8%，农民为 31.5%。而在 2008 年调查中，3 个群体相应的比例为 47.3%、48% 和 27.3%。其趋势也是农民工群体对社会群体冲突激化可能性的判断上升了，而其他两个群体相应的比例下降了。

进一步的综合性相关分析表明，农民工群体对生活压力的感知、对生活水平变化的感知、社会安全感、社会公平感、对政府的满意度、对社会群体利益冲突的感知等一系列社会态度，都存在着一定程度的相互关联。从表11-12 社会态度各层面之间的 Pearson 相关分析可以看出，农民工面临的生活压力越高，对生活水平的提升程度的感知就越低（相关系数为-0.222），其社会安全感、社会公平感和对政府的满意度也就越低（相关系数分别为-0.309、-0.415、-0.260），对社会群体间利益冲突的感知也就越强（相关系数为 0.198）。同样，社会安全感、公平感和满意度之间也存在着中等强度的正相关，它们和社会群体利益冲突的感知也存在着一定程度的负相关。农民工生活压力和社会态度之间的相关，预示着这样的含义：金融危机背景下农民工面临的生存压力，不但会导致他们对生活水准的感知的负面影响，还会将这种消极的感受逐渐扩展到社会层面。

表 11-12　农民工的生活压力与社会态度各层面的相关分析（2008 年）

项　目	生活水平提升的感知	安全感	公平感	满意感	社会群体利益冲突感知
生活压力	-0.222 **	-0.309 **	-0.415 **	-0.260 **	0.198 **
生活水平提升的感知	—	0.085 *	0.244 **	0.306 **	-0.161 **
安　全　感	—	—	0.559 **	0.520 **	-0.166 **
公　平　感	—	—	—	0.678 **	-0.202 **
满　意　感	—	—	—	—	-0.270 **

注：① 调查中，生活压力感知由 13 项有关日常生活中的困扰的测量题目组成，取值范围为 0~14；社会安全感由 7 项有关社会各领域的安全度评分题目合成，取值范围为 7~28；社会公平感由涉及 13 个社会生活层面公平程度的评分合成，取值范围为 13~52；对政府工作满意度由 11 项有关政府工作的评分题目合成，取值范围为 11~44；社会群体利益冲突感知是一个 4 级分值的测量题目。上述题目的分值越低，表示某方面的程度越低（弱），分值越高，表示某方面的程度越高（强）。

② ** 为 $p<0.01$；* 为 $p<0.05$。

三　农民工社会态度影响因素的分析

在 2006 年对农民工群体的研究中我们发现，农民工尽管在经济地位和社会境遇上处于弱势地位，但他们却是一个在社会态度上甚为积极的群体。可能的解释包括以下几个方面：首先，与农民工对自身境遇的归因有关。虽然农民工的经济状况和社会待遇低下，但他们倾向于认为这是自身的素质与能力所致，而非社会性因素造成的结果。其次，和农民工的生活期望与权利意识有关。农民工由于受教育水平较低，生活需求和社会期望也低，所以更容易满足于得到的收益，因而他们的社会安全感、公平感、满意感、信任感等社会评价也就更加积极。最后，与农民工的比较参照体系有关。农民工更容易与家乡的农民相比较，与自己过去生活相比较。换句话说，农民工的利益曲线是向上走的，更容易产生比较积极的社会态度①。

但在金融危机导致的经济不景气的背景下，农民工的生活压力增加，社会态度已经产生了一定的负面变化，这就有必要进一步分析和探究那些影响其社会态度的相关因素，以便寻求有助于缓解农民工群体面临困境的对策。

利用本次的调查数据，我们把影响农民工社会态度的因素分为如下几类：①个人因素，包括性别、年龄、受教育年限等变量；②经济因素，以月工资收入作为指标；③社会保障因素，包括是否拥有养老、医疗（含"新农合"）、失业、工伤等社会保障；④生活水平变化因素，即对近年来个人生活水平提升与否的感受；⑤社会比较因素，即对本人在当地的社会经济地位等级的认定。以上述这些因素为自变量，以上述生活压力的感知、社会安全感、社会公平感、对政府的满意度等社会态度为因变量，我们采用多元线性回归的方法来检验上述因素的影响力（见表 11 - 13）。

回归分析一共列出了 4 个模型。模型 1 是各自变量对生活压力感知的回归方程。从模型 1 可以看出，年龄、月工资、生活水平提升程度和个人的社会经济地位等级认同对生活压力感知有明显的影响：年龄越大，生活压力感越强（b = 0.043）；工资收入的提高，可以降低生活压力感（b = -0.034）；个人社会经济地位等级的主观认同越高，即和他人的社会比较中认为自己的地位越高，对生活压力的感知也就越低（b = -1.224）；如果个人近年来的生活水平比以前有所改善，也会使生活压力感降低（b = -0.443）。但是社会保障类的因素，对生活压力的影响并不明显。

模型 2 是各自变量对社会安全感的回归方程，模型 1 中的因变量生活压力在此模型中又作为解释变量之一被纳入。从模型 2 可以看出，生活压力是对社会安全感最主要的影响因素，每增强 1 分，安全感会削弱 0.271 分。其次是社会经济地位的自我认同，地位等级认同越高，社会安全感越强；社会保障对安全感有明显的提升作用。在其他条件相等的情况下，拥有医疗保险

---

① 李培林、李炜：《农民工在中国转型中的经济地位与社会态度》，《社会学研究》2007 年第 3 期。

表 11 - 13　农民工的社会态度影响因素的多元回归分析（2008 年）

自变量		模型 1 因变量：生活压力		模型 2 因变量：安全感		模型 3 因变量：公平感		模型 4 因变量：满意度	
		回归系数	标准化回归系数	回归系数	标准化回归系数	回归系数	标准化回归系数	回归系数	标准化回归系数
常　数		8.007***	—	29.702***	23.438***	—	—	—	—
个人因素	年龄	0.043***	0.161	0.016	0.054	0.013	0.026	0.080***	0.136
	男性（对照组：女性）	-0.298	-0.050	0.552**	0.081	0.223	0.019	-1.044*	-0.078
	受教育年限	0.008	0.006	-0.168***	-0.109	-0.464***	-0.181	-0.397***	-0.134
经济因素	月工资收入	-0.034**	-0.083	-0.029	-0.061	0.020	0.023	-0.047	-0.053
社会保障因素	养老险	-0.176	-0.022	-0.178	-0.020	0.652	0.043	0.623	0.036
	医疗险	-0.408	-0.052	1.657***	0.189	2.227***	0.151	2.306**	0.141
	失业险	0.878*	0.082	-0.726	-0.059	0.645	0.031	-0.906	-0.042
	工伤险	-0.196	-0.028	0.821*	0.104	-0.035	-0.003	0.870	0.058
	新农合	-0.188	-0.030	0.969***	0.136	1.325***	0.109	1.400*	0.103
生活水平提升		-0.443***	-0.135	-0.050	-0.013	0.890	0.137	2.058***	0.282
社会经济地位等级		-1.224***	-0.351	0.476***	0.121	1.047***	0.155	0.463	0.061
生活压力		—	-0.301***	-0.271	-0.641***	-0.334	-0.496***	-0.216	—
样本量		766		686		521		526	
调整 R^2		0.201		0.187		0.276		0.226	

注：*** p < 0.001；** p < 0.01；* p < 0.05。

和工伤保险的农民工比没有此两种保险的人，安全感分别提高 1.657 分和 0.821 分。特别值得注意的是，参加新型农村合作医疗对社会安全感也有明显的提升（b=0.969）。在个人变量中，男性的社会安全感高于女性；教育程度对安全感有负面的影响，受教育年限每增加 1 年，社会安全感会减弱 0.168 分（b=-0.168）。

模型 3 是各自变量对社会公平感的回归方程。与模型 2 类似，生活压力感知对社会公平感有负面的影响（b=-0.334），社会经济地位的主观认同对公平感有提升作用（b=1.047）；在社会保障因素中，医疗保险和新农合的享有会增强公平感（回归系数分别为 2.227 和 1.325）；个人变量中教育程度对公平感有明显的减弱作用，受教育年限每增加 1 年，公平感得分会下降 0.464 分。

模型 4 是各自变量对政府满意度的回归方程。生活压力依然对满意度有负向作用（b=-0.216）；而生活水平的持续改善则对满意度有正向作用（b=2.058）；社会保障中医疗保险和新农合的享有也对满意度有明显的提升作用（回归系数分别为 2.306 和 1.400）；个人变量中受教育程度对满意度起到了减弱的作用（b=-0.397），男性对政府的满意度低于女性，年长者的满意度则高于年轻人（b=0.08）。

综合上述模型，可以归纳出影响农民工社会态度的因素特点。

（1）生活压力的感知在社会安全感、社会公平感和对政府满意度的 3 个模型中，都有显著的负面影响，这说明对农民工而言，生活压力加大是降低其以往积极社会态度的主要因素。而生活压力的缓解在客观上有赖于个人收入和生活状况的改善，在主观上受自我社会经济地位社会比较的影响。

（2）社会保障性因素在促使农民工社会态度的积极化方面有明显的作用。在上述社会安全感、社会公平感和对政府满意度的 3 个模型中，享有社会保障，特别是享有医疗保险和新型农村合作医疗，都会增强农民工的社会安全感、社会公平感和对政府的满意度。

（3）影响农民工社会态度的个人因素中，教育的作用是最突出。教育是最重要的人力资本，但它也开阔了人们的眼界，提高了心理预期。因此教育程度的提高，反而会降低农民工的社会安全感、社会公平感和对政府的满意度。

四　讨论与政策启示

改革开放 30 多年来中国经济持续高速增长，数以亿计的农民工为此作出了巨大贡献。中国在未来的 30 年要继续保持经济高速增长的态势，农民工仍然是一个主要的推动力量。根据本调查报告的研究和分析，在战略选择和政策层面有以下几点值得关注。

第一，随着中国进入工业化中期，产业结构将不断升级，技术进步对经济增长的贡献将更为显著，对劳动力技术素质的要求也会快速提高，农民工在未来必须适应这一新的要求。另外，随着中国城市化的发展、人口老龄化的影响和劳动力供给上的变化，中国劳动力低成本时代会逐渐结束，中国未来的经济增长也必须实现从"中国制造"向"中国品牌"的转变，中国劳动力的比较优势也会更加体现在劳动力素质上。从调查分析中可以看到，农民工的受教育水平和技术素质相对于城镇职工来说，仍然普遍偏低，而且这也对农民工的收入水平产生了决定性的影响。目前，绝大多数农民工还只有初中教育水平，因此，要通过制订和实施大规模的职业教育和职业培训计划，提高农民工的知识水平和劳动技能。这是一项从经济社会发展全局考虑的战略选择，要通过大规模的劳动力素质的提高，来促进全社会劳动生产率的极大提高，从而继续保持在国际竞争中的比较优势，以满足中国产业结构和世界经济格局进入新阶段的要求。

第二，随着国际市场竞争的加剧和国际贸易保护主义的抬头，中国经济增长过度依赖出口和外需的状况将难以持续，必须转变发展方式，更多地依靠国内消费的支撑。根据对调查数据的分析，农民工的收入水平和社会保障水平，相对于城镇职工来说还是较低的，但从 2006 年到 2008 年两次调查数据的对比来看，农民工在收入水平和社会保障水平方面的增长弹性很大，要在工业化和城市化的过程中，把农民工作为统筹城乡发展的关键性因素，通过改善农民工的收入水平和生活方式，使农民工成为迅速增长的消费力量，并进而带动农村消费的增长。

第三，随着农民工大规模地从农业转移到工业和服务业、从农村进入到城市，农民工经历了工业化和城市化的洗礼，生活世界和社会态度都发生了深刻变化，也使整个社会结构发生了巨变。全社会管理体制需要为这种巨变作出调整，农民工自身也要为适应这种巨变作出调适。根据对调查数据的分析，相比较而言，农民工具有更加积极进取的社会态度，这主要是由农民工收益比较曲线持续上升的历史逻辑决定的；国际金融危机和经济景气的影响产生的生活压力，对农民工在社会安全感、社会公平感和对政府满意度等方面的社会态度产生了负面影响，而他们的生活压力更主要地来自就业的威胁而不是收入水平。因此，必须把农民工的就业保障问题放在首要位置上加以重视和解决。

第四，中国统筹城乡发展战略的实施和推进覆盖城乡社会保障体系的建设，将会逐步稳定和改变劳动者和城乡家庭居民的消费预期，扩大即期消费。但是，对于农民工来说，不同的社会保障项目，在满足需求和保持积极进取的社会态度方面，效果是不同的。调查分析发现，在各类社会保障中，城镇职工医疗保险和新型农村合作医疗，对改善农民工生活状况和社会态度效果最为明显。这可能是因为养老保险的功用在于保障劳动者退休之后的生活，从长远来看意义重大，但对于目前正值青壮年的农民工而言，他们会感到其并非当务之急；此外，农民工普遍采取灵活就业方式，使得他们的工作变换甚为频繁，失业保险的保障功能往往难以完全体现；工伤保险则多适合于处于特殊风险岗位的劳动者。从调查情况来看，目前医疗保险对提高农民工社会保障待遇效果最为明显，新型农村合作医疗对农民工的积极作用，则体现了流动的农民工在城乡社会保障体系间的"两栖"状态。因此，在推进覆盖城乡的社会保障体系建设过程中，在积极完善各项社会保障制度的同时，要把完善农民工的医疗保障作为提高农民工社会保障水平的突破口。

在过去的 30 年，农民工的工作、生活状况和社会态度，是影响中国经济社会发展全局的重要因素，在中国未来 30 年的发展中，他们的工作、生活状况和社会态度依然是影响改革发展稳定全局的重要因素。

第十二章
女性在劳动力市场的就业地位

范 雷

女性社会地位及社会参与程度的提高，是 20 世纪以来我国社会发展的重大成就之一，而这一重要变化则在很大程度上是以女性在社会生产及其他经济活动方面的广泛参与为基础的。1949 年以后，在"男女平等"的国家法律制度和城镇劳动力高就业政策的双重影响下，我国城镇女性的从业人数总量及其在全体城镇就业人口中的比例均明显提高。而改革开放以后，随着国民受教育程度的不断提高，女性就业的行业分布日益广泛，就业层次不断提高，社会参与程度显著上升。但另一方面，在市场经济转轨和经济全球化过程中，以传统计划体制所维系的两性社会地位正因劳动力市场化的推进而发生变化，女性就业状况以及两性在就业劳动力参与、职业隔离及工资收入等方面所表现出的差异及其原因也越来越引起人们的关注。

一 新中国成立 60 年来女性就业地位的变化

新中国成立 60 年来，中国女性就业状况得到极大改善，就业地位得到较大提高，主要表现为就业规模不断扩大、就业比重稳步上升、就业层次逐渐提高、行业分布趋于合理。

新中国成立之前，我国女性长期处于社会底层，城镇女性就业规模极小，就业比重极低。1912 ~ 1920 年期间，全国女职工人数约为 24 万人，

1930 年约为 37 万人，到 1949 年也仅为 60 万人，占全国职工总数的
7.5%[①]。到 1978 年改革开放初期，我国女职工总人数已经达到 3128 万人，
占全国职工总数的 32.7%[②]。改革开放以来，随着以公有制为基础、多种所
有制形式并存的社会主义市场经济体制改革的不断深入，我国女性劳动力成
为新所有制形式的重要力量，1990 年全国女性就业人数达到 2.9 亿人，占
全国就业人员总数的 44.9%，三资企业中女性就业比例为 47.5%。到 2006
年，全国女性就业人数为 3.47 亿人，占全国就业人员总数的 45.4%。

在就业规模扩大、就业比重上升的同时，我国女性就业层次也逐渐提
高。全国妇联、国家统计局实施的第二期中国妇女社会地位抽样调查数据显
示，2000 年城镇在业女性中，各类负责人占 6.1%，比 1990 年增加了 3.2
个百分点；各类专业技术人员占 22.8%，比 1990 年增加了 5.4 个百分点。
城镇在业男性中各类专业技术人员占 16.7%，比 1990 年增加了 1.5 个百分
点；与男性相比，女性专业技术人员的增长较为显著。随着女性受教育程度
提高、适合女性就业的新兴行业的出现，以及劳动力市场化改革的推进，我
国女性劳动力的行业分布也开始趋于合理。女性在批发零售、餐饮业、社会
服务、教育、文化、卫生等领域工作的比例超过男性，在金融保险、科学研
究和综合技术服务等行业和党政机关、社会团体工作的比例接近于男性。[③]

改革开放以来，我国逐步建立了以市场化导向为基础的就业制度，改变
了原有计划经济体制下，由政府行政力量统一配置劳动力资源的格局，人们
根据个人意愿及状况进入或退出劳动力市场，并按照市场与个人双向选择机
制进入或退出就业岗位。在此背景下，我国女性就业地位呈现新的变化。其
中，女性劳动参与状况、职业的性别隔离状况及性别工资收入差异等问题成
为社会关注的重点。

二　女性劳动参与率的变化

在改革开放以前，作为实现"男女平等"的重要途径之一，保障女性

---

① 刘雅芝：《继往开来，为促进妇女就业而共同努力》，载彭希哲、郑桂珍主编《社会转型期
中的女性就业》，百家出版社，2000，第 3 页。

② 佟新：《社会变迁与中国妇女就业的历史与趋势》，《妇女研究论丛》1999 年第 1 期。

③ 第二期中国妇女社会地位调查课题组：《第二期中国妇女社会地位抽样调查主要数据报
告》，《妇女研究论丛》2001 年第 5 期。

劳动力的高就业政策的推行，使我国女性的劳动参与率在相当长的时期内居于世界各国之首。据《2000 年世界劳动报告》披露，1980 年全世界女性劳动参与率为 57.4%，即使在最不发达国家，女性的劳动参与率也只有67.6%；而同期我国女性劳动参与率则高达75.5%。[1] 1990 年代以来，全世界女性劳动参与率，尤其是发达国家的女性劳动参与率出现了上升的走势，到 2000 年全世界女性劳动参与率上升为 60.7%，其中发达国家女性劳动参与率达到 65.4%，而我国劳动参与率，尤其是女性劳动参与率逐年下降。根据国家统计局公布的数据计算，经济活动人口在 16 岁以上人口中的比例，由 1990 年的 80.9% 下降为 2007 年的 74.3%。其中，男性劳动参与率 1990年为 85.7%，2000 年为 83.2%，基本保持平稳；而女性劳动参与率则由1990 年的 73.7%，下降到 2000 年的 70.3%。而本次调查的男性劳动参与率为 81.35% （2006 年 “中国社会状况综合调查数据” 为 83.3%），女性劳动参与率则为 66.3% （2006 年 “中国社会状况综合调查数据” 为 67%）。由此可见，改革开放以来，我国女性劳动参与率虽仍然保持较高水平，但与全世界女性劳动参与率的发展趋势相比，则出现了相反的下降趋势。

世界范围内的女性劳动参与率的上升与第三产业的快速发展、女性受教育程度提高背景下的信息产业兴起以及灵活就业带来的新型劳动关系变化有关。因此在世界范围，尤其在发达国家，上述因素所导致的女性劳动参与率的提高被认为是女性步入社会、参与社会劳动积极的，甚至是革命性的变化。

而在我国，尽管上述促进女性劳动参与率提高的诸因素同样存在，但以市场化导向为基础的就业制度转型，以及由此产生的城乡间劳动力资源的市场化配置则在更大程度上影响着我国女性劳动参与率的变化，表现为两个特点。

第一，城镇女性劳动参与率总体下降的同时呈现发达国家女性职业发展的三阶段 M 形模式。在女性职业发展模式方面，有倒 L 形模式 （即女性结婚前劳动力参与率高，结婚特别是开始生育后参与率迅速下降）、倒 U 形模式 （即女性参加工作之后，持续工作到退休，结婚生育后女性承担工作和家庭双重责任）、M 形模式 （即女性婚前或生育前普遍就业，婚后或生育后暂时性地中断工作，待孩子长大后又重新回到劳动力市场）、波浪形模式（即女性根据自身的状况选择进入劳动力市场的时间，可以多次进出的阶段

---

[1]　国际劳工局：《2000 年世界劳动报告》，中国劳动社会保障出版社，2001。

性就业）以及隐性就业模式（即女性就业主要在家庭经济中，结婚后女性只是换个家庭工作）等类型。我国在改革开放以前，女性职业发展表现为倒 U 形模式，M 形模式则更多地在发达国家，如美国、日本等得到体现，倒 L 形模式则以传统家庭分工为基础，主要集中于部分发展中国家，而波浪形模式则集中于北欧高福利国家。

从近年来我国各年龄段城镇女性劳动参与率变化看，随着改革开放的不断深入，以往的倒 U 形模式正在向 M 形模式转变，表现为：24 岁及以下女性因受教育年限的提高，其劳动参与率逐年下降，25～44 岁女性劳动参与率由 1990 年的高劳动参与率平台演变为 2008 年调查数据所显示的 M 形模式特点，即 30～39 岁女性劳动参与率下降，女性生育、养育子女因素对其劳动参与的影响开始显现（见图 12-1）。

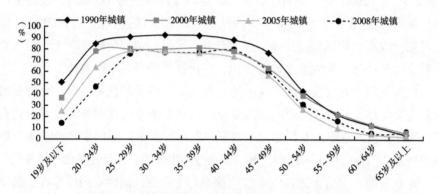

图 12-1 1990 年以来我国城镇女性劳动参与率

数据来源：1990 年、2000 年数据来自李丽林《中国转型时期劳动参与率的测量、变化及其意义》，其中 1990 年数据为城市女性数据；2005 年数据根据国家统计局 1% 人口抽样调查数据计算；2008 年数据为"中国社会状况综合调查"（CGSS 2008，CASS）数据。

第二，农村女性劳动参与率则在受教育年限增加、生育养育子女以及农村男性劳动力外出务工等因素影响下，表现为中青年劳动参与率下降，中年劳动参与率上升，老年劳动参与率下降的倒 V 形模式。1990 年的农村女性劳动参与率表现为与城镇女性相同的倒 U 形模式，49 岁及以下的女性保持着极高的劳动参与率，50 岁以后则快速下降；而到 2000 年，尽管 49 岁及以下女性的劳动参与率与 1990 年相似，但 50 岁及以上女性的劳动参与率则较以往有较大提高，表现出农村男性劳动力外出务工后，农村中老年女性开始承担更多的农业生产任务，以农村中青年男性劳动力外出务工为特征的城乡间劳动力资源的市场化配置因素开始对农村女性劳动参与格局产生影响；2005 年的数据中，39 岁及以下农村女性劳动参与率开始下降，而在 2008 年调查数据中，以 40～44 岁年龄段为分界，在此年龄前，农村女性因受教育年限增加以及生育养育子女等因素，其劳动参与率较以往明显下降。2008年调查显示，19 岁及以下农村女性未工作原因中，78% 为上学或参军；农村女性因料理家务而未工作的比例，20～24 岁年龄段为 42.2%，25～29 岁为 50%，30～34 岁为 66.7%，35～39 岁达到 73.3%，而 40～44 岁人群则骤降为 33.3%。而此年龄后，农村女性则开始承担更多的农业生产劳动，导致其劳动参与率较以往有所上升，65～69 岁农村女性的劳动参与率仍高达近 50%。这一倒 V 形模式表明目前我国市场化前提下的城乡劳动力资源配置，尤其是农村男性劳动力在城乡间的流动务工，对农村女性劳动参与率产生了较大影响，因生育养育子女、操持家务使滞留城市或返回家乡的农村年轻女性选择退出劳动力市场，从而降低了其劳动参与率；农村中老年女性在家务农，从而推高了其劳动参与率（见图 12－2）。

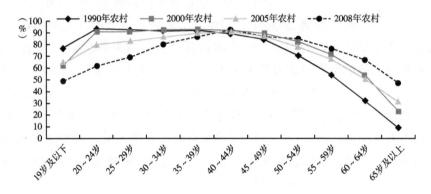

图 12－2 1990 年以来我国农村女性劳动参与率

数据来源：1990 年、2000 年数据来自李丽林《中国转型时期劳动参与率的测量、变化及其意义》，为县女性人口数据；2005 年数据根据国家统计局 1% 人口抽样调查数据计算；2008 年数据为"中国社会状况综合调查"（CGSS 2008，CASS）数据。

因此，就目前我国女性劳动参与率特征而言，我们可以初步认为改革开放以来市场化导向的就业制度转型，已在很大程度上实现了人们根据个人意愿及状况进入或退出劳动力市场，并按照市场与个人双向选择机制进入或退出就业岗位的设计初衷。女性依据其受教育期望、生育养育子女安排等因素选择进入或退出劳动力市场的阶段性就业已成为可能。但是与发达国家的 M 形模式相比，我国城镇就业女性在 50 岁后过早退出劳动力市场，导致其 M 形模式的峰值跨度比发达国家短约 10 岁。就农村年轻女性而言，受农村劳动力外出务工中的流动性特征、农村外出务工劳动力随迁子女在务工地的教育条件缺乏有效保障，以及农村教育（尤其是学龄前教育）发展滞后等原因影响，部分农村年轻女性不得不为生育养育子女而退出劳动力市场，由此导致其较低劳动参与率，从而显示出一定程度的劳动力资源浪费；而农村中老年女性的高劳动参与率则又预示出目前农业生产技术水平、管理水平低下的隐忧。

三 职业的性别隔离现象

职业的性别隔离是指在劳动力市场中劳动者因性别不同而被分配、集中到不同的职业类别，担任不同性质的工作的现象，并被认为是劳动力市场上性别歧视的主要方式之一。

自改革开放以来，我国职业的性别隔离程度有所下降。从历年各类职业的性别构成看，国家机关、党群组织、企事业单位负责人的性别构成差距由 1982 年的 79.2% 缩小到 2008 年的 51%；专业技术人员的性别构成差距由 1982 年男性高于女性 23.4%，变成 2008 年的女性高于男性 0.8%；办事人员和有关人员的性别构成差距由 1982 年的 51% 缩小到 2008 年的 19.8%；商业、服务业人员的性别构成差距由 1982 年的 6% 缩小到 2008 年的 2.4%；农林牧渔水利业生产人员由 1982 年男性高于女性 6.4%，变成 2008 年的女性高于男性 5.4%；仅生产运输设备操作人员和有关人员、不便分类的其他劳动者的两性差距扩大，分别由 1982 年的 29.2% 和 16.6%，增加到 2008 年的 45.8% 和 47.8%（见表 12-1）。

在测量职业的性别隔离方面，通常使用邓肯指数（简称 D 值）来表示男女职业分布的不一致程度。[①] 其取值范围为 0~1，男性和女性的职业分布完全一致的话，邓肯指数则为 0，职业分布完全不一致的话，邓肯指数则为 1。由于邓肯指数计算受职业类别的详细程度影响较大，职业分类越详细，

---

① 邓肯指数计算公式为：$D = \frac{1}{2} \times \left(\sum_{i=1}^{n} \left| \frac{w_i}{w} - \frac{m_i}{m} \right| \right)$，其中，$n$ 是职业的数量，w_i 是职业 i 的女性人数，w 是所有有工作的女性人数总数。m_i 是职业 i 的男性人数，m 是所有有工作的男性总人数。本文中邓肯指数均以职业分类中的职业小类计算。

表 12 - 1　历年各类职业分性别构成比例

单位：%

职　　业	1982 年		1990 年		2000 年		2005 年		2008 年	
	女性	男性	女性	男性	女性	男性	女性	男性	女性	男性
国家机关、党群组织、企事业单位负责人	10.4	89.6	11.5	88.5	16.8	83.2	22.0	78.0	24.5	75.5
专业技术人员	38.3	61.7	45.3	54.7	51.7	48.3	49.9	50.1	50.4	49.6
办事人员和有关人员	24.5	75.5	25.7	74.3	30.3	69.7	32.7	67.3	40.1	59.9
商业、服务业人员	47.0	53.0	48.9	51.1	50	50.0	49.5	50.5	48.8	51.2
农林牧渔水利业生产人员	46.8	53.2	47.9	52.1	48.5	51.5	49.8	50.2	52.7	47.3
生产运输设备操作人员和有关人员	35.4	64.6	35.7	64.3	33.4	66.6	33.2	66.8	27.1	72.9
不便分类的其他劳动者	41.7	58.3	42.5	57.5	36.2	63.8	34.4	65.6	26.1	73.9
合　　计	43.7	56.3	45.0	55.0	45.3	54.7	45.7	54.3	45.5	54.5

数据来源：1982 年、1990 年、2000 年数据来自国家统计局《中国社会中的男人和女人：事实与数据》(2004)；2005 年数据根据国家统计局 1% 人口抽样调查数据计算；2008 年数据为"中国社会状况综合调查"(CGSS 2008，CASS) 调查数据。

邓肯指数越高，对职业的性别隔离程度的测量越真实可靠，因此本文参考吴愈晓、吴晓刚利用 1982 年、1990 年和 2000 年三次普查数据计算的非农职业邓肯指数，并用 2005 年国家统计局 1% 人口抽样调查数据对当年非农职业邓肯指数进行计算。结果表明：自 1990 年以来，我国非农职业的性别隔离状况逐年下降。1982 年 D 值为 0.397，1990 年上升为 0.458，2000 年为 0.407，2005 年下降到 0.345。因此，由邓肯指数所显示的结果可以看到，目前我国存在着非农职业的性别隔离现象，如果要消除这一现象，就意味着约有 34.5% 的男性或女性要改变其现有职业。但从历年数据分析及与其他国家参考比较看，目前我国非农职业的性别隔离现象呈下降趋势且相对较低。以美国为例，1980 年 D 值为 0.53，1990 年为 0.48，2000 年是 0.47；[1]以日本为例，1980 年 D 值为 0.504，1985 年为 0.506，1990 年为 0.51，1995 年为 0.523，2000 年为 0.511。[2]

具体来看，目前我国非农职业的性别隔离具有以下特点。

---

① 吴愈晓、吴晓刚：《1982～2000：我国非农职业的性别隔离研究》，《社会》2008 年第 5 期。
② 堀春彦：《労働市場の分断と男女賃金格差》，http://www.jil.go.jp/institute/discussion/2008/documetns/08 - 09.pdf。

第一，教育因素对非农职业的性别隔离影响明显，受教育程度较高群体中非农职业的性别隔离程度较低，而受教育程度较低群体中非农职业的性别隔离程度较高；受教育程度较高群体中的非农职业性别隔离缩小程度大于受教育程度较低群体。从历年数据看，1982 年高中以下群体与高中及以上群体的 D 值差为 0.061，而 1990 年为 0.079，2000 年达到 0.113，2005 年则为 0.099；而从不同受教育群体 1990 年和 2005 年 D 值下降幅度看，高中以下群体下降了 0.099，高中及以上群体下降了 0.119。可见，女性受教育程度的提高在很大程度上降低了目前我国非农职业的性别隔离状况（见图 12 - 3）。

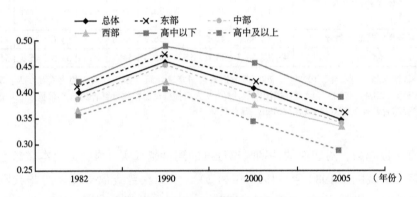

图 12 - 3　我国非农职业的性别隔离指数及其变化（1982 ~ 2005 年）

数据来源：1982 年、1990 年、2000 年数据来自吴愈晓、吴晓刚《1982 ~ 2000：我国非农职业的性别隔离研究》，《社会》2008 年第 5 期；2005 年数据根据国家统计局 1% 人口抽样调查数据计算。

第二，地区差异所代表的市场化因素对非农职业的性别隔离有明显影响，但近来这一影响的程度有所缩小。从 1982 年以来东中西部地区的 D 值看，均呈现东部高于中部，中部高于西部的状态，表明不同地区间市场化程度的差别对各地区非农职业的性别隔离状况有明显影响。但同时我们也看到，2005 年不同地区间的 D 值差距明显缩小，1982 年东部与西部 D 值差为 0.047，1990 年为 0.058，2000 年为 0.048，而 2005 年仅为 0.025。这表明近年来随着中西部地区发展的加快，其与东部地区的 D 值差距有所缩小。同时，在非农职业性别隔离状况下降的背景下，东中部地区 D 值的下降幅度大于西部地区。

吴愈晓、吴晓刚在分析我国非农职业的性别隔离指数变化时，提出劳动力市场改革、产业结构变化、现代化及全球化所导致的文化和制度层面的变迁、教育获得性别不平等缩小、计划生育政策的效应五个方面是影响我国非农职业性别隔离的主要因素，其中前两个因素可能使性别隔离程度上升，而后三个因素则可能使性别隔离程度下降；并认为改革开放前十年，以前两个原因为主导，而进入 1990 年代后，则以后三个原因为主导。① 而在 2005 年数据中所表现出的东中西部地区 D 值高低格局不变但差距缩小的特征，或许可以理解为产业结构在地区间的调整所带来的影响。随着西部经济的发展及部分制造业企业逐渐由东中部地区向西部地区的转移，西部地区的性别隔离指数以降幅缩小的方式，体现出产业结构变化因素对性别隔离加大的影响。而这种产业结构的地区间调整对东部来说，则表现为产业结构变化对性别隔离影响的减弱，并直接导致东部地区性别隔离指数的大幅下降。因此，尽管产业结构变化可能成为影响我国非农职业性别隔离的主要因素之一，但其在空间上的调整则又可能抵消或减弱了其影响程度。

从以上描述，可以认为在性别间受教育程度差别的缩小、女性受教育程度的大幅提高，女性在专业技术人员、办事人员等职业所占比例的大幅提高，以及产业结构变化所表现出的空间上的复杂性等因素影响下，目前我国非农职业的性别隔离状况虽然存在，但其程度有所下降。

四 性别工资差异

性别工资差异是衡量劳动力市场中性别差异的另一个重要指标。从现有的研究看，主要包括以下几点：首先确认性别间工资差异的存在；其次将性别间的工资差异分为由个体生产力等相关因素造成的差异和由个体非生产力因素造成的差异；最后将由个体非生产力因素造成的差异理解为歧视，并认为雇主对女性的个人主观偏见、雇主以女性群体平均特征判断女性个体特征的统计性歧视，以及通过性别的职业隔离降低女性在特定职业中的工资的拥挤效应等是造成性别工资差异的主要原因。② 而就中国改革开放以来的性别工资差异来看，一方面性别工资差异的实际状况及其变化成为研究者关注内

① 吴愈晓、吴晓刚：《1982～2000：我国非农职业的性别隔离研究》，《社会》2008 年第 5 期。
② 蔡昉、都阳、高文书、王美艳：《劳动经济学——理论与中国现实》，北京师范大学出版社，2009，第 168～182 页。

容，另一方面研究者结合中国改革开放以来的市场化转型，对性别工资差异状况及变化进行解释。总体来看，研究者对改革开放以来性别工资差异变化趋势及市场化对性别工资差异的影响得出了不同的结论。[①]

本章拟从三个方面描述分析目前性别工资差异的特点。

第一，建立包含性别因素的月工资完全模型，以及分别排除完全模型中的某一自变量后的月工资嵌套模型，通过分析完全模型与嵌套模型确定系数变化及偏确定系数，得到各类自变量对因变量月工资的不同解释力，从而确定该自变量对于月工资的独特变异；同时也可以分析性别因素在各因素对月工资影响中的解释力大小。总体完全模型及嵌套模型采用扩展的明瑟工资模型：

$$\ln Y = \alpha + \beta_1 Edu + \beta_2 Exp + \beta_3 Exp^2 + \sum_j \lambda_j X_j + \mu \tag{1}$$

其中，$\ln Y$ 为对数月收入，Edu 为教育年限，Exp 为工作年限，Exp^2 为工作年限平方；$\sum_j \lambda_j X_j$ 为包含性别、地区、职业、行业、单位类型、正规就业、党员、职业转换经历，以及性别与教育年限、工作年限、工作年限平方的交互项等自变量。

第二，建立不包含性别因素的月工资完全模型，以及分别排除该完全模型中的某一自变量后的月工资嵌套模型，以性别变量作为比较组，分别得到男女两性各自的月工资完全模型和嵌套模型，通过分析男女两性各自的完全模型与嵌套模型确定系数变化及偏确定系数，得到各类自变量对男女两性月工资的不同解释力，从而分别确定男女两性工资模型中某一自变量对因变量的独特变异，以了解各类因素对男女两性月工资的不同影响。分性别的完全模型及嵌套模型采用扩展的明瑟工资模型：

$$\ln Y_m = \alpha_m + \beta_{m1} Edu_m + \beta_{m2} Exp_m + \beta_{m3} Exp_m^2 + \sum_{mj} \lambda_{mj} X_{mj} + \mu_m \tag{2}$$

$$\ln Y_f = \alpha_f + \beta_{f1} Edu_f + \beta_{f2} Exp_f + \beta_{f3} Exp_f^2 + \sum_{fj} \lambda_{fj} X_{fj} + \mu_f \tag{3}$$

其中，m 为男性，f 为女性；$\sum_j \lambda_j X_j$ 为不包含性别及性别与教育年限、工作年限、工作年限平方的交互项的总体模型中的其他自变量。

---

① 李春玲、李实：《市场竞争还是性别歧视——收入性别差异扩大趋势及其原因解释》，《社会学研究》2008 年第 2 期。

第三，利用奥克萨克及科顿性别工资差异分解模型，重点分析男女工资差异原因。奥克萨克及科顿性别工资差异分解模型同样基于明瑟回归模型，该模型假设女性为被歧视群体，并把男女收入差异进一步分解为由个人特征解释的部分、男性劳动生产率被高估的部分及女性劳动生产率被低估的部分。其具体模型为：

$$\ln W_m - \ln W_f = \sum (\bar{X}'_m - \bar{X}'_f)\hat{\beta}^* + \sum \bar{X}'_m(\hat{\beta}_m - \hat{\beta}^*) + \sum \bar{X}'_f(\hat{\beta}^* - \hat{\beta}_f) \quad (4)$$

其中，$\ln W_m - \ln W_f$ 为男女月工资的对数差；$\hat{\beta}^*$ 为不存在歧视时男性和女性的工资方程中各自变量回归系数，可由两种方法获得：一是 $P_m\hat{\beta}_m + P_f\hat{\beta}_f$（$P_m$ 和 P_f 分别为男女劳动者在劳动者总体中所占比例），二是通过不设性别比较组的总体回归模型得到各自变量的回归系数；$\bar{X}'_m$ 和 $\bar{X}'_f$ 分别为男女两性各项自变量的均值。经分解，男女月工资差异包括了等式右侧第一项的由个人特征解释的部分、第二项的男性劳动生产率被高估的部分及第三项的女性劳动生产率被低估的部分。

本文采用的变量包括：

1. 月工资对数：以下各模型的因变量均为月工资对数；

2. 性别：性别变量为模型自变量，其编码为男性＝1，女性＝0；

3. 协变量：教育年限、工作年限、工作年限平方、党员身份（党员＝1）、地区（包括东部地区和中部地区2个哑变量，缺省为西部地区）、单位类型（包括党政机关、国有企业、国有事业、集体企业、私营企业、三资企业、个体工商户等7个哑变量，缺省为其他单位）、职业（包括国家机关、党群组织、企业事业单位负责人，专业技术人员，办事人员和有关人员，商业工作人员，服务性工作人员5个哑变量，缺省为生产工人、运输工人和有关人员）、行业（包括采矿、电力燃气、建筑、交通仓储、信息传输、批发零售、住宿餐饮、金融、房地产、租赁服务、科学研究、居民服务、教育、卫生社保、文化体育、公共管理16个哑变量，缺省为制造业）、正规就业（正规就业＝1）、职业转换（根据问卷中所提供的工作流动表，产生3个哑变量，即无工作转换经历、有工作转换经历但未变更职业、有工作转换经历且变更部分职业，缺省为有工作转换经历且全部变更职业）。

在上述协变量中，受教育年限、工作年限及职业转换代表人力资本的作用，职业转换变量的加入主要是考察职业经验积累的作用，以补充工作年限未包含的具体职业经验积累因素。党员身份代表政治资本作用。地区、单位类型代表制度性结构因素的作用。职业、行业、正规就业则代表劳动力市场中的结构性因素。按照以往研究的假设：若人力资本提供了对工资差异的主要解释，则意味着工资差异主要是市场竞争的结果；若制度性结构因素提供了对工资差异的主要解释，则意味着工资差异主要源于制度安排中的不均衡分布；若就业结构因素提供了对工资差异的主要解释，则表明目前劳动力市场中的隔离影响着人们的工资差异。

结果表明：

（1）就影响个人月工资收入的主要因素看，以行业、正规就业因素为代表的劳动力市场分割，以职业转换、工作年限、教育年限为代表的人力资本，以及以地区、单位类型所代表的市场化过程中的制度性差异均具有重要作用。性别因素并非解释个人月工资收入的主因，但性别上的工资收入差异的确存在。

从劳动力市场结构因素中，总体的完全模型与嵌套模型的 R^2 变化看，行业因素、正规就业因素的解释力最大，即完全模型与在分别排除这两个因素后的嵌套模型的 R^2 差值为 0.054 和 0.053，其偏确定系数分别为 0.0856 和 0.0841（见表 12-2）。方程的确定系数 R^2 表示了方程中所有变量解释因变量 Y 的变化占因变量 Y 总变化的比例，而各类自变量 X_i 的偏确定系数则表示了 X_i 对因变量 Y 的边际解释能力，即在控制了其他自变量 X_j 的情况下，X_i 对 Y 单独影响。它反映的是将 X_i 作为新加入变量所带来的，对未包括该变量时的模型所未能解释的部分进行解释的比例。从表 12-2 看，行业因素、正规就业因素对人们的月工资变化所具有的较大影响，两者分别提供了 8.56% 和 8.41% 的解释力，这表明目前我国的劳动力市场已经出现较为明显的分割，这种依据行业、正规就业等因素对劳动力市场的分割正在越来越多地影响着人们的工资收入分配。劳动力市场的分割现象在发达国家亦很明显，据此，一些经济学家提出了劳动力市场分割理论，认为劳动力市场不是一个统一的市场，而是存在着主要劳动力市场和次级劳动力市场的区分，"主要劳动力市场可以在企业、行业或职业等层次上形成"，其"对应于经济中竞争力强的资本密集型和技术密集型的核心产业。而次级劳动力市场的需求方为生产劳动密集型产品的竞争力较弱的小公司或行业，属于经济中的边缘产业"。[1] 而随着

---

① 陈广汉、曾奕、李军：《劳动力市场分割理论的发展与辨析》，《经济理论与经济管理》2006 年第 2 期。

劳动力市场中雇用形式灵活性的增加，正规就业与非正规就业所带来的劳动力市场分割的作用也日益显现。劳动力市场分割对劳动者工资变化影响的凸显，表明我国在就业领域的市场化发展已从改革开放初期的固定用工模式，转变为以资本密集、技术密集、行业垄断及正规非正规雇用方式决定下的劳动力市场配置模式。

表 12 – 2　市场分割、制度性差异和人力资本等因素对工资的影响

		总体工资模型			男性工资模型			女性工资模型		
		R^2	R^2 变化	偏确定系数	R^2	R^2 变化	偏确定系数	R^2	R^2 变化	偏确定系数
完全模型		0.423 *	—	—	0.347 *	—	—	0.547 *	—	—
劳动力市场分割	排除行业	0.369 *	0.054	0.0856 *	0.29 *	0.058	0.0813 *	0.499 *	0.047	0.0944 *
	排除正规就业	0.37 *	0.053	0.0841 *	0.307 *	0.041	0.0590 *	0.476 *	0.070	0.1344 *
	排除职业	0.418 *	0.005	0.0086 *	0.347 *	0.000	0.0006	0.528 *	0.019	0.0393 *
制度性差异结构	排除单位类型	0.386 *	0.037	0.0603 *	0.311 *	0.037	0.0530 *	0.508 *	0.039	0.0794 *
	排除地区	0.384 *	0.039	0.0633 *	0.317 *	0.031	0.0453 *	0.477 *	0.069	0.1326 *
人力资本	排除工作年限	0.388 *	0.035	0.0572 *	0.315 *	0.033	0.0475 *	0.508 *	0.038	0.0781 *
	排除教育	0.389 *	0.034	0.0556 *	0.312 *	0.036	0.0516 *	0.519 *	0.028	0.0575 *
	排除职业转换	0.378 *	0.045	0.0723 *	0.316 *	0.031	0.0454 *	0.474 *	0.072	0.1375 *
排除党员		0.419 *	0.004	0.0069 *	0.342 *	0.006	0.0086 *	0.547 *	0.000	0.0003
排除性别		0.405 *	0.018	0.0303 *	—	—	—	—	—	—
样 本 量		2086			1281			805		

注：* p < 0.01；R^2 变化为完全模型与嵌套模型的差值。

从人力资本因素中，总体的完全模型与嵌套模型的 R^2 变化看，职业转换、工作年限及教育因素的解释力较大，即完全模型与在分别排除这三个因素后的嵌套模型的 R^2 差值为 0.045、0.035 和 0.034，从三者的偏确定系数看，它们分别为人们工资变化提供了 7.23%、5.72% 和 5.56% 的解释力。这三个因素所具有的较大影响力，表明人力资本对人们月工资收入变化有着重要作用。人力资本理论解释了人们在后天培育起来的知识水平、劳动技能、自我管理、自我约束、自我发展以及自我完善的能力对劳动者个人、家庭乃至社会的财富增长的贡献；并指出人力资本的增长速度比物质资本的增长快；资本积累的趋势，有从物质资本积累向人力资本积累转移的特征。这就激发了个人、家庭及国家对教育投入的加大。从调查数据所显示的人力资本对劳动者月工资影响看，在职业转换、工作年限及教育年限三者中，职业

转换的解释力高于工作年限和教育年限，表明在人力资本中，个体在所从事职业上的持续经验积累起着更大的作用，即在控制其他自变量的前提下，无工作转换经历或有工作转换经历但未变更职业的人，通常比有工作转换经历且变更部分职业及有工作转换经历且全部变更职业的人，有着更好的月工资回报。这就表明以工作经验持续积累所代表的个人职业专业化发展，在人力资本中具有高于工作年限和教育年限的意义。总体来看，人力资本因素是市场化的核心要素，其对人们工资变化影响的凸显，表明市场竞争在劳动力市场配置中的作用日益明显。

从制度性差异结构因素中，总体的完全模型与嵌套模型的 R^2 变化看，地区、单位类型的解释力较大，即完全模型与在分别排除这两个因素后的嵌套模型的 R^2 差值为 0.039 和 0.037，其偏确定系数分别对月工资变化提供了 6.33% 和 6.03% 的解释力。改革开放以来地区间的发展差距以及多种所有制成分并存，成为影响人们工资收入的重要因素，并构成市场化过程中重要的制度性差异，其中东部地区、非国有单位因其在市场化过程中包含更多的市场竞争性质。从某种意义上说，制度性差异结构因素是一种市场化过程的表现，一方面它包含了市场化发展在地区间的不平衡状态，以及不同单位类型中市场化程度的差异，另一方面它也表现出市场化过程中新旧制度的现实差异。

而就性别因素看，在总体的完全模型与嵌套模型的 R^2 变化中，排除性别因素后 R^2 差值为 0.018，其 R^2 变化具有统计显著性，其偏确定系数显示，性别因素对人们月工资变化提供了 3.03% 的解释力。这表明：性别因素的确对个人月工资产生影响，但相对于其他因素，其独立影响的程度较小。

在模型中，职业因素、党员因素的完全模型与嵌套模型的 R^2 变化较小，虽具有统计显著性，但其偏确定系数所表示的其对工资变化提供的解释力分别为 0.86% 和 0.69%，表明职业间的差别及人们以党员身份所代表的政治资本未对个人月工资产生较大影响。

（2）就影响男女两性群体自身月工资收入的主要因素看，男性以行业、正规就业为代表的劳动力市场分割作用为主，女性则以职业转换、正规就业、地区等包含人力资本、劳动力市场分割、制度性差异结构多种因素共同作用为特点，表现出女性月工资影响因素的复杂性。

我们首先从劳动力市场分割、制度性差异结构、人力资本三者对男女两性工资变化的影响，来分析男女两性各自的工资变化特点。通过对男女两性工资模型分别计算其完全模型与嵌套模型的 R^2、R^2 变化以及劳动力市场分割、制度性差异结构、人力资本三者的偏确定系数，表现出两性各自的工资变化总体具有相同的影响因素结构，在男性工资模型中，劳动力市场分割因素的偏确定系数为 0.135，表明在控制制度性差异结构、人力资本因素后，劳动力市场分割因素对男性月工资提供了 13.5% 的解释力，据此制度性差异结构和人力资本分别对男性月工资变化提供了 9.1% 和 16.8% 的解释力；而在女性工资模型中，劳动力市场分割、制度性差异结构、人力资本三者对女性月工资变化则分别提供了 22.6%、18.2% 和 30.6% 的解释力。因此，可以认为人力资本、劳动力市场分割和制度性差异结构依次共同影响了男女两性各自的工资变化。

但就男女两性各自工资变化的具体情况看，两者又表现出不同的特点。

就男性而言，包含行业、正规就业在内的劳动力市场分割因素对男性月工资变化的影响较大；就女性而言，包含职业转换、正规就业、地区在内的人力资本、劳动力市场分割、制度性差异结构等因素均对女性月工资变化影响较大。

就男性完全模型与嵌套模型的 R^2 变化看，排除行业、正规就业因素后 R^2 差值分别为 0.058 和 0.041，两者的偏确定系数所提供的解释力分别为 8.13% 和 5.9%；在制度性差异结构方面，排除单位、地区因素后 R^2 差值分别为 0.037 和 0.031，两者的偏确定系数所提供的解释力分别为 5.3% 和 4.53%；在人力资本方面，排除教育年限、工作年限、职业转换因素后，R^2 差值分别为 0.036、0.033 和 0.031，三者的偏确定系数提供的解释力分别为 5.16%、4.75% 和 4.54%。总体上说，劳动力市场分割对男性月工资影响较大，而制度性差异结构、人力资本对男性月工资影响大体相当（见表 12-2）。

就女性完全模型与嵌套模型的 R^2 变化看，排除职业转换、正规就业、地区因素后 R^2 差值分别为 0.072、0.070 和 0.069，三者的偏确定系数所提供的解释力分别为 13.75%、13.44% 和 13.26%。表现出人力资本、劳动力市场分割、制度性差异结构等方面均对女性月工资产生变化重要影响，表明女性月工资影响因素的复杂性。

从现有研究看，研究者注意到了影响女性工资收入因素的复杂性。近来，一些有关性别工资差异的研究也开始将关注重点由两性总体上的工资收入绝对差异，转向更为深入的两性群体内不同层次劳动者的工资收入差异，

以及造成两性间工资收入差异的原因本身所具有的性别差异。有关研究证
明：不同收入群体中两性收入差异是不同的，虽然在高、低收入群体中均存
在一定的性别收入差距，但低收入群体中的性别收入差距更大，即存在
"黏性地板"现象。① 而从国有、非国有单位看，在国有单位，尽管地位较
低两性间收入差距较大，但高地位女性与同级男性间的收入差距缩小；而在
非国有单位，无论地位高低，两性收入差距均较大。② 而刘育新认为：男性
在国有—集体单位比较中的收入差异，更多取决于"所有制歧视"，而女性
在国有—集体单位比较中的收入差异，更多取决于个人禀赋差异；男性在私
营—国有单位比较中的收入差异，更多取决于个人禀赋差异，而女性在私
营—国有单位比较中的收入差异，更多取决于"所有制歧视"。③

　　上述研究均表明，市场化过程并非直接通过性别因素产生对两性间工资
差异的影响，而是通过劳动力市场分割、制度性差异结构以及人力资本等市
场因素对男女两性群体内部收入差异产生影响，进而表现为两性间工资收入
上的差异。相对于男性更多以劳动力市场中主要及次级市场分割决定其内部
工资收入差异的模式，女性以职业转换、正规就业、地区等因素决定的内部
分化的多样性模式，造成了女性间工资收入差异。我们或许可以这样理解这
一特点，即市场化过程对于男性而言主要是依照以人力资本为基础的市场竞
争原则，而将其分置于不同的劳动力市场中，从而导致其工资收入的差异；
而市场化过程对于女性而言，则首先是造成了女性内部的分化，职业稳定性
高、正规就业及市场化发育较好地区的女性获得了较高的工资回报，而职业
稳定性低、非正规就业及市场化发育滞后地区的女性则工资回报较低。结合
前述非农就业女性劳动参与率的 M 形变化趋势，我们可以看出，非农就业
女性劳动参与的波段性既体现出市场化过程中女性进出劳动领域自由程度的
提高，但另一方面也体现出因波段性参与所造成的职业稳定性低、易采取非
正规方式就业等不利于工资收入提高的结果。研究表明：日本女性的 M 形
劳动参与率所表现出的波段性劳动参与状况，也同样存在女性重新就业后多
限于非正规就业，因其与同时参加工作男性间就业地位差距拉大，而产生两

①　迟巍：《中国城市性别收入差距研究》，《统计研究》2008 年第 8 期。
②　王天夫、赖扬恩、李博柏：《城市性别收入差异及其演变：1995～2003》，《社会学研究》
　　2008 年第 2 期。
③　刘育新：《当代中国居民收入差距的结构化研究》，中国社会科学院博士学位论文，2005。

性就业地位的极不平等感。[①]

（3）就男女两性之间工资收入差异而言，在控制各类自变量的情况下，以高估男性生产率及低估女性生产率为特征的性别歧视占有较大比例。

尽管我们认为目前性别不是影响人们工资差异的最主要原因，同时造成男女两性群体内部工资差异的原因有所不同，但是从数据所观测到的结果看，在控制各类自变量的情况下，男女之间存在着一定的工资差异，而且这一差异可以理解为由于高估男性生产率和低估女性生产率造成的。

从男女两性工资回归模型系数看，具有以下特点。

首先，调查样本中，女性平均教育年限为10.2634年，高于男性的10.198年，但男性的教育收益率为6.2%，远高于女性的3.0%。表明在同等教育程度下，男性有着高于女性的回报（见表12-3）。

表12-3　教育、工作年限、地区、职业和行业等因素对工资的影响

项　目	男性		女性		男性回归模型	女性回归模型	全体回归模型
	均值 (X_m)	样本量	均值 (X_f)	样本量	系数 (β_m)	系数 (β_f)	系数 (β^*)
ln 月工资	7.1311	1286	6.9360	806	—	—	—
教育年限	10.198	1286	10.2634	806	0.062***	0.030**	0.052***
工作年限	21.221	1286	18.3181	806	0.025***	0.009*	0.018***
工作年限平方	599.02	1286	483.949	806	-0.001***	0.000	0.000***
地区:东部	0.4899	1286	0.5973	806	0.393***	0.472***	0.409***
地区:中部	0.3345	1286	0.2395	806	0.115**	0.088	0.121**
职业:单位负责人	0.0618	1286	0.0366	806	0.070	0.453***	0.160**
职业:专业技术人员	0.0667	1286	0.1045	806	0.110	0.390***	0.160**
职业:办事人员	0.1492	1286	0.1587	806	0.005	0.149**	0.016
职业:商业人员	0.0903	1286	0.2072	806	-0.060	0.264**	0.039
职业:服务人员	0.1147	1286	0.1689	806	0.076	0.000	-0.011
单位类型:党政机关	0.0289	1286	0.0143	806	0.547***	0.755***	0.632***
单位类型:国有企业	0.1354	1286	0.0827	806	0.265***	0.549***	0.345***
单位类型:国有事业	0.1205	1286	0.1225	806	0.111	0.407***	0.207**
单位类型:集体企业	0.0284	1286	0.0361	806	0.232**	0.306**	0.223**
单位类型:三资企业	0.3612	1286	0.4182	806	0.289***	0.418***	0.310***

①　荣轶：《浅析日本社会的女性劳动参与率》，《经济师》2003年第11期。

续表

项　目	男性		女性		男　性回归模型	女　性回归模型	全　体回归模型
	均值 (X_m)	样本量	均值 (X_f)	样本量	系数 (β_m)	系数 (β_f)	系数 (β^*)
单位类型:个体户	0.1274	1286	0.1613	806	0.059	0.237 **	0.130 **
单位类型:私营企业	0.0452	1286	0.0663	806	0.147	0.558 ***	0.303 ***
行业:采矿	0.0125	1286	0.0026	806	0.282 *	0.152	0.314 **
行业:电力燃气	0.0281	1286	0.0058	806	−0.096	−0.066	−0.090
行业:建筑	0.1048	1286	0.0224	806	0.141 **	0.039	0.193 **
行业:交通仓储	0.0522	1286	0.0289	806	0.217 **	0.038	0.208 **
行业:信息传输	0.0037	1286	0.0059	806	0.158	0.093	0.101
行业:批发零售	0.0886	1286	0.1941	806	0.039	−0.168 *	−0.074
行业:住宿餐饮	0.0352	1286	0.0776	806	0.024	0.020	−0.001
行业:金融	0.0103	1286	0.0227	806	−0.218	0.166	0.014
行业:房地产	0.0548	1286	0.0803	806	0.028	−0.109	−0.045
行业:租赁服务	0.0046	1286	0.0040	806	−0.086	0.051	0.046
行业:科学研究	0.0049	1286	0.0039	806	0.187	−0.554 *	−0.034
行业:居民服务	0.0740	1286	0.0786	806	−0.022	0.029	0.012
行业:教育	0.0266	1286	0.0536	806	0.002	−0.170	−0.118
行业:卫生社保	0.0226	1286	0.0320	806	−0.135	−0.242 *	−0.191 *
行业:文化体育	0.0038	1286	0.0109	806	0.286	0.293	0.287 *
行业:公共管理	0.0655	1286	0.0412	806	−0.479 ***	−0.370 **	−0.469 ***
行业:其他	0.0062	1251	0.0006	789	−0.440 **	−0.074	−0.354 *
正规就业	0.5054	1286	0.4817	806	0.173 ***	0.190 ***	0.186 ***
职业转换:工作无转换	0.3223	1286	0.3422	806	0.067	0.084	0.083 **
职业转换:工作转换但职业不变	0.1990	1286	0.1816	806	0.094 *	0.044	0.087 **
职业转换:工作转换部分职业变	0.1544	1286	0.1621	806	−0.082	−0.017	−0.045
党员	0.1343	1286	0.0598	806	0.114 *	0.014	0.138 **
常数项	—	—	—	—	5.756 ***	5.733 ***	5.763 ***
调整 R^2	—	—	—	—	0.286	0.388	0.306
F	—	—	—	—	13.853	13.792	24.002
样本量	—	—	—	—	1251	789	2040

注：地区哑变量参照组为西部；职业哑变量参照组为生产工人、运输工人和有关人员；单位类型哑变量参照组为其他单位；行业哑变量参照组为制造业；职业转换哑变量参照组为有工作转换经历且全部变更职业。* p<0.1；** p<0.05；*** p<0.001。

其次，就工作年限而言，男性工作年限每提高 1 年，其月工资提高 2.5%，而女性则仅为 0.9%，表明在相同工作年限的情况下，男性有着高于女性的回报。

再次，男女两性内部在地区、职业、单位类型、正规就业等方面差异较大。在地区方面，相对于西部，在东部从事非农职业的女性月工资是其 1.6 倍，而在东部工作的男性则为在西部工作男性月工资的 1.48 倍；在职业方面，相对于生产工人，从事单位负责人职业的女性月工资是其 1.57 倍，而从事单位负责人的男性月工资则是男性生产工人的 1.07 倍；在单位类型方面，相对于其他单位类型，党政机关女性月工资是其 2.13 倍，而党政机关男性则是其他单位类型男性工资的 1.73 倍；在正规就业方面，相对于非正规就业，从事正规就业女性工资是其 1.21 倍，而男性正规就业者工资是男性非正规就业者的 1.19 倍。这表明就两性在地区、职业、单位类型、正规就业等方面，女性内部差异高于男性。

最后，从男女两性别间月工资差异的分解看，有 43.28% 可归于男性生产率高估部分，48.77% 可归于女性生产率低估部分，11.83% 可归于男女常数项的差异，通常男女常数项的差异可以理解为在工作年限为 0 的情况下，男女两性在月工资上的差异（见表 12 -4）。

表 12 -4　奥克萨克及科顿性别工资差异分解模型*

项　　目	个人特征解释的部分 $(X_m - X_f)\beta^*$		男性生产率高估部分 $(\beta_m - \beta^*)X_m$		女性生产率低估部分 $(\beta^* - \beta_f)X_f$		男女常数项差	
	数值	比率	数值	比率	数值	比率	数值	比率
教育年限	-0.0034	44.8	0.1005	119.0	0.2246	236.1	—	
工作年限	0.0028	-36.5	0.0622	73.6	0.0936	98.4	—	
职业转换	0.0002	-2.7	-0.0096	-11.4	0.0030	3.1	—	
行　　业	0.0200	-264.9	0.0085	10.1	0.0277	29.1	—	
职　　业	-0.0062	82.0	-0.0095	-11.2	-0.1041	-109.4	—	
正规就业	0.0044	-58.5	-0.0064	-7.6	-0.0017	-1.8	—	
地　　区	-0.0324	429.6	-0.0096	-11.4	-0.0299	-31.4	—	
单位类型	-0.0032	42.4	-0.0482	-57.1	-0.1255	-131.9	—	
党　　员	0.0103	-136.2	-0.0033	-4.0	0.0074	7.8	—	
小　　计	—	100.0	—	100.0	—	100.0		
合　　计	-0.0075	-3.87	0.0846	43.28	0.0951	48.77	0.023074	11.83

* 以平均值为基础的男女月工资收入对数差距（$\ln W_m - \ln W_f$）为 0.1951，为各项分解部分数值和的 100%。

　　具体来说，就个人特征解释的部分看，合计的分解比例为 -3.87%，表明在控制其他自变量的情况下，女性由于个人特征优于男性从而获得了高于男性的工资回报。由于工资差异分解是假设女性为被歧视群体，所以在个人特征解释部分女性高于男性的情况属于男女两性工资差异的缩小部分，而从男女两性工资差异中扣除。因此，个人特征解释部分所表现出的女性工资高于男性的特点，体现出目前随着女性自身素质的提高，其高于男性的工资回报部分地体现于男女工资差异中。其中，女性在教育年限上高于男性，以及在高收入地区、职业、单位类型等方面的集中程度高于男性，从而表现出优于男性的特点；而女性在工作年限上低于男性，以及在高收入行业、正规就业、职业稳定性、党员方面集中程度低于男性，从而表现出弱于男性的特点。

　　就男性生产率高估部分看，同等情况下，男性因教育年限、工作年限、行业等原因，其劳动生产率被高估。其中教育程度方面的高估占男性生产率高估部分的119%；工作年限的高估占男性生产率高估部分的73.6%；相同行业的情况下的高估占男性生产率高估部分的10.1%。

　　就女性生产率低估部分看，同等情况下，女性因教育年限、工作年限、行业、党员、职业转换等原因，其劳动生产率被低估。其中教育程度方面，女性被低估比率占女性生产率低估部分的236.1%；工作年限的低估占女性生产率低估部分的98.4%；在相同行业情况的低估占女性生产率低估部分的29.1%；在党员方面，低估比率占女性生产率低估部分的7.8%；在职业转换方面，女性低估比率占女性生产率低估部分的3.1%。

　　就男女常数项差看，其比例占男女收入差异的11.83%，表明男女之间的工资差异有11.83%为两性最初从事非农职业时就存在的差异。这一部分也可按男性生产率高估（即 $\beta_m - \beta^*$）和女性生产率低估（即 $\beta^* - \beta_f$）加以分解，结果表明这一差异完全由于对女性初职时劳动生产率低估造成。

　　通过以上分析，我们可以看到：在市场化所包含的三个方面，即人力资本、劳动力市场分割及制度性差异结构上，男女两性工资差异主要表现为对女性人力资本的歧视；存在明显相同人力资本情况下，高估男性生产率并低估女性劳动生产率的倾向。随着女性教育程度的提高，其在非农就业中的教育年限已与男性相当，甚至在低龄段高于男性，但这一人力资本的增长并未体现在女性工资收入的增长中。同样，在相同工作年限的情况下，女性的劳动生产率也被低估，而职业转换所导致的对女性劳动生产率的低估情况也在一定程度上存在。

从劳动力市场分割对男女两性工资差异的影响看，除在行业方面存在一定程度的性别隔离，导致女性被集中于工资相对较低行业而造成男女两性工资差异外，在职业、正规就业方面则没有明显的性别隔离所导致的男女两性工资差异。

同样，从制度性差异结构看，由于非农职业女性在市场化程度较高的东部地区的集中程度高于男性，以及在市场化程度较高的非国有单位的集中度高于男性，因此在地区及单位类型上，男女两性工资差异没有表现出明显的女性歧视现象。

因此，可以认为，目前造成男女两性工资差异中的歧视性因素主要不是由于市场化过程中的劳动力市场分割和制度性差异结构影响，而是在相同的劳动力市场分割领域内，以及相同的制度性差异结构控制下的对女性人力资本的低估和对男性人力资本的高估，这也就再次证实了男女两性工资差异中的"玻璃天花板"现象和"黏性地板"现象的存在。实际上，这是市场化过程以近似公平的人力资本市场竞争，将人们配置于不同的劳动力市场分割领域及不同的制度性差异结构后，再以人力资本性别歧视的方式对男女两性工资进行分配的结果。这也说明了在对总体工资差异模型偏回归系数的分析中，性别因素仅提供了 3.03% 独立解释力的原因。在这里，人力资本因素表现出其价值被两次评估的特点。首先它是市场竞争的工具，是市场化的积极因素，它在劳动力市场配置中发挥着不分性别的公平配置的作用。此时，对人力资本价值的第一次评估，表现出市场对人力资本因素基本价值的肯定，并以此作为不同人力资本配置到相应劳动力市场的主要依据。其次它又是性别歧视的工具，是逆市场化的消极因素，它在劳动力市场配置后通过传统社会性别意识的作用，以高估男性且低估女性的方式，调整着相同人力资本情况下两性的工资差异。此时，对人力资本价值的第二次评估，表现出处于市场之外的性别因素对人力资本的再评估，性别本身被作为评估的主要依据。结合男女两性工资模型常数项差值的分解，所显示的 11.83% 的先赋男女两性工资差异，可以认为在男女两性工资差异的歧视方面，基于文化性、观念性因素的传统社会性别意识起着较大的作用，它在市场化因素发挥作用之后对市场化结果进行着控制。因此，市场化在很大程度上能够消除因劳动力市场分割以及制度性差异结构所带来的性别隔离和性别差异，但它无力解决传统社会性别意识对市场化配置后因社会性别歧视所造成的男女两性工资差异。

五　改善女性就业地位的政策建议

由以上分析可以看到，随着就业市场化的推进，非农就业的女性劳动参与发生了与以往不同的变化，女性的波段性就业成为主要特点。同时，市场化又在很大程度上起到了消除职业上的性别隔离的作用，现实地推动了两性的就业平等。但是，文化性、观念性社会性别意识对两性工资差异仍起着很大的作用，它在市场化以外的领域，通过对两性人力资本价值的第二次评估，高估男性而低估女性，从而导致了两性工资收入的差异。因此，改善女性就业状况、缩小性别工资差异不能仅从市场化方面考虑，还必须从社会政策、社会性别意识的改善上加以推进。

1. 全面提高女性劳动素质，消除对女性的就业歧视

由以上分析看出，市场化过程对于女性群体内部的分化作用大于男性。随着女性受教育程度的提高和市场化进程的作用，女性群体内部产生了大于男性的分化过程，表现为女性在职业转换、正规就业、地区等方面的内部差异大于男性。职业稳定性高、从事正规就业，以及在市场化程度较高地区就业的女性，有着比职业稳定性低、从事非正规就业，以及在市场化程度较低地区就业女性更高的工资回报，其差距要大于同等情况下男性群体内部的差距。

女性群体内部差距的扩大，一方面表明部分女性开始进入劳动力市场高端，在一定程度上实现了性别平等；但另一方面部分女性沉淀于劳动力市场的低端，在一定程度上强化了原有的社会性别意识中对于女性的歧视。即传统社会性别意识以处于劳动力市场低端的女性特点作为其对性别人力资本二次评估的依据，夸大劳动力市场低端女性在女性整体人力资本评估方面的作用，从而降低了女性整体的评价标准。

2. 加强对处于劳动力市场低端女性的就业扶持和生活救助

目前男女两性工资差异表现出的依据市场竞争原则进行劳动力配置后的对人力资源二次评估的现象，处于劳动力市场低端的女性被低估的程度有可能更大，其在劳动力市场中处于最不利的状态，是需要社会政策给予帮助的弱势群体。从正规就业者与非正规就业者月工资均值看，正规就业男性为2058元，女性为1572元，而非正规就业男性为1218元，女性仅为1033元。从体力劳动者月工资均值看，男性为1057元，女性为804元；从半体力半技术者月工资均值看，男性为 1547 元，女性为 1218 元。可以说，处于劳动力市场低端的女性在月工资收入上明显低于其他群体。在经历市场竞争和传统社会性别意识对人力资本的二次评估后，被配置于劳动力市场低端的女性最终成为各类人群中的弱势群体，相比其他人群，她们承受了来自市场竞争和传统社会性别意识的双重打压。因此，加强对处于劳动力市场低端的女性的就业扶持和生活救助，就成为政策制定者的当务之急。

3. 强化对孕产期女性的劳动保护，提高女性就业中的职业稳定

非农就业女性的劳动参与率的 M 形特征，表现出市场化进程中女性进出劳动就业领域的自由程度的提高。但是，我们也需要注意，目前我国非农就业女性的 M 形劳动参与率特征，是在我国整体的低工资水平，且非农就业女性严重缺乏必要的社会保障情况下出现的。这在一定程度上表明，女性并非完全出于自愿而选择退出劳动就业领域。因为其一旦退出，便意味着失去工资收入且无更多的社会保障作为补偿，而社会整体的低工资状况又表明其家庭成员对于女性退出劳动就业领域的收入补偿作用较为有限。

从非农就业女性目前的社会保障享有情况看，有城镇基本养老保险的非农就业女性占非农就业女性总体的 32.4%（男性的这一比例为 31.6%），有城镇职工基本医疗保险的女性为 34.3%（男性为 33.4%），有城镇居民医疗保险的女性为 16.3%（男性为 13.4%），有失业保险的女性为 17.5%（男性为 22.4%），有工伤保险的女性为 18.1%（男性为 28.1%），有生育保险的女性为 10%。虽然两性在享有社会保障方面没有太大的差别，但女性在生育保险方面的享有程度较低，表明其在生育过程中将面临较大的生活压力，其生育期间的收入无法得到有效补偿。

同时，我们也看到，女性波段性就业所造成的职业稳定性降低对于女性工资收入具有一定的负面影响。从前面的男女两性工资回归模型中可以看到，职业转换对于两性具有不同的影响，就男性而言变更工作岗位但不转换职业对其工资收入有较高的正向影响，其次为不变更工作岗位，而职业的变化对于男女两性工资收入而言，均有负面影响；就女性而言，不变更工作岗位对其工资收入有较高的正向影响，其次为变更工作岗位但不转换职业。这说明工作岗位的变更对男性工资提高更为有利，而对女性来说则相对不利。职业经验的积累对男性而言是通过工作岗位变更而得到强化的，对女性而言则是在同一岗位的持续工作而得到强化的。工作岗位的变更对于女性来说直接意味着其在后一个职业中工资收入将可能有所下降。这样，女性波段性就业所包含的工作岗位变更则在一定程度上造成了其人力资本被低估的可能性。

　　尽管非农就业女性在劳动参与率方面所表现出的波段性就业特点是市场化的体现，但在此过程中所表明的女性收入下降则是不利于女性就业地位的改善的。在一定程度上，女性被动地呈现波段性就业特点是造成女性人力资本被低估的原因之一。所以，我们必须加强对孕产期女性的劳动保护，减少其被动退出劳动就业领域而产生的负面影响。

　　因此，虽然从根本上说，改善女性就业状况，缩小两性在劳动就业领域的差距，主要在于以非市场化的手段，通过社会政策保障男女两性公平参与；但从可行的市场化手段来看，通过提高女性整体素质，以消除传统社会性别意识对女性的歧视，也是有效的途径之一。

第十三章
老龄化和老年人口赡养

张丽萍

在过去的几十年里，由于生育水平持续、快速下降以及人均预期寿命的延长，老年人口比例迅速上升，中国成为世界历史上人口老化最快的国家。人口快速老化所带来的一系列后果将是我国在今后一个相当长的时期内所面临的严峻挑战之一。如何积极应对人口快速老化的严峻形势，特别是在经济不发达、社会保障体系不健全、人民群众应对不充分的条件下，如何妥善解决人口老化带来的问题，是需要充分研究和提前准备的。因此，研究我国老年人的生活现状及保障状况具有重大的理论与应用价值。

有学者指出，我国的人口中，老年人口数量和比例的变化对社会结构有很多影响，包括对家庭、健康和社会服务、长期照料、养老金和退休制度、政治历程、休闲服务、住房等的影响（N. R. 霍曼和 H. A. 基亚克，1988）。面对日益凸显的人口老龄化问题及人口老龄化的发展趋势，关注老年人，关心老年人，积极应对老龄化给社会经济带来的影响，特别是妥善解决老年人口养老保障问题，对于促进人口与社会经济协调发展，提前实现全面小康社会目标，有着非常重要的意义。本章主要是以 2008 年全国社会状况调查数据[①]，并结合各种来源的统计数据，从老年人口的生活现状与社会态度出发，研究探讨老年人口的养老保障与面临问题，为政府和有关部门解决老年人口面临的问题提供参考。

――――――――――

① 在被访者中，60～69 岁人口 807 人，占被访者的 11.3%。在这些人中，从性别上看，男性占 51%，女性占 49%；从民族来看，91.2% 为汉族，8.8% 为少数民族；从户口性质来看，60.7% 为农业户口，39.3% 为非农业户口；从教育程度来看，38.9% 为小学，23.7% 没受过教育，22.6% 受过初中教育。

一 我国人口老龄化的特点

2005 年 1% 人口抽样调查数据显示，60 岁及以上人口为 14408 万人，占总人口的 11.03%，其中 65 岁及以上人口为 10045 万人，占总人口的 7.69%（国家统计局，2006）。从全国看，老年人口的比例越来越高，而且这一比例升高的速度逐渐加快，老年人已成为一个越来越庞大的社会群体。根据国家统计局资料，20 世纪 50~60 年代，全国 65 岁及以上的老年人口的比例在 4% 左右，80 年代为 5% 左右，而在 1992 年这一比例超过 6%，在 1997 年超过 7%，在 2002 年超过 8%，2005 年超过 9%（见图 13 - 1）。

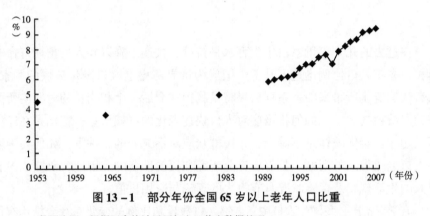

图 13 - 1 部分年份全国 65 岁以上老年人口比重

数据来源：根据国家统计局历年人口普查数据整理。

从全国各个地区来看，老年人口的抚养比在 9%~19% 之间，其中上海、重庆、四川和安徽的老年人口抚养比超过 15% 以上。从老年人口总数来看，山东、四川和江苏的数量最多，均在 800 万人以上（见图 13 - 2）。

在未来几十年里，老年人口无论是数量还是比例都会大幅上升，2004 年联合国关于中国的人口预测（中方案）65 岁及以上人口比例在 2025 年为 13.7%，2050 年为 23.6%。而人口年龄结构的老化在亚太地区各国和地区也是一个不可避免的趋势，根据亚太经合组织（2002）结果，中国内地 60 岁及以上人口比例在 2000 年为 10.1%，2025 年达到 19.5%，在 2050 达到 29.9%，接近总人口的 1/3（见表 13 - 1）。

综上所述，人口老龄化的速度快、老年人口数量多、人口老化的区域不平衡等成为目前我国人口老龄化的主要特点。

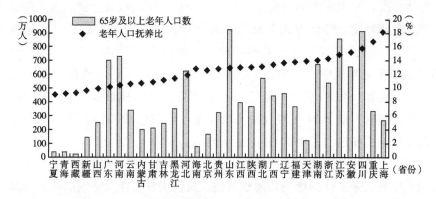

图 13 - 2　2007 年全国各地区 65 岁及以上老年人口数及
老年人口抚养比

数据来源：根据国家统计局 2008 年中国统计年鉴，数据 2007 年全国人口变动情况抽样调查样本数据，抽样比为 0.9‰。

表 13 - 1　亚太地区主要国家与地区 60 岁及以上人口比例

单位：%

地区　　　年份	2000	2025	2050	地区　　　年份	2000	2025	2050
日　　　本	23.2	35.1	42.3	中国内地	10.1	19.5	29.9
韩　　　国	11	24.1	33.2	中国香港	14.3	28.2	35.4
新 加 坡	10.6	30.0	35.0	墨 西 哥	9.7	29.4	38.4
泰　　　国	8.1	17.1	27.1				

资料来源：亚太经合组织（2002），转引自陈章明 *Social Care for the Older Persons in Hong Kong*。

二　老年人口生活状况及特点

养老是老年人口面临的首要问题，而养老能否有保障，在很大程度上取决于经济上是否有保障，经济保障是养老的基础。对老年人口经济状况的分析主要从就业、收入状况、消费状况等方面进行考察。

1. 老年人就业情况城乡差异较大

通常老年人口被认为是退出劳动领域的人口。然而从现状、趋势和影响看，老年人口就业无论对老年人本身、家庭还是社会经济发展都有重要意义。老年人口就业是老年人参与经济生活的主要内容，直接关系到老年人口的经济状况，是老年人的主要经济特征之一。老年人口就业受总人口的就业状况、劳动制度、劳动方式以及老年人自身状况（如身体素质、文化技术素质等）影响，有着不同于其他就业人口的特点和规律。在本次调查中，60岁及以上老年人中，全职、半职和临时性工作比例相对较低，占7.4%，由于城乡差异，仍然务农的老年人比例较高，全职和兼业务农的占41%；未工作的包括离退休的占31.1%，现在无工作的包括失业下岗和以前工作过以及从未工作过的占20.5%（见表13-2）。

除城乡差异外，老年人口就业也存在着性别差异。分性别比较显示，女性无工作和从未工作的比例要高于男性。男性仍在工作及务农的比例都高于女性。

表13-2　老年人就业情况

项　　目	人数（人）	比例（%）	男（%）	女（%）
全职工作	45	5.6	4.1	1.5
半职工作	1	0.1	0.1	0.0
临时性工作（无合同、非稳定的工作）	14	1.7	1.2	0.5
全职务农	319	39.6	21.8	17.7
兼业务农	11	1.4	1.4	0.0
离退休，目前无工作	251	31.1	17.1	14.0
失业/下岗，目前无工作	7	0.8	0.5	0.4
以前工作过，但现在无工作	145	17.9	4.6	13.3
从未工作过	15	1.8	0.2	1.6
总　　计	808	100	51	49

数据来源：根据2008年全国社会状况调查数据汇总。

2. 老年人的收入和家庭赡养

经济收入是老年人晚年生活的经济依托。首先，从收入水平来看，与其他年龄组相比，老年人口收入水平较低。对于非农劳动者，从月收入与分红之和来看，与其他年龄组相比，60~69岁老年人口的收入均值最低，为909.8元，且方差最小，还不到39岁以下人口月均收入的一半（见表13-3、图13-3）。分工作类型的收入均值也证实了这一点。

其次，在收入水平较低的情况下，老年人的主要生活来源也相对单一。

表 13 - 3　不同年龄被访者月工资比较

年龄分组	均值(元)	人数(人)	标准差(元)
18 ~ 29 岁	1806. 0	750	3346. 7
30 ~ 39 岁	2313. 5	817	10992. 1
40 ~ 49 岁	1679. 0	689	3250. 2
50 ~ 59 岁	1595. 2	338	4580. 1
60 ~ 69 岁	909. 8	64	1268. 0
总　　计	1880. 8	2658	6768. 0

数据来源：根据 2008 年全国社会状况调查数据汇总。

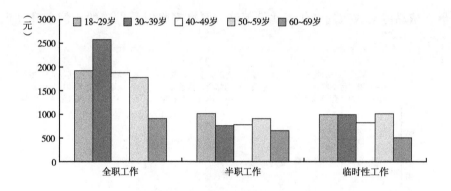

图 13 - 3　不同年龄被访者月工资比较

数据来源：根据 2008 年全国社会状况调查数据汇总。

现阶段我国老年人口的经济来源主要有：劳动收入（包括再就业）、退休金、子女亲友供给和其他四大类。由于本次调查没有调查老年人的主要生活来源，而 2005 年全国 1% 人口抽样调查数据显示，60 岁及以上的老年人 47% 主要靠家庭其他成员供养，27.5% 主要生活来源是劳动收入，以离退休金和养老金为生活来源的仅占 21.7%。从分城乡来看，城市老年人的主要生活来源比例最高的是离退休金和养老金，乡村老年人以家庭成员供养和劳动收入为最主要的生活来源（见图 13 - 4）。

从 2005 年全国 1% 人口抽样调查数据来看，分城乡的老年人主要生活来源的数据同样显示不同，另外，无论城乡，随着年龄的增长，老年人口的收入来源或生活来源随着劳动能力的丧失，转为主要靠其他家庭成员供

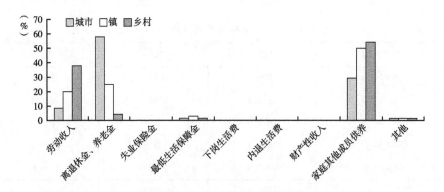

图 13 - 4　60 岁及以上的老年人生活来源

数据来源：2005 年全国 1% 抽样调查。

养，依靠劳动收入的老年人比例下降，而靠家庭成员供养的比例上升（见图 13 - 5）。

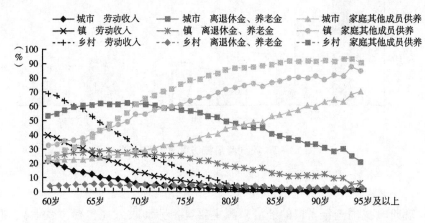

图 13 - 5　分城乡 60 岁及以上的老年人生活来源比较

数据来源：2005 年全国 1% 抽样调查。

3. 老年人消费水平低，消费结构单一

消费水平是衡量老年人晚年生活水平的重要标志，老年人口量入为出，主要消费项目是日常必需的，但消费水平较低。

从家庭人均支出来看，老年被访者家庭总支出最低，其中房贷、衣着费、交通费、通信费、教育费、日用品支出、人情往来和其他支出等与其他年龄组相比都是最低的，而人均医疗保健费的支出远远高于其他年龄组（见表 13 - 4、图 13 - 6）。

表13-4 不同年龄被访者家庭人均支出情况

单位：元

年龄分组	总支出	全年房贷分期偿还或房租的支出	全年饮食支出（包括家中饮食与外出饮食）	全年衣着费	全年医疗保健费	全年交通费	全年通信费
18~29岁	7982.2	514.5	2696.3	687.8	708.6	453.9	473.8
30~39岁	6441.1	571.2	2328.6	529.1	549.8	424.6	357.2
40~49岁	6097.8	307.2	2096.8	395.8	584.8	336.9	302.5
50~59岁	5783.0	170.9	2107.4	302.4	767.5	260.6	289.4
60~69岁	5297.7	121.1	2163.9	240.7	1029.3	198.1	210.3

年龄分组	全年教育费用	全年文化、娱乐、旅游费用	全年电费、水费、燃气（煤）费、物业费、取暖费	全年家用电器、家具等购置费用	日用品支出	人情往来支出	其他支出
18~29岁	823.3	166.7	451.7	382.6	143.1	584.3	801.4
30~39岁	575.6	170.2	431.6	222.6	120.5	507.0	530.6
40~49岁	1123.1	112.1	370.1	152.2	105.9	476.5	466.6
50~59岁	637.0	110.9	395.9	186.7	100.1	498.0	587.8
60~69岁	285.8	114.7	431.8	175.7	95.0	469.5	315.0

数据来源：根据2008年全国社会状况调查数据汇总。

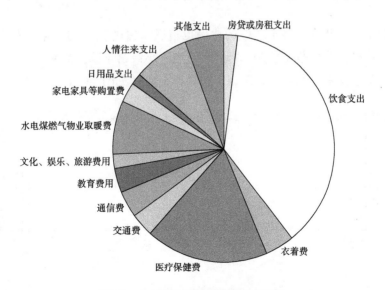

图13-6 老年被访者家庭支出结构

数据来源：根据2008年全国社会状况调查数据汇总。

　　从不同类型支出的比例来看，在老年被访者家庭中，饮食支出、医疗费和人情往来支出的比例最高。

　　从消费分层的角度看，老年人的消费主要是以大众消费为主。

　　首先，从衣物购买来看，在普通服装商店、街边摊点、乡村集市购买的比例都在28%左右。而在大商场、品牌服装专卖店和超市购买的非常少，另外，还有一部分老年人的衣物不去购买，穿儿女给的衣物（见图13－7）。

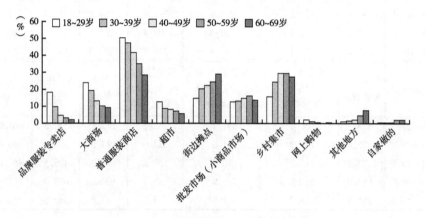

图13－7　不同年龄被访者服装消费情况

数据来源：根据2008年全国社会状况调查数据汇总。

　　其次，老年人口外出吃饭的比例也很低，超过70%的老年人很少外出吃饭。而外出吃饭也主要是选择到小吃店、小饭馆吃饭，到中高档饭店的比例非常低，这些都与其他年龄组有明显的不同（见图13－8）。

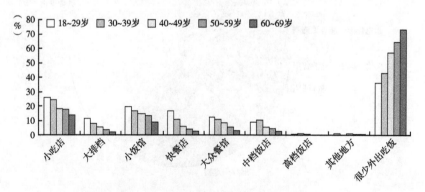

图13－8　不同年龄被访者外出吃饭情况

数据来源：根据2008年全国社会状况调查数据汇总。

再次，从出行方式来看，老年被访者主要是走路、乘坐公共交通工具和骑自行车、摩托车、三轮车等（见图 13 -9）。

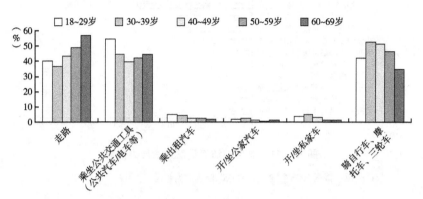

图 13 -9　不同年龄被访者出行方式比较

数据来源：根据 2008 年全国社会状况调查数据汇总。

老年人的业余生活中频率最高的是看电视，有 78.6% 的老年被访者几乎每天都看电视，每天看报纸的比例接近 20% ，另外还有 9.7% 的老年被访者每天听收音机。而从不浏览互联网或收发手机短信的老年被访者分别为 96% 和 94%（见图 13 -10）。

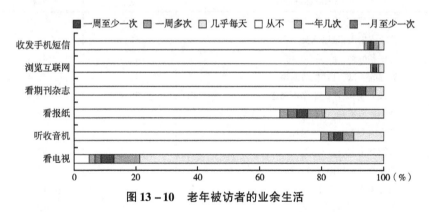

图 13 -10　老年被访者的业余生活

数据来源：根据 2008 年全国社会状况调查数据汇总。

4. 老年人日常生活压力大

调查数据显示，老年人面临的主要问题中，物价上涨影响生活水平的比例最高，超过 70% ；医疗支出大和家庭生活困难的比例都在 47% 左右，另外还有 42.5% 的老年人住房条件差，建/买不起住房（见图 13 -11）。

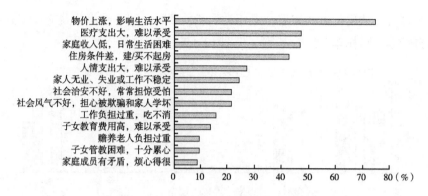

图 13-11 老年被访者日常生活压力情况

数据来源：根据 2008 年全国社会状况调查数据汇总。

分城乡看，城镇老年人面临的问题的比例与全国的类似，但农村老年人在生活方面除了物价上涨的压力外，有 52.4% 的老年被访者认为家庭收入低，日常生活困难，这一问题排在了第二位（见表 13-5）。

表 13-5 老年被访者家庭面临的生活压力

单位：%

城乡居民家庭面临的生活压力	城镇	农村
物价上涨,影响生活水平	79.0	74.0
医疗支出大,难以承受	51.3	46.2
住房条件差,建/买不起房	45.3	41.8
家庭收入低,日常生活困难	41.1	52.4
家人无业、失业或工作不稳定	30.4	20.9
社会风气不好,担心被欺骗和家人学坏	26.6	18.5
社会治安不好,常常担惊受怕	26.3	18.8
人情支出大,难以承受	24.1	30.5
子女教育费用高,难以承受	15.3	12.9
赡养老人负担过重	9.7	10.0
子女管教困难,十分累心	9.0	10.4
工作负担过重,吃不消	8.8	21.0
家庭成员有矛盾,烦心得很	6.9	10.4

数据来源：根据 2008 年全国社会状况调查数据汇总。

5. 老年人生活水平较过去相比上升，但对未来的预期降低

老年被访者有 71.4% 的人认为近五年来生活水平有上升，18.2% 的人

认为没变化，还有 9.7% 的人认为是下降。对于未来 5 年，53.2% 的人认为生活水平会上升，20.7% 的人认为没变化，而认为下降的人为 8.7%。

表 13-6　老年被访者对 5 年来生活状况变化的评价

项　目	与 5 年前相比，您的生活水平是		您感觉在未来的 5 年中，您的生活水平将会	
	人数	比例(%)	人数	比例(%)
上升很多	131	16.2	88	11.0
略有上升	445	55.2	340	42.2
没变化	147	18.2	167	20.7
略有下降	65	8.1	57	7.1
下降很多	13	1.6	13	1.6
不好说	6	0.7	140	17.4

数据来源：根据 2008 年全国社会状况调查数据汇总。

三　老年人口的养老照料问题

1. 无配偶老人家庭增多

婚姻是家庭的基础，老年人的婚姻状况与其家庭生活、经济赡养、生活照料、精神慰藉、身心健康以及人际关系等各方面都有着重要的影响。现有研究已表明，婚姻对健康和长寿有益，有偶者的健康状况好于无偶者，且死亡风险也低于无偶者。

从 2005 年全国 1% 人口抽样调查数据可以发现，71% 的 60 岁及以上老年人处于有偶状态，包括初婚有配偶、离异有配偶或再婚有配偶，而未婚或离异、丧偶等无配偶的占 29%。分性别看，女性无配偶的比例高于男性，男女无配偶的比例分别为 20.8% 和 38.5%。分年龄看，在同龄男性中，60~69 岁的老年男性有偶状态的比例从 89.6% 下降到 82.5%，70~79 岁从 80% 降低到 60.5%，80~89 岁从 61.6% 降低到 40%，到 95 岁及以上降低到 29%；同龄女性中，有配偶的比例 60~69 岁从 85.5% 下降到 66.8%，70~79 岁从 62.1% 降低到 35.5%，80~89 岁从 31.1% 降低到 13.2%，到 95 岁及以上降低到 8.6%（见图 13-12）。

在本次调查中，60~69 岁老年被访者中处于有偶状态的比例为 83.5%，其中有 81.2% 为初婚，离婚或丧偶后再婚的比例为 2.3%，无配偶的未婚占

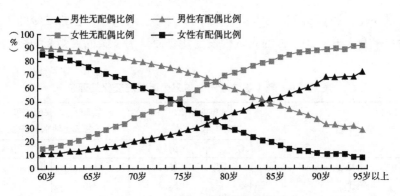

图 13 - 12 老年人口有无配偶比例变化

数据来源：2005 年全国 1% 人口抽样调查。

1%，15.0% 丧偶后未再婚。分性别来看，丧偶后未再婚的比例女性高于男性，女性为 20.45%，男性为 10%（见表 13 - 7）。

表 13 - 7 老年被访者婚姻状况

单位：人，%

项　　目	男		女		合计	
	人数	比例	人数	比例	人数	比例
未结过婚	7	1.7	1	0.25	8	1.0
初　　婚	350	85.0	306	77.3	656	81.2
离婚后未再婚	3	0.7	1	0.25	4	0.5
离婚后再婚	6	1.4	1	0.25	7	0.9
丧偶后未再婚	41	10.0	81	20.45	122	15.0
丧偶后再婚	5	1.2	6	1.5	11	1.4
总　　计	412	100.0	396	100.0	808	100.0

数据来源：根据 2008 年全国社会状况调查数据汇总。

2. 1/3 的老年家庭是空巢家庭

国外近 20 年的对家庭照料的研究发现，家庭在确定主要照料者的人选上已经有了一套约定俗成的规定。通常，照料责任首先落在老年人的配偶身上，在老年人的配偶承担主要照料的情况下，成年子女常常成为次要照料者。这样成年子女就会既帮助父亲，又帮助母亲（Bourgeis, Beach, Schulz&Burgio, 1996）。当老年人的配偶已故或不能承担主要照料者的角色时，就会由成年子女接替这一角色（Aneshensel et al.，1995；Gatz et al.，

1990）（转引自 Cavanaugh & Whitbourne，1999）。

家庭成员的组成直接影响到对老年人口的照料，在本次调查的808个老年被访者的家庭中，有40户独居，即独自一人居住，包括未结过婚和离异丧偶未再婚的。还有235户为夫妻共同居住，这两类家庭共275户，没有子女同住（具体分布见表13－8）。这些家庭占老年被访家庭的1/3。

表13－8 老年被访者空巢家庭类型

单位：%

家庭类型	户数	比例	家庭类型	户数	比例
独居	40	5.0	丧偶后未再婚	33	
其中:未结过婚	6		夫妻共居	235	29.1
离异后未再婚	1				

数据来源：根据2008年全国社会状况调查数据汇总。

3. 同住家庭成员的构成

从同住家庭成员来看，比例较高的是配偶、儿子、儿媳以及（外）孙子女。其中配偶占83.4%，儿子和儿媳的比例分别为52.6%和38%，女儿和女婿的比例分别为14.1%和3.2%；（外）孙子女的比例达到47.3%。此外与父母和配偶父母同住的比例分别为4.6%和2.1%（见表13－9）。

表13－9 老年被访者同住家庭成员比例

单位：%

同住家庭成员	比例	同住家庭成员	比例
配 偶	83.4	女 婿	3.2
父 母	4.6	（外）孙子女	47.3
配偶父母	2.1	兄 弟	0.2
儿 子	52.6	姐 妹	0.1
儿 媳	38.0	其他亲属	1.2
女 儿	14.1	其他非亲属	0.1

数据来源：根据2008年全国社会状况调查数据汇总。

另外，本次调查的被访者年龄在60～69岁，除了自身开始养老外，还面临着为自己的父母或配偶父母养老的问题，在本次调查的老年被访者中父母均健在的占1.9%，父亲健在的占2.9%，母亲健在的占9%；配偶父母健在的占2.4%，配偶父亲健在的占2.9%，配偶母亲健在的占9.9%。所以在解决自身养老问题外，他们还面临着父母的养老等问题（见表13－10）。

表13－10　父母健在情况

项　目	人数	比例(%)	项　目	人数	比例(%)
父母健在	15	1.9	配偶父亲健在	23	2.9
父亲健在	23	2.9	配偶母亲健在	80	9.9
母亲健在	73	9.0	配偶父母均去世	673	83.4
父母均去世	696	86.2	不适用	9	1.1
配偶父母健在	19	2.4			

数据来源：根据2008年全国社会状况调查数据汇总。

四　老年人口的社会保障水平

老年人口问题包括两部分内容：一是反映老年人自身特点和要求的问题，如老年人的物质保障、社会福利、医疗服务、住房、就业、教育等问题；二是由于老年人口规模过大和人口老龄化带来的社会经济问题，如人口老龄化对生产、分配、消费、储蓄等经济活动的影响，以及人口老龄化带来的生活方式、价值观念、社会心理等社会生活的变化。满足数量众多的老年人口的自身需求，本身就不是个简单的问题，而建设一个与老年人口生活相关的制度体系更是一个长期复杂的过程。前者的问题在未出现人口老龄化以前就已经出现了。后者还需要各界的关注和共同努力。人口老龄化达到一定程度后，必然引发生产、消费结构和家庭结构发生相互变化，也会对现实的老年人口问题产生影响。《老龄问题》（1939）的作者埃蒙德·文森·考德利认为，"由于有了足够的财政支撑，成长过程以及生命过程的整个曲线上扬的这一部分的问题都被有力地解决了，而那些关于老化的、不可避免地以死亡告终的生命曲线下降阶段的问题则相反，被很不体面地忽视了。"因而面对老龄化的冲击，社会需要提供基本的保障。

1. 老年人口健康水平随年龄增长不断下降

根据2005年全国1%人口抽样调查数据推算，60岁及以上老年人生活不能自理的比例达到15%，随着年龄的增长，身体健康的老年人比例降低，不能正常工作或生活不能自理的比例增加（见图13－13、图13－14）。

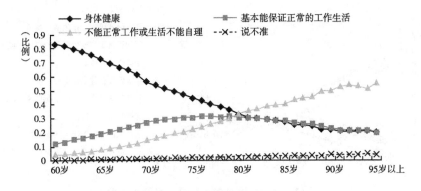

图 13-13　全国老年人口健康状况

数据来源：2005 年全国 1% 人口抽样调查。

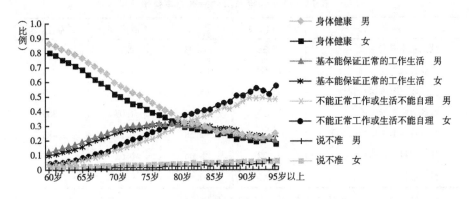

图 13-14　全国老年人口分性别健康状况

数据来源：2005 年全国 1% 人口抽样调查。

分城乡来看，农村老年人身体健康的比例要低于城镇，而生活不能自理的比例要高于城镇（见图 13-15）。

2. 城乡老年人口的社会保障覆盖面扩大

城乡老年人口的社会保障覆盖面扩大。表 13-11 的调查数据表明，对 60~69 岁的非农户口的人口而言，城镇基本养老保险的覆盖率已经达到 55.36%，企业补充养老保险的覆盖率为 15.00%，城镇职工基本医疗保险覆盖率为 53.05%，城镇居民医疗保险的覆盖率为 23.57%；对同年龄段的农业户口居民而言，91.32% 的人享受到了"新农合"，但农村社会养老保险由于推行时间较短，只有 6.6% 的覆盖率。

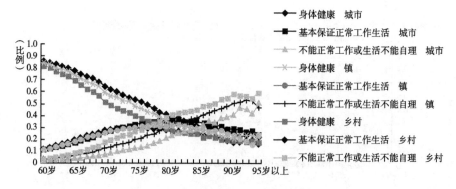

图 13 - 15　全国老年人口分城乡健康状况

数据来源：2005 年全国 1% 人口抽样调查。

表 13 - 11　老年人口社会保障享有率

项　　目	享有(%)	未享有(%)	不清楚(%)	样本量(人)
城镇基本养老保险	55.36	43.93	0.71	280
企业补充养老保险	15.00	83.57	1.43	280
城镇职工基本医疗保险	53.05	46.24	0.71	279
城镇居民医疗保险	23.57	75.36	1.07	280
农村社会养老保险	6.60	92.58	0.82	485
新型农村合作医疗	91.32	8.06	0.62	484
城乡最低生活保障	3.80	95.55	0.65	764

注：城镇养老保险、企业补充养老保险、城镇医疗保险享有率均以非农户口者计；农村社会养老保险和新型农村合作医疗享有率均以农业户口者计，城乡最低生活保障以城乡老年人口计。

数据来源：根据 2008 年全国社会状况调查数据汇总。

五　小结

当前，我国的老年人口数量多，人口老龄化速度快，而随着生育水平的下降，可以预见未来老年人口中少子女、无子女老人总量和比例都会明显上升；而独居、无配偶老人总量迅速增加，同时无配偶老人总量的增加，对社会养老需求和服务将是一个严峻的挑战，因此需要在强调家庭养老的同时，关注部分空巢老人家庭安全，特别是有困难或身体不好的空巢老人，生活没人照料、有病得不到及时救治，更需要引起注意。

　　同时，随着老年人口逐渐退出劳动力市场和丧失劳动能力，其个人收入减少是必然的，老年人口目前的经济水平和支付能力基本只能满足基本生活需求。因此，老年人口的生活压力和医疗保健压力巨大是必然的，缺少抵御风险的能力。这必然会造成老年人口低收入、低消费、低生活质量和低健康水平。要提高老年人口的社会保障水平，尤其是关注低收入老年人的社会保障问题，同时完善农村养老保障及老年医疗保障体系。

第十四章
家庭结构变动及对家庭养老的影响

田　丰

一　问题的提出和研究的思路

　　家庭作为社会生活的基本单位，在人类历史上扮演了极其重要的角色。一般而言，家庭是以一对夫妻为核心，加上部分一起居住、生活和生产的其他家庭成员。家庭成员之间的血缘、姻缘等构成基本的家庭关系，依据家庭成员间的关系及家庭成员在关系中所处的位置，形成了所谓的家庭结构。传统中国家庭是父权为核心，父母与子女、兄弟姐妹之间的家庭关系呈现出基于血缘关系的差序格局，这意味着几对夫妻关系可能会被紧密的血缘关系所连接，组成规模较为庞大的直系家庭或者联合家庭模式。

　　中国历史上直系家庭和联合家庭为代表的"大家庭"并不具有普遍性，其主要原因在于人口高出生率、高死亡率和低预期寿命，导致了家庭规模尚未扩大时，长辈就已经过世，平辈子女分家的情况。除了少数的大户人家外，土地规模和土地产出的有限性也不足以支撑一般家庭的无限扩大，一旦家庭人口数超出土地的承受能力，分家也成为一种必然的选择。所以，历史上中国家庭的平均人口数基本在 4~7 人之间变动，十几口人甚至几十口人规模的家庭并不普遍，四世同堂成为传统文化中理想化的家庭模式。即便是四世同堂的"大家庭"，也不是以同居共产的形式存在，而是以析产合户方式存在。析产合户家庭是指业已析产的小家庭在官方户籍上和日常生活中仍然合用一个户名的情况，其结构特征是在家庭财产上分而在血缘亲情上合，从而暂时缓解了一直困扰中国传统家庭发展的两难矛盾，即血缘亲情产生的向心力和财产私欲产生的离心力。事实上，中国传统父权家庭在规模不大、析产合户的历史条件下，不仅作为生产和生活的基本单位，还承担着重要的家庭功能和社会功能，并衍生出以家庭关系网络为基础的家族化的基层社会组织方式，并由此演变出了独特的"反哺"养老模式，实现家庭内部财富和权力的延续。

在近代西方社会文明的冲击下，中国部分城市地区率先出现了家庭小型化的趋势，"小家庭"模式得到了当时部分开明人士和学者的大力推崇，被认为是更为先进的社会组织模式。西方"小家庭"模式和中国"大家庭"模式一度成为先进社会模式和落后社会模式对立的代名词。实际上，近代城市社会家庭小型化的原因，更多地是部分城市地区出现了工业社会的生产和生活方式，"小家庭"模式也更多地产生在小户人家和中低产阶层家庭。农村地区发生根本性的改变是在公有制体制下实现的，传统大家庭模式失去了赖以存在的家庭财产和生产资料的私有制，家长在家庭中的权威地位受到挑战，家族化的基层社会组织方式在社会运动过程中受到了毁灭性的打击，家庭和家族在社会结构中的地位和作用日益下降，单位逐步取代家庭和家族，成为社会的基层组织。

20 世纪 80 年代之后，城市化和工业化程度不断加深，计划生育政策的实施和人口迁移规模增大，均对家庭规模、家庭结构和家庭关系的变化产生了深刻的影响。与传统家庭相比，在当前家庭居住空间模式的改变，具有血缘关系的家庭人口不再在同一个居住场所共同生活，家庭从共同生活和居住的实体向独立生活和分离居住的家庭网络的虚体转变，特别是家庭功能弱化和居住分离后，家庭成员的家庭认同（family identity）和归属感如何建立和变化？在家庭规模缩小，家庭平均人口数下降，家庭代际数也趋于减少，家庭结构和家庭关系趋于简化的情况下，家庭成员之间的关系是否产生了相应的变化？在不同的家庭认同情况下，家庭规模、家庭结构和家庭关系变化是否能够维系"反哺"的家庭养老模式？

如何界定家庭范畴和明确家庭成员之间的关系是准确地进行以家庭为单位的社会学研究和分析的前提条件。以往的社会调查研究，较为普遍使用的一个调查单位概念是家庭户，结合使用家庭户调查表的形式，把个人信息和各种关系联系起来，进行相应的数据收集。所谓的家庭户，就是以被调查者个人为中心，把地缘和血缘、婚姻、户籍等几类扩展关系结合起来，作为收集数据的主要单位；它既涵盖了住户范畴，又一定程度上涵盖了家庭的范畴。在家庭人口规模急剧变动的情况下，对家庭成员的认同也出现了认识上的偏差，一些没有共同居住和生活的人口依然被认为是家庭成员，比如，农村外出务工人员和已经分家的成年子女；而一些共同居住和生活的人口却不被认为是家庭成员，比如，家政服务人口和租房合住人口，甚至是共同居住的婆媳和妯娌。家庭成员的流动性增强和基于业缘共同居住人口的增多，导致研究者和家庭成员本人对家庭规模、家庭结构和家庭关系的分析面临一些困难。

2008 年社会状况综合调查为了解决这些问题，按照不同标准，将家庭成员划分为三个不同的范畴和类型。一是自我认同家庭，是指被调查者自己主观上认为哪些人是自己家庭的成员，无论是否共同居住、共同生活或者共同户籍；二是实际居住家庭，是指客观上与被调查者实际共同居住在一起的家庭成员，即便是被主观认为是家庭成员的人，如果没有与被调查者共同居住，也不被计算在内；三是户籍登记家庭，是指在被调查者自我认同家庭和实际居住家庭的基础上，增加了己方父亲、母亲和配偶父亲、母亲的信息，并由此可以收集到长辈亲属的个人信息和户籍状况[①]。这样就能够清楚地分析和比较不同范畴界定下的家庭规模、家庭结构和家庭关系。在此基础上，描述家庭规模、结构的实际状况，分析家庭关系的变化特点，进而分析家庭养老所面临的问题，结合未来家庭发展趋势，判断未来家庭发展方向。为了实现上述研究目的，在结合问卷设计，使用 2008 年社会状况综合调查数据的同时，还使用相关部门公布的统计数据，以期获得更为科学、准确的研究结果。

二　家庭规模的变动趋势

通过分析五次普查之间平均家庭人口数的变化（见图 14 - 1），发现 20世纪 80 年代之后中国平均家庭人口数快速下降。1953 年平均每户为 4.33人；1964 年平均每户 4.43 人，增加了 0.1 人；1982 年平均每户 4.41 人，与 1964 年差异并不明显，这说明在 20 年的间隔中，中国的家庭规模并没有显著变化；而 1990 年平均每户 3.96 人，比 1982 年下降了近 0.5 人；2000年平均每户 3.44 人，又比 1990 年下降了近 0.5 人，下降幅度明显加快。

---

① 户籍登记家庭界定是指被调查者与其亲属的户籍在同一登记地。

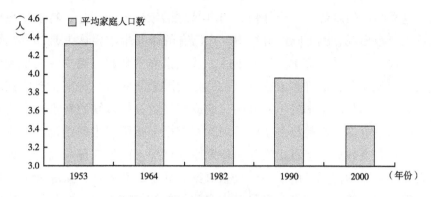

图 14 - 1　五次普查平均家庭人口数比较

从人口普查资料来看，1964～1982 年长达 18 年的时间间隔中，平均家庭人口数并没有出现大规模的变化，而在这段时间内，中国的生育率保持在较高水平，死亡率快速下降，从理论上来说，家庭规模应该处于持续扩大状态，但第二次和第三次普查数据由于时点相隔过长，没有展现出家庭规模持续扩大的情况。而根据公安部编撰的《中华人民共和国人口统计资料汇编：1949～1985》一书中所公布的数据，可以推算出 1953～1985 年之间家庭人口规模变动的情况（见图 14－2）。20 世纪 60 年代初，在经历了由于自然灾害所带来的家庭人口规模缩减后，从 1963 年到 1973 年大约十年的时间跨度中，家庭人口规模出现了明显增加的趋势，也就是说，中国家庭小型化的趋势并非是持续、稳定的，从时间序列来看也没有出现社会生产力越高家庭规模越小的趋势。

回顾国内其他学者关于家庭规模变动趋势的一些主要研究发现，20 世纪 70 年代中期我国才出现了真正的家庭规模缩小的趋势，进入 80 年代之

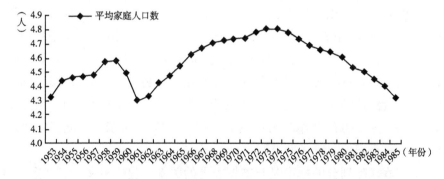

图 14 - 2　1953～1985 年平均家庭人口数比较

后，这种缩小的趋势进一步加快。80年代之后家庭规模变化，特别是平均家庭人口数出现急剧下降的分析中，在已有的研究中主要认为是以下几个原因造成的：一是生育率的快速下降，造成家庭子女数的减少；二是人口的大规模流动，造成许多家庭拆离；三是代际之间的居住分离，造成家庭规模缩小；四是离婚率的不断升高，造成相当数量的残缺家庭出现。这里论及的家庭规模缩小趋势是按照不同标准数据分析所得出的结论。比较而言，人口普查数据更接近于实际居住家庭的情况，而公安部数据更接近于户籍登记家庭的情况。由于不同数据对家庭界定的差异性，家庭既可以指户口簿上登记的家庭成员，又可以指实际居住的家庭人口，在其他一些研究中还有可能是指家庭关系网络。所以，对不同界定下的家庭规模和家庭结构有一个比较明确的比较分析，会有助于分析家庭规模变化所造成的复杂影响。

三　不同界定下的家庭规模和家庭结构

从不同界定下的家庭人口平均数来看，自我认同家庭人口平均数为3.93人，实际居住家庭人口平均数为3.36人，户籍登记家庭人口平均数为4.79人。不同界定下，家庭平均人口数的差异一方面证明了被调查者对家庭成员的主观认同和客观的家庭成员居住状况之间存在一定的偏差，人们倾向于将一些具有亲密关系，却未在一起居住的人口计算在家庭成员的范围之内；另一方面还证明了即便是户籍登记在一起的人口，在实际居住上已经不在一起，且不会被认同为家庭成员。

从家庭人口数的分布来看，自我认同家庭的人口数主要集中在3人户、4人户和5人户，比例分别为29.12%、24.71%和17.68%；实际居住家庭的人口数主要集中在2人户、3人户和4人户，比例分别为23.49%、28.84%和18.60%；户籍登记家庭人口数也主要集中在3人户、4人户和5人户，但比例较自我认同家庭有较大的下降，分别为17.26%、16.56%和18.07%，且与其他两种概念界定下的家庭相比，6人及6人以上户的比例明显要高，这说明有相当部分的家庭是与己方父亲、母亲或者配偶的父亲、母亲的户籍登记地一致（见表14-1）。

对家庭代际划分的标准是与被调查者的关系，包括祖父母、父亲、母亲、配偶父亲、配偶母亲、配偶、兄弟姐妹、子女、媳婿、孙辈子女、其他

表 14-1　不同标准界定下的家庭人口数

家庭人口数	自我认同家庭		实际居住家庭		户籍登记家庭	
	频次	百分比(%)	频次	百分比(%)	频次	百分比(%)
1 人	162	2.27	576	8.07	133	2.17
2 人	843	11.81	1677	23.49	636	10.35
3 人	2079	29.12	2059	28.84	1060	17.26
4 人	1764	24.71	1328	18.60	1017	16.56
5 人	1262	17.68	847	11.86	1110	18.07
6 人	606	8.49	384	5.38	918	14.95
7 人	210	2.94	174	2.44	735	11.97
8 人及以上	213	2.98	94	1.32	533	8.67

亲属和非亲属，由于对其他亲属并没有详细的信息收集，所以在计算家庭代际时，没有将其他亲属计算在内，这样就在实际上形成了以被调查者为中心，涵盖上两代和下两代直系亲属的家庭代际划分。进一步分析家庭代际数量可见，大部分家庭的代际关系都是连续的，但也有小部分家庭出现隔代户的情况，比如没有父辈的相关信息，只有祖辈的相关信息，具有类似代际关系的家庭都划归为其他代际家庭。

从不同标准界定下家庭代际数的差异来看，自我认同家庭中二代户占总体的55.44%，三代户占29.49%、一代户占11.99%，四代户和其他户合计占大约3%。实际居住家庭中二代户占43.13%，一代户占26.91%，三代户占24.12%，四代户和其他户合计占不到6%。户籍登记家庭中一代户占9.87%，二代户占30.38%，三代户占53.24%，四代户和其他户合计占6.5%左右。此外，户籍登记家庭的三代户比例明显要高于其他家庭类型，这说明大部分的中国家庭尽管已经分裂为较小的家庭规模和较少的家庭代际，但在户籍登记上仍然是在比较近的距离，亦有析产合户的特点。

以往研究多认为核心小家庭普遍发展，老年人家庭增多，祖孙三代直系家庭长期存在，是当时中国多子女的不稳定家庭向稳定型家庭转化的总体趋势。曾毅（1987）使用1950～1970年和1981年的有关数据，通过家庭状态生命表的模拟计算，认为在20世纪70年代生育率急剧下降的影响下，未来核心家庭比例将出现下降趋势，三代家庭比例将出现上升趋势。王跃生（2006）认为从总体上看，核心家庭、直系家庭和单人家庭为基本结构的状态将持续，仍呈现核心家庭为主、直系家庭居次、单人家庭作为补充的格局。

根据中国社会现实状况，本文认为"近户隔代分居"的模式成为家庭的主流模式。所谓"近户隔代分居"中"近户"是指大家庭在分裂后，在户籍上仍然保持一起，至少是在比较近的范围之内，这说明受制于土地、住房、户籍制度的限制，大家庭的分裂主要表现在同居的亲属大量减少，而非户籍迁移或者其他变动。"分居"是指具有血缘关系的家庭人口不再在同一个居住场所共同生活，但并不意味着相互之间不再履行相应的义务，也不意味着在生产上不继续合作，在生活上不相互扶助。分居主要是指居住形态的变化。"隔代"则是体现了家庭代际的变化，表现为实际居住家庭代际数量的减少，其原因在于子女婚后，大多自立门户，经济独立，即使在城市中的独生子女，也有相当部分没有与父母居住在一起。此外，隔代从表象上看，户籍登记家庭代际的增加可能导致实际居住的分裂，体现在户籍登记家庭以三代户为主，而实际登记家庭以二代户为主，从表 14-2 的分析中两者的比例均超过了 40%。其背后的原因与中国的生育模式有关——大多数中国家庭在婚后较短时间内生育的可能较大，所以，"隔代"的含义应该以生育出与原先家庭父辈相隔的一代（新组建家庭的子女）为标志。

表 14-2 家庭代际数

家庭代	自我认同家庭		实际居住家庭		户籍登记家庭	
	频次	百分比(%)	频次	百分比(%)	频次	百分比(%)
1 代户	856	11.99	1921	26.91	606	9.87
2 代户	3958	55.44	3079	43.13	1866	30.38
3 代户	2105	29.49	1722	24.12	3270	53.24
4 代户	118	1.65	97	1.36	324	5.28
其他户	102	1.43	320	4.48	76	1.23

四 家庭关系格局的新特点

在家庭规模和结构分析的基础上，比较不同界定下家庭成员分布的差异，特别是比较自我认同的家庭成员与居住和户籍家庭成员，即在人们的家庭观念中，哪些人更有可能被认为是家庭成员，哪些人更有可能被排斥在家庭成员的范围之外，就可以进一步判断家庭关系格局的变化。

数据分析表明，实际居住家庭成员的涵盖范围最小，而户籍登记家庭成员涵盖的范围最大，两者比较，差异最大的是父母和配偶父母四种亲属关系。

依据户籍登记所判断的家庭人口中，包含了被调查者的父母和配偶的父母（即便他们没有住在一起，也不被认为是家庭成员），是一个必须填写的内容。调查结果发现自我认同家庭人口中，父亲平均为 0.144 人，而实际居住的只有 0.135 人，两者还是比较接近，说明居住在一起的父亲都被认为是家庭成员，即便是有部分被调查者的父亲没有居住在调查地，也被认同为家庭成员。而户籍登记家庭人口中，父亲平均为 0.312 人，这意味着有相当部分的父亲与被调查者户籍在一起，却没有被认为是家庭成员（见表 14 - 3）。考察家庭成员认同与居住和户籍方面的差异，可以发现家庭关系格局还存在着一些其他方面的特点。

表 14 - 3 家庭成员的构成

单位：人

家庭成员类型	自我认同家庭成员	实际居住家庭成员	户籍登记家庭成员
子 女	1.159	0.767	1.179
祖 父 母	0.025	0.021	0.022
媳妇、女婿	0.157	0.078	0.150
孙 子 女	0.202	0.156	0.216
兄弟姐妹	0.103	0.058	0.086
其他亲属	0.043	0.036	0.041
其他非亲属	0.006	0.007	0.002
本 人	1.000	1.000	1.000
父 亲	0.144	0.135	0.312
母 亲	0.184	0.184	0.408
配 偶	0.831	0.743	0.823
配偶父亲	0.053	0.069	0.236
配偶母亲	0.076	0.103	0.320
家庭成员数	3.983	3.359	4.794

1. 自我认同家庭成员以实际居住家庭人口为基础

自我认同家庭人口数与实际居住家庭人口数差异为 0.6 人左右，几乎所有实际居住家庭平均人口数都低于自我认同家庭成员数，只有其他非亲属、配偶父亲和母亲实际居住家庭平均人口数高于自我认同家庭成员。超过 95% 的实际居住家庭人口被涵盖在自我认同家庭成员中。

2. 将没有共同居住的晚辈视为家庭成员

自我认同家庭成员中子女数量平均为 1.159 人（见表 14 - 3），是平均人数最多的一项亲属关系，而这其中实际居住子女数量平均仅为 0.767 人，是自我认同家庭和实际居住家庭人口差异最大的一项，这说明即便子女没有与父母居住在一起，也会被父母认为是家庭成员，同样的情况还包括媳妇、女婿和孙子女，不过是平均人数较少，对家庭平均人口数的影响较小。

3. 没有共同居住的长辈被视为非家庭成员人口

被调查实际居住家庭人口中父亲和母亲的平均数量分别为 0.135 人和 0.184 人，自我认同中家庭成员父亲平均为 0.144 人，母亲平均为 0.184 人，基本与实际居住状况相符。而户籍登记家庭成员中，父亲和母亲的数量分别为 0.312 人和 0.408 人，这说明即便是在户籍上属于同一地区，如果没有在一起居住的话，长辈更有可能被视为非家庭人口。

4. 更倾向于将己方的直系亲属视为家庭成员

在实际居住家庭人口中，配偶父亲人数平均为 0.069 人，配偶母亲人数平均为 0.103 人，而被调查者并没有完全将居住在一起的配偶父亲和配偶母亲视为家庭人口。数据分析发现，自我认同家庭成员中，配偶父亲和配偶母亲的平均人数仅为 0.053 人和 0.076 人，甚至低于实际居住家庭成员中的配偶父亲和配偶母亲人数，远远低于户籍登记家庭平均的 0.236 人和 0.320 人。这说明被调查者倾向于将己方的直系亲属视为家庭人口。与己方父母不同的是，即便配偶父亲和配偶母亲与自己共同居住，被调查者也不将其视为家庭成员。

家庭关系的新特点的最大影响在于对家庭代际关系的断裂。一方面，父辈更倾向于将子辈认同为自己的家庭成员，即便是在子女没有与父母共同居住的情况下，父母依然倾向于将子女视为家庭成员。反之，子辈却较少将父辈等同地视为自己的家庭成员，即便是在父母与子女户籍登记较为接近的情况下。子辈对父辈认同的减少更为突出地表现在对配偶父母认同的减少，家庭认同的配偶父母平均数甚至少于共同居住的配偶父母平均数，而且这种情况在男女性别均有存在。可见以前所谓的婆媳关系破坏家庭代际关系的观点是有失偏颇的，男性与岳父母之间的代际关系也是松散的（见表 14-4）。

表 14-4　分性别的长辈亲属居住和认同状况比较

单位：%

项　目	男　性		女　性	
	居住家庭成员	自我认同家庭成员	居住家庭成员	自我认同家庭成员
己方父亲	18.77	20.59	8.99	9.10
己方母亲	26.02	26.89	11.87	11.00
配偶父亲	3.23	1.33	10.14	8.73
配偶母亲	4.83	2.11	15.08	12.42

另一方面，代际关系的认同虽然总体上出现一致性，却会随年龄发生一些变化。分析发现在被调查者年龄较轻时，更倾向于把没有共同居住的父母认同为家庭成员，而到了35岁之后，反而不倾向于把共同居住的父母认同为家庭成员。也即在处于不同家庭生命周期，对家庭成员的认定会产生较大的变化。这种变化恰恰是不利于家庭养老，因为按照25岁的代际年龄间隔来计算，被调查者在进入35岁后，正好是其父母年龄大约进入60岁老龄的阶段，这意味着在父母尚有劳动能力时，更容易被子女认同为家庭成员；而失去劳动能力时，反而不被认同为家庭成员（见图14-3）。

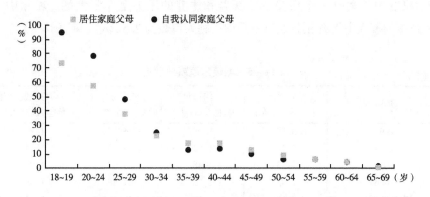

图 14-3 分年龄组的父母居住和认同状况比较

家庭代际关系的断裂直接导致"反哺"的代际关系格局的转变，郭于华（2009）认为这种"反哺"代际关系格局的变化是代际均衡交换关系被打破。老年人无法像在传统社会那样获得家庭权威，子女在父辈进入老年，相互间的交换关系变为子女对父母的供养关系之后，便更倾向于将父母视为"非家庭成员"。

五　城乡家庭养老能力与家庭养老现状的分析

家庭代际关系的断裂和"反哺"的代际关系格局的转变，显然不利于传统的家庭养老模式的延续，而家庭规模和结构的变动过程中，家庭的养老能力还存在一定的城乡差异。本文以城镇家庭就业人口和农村劳动力人口的负担系数为指标，对家庭实际的养老能力做一些初步的判断。

根据国家统计局公布的数据，1990年之后城市平均每户家庭人口数和平均每户就业人口数呈现递减趋势，平均每户就业面保持在50%以上，平均每一个就业者负担人数总体上出现先减后增的态势，其原因是中国尚未进入老年化时期，生育子女数量减少，导致家庭平均每一就业者负担人数较低。随着城镇生育水平稳定在一个较低水平，人口老年化程度加深，家庭平均每一就业者负担人数出现逐渐上升的趋势。本次调查发现，按照实际居住家庭人口情况计算，有在业人口的家庭平均每户家庭人口数为3.39人，平均每户就业人口数为1.67人，平均每户就业面为49.29%，平均每一就业者负担人数为2.02人。这意味着城市中每一个就业者除了养活自己以外，还需要养活家庭中的另外一个成员，其抚养和赡养的压力是非常大的。城镇中有26.75%的家庭中没有在业人口，平均家庭人口数为2.52人（见表14-5）。

表14-5　城镇家庭就业状况

年份	平均每户家庭人口（人）	平均每户就业人口（人）	平均每户就业面（%）	平均每一就业者负担人数（人）
1990	3.50	1.98	56.57	1.77
1995	3.23	1.87	57.89	1.73
2000	3.13	1.68	53.67	1.86
2006	2.95	1.53	51.86	1.93
有在业家庭	3.39	1.67	49.29	2.02
无在业家庭	2.52	—	—	—

农村家庭同样在1990年之后出现了家庭规模缩小的态势，平均家庭人口数不断下降，平均每个劳动力负担人口数也在不断下降，从1990年的1.64人下降到2006年的1.43人（见表14-6）。这说明家庭规模的缩小并不意味着家庭养老能力的下降，由于中国家庭规模缩小很大程度上是由于生育子女数量减少造成的。在生育水平下降的时期，家庭抚养子女负担的减少，人口负担系数下降，所形成的人口红利，是有利于家庭养老的人口条件。但当生育水平下降并稳定在一定水平时，又会出现老龄化所导致的人口负担增加，家庭养老就会遇到一些困难。其原因在于农村生育水平下降较城镇要晚一些，且生育子女数量要高于城镇，所以平均每个劳动力负担人口数仍处于下降趋势中，家庭养老能力并没有出现明显下降的趋势。此外，在农村土地经营中，对劳动力的依赖仍然存在，即便在大量农村劳动力流向城市的情况下，绝大部分农村家庭依然保持了最低限度的劳动力数量。在扣除农村无劳动力家庭后，农村实际居住家庭平均每户人口数为3.70人，平均每

个劳动力负担人口为 1.57 人，这个指标远高于统计局公布的数据，其原因是统计数据更有可能将农村外出流动人口按照户籍所在计算为家庭成员。与城镇家庭类似，农村实际居住家庭中也出现了无劳动力家庭，占总数的 6.9%，亦有相当比例是老年空巢家庭。

表 14-6　农村家庭劳动力状况

单位：人

年份	平均每户家庭人口	平均每个劳动力负担人口
1990	4.80	1.64
1995	4.48	1.56
2000	4.20	1.52
2006	4.05	1.43
本次调查	3.70	1.57

尽管城乡家庭的养老能力存在差异，城乡老年人的居住状况和从子女那里获得的支持和帮助却有一定的相似性，表现在城乡均存在相当比例的空巢家庭、纯老户。在被调查者为 60 岁及以上老人的城镇家庭中，家庭成员中无在业人口的比例高达 64.96%，其中相当大的一部分是纯老户家庭，即家庭成员全部为老年人，这意味着城镇老年人家庭多数处于子女已经离开家庭的空巢期。在被调查者为 60 岁及以上老人的农村家庭中，家庭成员中没有劳动力人口的比例超过了一半，达到 54.70%。但原因与城镇家庭中出现的大量空巢家庭略有不同，除了分家、分居所导致的空巢家庭外，还有部分的农村家庭是因为共同居住的子女外出务工导致留居的家庭成员为老年人和儿童，即所谓的留守老人和留守儿童。

家庭养老所依靠的社会网络支持中，子女呈现缺失的状态。仅有 9.74% 的城镇老人明确表示子女在过去一年中对自己有过较大帮助，而这些帮助类型中还是以经济帮助为主，日常事务的帮助所占比例仅为经济帮助的一半，更凸显城镇家庭养老所面临的主要问题是子女照料的缺失。农村老人家庭比城镇老人更多地得到子女的帮助，在他们的社会网络支持中，有 14.22% 的农村老人明确表示子女在过去一年中对自己有过较大帮助，帮助类型与城镇老人家庭一样是以经济帮助为主，子女在日常事务中的帮助大约为经济帮助的一半；他们也面临着子女照料缺失的问题，子女的精神支持比例较城镇老人家庭有所下降，有研究（陈柏峰，2009）认为精神支持的缺

失有可能引发老年人自杀（见图 14 - 4）。费孝通（1983）认为家庭养老应
该包括经济帮助、精神支持和生活照料三个方面，而城乡老年人从子女处获
得的支持和帮助都是以经济帮助为主，日常事务和精神支持相对弱一些。

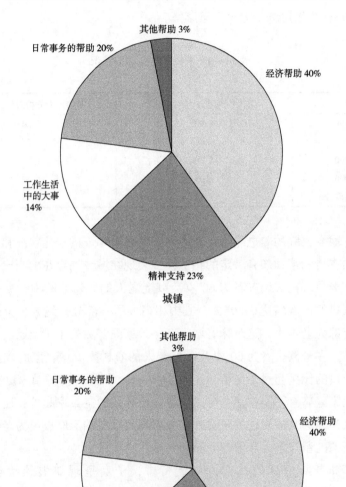

图 14 - 4　城乡老年人子女支持类型的比较

从城乡之间老年人的社会养老状况来看（见图 14 - 5），城镇老年人中有 49.74% 的人有城镇基本养老保险，另有大约 12.31% 的人有企业补充养老保险。农村老年人中拥有农村社会养老保险的比例是最高的，比例也仅为8.43%。这说明城镇老年人养老的社会保障状况明显优于农村老人，已经出现了从家庭养老向社会养老的转变。与经济帮助相比，子女的生活照料和精神支持对城镇老年人更为重要。农村养老社会保障水平低，在相当长的一个时期内，家庭养老仍是农村养老的主要模式；在子女对父母经济支持有限的情况下，生活照料和精神支持也是缺失的。

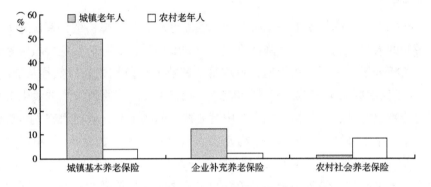

图 14 - 5　城乡老年人社会养老保障状况的比较

六　结论与讨论

改革开放之后，社会主义经济建设的步伐不断加快的同时，社会建设相对滞后，尤其是社会养老保障制度不健全，造成当前中国社会依然处于家庭养老为主的养老模式。尽管历史上没有普遍出现人口众多、关系复杂的传统大家庭，但基于家庭关系网络所形成的析产合户横向家庭联合和家长权威式的代际关系格局，并由此衍生出"反哺"的家庭养老模式，较好地解决了高死亡率、低预期寿命的人口条件下并不严重的养老问题。进入社会发展的新阶段，城市化和工业化的快速发展，使家庭逐渐从生产单位转变为消费单位，出现了家庭规模小型化、家庭结构核心化、家庭关系简单化的趋势；死亡率下降和人均预期寿命延长引发的人口老龄化，催生了大量的空巢老年人家庭，"反哺"的家庭养老模式遇到了前所未有的挑战。

社会流动性的加大，以及家庭居住空间模式的改变，使具有血缘关系的家庭人口未必在同一个居住场所共同生活，家庭从共同生活和居住的实体向独立生活和分离居住的家庭网络的虚体转变，这都使对家庭的界定产生了一定的差异性。研究发现，实际居住的家庭规模最小和结构最简单，其次是自我认同的家庭，规模最大、结构较为复杂的是户籍登记家庭。在这种情况下，家庭关系的格局产生了新变化，最为突出的是家庭代际关系的断裂。即便是在子女没有与父母共同居住的情况下，父母也倾向于将子女视为家庭成员；而即便子女户籍与父母登记地在一起，子女也较少将父母视为家庭成员。家庭代际关系的断裂暗示，"反哺"的传统家庭养老模式存在着难以为继的可能。

实际上，家庭规模缩小未必导致家庭养老能力的下降，生育率快速下降所带来的人口红利，反而会降低家庭人口的负担系数。分析发现，城镇家庭人口负担处于一个上升的周期，平均每个就业人口负担的人口数量从 20 世纪 90 年代中期的 1.73 人上升到 2006 年的 1.93 人，其原因除了城镇生育水平已经稳定之外，还包括家庭人口中就业覆盖面的下降，农村家庭人口负担正处于一个下降周期，平均每个劳动力人口负担的人口数量从 90 年代初期的 1.64 人下降到 2006 年 1.43 人。这充分说明家庭规模缩小不一定会降低家庭的养老能力，最为关键的是子女与父母之间代际关系的断裂。代际关系的断裂还体现在子女给父母提供的帮助和支持较少，在城镇中只有 9.74%的城镇老人明确表示子女在过去一年中对自己有过较大帮助，农村的比例略高一些，有 14.22%的农村老人明确表示子女在过去一年中对自己有过较大帮助。

城乡老年人从子女处获得的支持和帮助都是以经济帮助为主，日常事务和精神支持相对弱一些。由于城镇老人拥有社会养老保险的比例高于农村老人，他们对经济帮助的需求相对较少，而农村家庭养老则面临着子女对父母经济支持有限，生活照料和精神支持更是缺失的多重困境。

从长远的社会发展来看，从家庭养老逐步向社会养老过渡是一种必然趋势，但受到各种客观条件的限制，需要一个较长的时间周期。同时，随着计划生育政策的逐步放开，生育水平上升，人均预期寿命保持稳定，家庭规模可能会出现一个新的增长周期。考虑到中国目前仍然处于以家庭养老为主的阶段，就需要利用家庭规模增长的周期的便利条件，在整个社会倡导家庭子女对父母的关爱，强调传统文化中有利于家庭养老的孝道，采用必要的经济、社会、文化教育手段保证和谐的家庭代际关系。

第十五章
改革开放的孩子们

田 丰

改革开放以来，中国社会发生巨变，人们的行为方式、生活方式和价值观念都发生了深刻变化。这些变化对中国青年的成长与发展产生了不可磨灭的影响，造就了"改革开放的孩子们"这样新的一代人，他们的行为方式和价值取向将影响中国未来的发展和走向。

一 "青年"、"80后"与"代"的概念

"改革开放的孩子们"这个议题，包括了两个相互联系的现象，即改革开放的重大事件和打上了改革开放烙印的青年一代。"代"在社会学中是一个重要的社会人群划分方法，与阶级、阶层、种族、性别一样，是一个非常重要的社会分析概念。然而，在人们的日常话语中，"代"至少有三种不同的含义：一种是年龄差别产生的代际关系，如青年和老年；二是血缘关系产生的代际关系，如父辈和子辈；三是以共同的观念和行为特征产生的"代"，如"第五代导演"、"80后"等。

关于青年的界定，国内外并没有形成统一的标准。但无论何种标准，年龄都是界定青年的最关键因素。联合国教科文组织曾规定，14～34岁为青年人口（1982年）；世界卫生组织则规定，14～44岁为青年人口（1992年）；联合国人口基金（UNFPA）规定，14～24岁为青年人口（1998年）。在我国，国家统计局规定，15～34岁为青年人口（人口普查）；而按照共青团的相关规定界定，14～28岁为青年（《中国共产主义青年团章程》）；青

年联合会规定，18～40岁为青年（《青年联合会章程》）；港、澳、台地区有关组织规定，10～24岁为青年人口（香港青年事务委员会、澳门人口暨普查司、台湾青年辅导委员会）（吴烨宇，2002）。

与"青年"这个仅仅表示生理年龄群体的概念不同，"80后"所表示的不仅是20世纪80年代出生的"青年一代"，而且是具有鲜明时代特征的"特殊一代"。"80后"这个概念真正折射的，是巨大的社会变迁；它不仅是一个"年龄群体"概念，更是一个"社会群体"概念。

随着社会变迁的加快，代际的年龄区隔也在缩短，所以媒体也有了"70后"、"80后"、"90后"的说法，其实都是指改革开放后的一代或独生子女的一代。研究社会重大事件对青年一代的生活历程、行为方式、价值观念等的影响，是社会学的一个重要议题。在这方面进行过开创性研究的是美国生命历程社会学家埃尔德（G. H. Elder），他利用美国加利福尼亚州奥克兰青春期成长研究项目积累的调查资料，富有创意地解释了1929～1933年全球性的经济大萧条对孩子们成长的影响。他运用的基础资料，是20世纪30～60年代，对美国加利福尼亚州奥克兰167个出生在1920～1921年的孩子进行的长时段跟踪观察记录。他的杰出研究成果汇成《大萧条的孩子们》一书。其研究表明，萧条、战争和极端的社会骚乱这种重大社会事件和危机时期，会重新建构个人的生命历程，有的人因此遭受重重挫折，也有的人获得意外的机会（埃尔德，2002）。此后，社会变迁与个人生命历程的关系成为社会学的一个重要研究议题。周雪光和侯立仁把这个议题引入对当代中国的研究，他们在《"文化大革命"的孩子们——当代中国的国家与生命历程》一文中，利用在20个城市抽取的具有全国代表性的居民样本，研究了"文化大革命"中的"上山下乡"运动对一代青年人的影响，发现这种影响是持续的，而且对不同社会阶层的孩子产生了不同的影响（周雪光、侯立仁，2003）。

"改革开放的孩子们"，与"大萧条的孩子们"和"'文化大革命'的孩子们"不同，他们不是在逆境中而是在顺境中成长起来的，他们青少年时期生活成长的环境完全不同于他们的父辈：第一，开放的环境，使他们广泛地受到西方文化和生活方式的影响；第二，市场经济的深入，身处竞争和谋利的氛围；第三，不断提高的生活水平，较少的生活逆境和挫折；第四，其中很多都是独生子女。这些都建构出他们一些非常鲜明的时代特征，使他们成为中国近现代历史上非常独特的一代人。

社会各界早已开始关注在改革开放的社会巨变中成长起来的一代人，国内媒体也经常使用"70后"、"80后"和"90后"这样的称呼。从20世纪80年代对"小皇帝"的关注，到90年代将他们称为"喝可乐、吃汉堡"长大的"享乐的一代"，再到后来人们对"小资一代"、"愤青一代"的议论，都折射出全社会对改革开放后出生的一代人行为特征的认识和刻画。

对"改革开放的孩子们"，起初媒体和社会的指责与批评较多，如把他们说成"最没责任心的一代"，"最自私的一代"，"最叛逆的一代"，"最娇生惯养的一代"，等等。甚至有人认为，"80后"一代不热衷政治，不关心社会，因为他们出生在一个更加开放的世界；他们没有经历过挣扎和痛苦，他们崇洋媚外，喜欢日本的动画片、韩国的肥皂剧，他们无病呻吟，习惯在富足的生活之中寻求忧郁和悲伤。但是，2008年汶川大地震改变了人们的看法，"80后"新一代在国难面前表现出高度的民族精神、社会爱心和责任感，他们用无私的奉献和互助精神，扛起了时代的使命。

本文的核心议题是："改革开放的孩子们"主要的群体特征是什么？他们的思想观念和价值取向有什么特点？特别是，他们的公平感和民主意识对中国的未来会产生什么影响？

二　数据来源和研究方法

本文使用的数据来自中国社会科学院社会学研究所2008年5～9月进行的"社会状况综合调查"，此次调查覆盖全国28个省、自治区、直辖市的135个县（县级市/区/旗）257个乡（镇/街道）520个村（居）委会，访问住户7100余户，获得有效问卷7139份，调查误差小于2%，符合统计推断的科学要求。调查问卷内容既包括年龄、性别、收入、职业等基本信息，还包括行为和社会态度等相关附加信息。

本文将"改革开放的孩子们"界定为1970年之后出生的群体，并将其区分为"70后"和"80后"两个群体，与其他年龄段的人群进行比较，这样分类和界定除了来自年龄方面的考虑之外，还考虑到这一代人在社会行为、生活方式和价值观念等方面与其他年龄段人群存在的差异。经过筛选，在调查数据中符合条件的样本为2286人。

由于"改革开放的孩子们"成长于特殊的社会转型时期，他们的行为方式必然会受到社会变革的影响，与以往的年龄群体有较大差异，因此，

"改革开放的孩子们"的特征和行为特点会反映在他们的社会态度上，尤其是对社会矛盾和冲突的关注和忧虑，和其自身所处的状况有一定的联系。本文试图通过描述当代青年的民主意识和公平感的特殊性，并使用因子分析和聚类分析的方法，寻找具有独特公平感和民主意识的"改革开放的孩子们"。

对民主意识和公平感的测量是通过两组问题构成的量表。测量民主意识的问题是："您在多大程度上同意下列说法？"题项包括：公共场所就是个人不必负责的场所；政府搞建设要拆迁居民住房，老百姓应该搬走；老百姓应该听从政府的，下级应该听从上级的；民主就是政府为人民做主；国家大事有政府来管，老百姓不必过多考虑；让少数人先富起来对社会没什么好处；现在有的人挣得多，有的人挣得少，但这是公平的；现在一心为老百姓着想的干部不多了；很多发了财的老板，都是靠政府官员的帮助；在我们这个社会，工人和农民的子女与其他人的子女一样，有同样多的机会成为有钱、有地位的人；农民就应该好好种地，不要都进城来打工；应该从有钱人那里征收更多的税来帮助穷人。共12个问题。回答项为：很不同意、不大同意、比较同意、很同意、不清楚5个选项。

测量公平感的问题是："您觉得在当前社会中以下各方面的公平程度如何？"题项包括：收入差距、工作与就业机会、高考制度、选拔党政干部、公共医疗、义务教育、公民实际享有的政治权利、司法与执法、不同地区之间的发展差距、不同行业之间的待遇差距、城乡居民之间享有的权利和待遇的差距、养老等社会保障待遇、总体上的社会公平状况，共13个问题。回答项包括：很不公平、不大公平、比较公平、很公平和不清楚5个选项。

三 "70后"和"80后"青年的主要特征

"70后"和"80后"青年作为"改革开放的孩子们"，其自身具有许多与以往人们不同的特点，这种特点的形成既是特定历史条件的产物，也是青年社会化过程中，经济、政治、文化等外部条件变化所致。从20世纪80年代全社会对"小皇帝"的关注，到90年代，称他们为"喝可乐、吃汉堡"长大的"享乐的一代"、"垮掉的一代"，再到在其日渐成熟时，被议论为"小资"、"愤青"、"啃老族"等，都表明当代青年在行为上与以往人群相比带有自己的特征。从当代青年的教育、工作和收入特点来看，三者存在紧密关系（王晓焘、胡丰，2008）。他们在传媒的影响下，更加追求消费生活的多重性与新颖，并赋予其更多的社会意义（郑红娥，2006）。

1. 在学历和收入上，呈现越来越高的趋势

"70后"和"80后"青年的平均受教育年限分别为9.5年和11.2年，"70后"和"60后"在受教育年限上已有明显的差距，而"80后"平均受教育年限还要明显高于"70后"。这与高等教育的普及化有非常大的关系，无论是大学生扩招，还是研究生扩招，都正好被"80后"赶上。考虑到部分"80后"属于在校学生，可以预见，未来"80后"的平均受教育年限要更高。

按照人力资本理论，受教育年限对收入有着非常重要的影响，从数据分析中也能够看到，尽管"80后"是平均受教育年限最高的，而"70后"却是平均收入最高的，其原因在于有相当部分的"80后"尚未步入职场，有的即便步入职场，也是资历尚浅，无法获得较高的收入。但是随着"80后"在职场中的资历越来越深，他们受教育程度较高的优势就能凸显，平均收入水平也有望超过"70后"（见图15-1）。

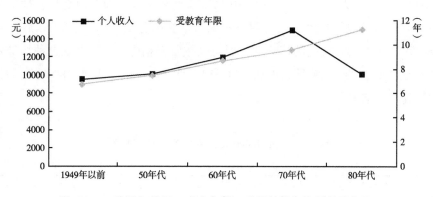

图15-1　按照年龄组（出生年代）分平均收入和受教育年限

2. 在工作单位上，公有制单位就业比例明显下降

在计划经济体制下，在公有制单位就业比例较高，国有企业和集体所有制企业是城市就业的最主要途径。改革开放之后，非公有制经济大幅增长，已经成为国民经济中不可或缺的经济成分，同时，人们在公有制单位就业比例明显下降。分析发现，出生于20世纪60年代的人在公有制单位就业比例是最高的，"70后"在公有制单位就业的比例要低于50～60年代出生的人。"80后"在公有制单位就业的比例是最低的，大约只有24%的"80后"是在公有制单位就业（见图 15 - 2）。这说明随着经济社会趋向于多元化发展，人们的就业形势也出现了多元化的特征，公有制单位不再是青年的唯一选择。

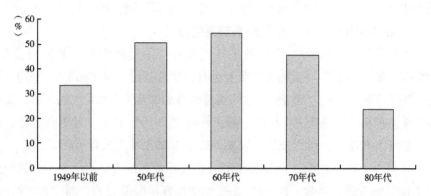

图 15 - 2　按照年龄组（出生年代）分在公有制单位就业比例

3. 生活方式上，青年人更趋向时尚和潮流

生活方式能够作为划分人群和阶层之间差异的重要因素（李春玲，2004），一般认为，"70 后"和"80 后"青年生活在改革开放之后，他们的生活方式与其他年龄段的人群明显不同。本文的分析也印证了"70 后"和"80 后"在生活方式上的特殊性，但与以往研究相比，分析发现这种特殊性并非是"断裂的"，而是呈现从"70 前"到"70 后"，又到"80 后"的梯次变化的趋势和规律。

表 15 - 1　不同年代出生人群的生活方式选择

单位：%

生活方式选择	1949 年前	50 年代	60 年代	70 年代	80 年代
您的衣服通常是在哪里买的？					
品牌服装专卖店	2.00	3.05	5.04	9.61	20.43
网上购物	0.35	0.24	0.15	0.71	2.16
大商场	10.63	11.46	13.80	19.36	25.88
您外出吃饭一般都去什么地方？					
快餐店	2.79	3.78	6.39	11.46	17.37
大众餐馆	4.18	6.40	8.18	12.24	13.51
很少外出吃饭	71.17	63.96	55.79	42.35	34.28
您平常较多的出行方式是什么？					
走路	56.62	48.96	42.18	36.87	40.75
开/坐私家车	1.57	1.89	3.63	5.62	3.75

从"衣"、"食"、"行"三个方面来看,"80后"不仅是在品牌服装专卖店、大商场和网上购买衣服比例最大的群体,而且其选择外出吃饭去快餐店的比例也是最高的,他们外出时走路的比例较低。由于年龄的原因,"80后"青年没有很多积蓄,但其出行使用私家车的比例却仅次于"70后",比其他年龄段群体都要高(见表15-1)。

从使用媒介活动的比例来看(见表15-2),年龄越大的人群越倾向于使用传统媒介,50年代和1949年前出生的人群几乎每天都看电视、听收音机、看报纸的比例明显要高于其他年龄段的人群。随着年龄的增长,更多的年轻人使用更为时尚的媒体,"70后"青年几乎每天都使用互联网和短信的比例已经明显高于70年代之前出生的人群,而"80后"青年几乎每天都看杂志、浏览互联网和收发手机短信的比例都是最高的。从变化的趋势来看,"80后"的生活方式并非是断裂的,而是呈现出梯次变化的特点。

表15-2 不同年代出生人群使用媒介活动比例

单位:%

几乎每天都从事以下活动的比例	1949年前	50年代	60年代	70年代	80年代
看电视	81.18	83.54	77.53	78.43	69.69
听收音机	9.42	6.40	3.92	4.70	4.77
看报纸	23.63	20.67	17.09	22.22	18.62
看杂志	2.79	3.35	3.49	4.63	8.29
浏览互联网	2.26	4.21	6.83	15.10	27.24
收发手机短信	1.92	5.00	10.65	22.01	44.38

4. 在态度表达上,青年人更倾向于表达自己的意见

社会态度一直是社会学研究最为关心的话题之一,有些人不愿意回答社会态度相关的问题,或者选择"不清楚"之类的选项,以回避调查中的敏感问题。2008年社会状况综合调查问卷中有专门的社会态度板块,其中除了民主感和公平感外,还涉及了满意度和安全感方面,共计42个问题。每个问题均有不同程度的被访者选择"不清楚",即出现了"失语"现象。陈成文和彭国胜(2006)认为,社会中存在失语者的原因要从现行"社会体系"的结构和文化矛盾中去探寻根源。分析发现,在所有题项中选择"不清楚"的次数和年龄有较强的相关关系,40岁及以上的被调查者平均选择"不清楚"的次数明显高于40岁以下的被调查者,而且在总体上呈现随着年龄增加而不断上升的趋势(见图15-3)。

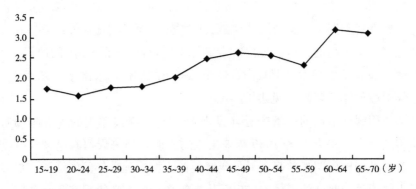

图 15 - 3　按照年龄组分回答"不清楚"的平均值

如果将被调查者划分为"70 前"、"70 后"和"80 后"三个群体，分析发现他们选择"不清楚"的平均次数分别为 2.6 次、1.94 次和 1.67 次，方差分析的结果也表明在三个群体之间，存在显著性的差异。造成"70 前"与"70 后"两者差异显著的原因，部分可能是他们信息的缺失；而"70后"和"80 后"之间的差异则更多地可能是他们表达意见的意愿差异。

四　"70 后"和"80 后"青年的公平感和民主意识

改革开放之后，西方价值观的渗入和市场经济观念的普及，让青年人的价值观产生了巨大的变化。有学者（李云赟，1990）认为从改革开放到 20 世纪 80 年代末，青年民主意识发展可以分为觉醒、思索、实践、混乱与迷惑四个阶段。柯瑞清（1996）认为当时青年意识的变动出现了市场化、世俗化、功利化的倾向。翁定军（1999）认为公平感的产生是社会规范、社会准则在个体身上内化的结果。张光和刘伟伟（2008）研究发现，与程序不公平相比，在程序公平的情况下，大学生对结果的满意度更高。在绝大多数情况下，程序和结果共同影响了大学生的公平感。民主意识和公平感都属于社会意识的范畴之内。民主意识是人们对于民主观点的总称，往往表现为随着社会经济结构的变革或改善而出现的对以往政治的反思和对现实政治的要求[1]。公平感则关注的是社会中人和事物的合理配置，即社会中的个人按照何种逻辑进行安排，社会财富和资

---

① 贾平安、郝树亮:《统战学辞典》，社会科学文献出版社，1993。

源的分配方式，等等。同时，公平感还能够度量人们对社会中个人和群体的公平待遇和利益共享的感知，以及对机会公平、过程公平和结果公平的理解。

根据对调查数据的分析，"70 后"和"80 后"青年在公平感和民主意识方面没有表现出明显的差异，在下文中，"70 后"和"80 后"青年作为"改革开放的孩子们"被视为一代人，简称"7080 后"。

1. "7080 后"青年的公平感和民主意识更为强烈

在对社会公平的测度中，"70 后"和"80 后"青年对收入差距的感知最为强烈，其次是不同行业间的待遇差距。这说明人们对收入、待遇方面的差距最为敏感，除了收入差距和不同行业间的待遇差距外，不同地区之间的发展差距和城乡居民之间享有的权利、待遇的差距也是被认为是最不公平的选择。国家制度性的安排，往往能够获得更高的满意度，诸如义务教育、高考制度、公共医疗。涉及国家司法行政的内容则更容易被回避，在司法与执法和选拔党政干部问题上，选择"不清楚"的比例最高。

"7080 后"青年和"70 前"的被调查者相比，两者在对不公平的感知方向上是基本一致的，但前者感知的程度更为强烈，在所有的问题选项上，"7080 后"青年选择"很不公平"的比例都要高于"70 前"的被调查者（见表 15 - 3）。

表 15 - 3 "7080 后"青年和"70 前"群体的公平感差异

单位：%

您认为下列方面是否公平	分组	很不公平	不大公平	比较公平	很公平	不清楚
收入差距	7080 后	26.16	42.61	25.11	3.46	2.67
	70 前	24.95	43.79	24.52	3.09	3.65
工作与就业机会	7080 后	14.70	39.94	34.43	6.34	4.59
	70 前	12.01	39.30	35.34	5.15	8.20
高考制度	7080 后	3.32	9.19	48.25	26.25	12.99
	70 前	2.12	7.17	49.82	24.99	15.89
选拔党政干部	7080 后	11.68	29.13	37.49	8.62	13.08
	70 前	11.29	28.09	38.31	7.93	14.37
公共医疗	7080 后	4.64	23.23	54.59	10.98	6.56
	70 前	4.86	21.90	56.44	10.01	6.78
义务教育	7080 后	1.84	8.84	55.38	30.80	3.15
	70 前	1.59	7.85	56.81	27.80	5.96

续表

您认为下列方面是否公平	分组	很不公平	不大公平	比较公平	很公平	不清楚
公民实际享有的政治权利	7080 后	6.21	21.43	48.95	14.74	8.66
	70 前	3.98	18.75	52.54	14.01	10.72
司法与执法	7080 后	7.96	28.48	42.91	8.62	12.03
	70 前	6.80	24.97	44.61	8.35	15.27
不同地区之间的发展差距	7080 后	14.57	40.46	30.58	5.25	9.14
	70 前	11.42	37.54	33.24	5.17	12.63
不同行业之间的待遇差距	7080 后	17.32	40.29	28.83	5.12	8.44
	70 前	15.35	37.98	30.37	5.11	11.19
城乡居民之间享有的权利、待遇的差距	7080 后	13.87	39.15	35.17	4.90	6.91
	70 前	11.72	37.91	35.71	5.34	9.31
养老等社会保障待遇	7080 后	11.55	29.05	42.13	7.48	9.80
	70 前	10.82	29.98	43.68	6.45	9.07

双方在民主权利意识方面的公平感相似，在方向上"7080 后"青年与"70 前"基本一致，但感知的程度差异更大。"公共场所就是个人不必负责的场所"问题上，有 41.91% 的"7080 后"青年认为"很不同意"，比"70 前"被调查者高出 13.37 个百分点；"国家大事有政府来管，老百姓不必过多考虑"问题上，有近 18% 的青年认为"很不同意"，比"70 前"的被调查者高出 9.02 个百分点。这都表明青年具有更强的个人责任感。"政府搞建设要拆迁居民住房，老百姓应该搬走"和"农民就应该好好种地，不要都进城来打工"两个问题上，"7080 后"青年选择"很不同意"的比例分别为 12.47% 和 47.86%，分别比"70 前"的被调查者高出 2.85 个百分点和 11.53 个百分点，这说明"7080 后"青年权利意识也更为强烈（见表 15 - 4）。

2. "7080 后"青年公平感和民主意识的因子分析

为了方便下文的分析，需要对数据进行简化，因此，使用因子分析的方法对公平感和民主意识的 24 道题目进行分析，并将选择"不清楚"选项作为缺失值来处理，删除了部分信息，最后进入因子分析的案例数量为 1532 个，其中"70 后"为 926 个，约占 60%，"80 后"为 606 个，约占 40%，与总体分布基本保持一致。

根据因子分析的结果，本文只保留了特征值大于 1 的两个因子。其中因子 1 代表青年的公平感，因子 2 代表青年的民主意识，这两个因子累计的贡献率为 95.57%，意味着这两个因子能够解释所有变量 95.57% 的差异。

表 15-4　"7080 后"青年和"70 前"群体的民主意识差异

单位：%

您认为下列方面是否民主	分组	很不同意	不大同意	比较同意	很同意	不清楚
公共场所就是个人不必负责的场所	7080 后	41.91	39.06	13.12	3.15	2.76
	70 前	28.54	42.53	19.25	3.73	5.96
政府搞建设要拆迁居民住房，老百姓应该搬走	7080 后	12.47	36.00	37.71	10.15	3.67
	70 前	9.62	31.32	41.62	11.91	5.52
老百姓应该听从政府的，下级应该听从上级的	7080 后	9.23	31.36	43.70	13.78	1.92
	70 前	5.54	21.64	49.54	19.88	3.40
民主就是政府为人民做主	7080 后	6.65	19.77	47.03	22.66	3.89
	70 前	4.45	15.68	50.09	24.48	5.30
国家大事有政府来管，老百姓不必过多考虑	7080 后	17.98	38.23	29.48	11.59	2.71
	70 前	8.96	31.61	40.16	15.76	3.50
让少数人先富起来对社会没什么好处	7080 后	12.77	44.14	30.05	8.92	4.11
	70 前	7.69	36.02	38.45	10.49	7.36
现在有的人挣得多，有的人挣得少，但这是公平的	7080 后	9.41	26.73	45.14	16.49	2.23
	70 前	8.26	25.61	46.49	15.15	4.49
现在一心为老百姓着想的干部不多了	7080 后	3.67	16.05	41.86	35.35	3.06
	70 前	2.88	16.13	45.02	31.61	4.35
很多发了财的老板，都是靠政府官员的帮助	7080 后	3.98	26.07	40.29	22.13	7.52
	70 前	2.84	19.58	45.35	22.75	9.48
工人和农民的子女有同样多的机会成为有钱、有地位的人	7080 后	8.18	24.98	43.83	20.12	2.89
	70 前	7.17	24.62	45.48	17.43	5.30
农民就应该好好种地，不要都进城来打工	7080 后	47.86	34.21	12.86	4.07	1.01
	70 前	36.33	37.58	17.16	6.22	2.70
应该从有钱人那里征收更多的税来帮助穷人	7080 后	3.24	18.68	41.56	33.20	3.32
	70 前	2.18	12.63	45.56	35.24	4.39

同时对两个因子的因子得分进行分析，发现两个因子的分布均接近正态分布，因子得分可以作为因变量来进行分析。事实上，经过检验，因子 1（即公平感因子）是完全符合正态分布的假设的，而因子 2（即民主意识因子）存在一定程度的偏态，只有删除部分过分偏倚的取值之后，才能符合正态分布的要求。

为了方便理解，本文将因子得分转化为 0~100 分的标准，其中因子 1 得分越高，意味着被调查者的公平感越强，即他们认为社会越公平；因子 2 得分越低，意味着被调查者的民主意识越强，即他们认为要赋予个人更多的权利，更强调个人责任。由于因子 2 分布呈现一定的偏态，因此在处理时以均值居中为主，设定均值等于 50，小部分被调查者得分可能超过 100（见图 15 - 4）。

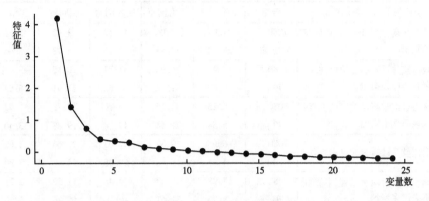

图 15 - 4   "7080 后"青年公平感和民主意识的因子分析结果

3. 不同因素对"7080 后"青年公平感和民主意识的影响

总体上看，按照不同的类型划分之后的得分虽然有一定差异，但"70后"和"80 后"的公平感和民主意识非常类似，只有少数的几种分类会有不同的影响。下面本文将针对不同影响因素比较分析"70 后"和"80 后"的公平感和民主意识。

如表 15 - 5 所示，户口类型和单位体制常被视为现实社会结构中的制度性要素。从制度因素的划分来看，"70 后"青年和"80 后"青年之间的公平感差异并不明显，农村户口青年的公平感和民主意识得分都要略低于非农户口青年，公有制单位的青年公平感和民主意识的得分略高于非公有制单位的青年。而民主意识得分，"70 后"青年和"80 后"青年之间的差异比较显著，"70 后"青年的民主意识得分明显要高于"80 后"青年，这说明"80 后"青年更注重个人权利。制度因素也同样造成了比较大的民主意识差异，非农户口和非公有制单位的青年民主意识得分较低，这恰恰体现了制度对不同群体的影响是不同的，非农户口和非公有制单位青年受到的政府和制度约束较少，他们更强调个人的作用。

地区和性别两个因素也没有造成"70 后"青年和"80 后"青年之间的明显差异，但"80 后"青年表现出了较强的一致性。东部地区的"70 后"青年公平感得分最高，即他们认为社会更公平，而中部和西部地区的得分依次降低，但差异并不是很大，"80 后"青年的公平感并没有出现地区之间差

表15-5 "70后"和"80后"青年的公平感和民主意识的比较

单位：%

分类	公平感		民主意识		分类	公平感		民主意识	
	70后	80后	70后	80后		70后	80后	70后	80后
公有制	49.92	50.78	49.03	46.64	农村户口	49.67	49.88	50.10	45.22
东部	51.03	50.50	44.58	42.34	未受正式教育	46.74	47.33	63.00	62.70
中部	49.99	49.57	47.99	45.78	小学	48.29	45.21	52.49	50.60
西部	48.22	50.44	49.19	43.74	初中	50.56	50.46	46.81	46.18
男	51.20	51.43	46.32	43.75	高中	49.95	51.36	43.87	41.56
女	48.93	48.92	47.67	43.76	职高、中专	50.30	50.74	42.93	40.62
收入最高的20%	45.90	48.46	48.36	43.64	大专	50.09	49.55	40.31	40.67
收入较高的20%	47.63	50.91	52.40	46.81	本科	52.34	51.15	39.70	40.50
收入中等的20%	50.78	48.28	45.92	45.28	研究生	56.93	55.68	44.34	43.32
收入较低的20%	51.41	52.07	46.15	42.29	党团员	49.63	50.08	47.44	43.80
收入最低的20%	52.26	53.04	42.53	40.86	非党团员	53.60	54.35	42.21	41.83

异。民主意识在"70后"青年中则是依东中西得分递增，与公平感的方向正好相反。性别差异主要体现在公平感上，"70后"和"80后"青年中均是男性得分比女性更高，说明男性更倾向于认同社会公平。

收入是最可能造成社会不公平的影响因素，一般来说收入越低的群体越能感觉到社会不公平。事实上从收入的影响来看，"70后"青年中收入越高的其公平感得分越低，即收入越高的群体越感觉到社会不公平，反而是收入低的青年更倾向于认为社会是公平的。将"70后"和"80后"青年进行比较，发现公平感得分主要是在中等收入以上群体的差异，尤其是"70后"青年的得分要明显低于"80后"青年，说明"70后"青年尽管自身已经有了较高的收入水平，但仍能够关注到其他社会群体的不公平问题。从收入对民主意识的影响来看，并没有体现规律性，较高收入的群体更倾向于认同国家和政府权力，而收入较低和最低的群体更认同个人的权利。

教育既能够影响收入，也能够影响意识。从公平感来看，教育引起的区分并不显著，但研究生层次的群体公平感得分明显高于其他群体，说明他们更倾向于认为社会是公平的。民主意识得分中，研究生群体还是一个特殊的群体。因为在研究生群体之外，"70后"和"80后"青年中都呈现学历越高，民主得分越低的情况。这说明在青年群体中，受教育程度的提高能够使他们更多地认识到个人权利的重要性。

被调查者政治身份的影响是非常有意思的——没有党团员身份的青年比具有政治身份的更倾向于认为社会是公平的，且两者的差异不显著。但没有党团员身份的青年也更倾向于强调个人权利，与没有政治身份青年的民主意识得分差异是显著的。而有政治身份的青年，显然更多地束缚于本身的组织要求，对政府和国家更多地采取服从的态度。

总体来说，"70后"和"80后"青年的公平感和民主意识存在一定的差异，其中公平感的差异程度要小于民主意识。但按照年代划分的青年群体之间的差异并没有想象中的那样大，反而是一些外部因素的影响更为明显，甚至一些差异在某些因素的影响下可能会消失，也可能会被放大，比如政治身份就有可能放大民主意识的差异等。

4. 青年公平感和民主意识的聚类分析

上述分析发现，"70后"和"80后"青年之间公平感和民主意识差异并不是非常明显，因而可以将"70后"和"80后"青年视为社会态度较为相近的群体。而青年的公平感和民主意识的影响因素众多，因此对青年公平感和民主意识进行分类研究是一项非常困难的事情，必须引入其他的变量进行辅助分类，才能够更清楚地区分青年的类型。事实上，本文经过尝试之后，选择了教育和收入作为分类的辅助变量。这样也有助于借助被调查者自身其他信息来区分青年类型。

在引入教育和收入变量后，由于各个变量之间的单位和区间并不一致，所以需要通过某种形式的标准化线性转换，使各自变量的取值不至于被淹没在其他变量中，本文采用的方法是全距标准化，由每个变量除以自己的全距。由于需要将1500多个案例区分为"类型"，而对于如何划分类型却没有确定的标准，没有理由假定每个类型包含同样多的国家，这意味着分类之后的青年类型是不等规模的聚类，所以使用加权平均连接的方法效果更好。

聚类分析的初步结果发现大多数的聚类发生在相异性低于0.8的水平下，而且如此众多的类型也无法真正实现类型化的需要，所以对分析设定的条件进行了调整，只考虑相异性高于0.8的聚合。

根据聚类的结果，本文追溯聚类的过程发现，G8组是一个非常特别的类型，它直到相异性大于1.2水平时才和其他组聚合。分析发现，G8组的案例数仅有3个，平均受教育年限为13.3年，平均年收入超过32万元，公平感和民主意识平均得分为64.7分和36.8分，这一群体的特征是具有高学历和高收入，倾向于认为社会较为公平，却最为强调个人权利。进一步的分析发现，这三个案例都是雇主，两个被划分为私营企业主，一个被划分为个体工商户，所以可以认为 G8 组代表的是新兴的青年私营企业主（见图 15－5）。

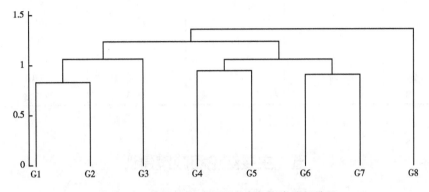

图 15－5 青年公平感和民主意识聚类分析结果

从图 15－5 左侧的 G1 组到 G3 组的情况来看，他们多代表收入较低的青年群体，其中 G2 组也是比较特殊的青年类型。G2 组公平感的得分是最低的，仅 34.3 分，是所有 8 个组中认为社会最不公平的组。进一步分析发现，G2 组的 11 个案例的平均受教育年限为 13.3 年，而平均年收入仅 4000 多元，其中有 7 个案例没有工作。他们代表的是经历过较高教育，却没有获得较好收入的青年群体，当前社会比较典型的是大学生毕业即失业，他们所感受的社会不公平是最为强烈的。而同属低收入水平的 G3 组，他们接受正规教育的年限最少，虽然多数在业但收入较低，平均年收入也仅 4000 多元。他们社会公平感的得分却高达 65 分，明显要高于 G2 组。通过 G2 组和 G3 组的比较，可以认为接受过较高教育的青年，如果不能够从教育中得到相应的回报，那么将会对社会产生极大的不公平感。

G5 群体在公平感中得分是最高的，他们平均受教育年限为 15.8 年，而平均年收入也超过了 15 万元，他们代表的是从高学历中获取了较高收入的青年群体。而 G7 群体尽管平均受教育年限和收入均不高，分别为 9.8 年和 1.27 万元，但是他们民主意识的得分最高，分析发现他们就职于公有制单位的比例高达 44%，远高于平均 36% 的水平，更多地代表公有制单位中就职的青年群体，他们收入稳定，对国家的依赖程度较高，所以，其对个人权利的要求相对最少（见表 15－6）。

表 15 − 6 青年公平感和民主意识聚类分析结果

分组	公平因子得分	民主因子得分	平均受教育(年)	平均年收入(元)
G1	中	中	7.6	8020
G2	低	高	13.3	4417
G3	中	高	6.1	4808
G4	中	低	13.7	18183
G5	高	高	15.8	155008
G6	中	中	9.0	12138
G7	高	高	9.8	12701
G8	中	低	13.3	323333

五 主要结论和政策建议

"改革开放的孩子们",在巨大的社会变迁和快速的社会转型的过程中,成为与上几代人有明显代际差异的青年一代。"70 后"和"80 后"青年与"70 前"的人群相比,具有明显的自身特点,他们收入和学历都更高,更少地在非公有制单位就业,生活方式更趋向现代和潮流,更倾向于表达自己的意见。同时,他们在社会态度,主要是公平感和民主意识方面,明显地与其他人群不同,更倾向于认为社会不公平和更强调个人权利和责任。尽管大部分的"70 后"青年并非出生于改革开放之后,但是在其成长过程中,却不可避免地被打上了改革开放的烙印,他们的行为方式和价值观念介于改革开放前一代与"80 后"之间,与"80 后"既有共同之处,也有一定的差异性。

在"70 后"和"80 后"的公平感和民主意识的比较分析中,一些外部因素如制度、收入和政治身份等因素的影响较大,比如没有党团员身份的青年也更倾向于强调个人权利,与没有政治身份的民主意识得分差异是显著的;非农户口和非公有制单位的青年民主意识得分较低,恰体现了政府和制度对不同群体的影响是不同的,非农户口和非公有制单位青年受到的政府和制度约束较少,他们更强调个人的作用。多数情况下,"70 后"和"80 后"青年之间的差异相对较小。比如两个青年群体都呈现出学历越高,民主得分越低的情况,说明受教育程度的提高能够改变青年对个人权利重要性的认识。

正因为"70后"和"80后"青年之间社会态度差异并不明显，所以我们在类型分析中引入了收入和教育的变量。分析发现，青年中存在一些特殊的群体，G8组所代表的青年私营企业主群体，他们既有较高学历，又有高收入，倾向于认为社会较为公平，却最为强调个人权利。G2组和G3组的对比也发现，G2组是经历过较高教育，却没有获得较好收入的青年群体，他们强烈地感受到社会不公平，而G3组尽管收入也很低，但由于没有接受过正规教育，没有期望从教育中获得高回报，他们更倾向于认为社会是公平的。在公有制单位工作的青年群体的收入不高，却对国家有一定的依赖程度，所以对个人权利的追求是最少的。

总体而言，尽管在生活方式上，"70后"和"80后"青年存在着一定的差异，社会结构的变化也引发了一些特殊的青年群体，但是在社会态度上"70后"和"80后"青年群体保持了较高的一致性。因此，本文针对当前青年群体的公平感和民主意识状况，提出以下四条建议。

1. 避免将"80后"青年标签化，帮助他们融入主流社会

本项研究并没有在"70后"和"80后"青年之间发现非常明显的社会态度差异，也从一个侧面证明了一些机构和媒体将"80后"群体"标签化"的做法是错误的。尽管"80后"群体在生活方式上可能与主流的社会有所差异，但是，必须看到他们所处的时代环境是前所未有的，而随着时间的推移和年龄的增长，他们的生活方式会逐渐改变，社会上对他们标签化的偏见反而更容易将之拒绝于主流社会之外，因此，要避免将"80后"青年标签化的做法，帮助他们融入主流社会。

2. 积极推动大学生就业，消除他们强烈的不公平感

高校扩招之后，教育结构和就业结构之间的失衡，导致大学生就业难的问题。教育本身就能够让青年更多地感知社会，然而他们如果从高等教育中无法获得相应的收入回报，就会极大感知到不公平感和挫折感，容易产生过激行为。因此，需要采取多种措施对大学生加强引导、缓解就业压力，避免其出现心理失衡的现象。特别是对一些毕业却没有工作的大学生要正确开展思想政治工作，弱化和淡化他们对社会不公平的看法，进一步引导大学毕业生改变传统就业观念，面对现实的就业状况，鼓励他们到基层最能实现人生价值的地方去。

3. 强调青年创业者的责任意识，引导他们为社会服务

近年来，青年创业成为党团机关和政府组织的一项重要工作内容，本文的研究发现，在已经成功创业的青年群体中，存在着非常强烈的个人权利和责任意识。因此，要结合青年创业者的责任意识较强的特点，不仅发挥青年创办企业在促进社会经济发展中的贡献，还要鼓励和引导青年创业者多为社会服务，发扬青年创业者的模范带头作用，将青年创业者作为一种潜在的社会资源，加以培养和挖掘，并结合相应扶植政策，塑造一批有责任意识、关怀社会的青年企业家。

4. 培养青年对民主权利的正确认识，规避个人主义风险

强调公民的民主权利，是当前构建和谐社会的重要条件之一。研究发现，受教育程度高、在非公有制单位工作的青年人，对个人权利和责任的意识更为强烈，因此要积极开展青年的民主观念教育。引导青年正确行使个人的民主权利，提高青年对民主的理解，既要保持个人行使民主权利的独立性，又要避免青年走向个人主义；既要鼓励青年独立承担责任，又要强调集体利益高于个人利益，规避个人主义风险。

结　语
研究的发现和进一步讨论的问题

李培林

一　研究的主要发现

1. 消费不振主要受收入、公共服务、社会保障和收入分配因素的影响

研究分析表明，我国居民消费不振主要受到四个方面的影响：一是居民收入因素的影响，相比较政府财政收入和企业、单位收入，居民收入在整个国民收入中的比例持续降低，所以一方面存在单位消费浪费的现象，另一方面存在居民消费不振的问题；二是公共产品和公共服务不足的影响，调查发现，在家庭消费中，教育、医疗消费支出表现出较强的刚性，不但对其他消费支出产生了挤压效应，抑制了家庭正常的消费支出，而且增加了家庭大额消费预期和危机感，导致储蓄意愿强烈，影响了居民的即期消费；三是受社会保障不足的影响，养老、医疗和失业的家庭风险，也是居民规避风险的储蓄目的；四是受收入分配结构的影响，调查发现，在存在家庭消费随收入增长而递减的规律下，收入差距过大造成的结果，是有消费能力的人已经消费饱和，而需要消费的人没有消费能力。调查结果表明，高收入家庭的消费率基本固定，农村和低收入家庭边际消费倾向较高，但实际购买力有限，这些共同导致社会整体消费能力下降。调查还发现，虽然农村家庭对以家电为主的大众耐用消费品消费意愿高于城市，但农村消费受收入和社会保障水平低的局限而处于相对低迷状态。

2. 就业要关注非正规就业、第二代农民工、职业教育和统计监测问题

调查发现，我国目前的劳动力市场上，非正规就业市场庞大、就业成本低、就业弹性大，非正规就业人群占全部非农就业人员的50%左右，但长期以来，我国比较重视全日制正规就业，对非正规的灵活就业方式研究和重视不够，监管不够，造成非正规就业门槛过高，劳动争议案件攀升。今后的扩大就业，应当大力促进非正规就业，为自主经营者创造良好的经营环境和经营条件。

调查还发现，2000年以来进入劳动力市场的第二代农民工与第一代农民工有了很多不同，他们不仅仅关注收入的增加，更对提高自身及子女社会经济地位有了更多期待，农民工随迁子女逐年增加，农民工"返乡不返农"成为重要特点，传统的城乡人口流动理论所揭示的农村劳动力单向一次性或分阶段在城市流动—沉淀模式，或许会在我国特殊国情下，演变为双向的流出—回流—沉淀模式，农民工在城镇流动—定居与农民工回流新模式的结合，将对我国城镇化、非农化的道路产生重要影响。

研究表明，在我国劳动力市场上，工资收入的差异主要是受教育水平、技术能力和劳动经验等人力资本因素的影响，而劳动者的社会保障待遇，主要是受户籍、单位等制度因素的影响。因此，提高初级劳动者的收入水平，要从提高劳动者的素质着手。近十几年来，我国普通中等教育和普通高等教育快速发展，但相比较而言，职业教育发展却一度倒退，规模缩小、生源质量下降、教师流失。尽管近年来我国职业教育有所恢复，但总体上与社会经济发展要求存在一定的差距。因此调整高等教育结构，加快职业教育和职业培训的发展，是适应劳动力市场变化和提高初级劳动者收入水平的必然选择。

失业率是反映经济发展状况，调整利率、税率和工资价格的重要依据。我国目前的城镇登记失业率已经落后于和不足以灵敏反映劳动力市场的变化，应按照国际可比较的失业率统计口径，设立专门的城镇调查失业率的统计、监控和公布制度，使失业率指标成为宏观决策的主要依据。

3. 社会保障要重视农民工群体、医疗保障普及和未来养老风险

我国现行的社会保障制度，主要是根据城镇和农村两种社会经济形态来设计、管理和运行，城乡二元特征明显，而处在二者之间的农民工群体，往往成为社会保障的盲点。调查表明，农民工普遍社会保险参保率较低，因社会保障待遇转移接续不畅而导致的"退保"现象严重，如何设计一套衔接城乡的符合农民工流动特点的社会保障体系，是建立覆盖城乡社会保障体系的一个关键点。

调查分析发现，在各类社会保障中，相比养老保险和失业保险，医疗保险在非正式就业市场上对于改善劳动者社会保障待遇的效果更加明显。这可能是因为，大多数非正规就业者就业方式灵活、流动性很大，都还在吃"青春饭"，医疗保障问题是突出的当务之急。在建立和完善覆盖城乡的社会保障体系工作中，要把完善和提高医疗保障的水平作为突破口大力推进。

当前，我国人口老龄化速度加快，随着生育水平的下降，独居、无配偶老人总量迅速增加，调查表明，全国1/3的一人户和两人户是由60岁及以上的老人组成的，而且越是低收入家庭，老人的抚养比越高。家庭结构的小型化对传统的家庭养老方式产生严重挑战，未来养老保障的资金将面临快速增长的压力。中国在建立覆盖城乡的医疗保障体系的同时，要发扬低成本的家庭养老的传统，但要关注空巢老人家庭安全，特别是有困难或身体不好的空巢老人家庭的安全。目前参加养老保险者的年龄结构要老化于劳动力的年龄结构，要通过扩大养老保险的覆盖面来调整养老保险者的年龄结构，规避未来养老保险资金潜在的风险。

4. 社会建设需要重构社会支持网

我国在社会转型的过程中，社会支持网发生了深刻变化：一方面由于在市场转型中发生从"单位人"向"社会人"的转换，原有的计划经济条件下形成的单位支持弱化，新生社会支持体系还需要时间发育成熟；另一方面现代化转型使熟人社会变成陌生人社会，人们在熟人社会中结成的以血缘、地缘为依托的私人社会支持网络变得非常脆弱，为了适应巨大社会变迁的新情况，需要重新构筑社会支持网。

调查发现，目前我国的社会支持网更多地依赖私人关系网，但在私人关系中，由于社会交往的增加，在社会支持网中非亲属的私人关系发展很快，在组织化的社会支持当中，"社区"替代了"单位"，成为对居民最有帮助的组织化支持力量，社区（村委会、居委会）提供的支持占全部组织化支持的40%强，从"单位办社会"向"社区服务社会"的转变，使社区成为整个社会生活中最主要的组织化支持资源的提供者。"单位制"弱化的部分支持，正在由社区、地方政府、党群组织、社会团体和市场化机构分担。不过从对成员的支持力度上来看，社区支持仍低于工作单位的支持作用。调查还显示，家庭人均收入与组织化支持的数量呈负相关关系，家庭收入越低，获得组织化支持的力度就越高。我国的社会支持目前还主要以经济支持为主，获得经济支持的家庭，随收入降低而增加，但获得精神支持的家庭，却随家庭收入的增加而增加。

要建立适应社会转型的社会支持网，就要大力加强社区建设，积极推进社会工作，培育社会服务专业化组织，继续发挥工作单位的支持作用，建设广泛覆盖的社会保障和公共服务体系。

5. 中国未来劳动力的比较优势将更加体现在劳动力素质上

随着中国进入工业化中期，产业结构将不断升级，技术进步对经济增长的贡献将更为显著，对劳动力技术素质的要求也会快速提高，农民工在未来必须适应这一新的要求。另外，随着劳动力供给上的变化，中国劳动力低成本时代会逐渐结束，中国未来的经济增长也必须实现从"中国制造"向"中国品牌"的转变，中国劳动力的比较优势也会更加体现在劳动力素质上。从调查分析中可以看到，农民工的受教育水平和技术素质相对于城镇职工来说，仍然普遍偏低，而且这也对农民工的收入水平产生了决定性的影响。目前，绝大多数农民工还只有初中教育水平，因此，要通过制订和实施大规模的职业教育和职业培训计划，提高农民工的知识水平和劳动技能。这是一项从经济社会发展全局考虑的战略选择，要通过大规模的劳动力素质的提高，来促进全社会劳动生产率的极大提高，从而继续保持在国际竞争中的比较优势，以满足中国产业结构和世界经济格局进入新阶段的要求。

6. 历史逻辑决定农民工的积极社会态度

根据对调查数据的分析，相比较而言，农民工具有更加积极进取的社会态度，这主要是由农民工收益比较曲线持续上升的历史逻辑决定的；国际金融危机和经济不景气的影响产生的生活压力，对农民工在社会安全感、社会公平感和对政府满意度等方面的社会态度产生了负面影响，而生活压力更主要地来自就业的威胁而不是收入水平。因此，必须把农民工的就业保障问题放在首要位置上加以重视和解决。调查分析发现，在各类社会保障中，城镇职工医疗保险和新型农村合作医疗，对改善农民工生活状况和社会态度效果最为明显。因此，在推进覆盖城乡的社会保障体系建设过程中，在积极完善各项社会保障制度的同时，要把完善农民工的医疗保障作为提高农民工社会保障水平的突破口。

在过去的30年，农民工的工作、生活状况和社会态度，是影响中国经济社会发展全局的重要因素，在中国未来30年的发展中，他们的工作、生活状况和社会态度依然是影响改革发展稳定全局的重要因素。

7. 家庭养老将依然是我国主体的养老方式

随着我国社会结构发生的深刻变动，我国家庭结构也出现小型化、核心化和简单化的趋势，死亡率的下降、人均预期寿命延长、住房条件的改善、社会流动的加快以及代际关系的变化，催生了大量的空巢老年人家庭，我国传统的代际"反哺"式家庭养老模式遇到了前所未有的挑战。根据我们的调查，在城镇中只有 9.74% 的老人明确表示子女在过去一年中对自己有过较大帮助，这一比例在农村也只有 14.22%。与此同时，城镇老人中有 49.7% 的人拥有城镇基本养老保险，另有 12.3% 的人有企业补充养老保险，而农村养老几乎还完全依赖家庭，农村老人面临着子女对父母经济支持有限、生活照料和精神支持缺失的多重困境。在这种情况下，很多学者认为，中国的养老模式的发展变化是从家庭养老转向社会养老，以社会集中养老取代家庭养老。

从长远来看，从家庭养老向社会养老转变是一个趋势，但这个趋势主要是指养老的经济来源而不仅仅是养老的形式。根据我们对调查数据的分析发现，家庭规模缩小未必导致家庭养老能力的下降，生育率快速下降所带来的人口红利，反而会降低家庭人口的负担系数。城镇家庭人口负担处于一个上升的周期，平均每个就业人口负担的人口数量从 20 世纪 90 年代中期的 1.73 人上升到 2006 年的 1.93 人，其原因除了城镇生育水平已经稳定之外，还包括家庭人口中就业覆盖面的下降。农村家庭人口负担正处于一个下降周期，平均每个劳动力人口负担的人口数量从 20 世纪 90 年代初期的 1.64 人下降到 2006 年的 1.43 人。这充分说明家庭规模缩小不一定会降低家庭的养老能力。我国未来家庭养老的主体模式仍将是家庭养老，要在整个社会倡导家庭子女对父母的赡养义务，强调传统文化中有利于家庭养老的孝道，采用必要的经济、社会、文化教育手段保证和谐的家庭代际养老关系。

二　进一步讨论的问题

1. 关于大众消费阶段的问题

本研究报告认为，我国进入发展的新成长阶段，第一个特征是大众消费阶段的到来。大众消费阶段过去被认为是很遥远的事，但实际上已经到来了。我国人均 GDP 以美元计算，从 1980 年到 2000 年用了 20 年的时间，从 300 多美元增加到 800 多美元；但从 2003 年突破 1000 美元后，人均 GDP 增长加速，2006 年人均 GDP 突破 2000 美元，2008 年达到 3300 多美元，提前 12 年实现了我们本来到 2020 年的比 2000 年翻两番的目标。估计到 2010 年底，我国人均 GDP 可以超过 4000 美元。这种跳跃性的发展，与三个因素关系密切，这就是经济高速增长、人口净增长减少和人民币升值。我国居民消费的恩格尔系数在持续下降，食品消费占整个城镇家庭消费支出的比重实际上已经下降到接近 30%，而且我们对住房的支出一直低估。各国的经验都表明，恩格尔系数下降到 30% 左右，意味着进入大众消费阶段，在这个阶段，住房、汽车等大额消费品开始进入千家万户，教育、医疗、旅游、通信等新型消费成为增长较快的消费热点。大众消费的阶段到了，但是我们对这个时代的到来准备得不足，研究得不够，我们对大众消费缺乏应有的信心。

在一些学者看来，扩大国内消费固然是好事，但扩大消费要有一个过程，在短期内很难靠消费来刺激经济的增长，所以还是要把眼光主要放在投资上。而且一般认为，高储蓄率、高投资率是中国的国情，也是在一个相当长的时期中国经济增长的主要法宝。所以，转变发展方式，更多地还是要看如何改变投资的结构和提高投资的效益。这个假定实际上意味着，过去 30 年主要靠投资，今后 30 年继续发展还是要靠投资，无非是要改变投资的结构而已。这样讲有一定道理，但也不尽然。

我们先来看看"短期内很难靠消费来刺激经济增长"这个假定。这个假定初看是有道理的，但仔细琢磨还是有问题。首先，这个假定是建立在过去发展的经验基础上，在过去出现经济增长率下滑的情况下，我们总是用财政和投资扩张的办法来刺激经济，依靠扩大消费来实现刺激经济，还从来没有过；不是我们没有这样的愿望，而是从未实现过这样的结果。而靠高投资来刺激经济，危机后的结果总是重复建设、产能过剩、库存增加、投资效益下降甚至引发通货膨胀，这次国际金融危机过去之后，这些老问题很难保证不会卷土重来。

我们要看到一种新的可能性，一种新的未来。即中国的经济社会发展进入一个新成长阶段，这个阶段的特征与过去相比发生了很大变化，我们过去所习惯了老做法，在未来的 30 年的增长过程中也需要作出一些改变。在促进经济增长的投资、出口和消费这三大要素中，今后要更多地依赖国内消费来支撑经济的长期稳定增长。

2. 关于就业和低成本劳动时代逐渐结束的问题

就业趋势的变化与低成本劳动时代的问题是紧密相连的，在这方面我们看到似乎相互矛盾的现象。一方面，劳动力供求关系正在发生转折性的变化，由于少儿人口的持续性快速缩减，新增劳动力供给的数量在不断减少，2006～2010年新增劳动力还能保持在年均600万人左右，到2011～2015年年均只有300万新增劳动力，2016年前后会出现拐点，此后劳动力供给会出现负增长；另一方面，就业形势持续严峻，不仅仅是经济状况受到国际金融危机冲击的时候就业形势严峻，就是在经济高速增长的年份就业状况也相对紧张。

造成这种状况的原因是中国分割的劳动力市场，即随着产业结构的升级，初级的蓝领劳动力市场对知识技术水平的要求不断提高，一部分农民工因无法适应这种要求而被排斥在非农劳动力市场之外，同时白领劳动力市场发育较慢，跟不上大学毕业生人数的快速增长。所以，未来劳动力市场可能会出现劳动力短缺和失业问题严重并存的情况。

为了解决这个问题，我国一方面要快速发展农村教育、职业教育和职业培训，通过提高劳动力素质来满足产业升级的需求，另一方面要逐步拓宽白领劳动力市场的非正式就业渠道。根据我们的研究，鼓励灵活就业是应对失业问题的重要措施之一，目前我国非正规就业人群占全部非农就业人员的约50%，但这些非正规就业绝大多数集中在蓝领劳动力市场。对于非正规就业人员中的自营劳动者，在相关政策、措施要采取低门槛原则，简化自主经营手续，为自主经营者创造良好的经营环境和经营条件，同时加强对劳动权利保护的监督。

目前大中城市在户籍制度、分割的城乡就业市场等方面对农民工定居产生了较大的阻力，导致外出务工农民工无法在大中城市定居和就业，1/4左右的农民工最终在其生命周期的影响下，选择回乡务农。我国户籍制度的改革，将有助于非农就业的农村居民彻底离开土地，促进农村非农化与城镇化的同步发展。

3. 关于收入差距扩大趋势的问题

中国的收入差距未来将会是什么趋势，这是大家都关心的问题。但是直到目前，我们还没有看到一项扎实的研究，能够说清楚中国近30年来收入差距扩大的规律以及未来的变化趋势。经常被引用来解释中国收入分配问题的理论，倒是美国经济学家库兹涅茨预测收入差距未来变化趋势的假说。库兹涅茨假说是基于对西方发达国家在第二次世界大战前50年的收入不平等变动历程的研究提出的（Kuznets，1955），中国收入分配格局发生的巨大变化也已经持续了30多年，按照库兹涅茨理论的假定，收入分布的变动趋势应当开始出现先扩大后缩小的倒 U 形曲线，但从中国现实变化来看，尽管中国已经采取了一系列扭转收入差距扩大趋势的政策措施，但目前还看不到在短期内收入差距曲线出现拐点的可能。而且，根据我们的分析研究，与人们一般的看法相反，农村地区的收入不平等始终高于城镇地区，农业部门的收入不平等始终高于非农业部门，影响收入不平等的结构效应在大多数年份高于集中效应，这些现象都是库兹涅茨假说难以解释的。

在中国收入差距扩大的过程中，到 20 世纪 90 年代中期，在收入差距扩大初期出现的收入水平"脑体倒挂"问题基本消除，近若干年来，随着市场工资因竞争激烈而增长缓慢以及财政性工资稳步增长，市场工资平均水平高于国家财政性工资水平的情况也得到改变。然而，收入来源分析结果显示，一种收入来源与市场化关系越是密切，其对收入不平等的影响就越大，体制外从业人员的收入不平等对总体不平等的贡献远远大于体制内收入不平等的贡献。中国扭转收入差距扩大趋势面临的局面更加复杂，既要通过国家权力运用财政、税收、社会保障和社会福利等手段来矫正市场化带来的不平等，也要运用市场竞争机制来防止权钱结合造成的不平等，最令人担忧的是出现市场不平等和权力不平等的叠加效应，所以必须建构一种社会机制，这种社会机制能够同时制约市场不平等和权力不平等以及这两种不平等的结合。

4. 关于社会分层和流动的问题

社会流动是人们的社会位置在水平或垂直方向上的变化。改革开放以来，我国社会阶层分化和社会流动加快，是一个不争的事实。争论的焦点是，这种快速的社会流动究竟是仍然在继续持续，经过碎片化而不断重组，因而仍然存在较多的社会上升空间和机会，还是社会分化的过程已经基本结束，即社会阶层结构已经定型化，社会流动只不过成为社会阶层结构的再生产？

我们对调查数据的分析，也意外地得出了相互矛盾的结果。从客观上看，一方面我国社会仍处于社会流动加速的过程之中，社会位置流动的空间和机会还很多，特别是随着高等教育的大众化，不断有大量的工农家庭的孩子们进入公务员、企业管理人员和知识分子的阶层，而农民群体则越来越老龄化，农民的孩子们，越来越少地成为农民，根据我们的调查，在我国全部职业阶层中，农民的比例为 42%，而在 1977～1991 年出生的这个同期群中，现职或终职为农民阶层的百分比，仅仅为 26%；另一方面，我们通过对调查数据的分析又发现，影响人们经济社会地位的因素，随着教育资本的影响再提升，父母亲的社会经济地位也成为仅次于户籍的影响因素，对子女的社会经济地位获得产生重要的影响，这种影响因素在子女教育资源的获得、子女初职的获得和子女现职或终职的获得方面，都发挥了重要的作用。

这个结果也许告诉我们，一方面，我国的工业化和城镇化过程还处于加速时期，结构变动弹性依然很大，社会职业阶层结构的深刻变动，会不断创造出新的社会位置升迁的空间和机会，使绝大多数人具有向上流动的可能性，正是这种社会流动的状况，使得我国在巨大社会变迁中保持了社会的相对稳定；另一方面，大规模的社会阶层重组过程已经结束，一些社会阶层的复制情况开始显现，这是我们需要加强研究的，这种趋势有利有弊，利在有助于克服结构不稳定，弊在形成结构张力，并且抑制结构活力，从而对社会运行的效率和公平都产生影响。

5. 关于"改革开放的孩子们"的问题

著名社会学家埃尔德的《大萧条的孩子们》成为分析重大事件对个人和群体生命历程影响的经典著作。但"改革开放的孩子们"，也就是国内媒体经常说的"80后""90后"年轻人，与"大萧条的孩子们"或"'文化大革命'的孩子们"完全不同。三个条件使"改革开放的孩子们"成为特殊的一代人：一是计划生育政策使他们中的很多人成为"独生子女"一代，受到非同寻常的家庭照顾和社会关注；二是改革开放后发展的顺境和相对舒适的生活条件使他们对过去坎坷发展的过程缺乏个人体验和集体记忆；三是改革开放后中国的市场化、信息化、国际化环境建构了他们不同于父辈的文化和知识结构，从而使他们成为中国近现代历史上非常独特的一代人。这一代人在国内媒体上常被批评为"最没责任心的一代"、"最自私的一代"、"最叛逆的一代"、"最娇生惯养的一代"等，国外媒体则认为他们是"激进民族主义的一代"。但是，2008年汶川大地震改变了人们的看法，"80后"新一代在国难面前表现出了高度的民族精神、社会爱心和责任感，用无私的奉献和互助精神，扛起了时代的使命。

我们的研究表明，"改革开放的孩子们"与他们的父辈相比，平均收入水平和学历都更高，更多的人在非公有制部门工作，生活方式更趋向现代且追赶潮流，更倾向于表达自己的意见；同时，他们的社会态度，主要是公平感和民主意识方面，明显地与其他人群不同，更倾向于认为社会不公平且更强调个人权利和责任。

总之，"改革开放的孩子们"将成为中国未来 30 年发展的中坚力量，支撑中国的持续稳定发展，他们的知识素质、集体意识和精神面貌将决定着中国未来的走势。

6. 关于我国未来发展动力问题

我国改革开放 30 多年来，一个巨大的发展动力，就是通过经济体制改革引入了社会主义市场机制，在这个问题上，应该说已经有了基本的共识。市场机制提供了竞争机会的平等，从而调动各个社会阶层投入发展的积极性，使得整个社会充满活力。但随之而来的问题是，利益格局发生深刻变化，收入和财产的差距不断扩大，民众对分配不公的问题意见较大，解决这个问题，就要通过进一步的社会体制改革，建立和完善利益公平分配的机制，继续为我国的发展提供强大动力。与此密切相关的进一步的问题，就是权利民主的问题，要通过积极稳妥的政治体制改革，构建能够应对各种挑战和复杂局面的社会主义政治体制，来提供新的发展动力。经济机会平等、社会利益公正和政治权利民主，这实际上是一个问题的三个侧面，但从发展的阶段性来看，当前的改革要从经济领域进一步向社会领域和政治领域深化，从而为我国未来的发展不断提供新的强大动力。

附录一
应用 Kish 表入户抽样被访者
年龄结构扭曲问题研究

张丽萍

一 问题的提出

抽样是科学研究的重要方法。样本能否具有很好的代表性且能推断总体，取决于抽样是否科学。概率样本是保证抽样科学和样本具有较好代表性的必要条件。获得概率样本的重要前提是有完整、准确的抽样框。在一般的社会科学调查中，往往很难获得全部被访查者完整、准确的抽样名单，这一方面是由于建立被访者抽样框需要高额的成本，另一方面是及时维护、更新被访者的个人信息非常困难。在具体抽样实施过程中，往往采取多阶段、分层、整群等抽样方法来确保在抽样科学的基础上降低抽样成本。在多阶段入户调查抽样设计中，最常用的抽取最终被访者的方法是：首先根据家庭户抽样框抽取家庭户，然后再对户内适合的调查对象进行抽样。由于家庭户规模大小不同，因此在不同规模家庭中适合的调查对象被访者被抽中的概率不同，这样就造成了入户抽样被访者特征指标分布与总体分布不一致的问题。这种问题的解决方法只能是通过对样本进行概率加权，但由于多阶段、分层、整群等抽样设计的复杂性和被访者缺失、无应答等问题，使得对每个抽样样本的加权变得非常复杂。因此，在入户抽样阶段应尽量减少偏差或避免复杂抽样的样本加权。为了确保被访者抽样偏差的最小或样本加权的简单易行，这就需要研究一套科学可行的方法来解决上述问题。

Kish 表是 L. Kish 针对入户抽样的上述问题在 20 世纪 40 年代末根据美国的人口和家庭情况设计的。目前 Kish 表已经广泛地应用在世界各国入户抽样调查的选样调查中。但是 20 世纪中期设计的 Kish 表能否适合目前中国国情或其他人口和家庭特征，需要仔细检验和深入研究。本文就是从 Kish 表在中国的具体应用问题出发，对中国目前应用 Kish 表入户抽样被访者年龄结构扭曲问题进行研究并提出解决的办法，目的是尽量减少入户调查的抽样偏差。

二　研究数据来源与方法

1. 研究数据来源

为了研究应用 Kish 表在入户抽样数据的代表性和可能的系统偏差以及在当前中国的调查实地操作时所面临的问题，本文以"2008 年中国社会状况综合调查"入户登记表数据为例，分析被访者抽样分布偏差的来源。

"2008 年中国社会状况综合调查"是中国社会科学院社会学研究所于 2008 年 5～9 月，采用多阶段、分层、系统抽样方式，成功入户访问了 7139 位年龄在 18～69 岁的城乡居民（其中 7046 位被访者是应用 Kish 表在家庭户中抽样获得的），样本覆盖全国 28 个省自治区、直辖市的 135 个县（县级市/区/旗）、257 个乡（镇/街道）和 520 个村（居）委会，这次调查的具体抽样过程是：以 2000 年人口普查的区市县统计资料为基础进行抽样框设计。第一步，采用城镇人口比例、居民年龄、教育程度、产业比例 4 大类指标 7 个变量，对东中西部的 2797 个区市县进行聚类分层，在划分好的 37 个层中，采用 PPS 方法抽取 134 个区市县；第二步，在抽中的每一个区市县中，采用 PPS 方法抽取 2 个乡（镇/街道）；第三步，在抽中的每一个乡（镇/街道）中采用 PPS 方法抽中 2 个村（居）委会；第四步，收集抽中的村（居）委会中所有居民个人或家庭的名单资料；第五步，在此抽样框中，采取 PPS 方法抽中被访住户，对于一户中有多个家庭居住的，按随机数表抽取其中一个家庭访问；如果抽中的住户是集体户，则按集体户抽样，适用随机数表抽取被访者；第六步，对于抽中家庭，将该家庭中所有人的情况填在《家庭人口登记表》中，包括与答话人的关系、性别、年龄；第七步，把《家庭人口登记表》中 18～69 岁并且可接受访问的人口按"先排男性，后排女性；在同一性别中，按年龄由大到小排列"的规则进行排序，并按此顺序将成员的性别和年龄填在《Kish 选样表》中；第八步，用 Kish 表进行入户抽样。

根据上述抽样步骤和方法，抽取被访者，入户登记的基本情况见附表 1－1。

附表 1 − 1　调查登记（家庭户抽样部分）基本结果

项　　目	年龄	人数
入户登记人数	0 ~ 98 岁	27338
其中:	18 ~ 69 岁	21115
可以接受访问家庭成员	18 ~ 69 岁	14948
家庭户被访者人数	18 ~ 69 岁	7046

本项研究之所以采用上述数据，一方面是由于本次调查的抽样设计完全按照概率样本的抽样调查进行科学设计，另一方面是本次调查的数据除了包括对被访者的调查信息外，还包括家庭登记人口的信息、可接受访问者与不可接受访问者信息、《Kish 选样表》登记人口信息等。这些数据为 Kish 选样过程的研究提供了非常丰富和翔实的原始个案数据资料，使该项研究成为可能。

2.《Kish 选样表》的基本原理与发展

由于直接获得个人名单在绝大多数调查中不仅存在数据获取困难，而且存在数据质量问题，所以目前调查户内个人通常采用《Kish 选样表》（以下简称 Kish 表）来进行户内抽样。正如 L. Kish 所说，入户抽样的理由一是避免住户中的被访者有机会对问题展开讨论，而且同一户内的被访者对某些问题的回答会相似。同时也避免对同一户内多次访问（Kish，1949；Kish 表选样过程和基本原理见 Kish，1965）。

Kish 表选样过程首先是把《Kish 选样表》的 8 个字母按照事先给定的概率分配到不同的问卷编号上，在入户后，具体的操作流程如下。

1）根据答话人的回答，将家中所有人的情况填在《家庭人口登记表》中，包括与答话人的关系、性别、年龄。

2）把《家庭人口登记表》中年龄适合并且可接受访问的人口按"先排男性，后排女性；在同一性别中，按年龄由大到小排列"的规则进行排序，并按此顺序将成员的性别和年龄填在《Kish 选样表》中（见附表 1 − 2）；

3）按照《Kish 选样表》选出被访者。从附表 1 − 2 可以看到，选样表的第一行有 A、B1、B2、C、D、E1、E2 和 F 共 8 个字母。在入户调查前，按照问卷编号和调查样本数量，循环或随机选定字母。问卷字母选定后，根据被选定字母所在的列和家庭成员排序的最后一人所在的行进行交叉，交会处的数字就是被选中的家庭成员的序号。《家庭人口登记表》和《Kish 选样表》以√标出被选中的被选者。

例如，在附表1-2中选到了C列，由于家庭成员排序的最后一人的序号那一行是"2"，那么第2行与"C"列的交会处的数字就是选中的家庭成员的序号，即"1"号成员，也就是将第一人作为被访者。

附表1-2 《Kish选样表》示例

			《Kish选样表》							
Y1	Y2	Y3	A	B1	B2	Ⓒ	D	E1	E2	F
序号	性别	周岁年龄								
√	男	55	1	1	1	1	1	1	1	1
2	女	29	1	1	1	①	2	2	2	2
3			1	1	1	2	2	3	3	3
⋮			⋮	⋮	⋮	⋮	⋮	⋮	⋮	⋮
8			1	2	2	3	4	3	5	5

　　Kish表的优点是在理论上坚持随机抽样，而且经过巧妙设计，使每一位适合的调查候选对象有不为零的入选概率。对于入户抽样，Deming表（Deming，1960）是12种表格轮流使用，效果与Kish表（1949）差不多。电话调查的发展也对入户抽样提出了不同的要求，Kish表在家庭人口登记和选样过程中的复杂性对电话调查的形式提出了挑战，在这一领域发展了一些新的调查方法来进行户中选样，在保证代表性的同时向相对简化的方向发展。T-C方法（Troldahl & Carter，1964）是将Kish（1949）的8个表简化为4个，并对性别加以控制，操作简单了，被应用在电话访问上。但这种方法过于简化，样本的代表性也有扭曲（Bryant，1975），随着电话访问的应用日益广泛，有研究者（Bryant，1975；Hagan & Collier，1983）先后对T-C方法进行了改进（T-C-B-H方法），并被广为采用。另外，最近生日法（Salmon & Nichols，1983）因为操作简便，在欧美的很多著名的民意调查中被经常使用（转引自洪永泰，1996）。

　　对于Kish表的使用，也有研究者指出，其表格复杂，需要先调查被访户中的人口结构，才能决定要选谁为被访者，所以对访问员的训练和素质要求较高，过于复杂的表格以及对被访家庭姓名、性别和年龄的询问一方面增加访问者和被访者的负担，另一方面入户后的合格者的登记既费时也冒犯被访家庭的隐私，而且也容易造成拒访（转引自洪永泰，1996）。还有研究指出 Kish 表在不同文化国家的适用性问题，基于西方社会中的 Kish 表在津巴布韦的实际调查时，由于家庭人口多、扩大家庭比较常见的问题，选样表中登记的人口规模非常大，同时入户登记还存在年长的答话者无法记清年龄的问题，另外由于家庭中的权威者是对外的"发言人"，而随机选出的被访者对回答问卷无所适从，所以 Kish 表的使用需要考虑调查国家的文化背景（McBurney，1988）。匈牙利研究者（Nemeth，2002）提出针对美国人口的年龄结构所设计的 Kish 表在其他国家的适应性问题，并根据自己国家的情况对 Kish 表中数字的排列顺序进行了调整。

3. 评价方法

为了评价应用 Kish 表入户选样可能存在的问题，本项研究主要是采用概率论的基本分析方法，除此之外，在分析样本的偏差或代表性时，把年龄和性别作为指标分析某一年龄性别的人口在样本中的分布与是否总体一致并进行比较，即：

$$a_{[i,j]} - A_{[i,j]} \rightarrow 0$$

其中：$a_{[i,j]} = \dfrac{age_{[i,j]}}{tpop}$，$A_{[i,j]} = \dfrac{AGE_{[i,j]}}{Tpop}$，$i = 18，19，\cdots，69$；$j = 1，2$

$a_{[i,j]}$ 为样本的年龄结构，i 为年龄，j 为性别，如 $a_{[24,1]}$ 为样本中所有 24 岁男性在调查人口中的比例，$A_{[i,j]}$ 为总体的年龄结构。样本与总体的年龄结构如果一致，则二者的差为 0。

为了更有效地衡量不同抽样方案的代表性，引入一个指标，即寻找抽样后的年龄结构 $a_{[i,j]}$ 与《Kish 选样表》的年龄结构 $A_{[i,j]}$ 误差最小的方案，用 e 来表示，把 e 称为离差系数，e 的值越低，表示样本与总体的差异越小。

$$e = \sqrt{\frac{\sum (a_{[i,j]} - A_{[i,j]})^2}{n}} \times 10000$$

三　Kish 表抽样的概率分析

1. 调查登记人口与调查对象年龄结构比较

为了分析样本的代表性，把年龄和性别作为指标分析某一年龄性别的人口在样本与总体中的分布是否一致进行比较，把入户登记表、入户选样表和被访者三组人口的年龄结构与 2000 年人口普查相比，发现 2008 年调查的入户登记表登记的家庭成员的年龄结构除了女性 20 ~ 25 岁比例偏高、男性 31 ~ 37 岁以下比例偏低以外，其他年龄的分布与 2000 年的数据非常一致，也就是说，入户登记表中登记的人口基本能反映总体的年龄结构。

虽然入户登记表中登记的人口年龄结构与人口普查的年龄结构非常接近，但入户登记表人口与入户选样表人口年龄结构之间的差距很大，尤其是青壮年人口比例明显偏低。在实际调查时，18 ~ 69 岁人口为 21115 人（具体年龄分布见附图 1 – 1），在登记人口中可以接受访问的人口为 14948 人，占 18 ~ 69 岁登记人口的 70.8%，有 29.2% 的人由于各种原因不能接受访问，其中属于无法接触的包括出差、打工、上学参军等，在入户登记表成员中的比例分别为 1.1%、16.8% 和 3.6%，外出打工人口比例最高，还有部分成员属于无能力回答，包括临时生病、残疾等原因，比例很低，分别为 1% 和 0.6%（见附表 1 – 3）。

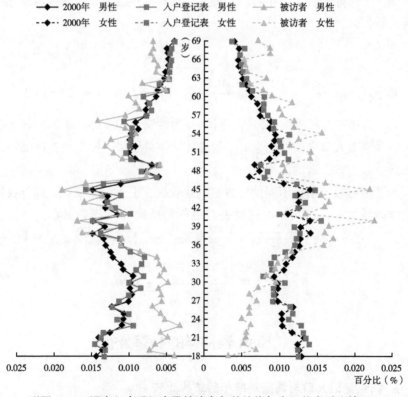

附图 1 – 1　调查入户登记表及被访者年龄结构与人口普查对比情况*

　　* 图中 2000 年人口普查数据的年龄为 2000 年某年龄人口在 2008 年的年龄，如图中 18 岁为 2000 年 13 岁人口。

附表 1-3　入户登记表情况

类　　别	人数(人)	比例(%)	类　　别	人数(人)	比例(%)
登记人口	27338	—	外出上学	701	3.3
18～69 岁	21115	100	外出参军	67	0.3
其中:可以接受访问	14948	70.8	临时生病	215	1.0
不能接受访问	6170	29.2	残疾不能接受访问	125	0.6
长期出差	241	1.1	其他	1221	5.9
外出打工	3557	16.8	不清楚	43	0.2

从年龄结构来看，在不能接受访问的 6170 人中（见附图 1-2），18～39 岁人口中为 4444 人，占不能接受访问的人口达到 72%（其中的 46.5% 为外出打工），而且年龄越低，该比例越高。另外，外出上学的人口也集中在 24 岁以下，这样在调查中，登记人口中无法接受访问主要集中在青壮年人口中，直接造成这部分人在可以接受调查的人口中比例偏低，虽然最初的入户登记与总体分布基本一致，但很多低龄人口无法接受访问。

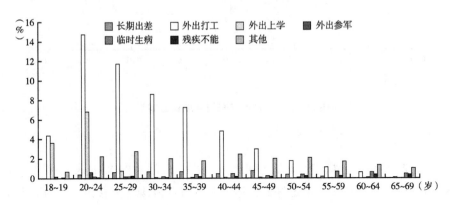

附图 1-2　不同年龄不能接受访问的家庭成员比例*

* 以所有不能接受访问者为分母。

通过入户选样，抽出被访者，从附图 1-3 发现，与入户登记表的人口年龄结构相比，入选《Kish 选样表》的青壮年人口比例已经降低了很多，更进一步，在入户选样后这一人口比例继续减少，也就是说，《Kish 选样表》进行入户抽样后，被访者的年龄结构与选样表中人口的年龄结构并不吻合。

为了分析《Kish 选样表》的登记人口与选样后人口结构存在差异的问题，我们把选样表数据假设为总体，研究抽样过程与总体之间的差异。

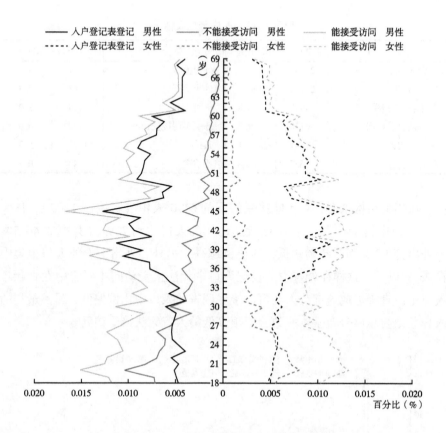

附图 1－3　调查入户登记表成员基本情况 *

* 以入户登记表总人数为分母。

调查的实际操作流程是在访问之前，每一份问卷的 Kish 表选择八个表中的哪一个表都是事先指定好的，但是在调查后发现，有接近 2% 的问卷不是使用事先指定的表号，这与调查时的一些实际情况有关。例如实际调查中给定的问卷编号访问时不一定都是家庭户，有时遇到集体户，采用的是集体户的抽样方式。另外，调查期间因为特殊情况对样本进行了调整，比如调查期间正值汶川地震，在四川内部追加了样本点替换阿坝州的样本，还在广元市的调查点内追加了地震棚的样本，这样家庭户中不同表号所占的比例有所变化（具体分布见附表 1－4）。

实际操作的环节是否会对年龄结构的偏差产生影响呢？为了分析 Kish 表的选样过程，对现有的 7046 个家庭户重新分配《Kish 选样表》的表号，不同类型的表可以按照设计时相同的概率被抽中。使用入户抽样页的基本信

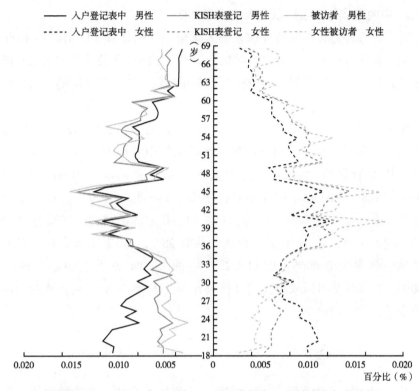

附图 1-4 调查入户登记表、《Kish 选样表》及被访者年龄结构

息，对抽样的过程进行模拟，模拟结果与实际调查结果的差异见附表 1-4，通过比较发现这种改变对总的年龄性别结构影响不是很大。

表 1-4 家庭户中实际使用的各类表号与重新分配的表号频数对比

Kish 表号	实际使用 Kish 表获得调查数据		对已获得调查数据重新分配 Kish 表	
	户数（户）	比例（%）	户数（户）	比例（%）
A	1188	0.169	1176	0.167
B1	593	0.084	587	0.083
B2	593	0.084	587	0.083
C	1174	0.167	1174	0.167
D	1181	0.168	1174	0.167
E1	588	0.083	587	0.083
E2	583	0.082	587	0.083
F	1146	0.163	1174	0.167
总计	7046	1	7046	1

2. 户内选样与直接抽取个人的概率对比

对入户选样过程不同特征的人的入选概率如何计算？L. Kish 对 Kish 表更多是从操作流程介绍，并没有明确指出不同年龄概率的计算方法以及影响概率的具体参数，所以需要对选样过程与年龄别入选概率之间的关系进行探讨。

对于入户抽样的代表性，洪永泰（1996）对按户抽样和按人抽样的代表性进行了分析，指出先抽户再抽人造成被抽中者作为个体的代表性受到扭曲，相关的研究也证实了这一点（Grovesand Kahn，1979；Grovesand Lyberg，1988；Maklan and Waskberg，1988；Lavrakas，1993），从本文的模拟数据来看，如果把 Kish 表中的人口结构当作总体的结构，在调查中 7046户的 14948 人中，以 24 岁男性为例，共有 98 人，如果不考虑户，直接抽人，抽中概率为 0.0066，而如果在户中抽人，24 岁男性的抽中概率为 0.0050，具体计算可以采用公式（1）（结果见附表 1 – 5），可见先抽户再抽人改变了人的入选概率。

$$a_{[ij]} = \sum_{k=1.6} H_k \left(\frac{age_{k[ij]}}{tpop_k} \right) (i = 18, \cdots, 69; j = 1, 2; k = 1, \cdots, 6) \tag{1}$$

式（1）中，i 为年龄，j 为性别；$a_{[ij]}$ 为样本的某一年龄性别的入选概率；k 为入户选样表中人数；H_k 为总体中入户选样表中人数从 1 人到 k 人的户数比例；是不同人数的入户选样表中某一年龄性别的人数；是不同人数的入户选样表中人数。

附表 1 – 5　按户人口数分类的入选概率

选样表入选人数（k）（人）	户数 H（户）	户占户的百分比 H_k（%）	人数 $age_{k[ij]}$（人）	人占总人数的比例（%）	24 岁 + 男人数 $tpop_k$（人）	24 岁男性在户内的比例 $A(24,1)$（%）	实际 24 岁男性被抽中的比例 $A(24,1)$（%）
1	1846	0.262	1846	0.123	6	0.0033	0.0009
2	3342	0.474	6684	0.447	14	0.0021	0.0010
3	1155	0.164	3465	0.232	37	0.0107	0.0018
4	585	0.083	2340	0.157	30	0.0128	0.0011
5	95	0.014	475	0.032	9	0.0189	0.0003
6	23	0.003	138	0.009	2	0.0145	0.0000
	7046	1	14948	1	98	0.0066	0.0050

3. 家庭结构与 Kish 表之间关系的概率分析

Kish 表设计了用 A、B1、B2、C、D、E1、E2、F 代表 8 种抽选表，从设计角度来看，样本中按照给定的概率分配表号（见附表 1 - 6），在选样后，住户中可接受访问的人都有相同的概率被抽中（见附表 1 - 7 p_{kl} 理论分布值）。

附表 1 - 6　《Kish 选样表》设计抽样概率[*]

被分配表的比例		住户中可接受访问的人数					
		1	2	3	4	5	6
		被选人编号					
1/6	A	1	1	1	1	1	1
1/12	B1	1	1	1	1	2	2
1/12	B2	1	1	1	2	2	2
1/6	C	1	1	2	2	3	3
1/6	D	1	2	2	3	4	4
1/12	E1	1	2	3	3	3	5
1/12	E2	1	2	3	4	5	5
1/6	F	1	2	3	4	5	6

* 数据来源：L. Kish, 1965。

附表 1 - 7　《Kish 选样表》中住户中不同人数不同位次的入选概率（p_{kl}）（理论分布）

被选中人编号	住户中可接受访问的人数					
	1	2	3	4	5	6
1	1	0.50(1/2)	0.333(1/3)	0.25(1/4)	0.167(1/6)	0.167(1/6)
2		0.50(1/2)	0.333(1/3)	0.25(1/4)	0.167(1/6)	0.167(1/6)
3			0.333(1/3)	0.25(1/4)	0.25(1/4)	0.167(1/6)
4				0.25(1/4)	0.167(1/6)	0.167(1/6)
5					0.167(1/6)	0.167(1/6)
6						0.167(1/6)

为了分析选样过程的入选概率，运用模拟数据按照 Kish 表对抽样过程进行仿真，模拟实际调查的操作流程，抽出模拟的样本。在模拟样本数据中 24 岁男性有 25 人，计算 $a_{[24,1]}$ 在样本中的抽中概率，$a_{[24,1]} = 25/7046 =$

0.0036，这说明在模拟数据中经过 Kish 表选样后，24 岁男性被抽中的概率降低了。

Kish 表的抽样与选样表中的人数、不同年龄、性别的人在选样表中的位置密切相关。使用 Kish 表抽样后，计算入选概率的因素其实是更加复杂了，匈牙利学者 Nemeth 使用公式（2）对某一年龄的入选概率进行了分析。

$$a_{[ij]} = \sum_{k=1.6} H_k \left(\sum_{l=1.k} p_{kl} a_{kl[ij]} \right) \quad (i = 18, \cdots, 69; j = 1,2; k = 1, \cdots, 6; l = 1, \cdots, k) \quad (2)$$

公式（2）中，i 为年龄；j 为性别；$a_{[ij]}$ 为样本的某一年龄性别的入选概率；k 为入户选样表中人数；H_k 为规模为 k 的住户的入选比例；l 为入户选样表中的位次；p_{kl} 是选样表中 k 人中成人 l 的入选概率；$a_{kl[ij]}$ 为 k 人中入选的第 1 人年龄为 i 性别为 j 的概率，其中 $a_{kl[ij]} = \dfrac{age_{kl[ij]}}{tpop_{kl}}$；$p_{kl}$ 是住户 K 中第 1 人的入选概率（$k = 1.6$，$l = 1.k$）。

由公式（2）可见，通过 Kish 表选中的被访者与以下变量有关：

1) 住户中可接受访问的人数（k）；

2) k 个人的住户中第 1 人在入户选样表中的位置（先排男性，后排女性；在同一性别中，先排年龄大者，后排年龄小者）；

3) 该住户被分配的抽样表号，不同的抽样表中可以抽中的被访人的编号是不同的。如果是分配表 A，那么不论是住户中有几人接受访问，都是排在第 1 位的被访者接受访问。

按照 Kish 表的设计，理论上住户中可接受访问的人都有相同的概率被抽中（见表 1 – 7 p_{kl} 理论分布），如 3 人户家庭中 p_{31}、p_{32}、p_{33} 都是 0.33。但实际抽出的结果（见表 1 – 8 p_{kl} 实际分布）与理论设计还是有些差异，例如在我们的调查中住户中可接受访问的人数为 3 时，这 3 个人的入选概率并不都是 1/3，而是分别为 0.333、0.323 和 0.344；可接受访问的为 4 人时，4 人的入选概率也不都是 1/4，而是第 1 人和第 3 人入选概率高一些，分别是 0.279 和 0.255。

按照 Renata Nemeth 的公式（2），用附表 1 – 3 的数据计算入选概率，计算过程分别使用 p_{kl} 的理论分布和实际分布。

1) 按照 p_{kl} 的理论分布计算，$a_{[24,1]} = 0.00493$；

2) 按照 p_{kl} 的实际分布计算，$a_{[24,1]} = 0.00473$。

附表 1 - 8　《Kish 选样表》中住户中不同人数不同位次的入选概率（p_{kl}）（实际分布）

被选中人编号	住户中可接受访问的人数					
	1	2	3	4	5	6
1	1	0.497	0.333	0.279	0.137	0.130
2		0.503	0.323	0.219	0.126	0.130
3			0.344	0.255	0.274	0.130
4				0.248	0.147	0.217
5					0.316	0.261
6						0.130

实际上，采用 Kish 表进行模拟抽样，$a_{[24,1]}$ 的结果是 0.0036。就是说，使用公式（2）计算的入选概率与实际结果存在着差异，需要按照选样的步骤进一步对公式（2）分析（见附表 1 - 9）。在公式（2）使用的各个参数中，H_k 是固定不变的，每个人在选样表中的顺序也是固定的，那么 p_{kl} 是否可以进一步细分呢？

附表 1 - 9　24 岁男性 Kish 选样入选概率分析

k	H_k	l	$tpop_{kl}$	$age_{kl[24,1]}$（模拟）	p_{kl} 理论分布	p_{kl} 实际分布
1	0.262	1	1846	6	1	1
2	0.474	1	3342	11	0.5	0.497
		2	3342	3	0.5	0.503
3	0.164	1	1155	5	0.333	0.333
		2	1155	30	0.333	0.323
		3	1155	2	0.333	0.344
4	0.083	1	585	1	0.25	0.279
		2	585	24	0.25	0.219
		3	585	5	0.25	0.255
		4	585		0.25	0.248
5	0.014	1	95		0.167	0.137
		2	95	7	0.167	0.126
		3	95	2	0.25	0.274
		4	95		0.167	0.147
		5	95		0.167	0.316
6	0.003	1	23		0.167	0.130
		2	23	1	0.167	0.130
		3	23	1	0.167	0.130
		4	23		0.167	0.217
		5	23		0.167	0.261
		6	23		0.167	0.130

　　事先指定 Kish 表号目的是保证所有的家庭户中选取的 Kish 表号的比例与设计时一致，但是并不知道分配到指定某一表号的家庭有多少人入选，在使用 Kish 表实际抽样时，利用模拟数据分析发现 p_{kl} 的实际分布与选中的《Kish 选样表》的表号密切相关，例如入选的人数 k 为 3 的家庭，在 Kish 表号不同时，抽中的第 l 人也不相同，所以，k 人中第 l 人的入选概率 p_{kl} 应为：

$$p_{kl} = \sum p_{kl(\text{kish})} \tag{3}$$

　　式（3）中，$k = 1$，…，6；$l = 1$，…，k；Kish 为《Kish 选样表》中的表号 A，B1，B2，…，F。

附表 1 - 10　选样表中被抽中人的情况

住户中可接受访问的人数(k)	被选中人编号(l)	《Kish 选样表》号									不同位次的入选概率 p_{kl}
		A	B1	B2	C	D	E1	E2	F	总计	
1	1	297	147	177	324	309	154	136	302	1846	1
2	1	570	284	247	561					1662	0.497
	2					568	275	280	557	1680	0.503
3	1	186	93	106						385	0.333
	2				192	181				373	0.323
	3						94	102	201	397	0.344
4	1	107	56							163	0.279
	2			49	79					128	0.219
	3			0	0	97	52			149	0.255
	4							49	96	145	0.248
5	1	13								13	0.137
	2		7	5						12	0.126
	3				15		11			26	0.274
	4					14				14	0.147
	5							15	15	30	0.316
6	1	3								3	0.130
	2			3						3	0.130
	3				3					3	0.130
	4					5				5	0.217
	5						1	5		6	0.261
	6								3	3	0.130
总计	—	1176	587	587	1174	1174	587	587	1174	7046	—

附表 1-11 模拟数据选样表中不同人数的入选概率分析

住户中可接受访问的人数(k)	被选中人编号(l)	不同《Kish 选样表》号入选概率($p_{kl(kish)}$)								不同位次的入选概率 p_{kl}
		A	B1	B2	C	D	E1	E2	F	
1	1	0.161	0.080	0.096	0.176	0.167	0.083	0.074	0.164	
2	1	0.171	0.085	0.074	0.168					
	2					0.170	0.082	0.084	0.167	
3	1	0.161	0.081	0.092						
	2				0.166	0.157				
	3						0.081	0.088	0.174	
4	1	0.183	0.096							
	2			0.084	0.135					
	3					0.166	0.089			
	4							0.084	0.164	
5	1	0.137								
	2		0.074	0.053						
	3				0.158		0.116			
	4					0.147				
	5							0.158	0.158	
6	1	0.130								
	2			0.130						
	3				0.130					
	4					0.217				
	5						0.043	0.217		
	6								0.130	

附表 1-11 是利用公式（3）对表 1-10 中数据的计算结果。还是以 $k = 3$，$l = 3$ 为例，当 Kish 表号为 E1，E2 和 F 时，选样表中为 3 人中的第 3 人的入选概率为：

$p_{33} = p_{33(E1)} + p_{33(E2)} + p_{33(F)} = 0.081 + 0.088 + 0.174 = 0.343$，而理论的 p_{33} 应为 $0.167 + 0.083 + 0.083 = 0.333$。

p_{kl} 与《Kish 选样表》中分配的选样表号有关，那么公式（2）可以改进为：

$$a_{[ij]} = \sum_{k=1.6} H_k \left(\sum_{l=1.k} p_{kl(kish)} a_{kl(kish)[ij]} \right) \tag{4}$$

附表 1 – 12　模拟数据中 $age_{[24,1]}$ 的分布

k	l	Kish 表号								总计
		A	B1	B2	C	D	E1	E2	F	
1	1		1		3	1	1			6
2	1	1	2		1	3	3	1		11
	2		1			1			1	3
3	1	1		1					3	5
	2	5	5	5	3	3	1	1	7	30
	3					1			1	2
4	1						1			1
	2	4	4		2	7		1	6	24
	3	1	1	2						5
	4									
5	1									
	2	1			3	1			2	7
	3				1			1		2
	4									
	5									
6	1									
	2				1					1
	3					1				1
	4									
	5									
	6									

以 $a_{[24,1]}$ 的计算为例，使用对公式（2）改进后的公式（4）计算模拟数据中某一年龄性别的人口的抽中概率，从附表 1 – 9 可知，Kish 表中登记的 24 岁男性共 98 人，他们在不同家庭户中的分布见附表 1 – 12，分别从附表 1 – 10 和附表 1 – 11 中得到 $tpop_{kl(kish)}$、p_{kl}，按照公式（4）计算 $a_{[24,1]}$。如 $age_{32(C)[24,1]}$ 为 5，与 $tpop_{32(C)}$ 为 192，$a_{32(C)[24,1]}$ 为 5/192，与 $p_{32(C)}$ 为 0.166 相乘，依此类推，计算结果 $a_{[24,1]}$ 为 0.0036，这个结果与实际的仿真抽样的结果是相同的，就是说，使用公式（4）可以计算出与抽样模拟一致的入选概率。

附表 1 – 13   选样表中入选人数分布与 24 岁男性被访者分布

住户中可接受访问的人数($k=3$ 为例)	被选中人编号(l)	Kish 表号								总计
		A	B1	B2	C	D	E1	E2	F	
(1)选样表中被抽中人分布	1	186	93	106						385
	2				192	181				373
	3						94	102	201	397
(2)选样表中被抽中人入选概率	1	0.161	0.081	0.092						0.333
	2				0.166	0.157				0.323
	3						0.081	0.088	0.174	0.344
(3)24 岁男性入选情况	1	1		1					3	5
	2	5	5	5	3	3	1	1	7	30
	3					1			1	2

从不同家庭《Kish 选样表》中成员的入选概率的理论分布到实际分布,都无法真实地模拟总体中年龄别入选概率,而在把每个成员在 Kish 表中的位置以及能否入选考虑进来,则把选样过程真实地模拟出来,家庭选样表成员结构、年龄等都是计算年龄别入选概率的重要参数,可以尝试改变这些参数值来分析入户抽样后样本与总体的差异。

四   Kish 表应用改进的仿真分析

L. Kish 在设计选样表时参照美国的 20 世纪 40 ~ 50 年代增长型的人口年龄结构,与我国目前人口分布以及我们调查时入户选样表登记人口的年龄结构已经明显不同 (见附表 1 – 14、附表 1 – 15)。如果按照我们的调查使用的 18 ~ 69 岁分组,与普查时的年龄结构相比,由于外出务工、上学等原因,则选样表登记的可以接受访问的年轻人比例低,而中老年人口比例高。在经过入户抽样后,在 Kish 表选样后,年轻人比例进一步降低,而老年人比例继续提高。

附表 1 – 14   不同来源数据年龄分布状况

单位: %

年 龄	美国(1946 年)	2000 年人口普查(平移至 2008 年)
21 ~ 29 岁	22.8	18.8
30 ~ 44 岁	33.9	34.8
45 ~ 59 岁	25.6	19.4
60 岁及以上	17.7	20.9

表1-15 《Kish选样表》及抽样结果与人口普查年龄结构比较

单位：%

年 龄	2000年人口普查	《Kish选样表》	Kish表模拟抽样结果
18~29岁	25.4	17.8	14.2
30~44岁	38.1	38.1	37.3
45~59岁	27.4	34.8	34.3
60~69岁	10.7	13.0	14.2

而Kish表中的人口是按照性别和年龄分层后排列的，原则是"先排男，后排女；同一性别，按年龄由大到小"，这样的排列顺序是否会增加年龄高者与男性的机会呢？我们把2008年全国社会状况调查的《Kish选样表》登记人口数据作为假设的总体，改变选样表的人的排列顺序，对几种抽样方式进行仿真，对比样本与《Kish选样表》中登记的人口假设总体之间年龄结构的差异，目的是希望入户抽样的结果能够真实地反映登记表的年龄结构。为了与《Kish选样表》的设计保持一致，用于仿真的7046个家庭的数据的Kish表选样表号是重新分配的。

以下几种抽样方案主要是改变不同家庭中入选Kish表中的人的排列顺序，即：

1) 原有抽样方式是在选样表中按照男在前、女在后，同一性别年龄大在前、年龄小在后的顺序排列后的模拟抽样结果，这个方案简称为原方案。

2) 方案一是按照男在前、女在后，同一性别年龄小在前，年龄大在后。与原有方案相比改变的是年龄的排序，即同一性别中把年龄小的放在前面。

3) 方案二是按照不考虑性别，直接把年龄小的放在前，年龄大的放在后。与原有方案相比没有考虑性别，直接按照年龄排序把年龄小的放在前面。

1. 不同仿真方案的总体评价

根据不同方案对模拟数据进行仿真，然后对不同方案仿真结果中的年龄结构、离差系数及性别比等指标进行评价。

第一，从年龄结构来看，汇总样本的 $a_{i,j}$ 后，按照《Kish选样表》设定的抽样方式，与《Kish选样表》的登记人口的年龄结构相比，33岁以下样本的比例偏低，例如，登记表中18~33岁男性的在所有人口中的比例为11.2%，而样本中的比例则为8.9%，而在方案一和方案二中分别为9.2%和9.1%，青壮年人口的入选比例都要高一些（见附表1-16）。

附表 1 - 16　不同方案样本年龄结构

年　龄	原方案(《Kish 选样表》模拟抽样)		方案一(《Kish 选样表》分性别低龄前)		方案二(《Kish 选样表》不分性别低龄前)		《Kish 选样表》登记	
	男	女	男	女	男	女	男	女
18 ~ 33 岁	0.089	0.114	0.092	0.110	0.091	0.109	0.112	0.129
34 ~ 49 岁	0.197	0.236	0.196	0.238	0.203	0.228	0.188	0.213
50 ~ 69 岁	0.178	0.186	0.175	0.189	0.182	0.187	0.178	0.181
18 ~ 69 岁	0.464	0.536	0.464	0.536	0.476	0.524	0.477	0.523

第二，从附表 1 - 17 中的离差系数 e 来看，Kish 表规定的抽样方案样本与总体年龄结构的离差系数分别为 12.4 和 14.8；方案一把最年轻的男性排列在最前面，男性的 e 最小为 11.2，但女性的 e 最高，为 14.9；而方案二中男性和女性的 e 分别为 12.1 和 12.6。从不同年龄组的 e 来看，方案二中 18 ~ 33 岁组的不分性别的 e 在几种抽样方案中最低，也就是说，这一方案抽样后青壮年人口样本与登记表中的年龄结构相对接近，34 ~ 49 岁和 50 ~ 59 岁的女性的 e 也是最低的但是这一方案中 34 ~ 49 岁和 50 ~ 59 岁的男性的 e 比另外两个方案高（见附表 1 - 17）。

附表 1 - 17　不同选样方案入选概率

年　龄	原方案(《Kish 选样表》模拟抽样)		方案一(《Kish 选样表》分性别低龄前)		方案二(《Kish 选样表》不分性别低龄前)	
	男	女	男	女	男	女
18 ~ 33 岁	16.6	14.9	15.3	15.3	14.7	14.4
34 ~ 49 岁	11.6	17.8	10.6	18.7	12.7	13.4
50 ~ 69 岁	8.0	11.1	6.4	10.1	8.4	9.9
18 ~ 69 岁	12.4	14.8	11.2	14.9	12.1	12.6

第三，除了考察不同年龄性别人口在总体中的比例外，男女性别比与总体是否一致也是对各种方案考察的一个重要指标，对比几种方案，方案二（不考虑性别，直接按照年龄从低到高排序）与 Kish 表中登记人口的性别比相差最小，而 Kish 表规定的排序方案 18 ~ 69 岁的性别比为 86.5，低于登记人口性别比，即样本中女性比例高。分年龄组来看，方案二的性别比虽然与登记表有所差异，但是差异也是最小，男性入选比例在几种抽样方案中都是最高的（见附表 1 - 18）。

附表1-18 选样表登记人口与不同方案样本性别比

年　龄	原方案(《Kish 选样表》模拟抽样)	方案一(《Kish 选样表》分性别低龄前)	方案二(《Kish 选样表》不分性别低龄前)	《Kish 选样表》登记人口
18~33 岁	77.5	83.6	83.4	86.7
34~49 岁	83.6	82.6	89.2	88.4
50~69 岁	95.5	92.9	97.2	98.1
18~69 岁	86.5	86.5	90.8	91.3

　　从改变《Kish 选样表》中人的排列顺序的仿真方案结果来看，模拟数据中人的不同的排列方式会对样本的结构产生影响，也就是说在模拟数据中，被选中人不是等概率抽中的，被选中人的编号的位置不同，选中的概率也不一样。仿真的结果显示，分层的方式不同，对年龄和性别结构的影响也不同（见附图1-5）。

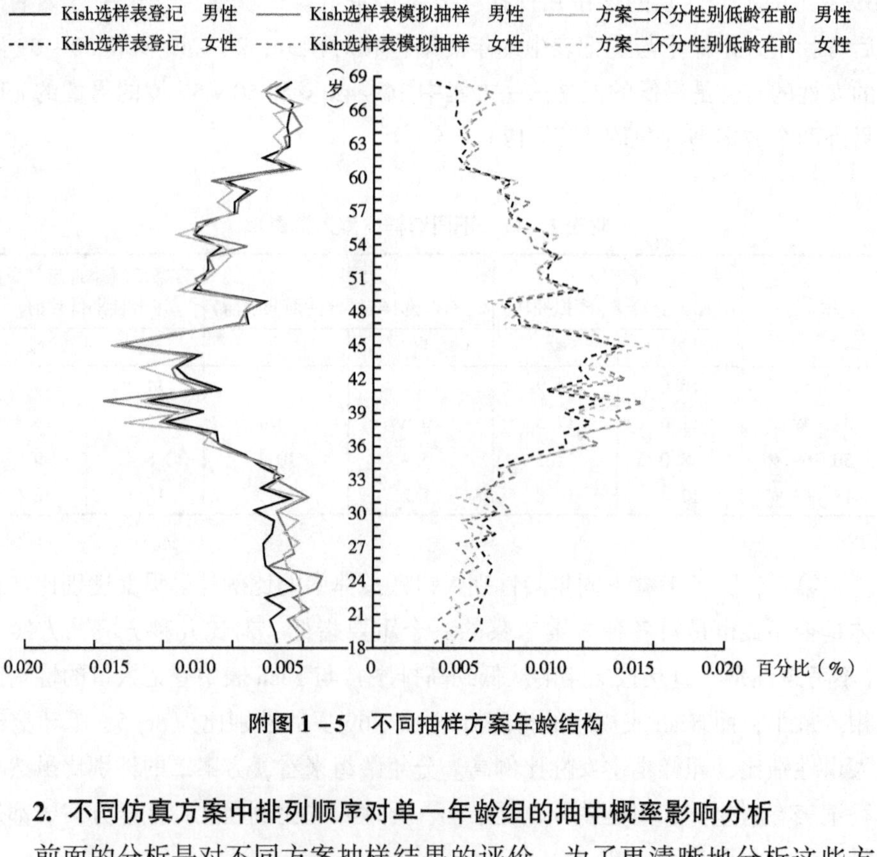

附图1-5　不同抽样方案年龄结构

2. 不同仿真方案中排列顺序对单一年龄组的抽中概率影响分析

　　前面的分析是对不同方案抽样结果的评价，为了更清晰地分析这些方

案对于青壮年人口的入选概率的影响，以 24 岁人口为例进行剖析。附表
1–19是 24 岁人口总人数和其样本中的分布情况，不同的抽样方案中这一年
龄组的入选人口是不同的，无论哪种方式都无法保证这一年龄在样本中的分
布与总体一致，只能是差异最小。

附表 1–19   24 岁人口在选样表及不同抽样方案中的分布情况

	总人数 （人）	24 岁人数		概率	
		男（人）	女（人）	男（%）	女（%）
Kish 表登记人口	14948	98	124	0.0066	0.0083
Kish 表原抽样方案	7046	25	44	0.0036	0.0062
方案一	7046	37	45	0.0053	0.0064
方案二	7046	38	44	0.0054	0.0063

从具体的抽样过程来看，附表 1–20 是以选样表中 24 岁人口为例，对
在不同抽样方案中他们在选样表中的位置对抽样的影响。在不同的方案中，
他们在选样表中的顺序有所不同。

附表 1–20   24 岁人口在不同方案中的分布

k	l	原方案（《Kish 选样表》 模拟抽样）		方案一（《Kish 选样表》 分性别低龄在前）		方案二（《Kish 选样表》 不分性别低龄在前）	
		男	女	男	女	男	女
1	1	6	7	6	7	6	7
2	1	11		14	8	10	23
	2	3	26		18	4	3
3	1	5		37	2	33	32
	2	30	2		30	4	2
	3	2	33		3		1
4	1	1		27		13	23
	2	24	1	3	4	17	15
	3	5	4		35		1
	4		34				
5	1			6		2	3
	2	7		3		4	6
	3	2			5	3	4
	4		5		8		
	5		8				

k	l	原方案(《Kish 选样表》模拟抽样)		方案一(《Kish 选样表》分性别低龄在前)		方案二(《Kish 选样表》不分性别低龄在前)	
		男	女	男	女	男	女
6	1			1			2
	2	1		1		2	
	3	1					2
	4				3		
	5		1		1		
	6		3				
总　计		98	124	98	124	98	124

首先，从选样表中为 1 人的家庭来看，不管是什么方案，他们都是被访者。而在入户选样表中，入户选样表中只有一人能接受访问的比例户的比例过高，在所有的被访者中超过了 1/4，而其中女性接近 60%，从年龄上看，超过 83% 是 35 岁以上，也就是说，无论采用什么样的抽样方式，有 1/4 的人是肯定要被抽中的，如果希望提高年轻男性的入选比例，这 1/4 的人会对样本的年龄和性别结构产生很大影响，而改变抽样方案只能是调整另外的 3/4 的家庭中接受访问者的年龄和性别结构。

其次，选样表中超过 2 人的，选样方案对他们的位置产生了影响，以 k = 3 为例，选样表中登记了 24 岁的男性 37 名，女性 35 名。在原来的抽样方案中 5、30、2，排在第 2 位的最多。方案一是按性别分层，年龄最小排在最前，37 人全部排在第 1 位。方案二不考虑性别，直接按照年龄分层，分别有 33 人和 4 人排在第 1 位和第 2 位。女性位置也受到排序方案影响，35 名女性在原方案排在第 33 位，方案一中有 30 人排在了第 2 位，方案二中有 32 人排在了第 1 位。所以，在《Kish 选样表》设定的方式中，24 岁的人口的被排在了第 2 位和第 3 位。从附表 1－21 可见，排在第 2 位的 30 人只有在选样表是 C、D 两类表的 6 人才能被选中，所以入选的人数相对较少。方案二和方案三中超过 30 人排在第 1 位，其中表号为 A、B1、B2 的 17 人被抽中。

第三，运用公式（2）分别计算 24 岁人口中处于选样表中不同人数的家庭中的抽样情况（具体分布见附图 1－6）。选样表中有 2 人，与原方案相比，方案一男性变化不是很大，女性略有下降；方案二性别不分层，年龄从小到大排序后，样本中这一年龄的男性和女性都增加了，其中，2 人选样表的家庭男女的入选概率都提高了；3 人选样表中男性增加，女性下降；4 人选样表的家庭男女都略有增加，但幅度不大。

附表 1 – 21　不同方案入选情况 *　（以 24 岁男性入户选样表中 3 人为例）

$k = 3$	位次 l	Kish 表号								
		A	B1	B2	C	D	E1	E2	F	总计
原方案	1	1		1					3	5
	2	5	5	5	3	3	1	1	7	30
	3			1					1	2
方案一	1	6	5	6	3	4	1	1	11	37
	2									
	3									
方案二	1	6	5	5	3	4	1	1	8	33
	2			1					3	4
	3									

* 框内为抽中人口。

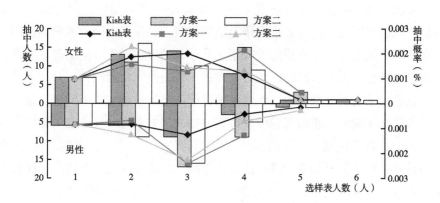

图 1 – 6　不同方案下 24 岁人口样本概率与人数

　　总之，从几种方案样本入选情况和对 24 岁这一年龄抽样过程分解和结果分析，把男性排在前面实际是增加了男性的入选机会，把年龄大的排在前面也是增加了他们的入选概率。方案一的分层排序方式是年轻男性入选比例大幅上升，方案二不做性别分层而是直接以人的年龄排序，从性别角度来看，样本的分布相对均衡。使用 Kish 表选样，改变选样表内的人的排列顺序，在模拟数据中，排序其实是改变了入选的机会，所以把总体中或可接受访问的比例较低的排在前面，这也可以理解是增加了他们入选的权重。但这种增加不是单纯的增加，还与选样表登记人数的比例等关系非常密切。Kish 表规定的排序方式是在美国 20 世纪 40～50 年代的美国的年龄结构设计的，通过先排男性、先排年长者增加了这一部分人的入选概率。

五　讨论与建议

首先，从理论上看，Kish 表设计了 8 种抽选表，样本按照给定的概率分配表号，在选样后，住户中可接受访问的人都有不为零的概率被抽中。然而，从 Kish 表的基本原理和理论概率分布来看，Kish 表确实暗含对家庭成员被抽中概率加权的作用，也就是说，Kish 表对不同家庭结构（可以接受访问的人数的结构）中具有相同特征的人群抽中的概率不同。这种加权的作用实际上是调整被访者的缺失和无法访问所带来的偏差。因此，户内抽样的家庭结构不同，相同特征人群被抽中的概率不同，这与选样表表号的分配和选样表登记人口的排列顺序有关。

其次，从中国数据实证研究来看，对于 Kish 表应用或误用造成年龄结构扭曲问题得到证实。实证数据研究结果表明，在目前中国的入户抽样确实存在比较严重的年龄结构扭曲的问题，其形成的原因与人口流动等造成青壮年人口比例过低有关。同时，入户抽样进一步扭曲了年龄结构。

最后，从仿真结果来看，针对中国目前的实际情况和具体问题，是可以改进和降低年龄结构扭曲问题的。最有效的改进方式之一是改变家庭成员在 Kish 表中的排序规则。对《Kish 选样表》的仿真分析表明，改变选样表中人的排列顺序，把比例低的排在前面，能增加这部分人的入选概率。同时还可以对选样表中的其他部分作出尝试，一类是改变 Kish 表数字的分布，比如，使选样表内数字以随机数的形式出现。还有一类是改变 Kish 表数字分布比例，如匈牙利研究者 Nemeth 的研究，而本项仿真研究认为，在不修改 Kish 表的情况下，改变选样表被访对象的排序规则也同样可以增加不易访问对象的入选概率。

鉴于 Kish 表在中国目前入户抽样可能存在的年龄结构扭曲问题，建议从操作流程上，增加可接受访问的人数、选样表号保持与设计时一致（对调查中没有使用的选样表号监控，以便在追加时轮换，保证随机性），对于家庭结构这一参数的改善主要是提高可以接受访问的人数，尤其是降低 1 人户的比例。

附录二
关于社会调查中家庭户表设计的探讨

田　丰

一　问题的提出

随着社会统计学的发展，许多研究者使用多水平分析等统计方法对不同层次变量的影响进行深入细致的分析，但最为关键的是如何在社会调查研究的设计和实施过程中，收集和区分不同层级的信息。社会学研究领域内，社会流动、社会分层及社会网络关系等调查研究越来越多地涉及以个人为中心，以地缘、血缘、婚姻等为扩展关系进行的数据收集，数据收集的层级涉及个人、夫妻、住户、家庭和社区等更多的社会单位。

目前国内外社会调查研究中，基于地缘的住户和基于血缘的家庭是社会调查研究扩展关系的主要单位。西方国家社会调查研究一般以基于地缘住户为扩展单位，联合国人口司在总结西方国家为主的社会调查经验基础上，认为一般可以将社会调查变量层级分为个人、夫妻、住户和社区四个不同的层次。而在东方国家则更倾向于把基于血缘的家庭作为扩展单位，如近年来韩国、日本的 GSS 调查，台湾地区的社会变迁调查，中国人民大学社会综合调查均把基于血缘关系的家庭亲属作为重要的调查内容，这与西方国家以住户为主社会调查有较大差异。其原因在于东方社会家庭概念与住户概念有较大的区别，源自于东西方社会中家庭关系以及家庭和住户的内涵外延不同。

一般意义上来说，东西方社会都是一个住户以一对夫妻为核心，加之部分亲属和其他成员。不同的是，西方社会中，子女成年后组建自己的家庭，与原有家庭基本脱离关系，表现出较强的家庭独立性。即便是两对夫妻居住在一起，比如子女及配偶与父母共同居住，他们之间仍是两对家庭的关系。西方社会中，夫妻关系是家庭的内涵，住户作为家庭的外延而存在。无论居住多少对夫妻，每一对夫妻都可以看做一个完全在经济上独立的自主家庭。西方社会中，夫妻关系所代表的家庭和以住宅为代表的住户有比较清晰的界定。

东方社会中，父母与子女、兄弟姐妹之间的家庭关系呈现基于血缘关系的差序格局。这意味着几对夫妻关系会被紧密的血缘关系所连接，特别是代际之间复杂的经济往来关系容易形成对不同住户的有效联系，家庭的内涵在于血缘关系，家庭作为住户的外延所存在的。而在东方社会传统文化影响下，家庭作为一个基本的生产和生活单位，夫妻、住户和家庭之间的关系更加复杂，住户往往会包含多对夫妻、多个家庭，一个扩展家庭也能分成多个住户。住户既作为一个独立于其他住户的群体存在，又作为一个家庭内部个体而存在，具有双重的属性，难以准确界定。

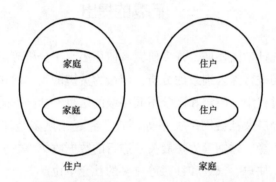

附图2-1　东西方住户和家庭内涵和外延比较

住户与家庭之间的区别导致在中国做社会调查研究必须要考虑因测量目标人群的不同，而应用不同的概念，并确定适当的调查人群范围。比如在关于老年人养老的社会调查中，以住户为单位的测量往往是不可靠的，因为有多个子女供养老年夫妻，若以住户为单位调查，可能会遗漏居住在本住户之外的家庭成员，特别是承担实际供养责任的子女。又如，想要分析中国家庭关系，就无法使用以住户为单位的人口普查数据进行分析，因为会遗漏相当数量没有居住在本户的家庭成员。

因此，如何界定家庭范畴和明确家庭成员之间的关系是准确地进行以家庭为单位的社会学研究和分析的前提条件。回顾以往的社会调查研究，较为普遍使用的一个调查单位概念是家庭户。所谓的家庭户就是以被调查者个人为中心，把地缘和血缘、婚姻、户籍等几类扩展关系结合起来，作为收集数据的主要单位，它既涵盖了住户范畴，又一定程度上涵盖了家庭的范畴。在实际调查中最广为使用的是家庭户调查表，即使用表格的形式，把个人信息和各种关系联系起来，进行相应的数据收集。

家庭户调查表是在社会调查中广为使用的测量工具，科学、准确地设计和使用家庭户表有利于有效的区分个人、夫妻、住户和家庭成员之间的关系，形成相对比较准确的不同层级变量。一旦对测量的层级界定不清，容易犯两类错误。第一类是生态学谬误，如根据家庭层次的分析推导出个人层次的结论，比如依据家庭住房情况来推导个人的社会地位，就是把测量家庭层次经济状况的变量用于分析个人层次的社会地位。第二类是晕轮效应，即根据个人或住户层次的分析推导出家庭层次的结论，如依据住户信息判断家庭关系和家庭结构。两个错误的共同之处在于混淆了不同层级变量的影响作用。

因此，分析各种家庭户调查表的特点，比较各种设计的目标人群、优缺点及其成本与效益，将会使得社会调查研究更加完善，提高调查的效率，对于做好一项社会调查研究具有重要的实际意义。同时，这方面的探讨也可以引发学界对不同测量层次的区分，以达到科学的分析调查数据，获取真实结论，具有较高的学术意义。

二 国内主要社会调查研究家庭户表设计的比较

每一项社会调查研究都有相应的目标人群，因而研究者会设计不同目的的家庭户表，不同家庭户表设计思路的差异直接影响调查所涉及的关系人群，根据上述的分析，可以简单对中国社会调查中家庭和住户进行定义：家庭是指相互具有血缘或者婚姻关系的成员；住户是指居住在同一住所的人口。

一般而言，家庭户表从结构上可以分为引导性问题和家庭户表格两大部分。引导性问题所承担的任务是对家庭户表所涉及目标人群的准确界定，也有部分调查会让被调查者自己主观界定调查户表所涉及的人群。但被调查者自己主观界定差异较大，而相对较为明确的界定更多被使用，例如"请您告诉我，您本人、配偶、父母（兄弟姐妹）和子女的一些简单情况。"不同家庭户表也有各自的核心变量，用以区分家庭户表中人员与被调查者之间的关系。

综合目前国内外调查，按照调查户表所涉及的目标人群大致分为四类，即住户成员、家庭成员、家庭＋住户成员和"扩大"家庭＋住户成员。附表 2–1 对四种不同的家庭户表设计进行了简单的比较。

附表 2–1 不同类型家庭户表设计比较

目标人群	引导性问题	优点	缺点	代表性调查
住户成员	请您告诉我，和您共同居住在这所房子里的人的一些简单情况？	概念简单明了，比较容易区分调查所覆盖的人群，且需要收集的信息数量相对较少，能够较快完成	一定程度上忽略了家庭层次的各种关系	人口普查
家庭成员	请您告诉我，您本人、配偶、父母（兄弟姐妹）和子女的一些简单情况？	能够提供相关的直系亲属信息，有助于清晰分析家庭成员之间的血缘关系	家庭成员受被调者性别影响较大，容易损失信息	台湾地区社会变迁调查
家庭＋住户成员	请您告诉我，您本人、配偶、父母（兄弟姐妹）和子女，以及本周内在这所房子里居住的人的一些简单情况？	既能够收集住户信息，又可以收集家庭信息	工作量较大，家庭成员和住户成员关系较为复杂，且被调查者性别还有影响	中国人民大学社会综合调查
扩大家庭＋住户成员	请您告诉我，您本人和配偶的直系亲属，以及本周内在这所房子里居住的人的一些简单情况？	能够收集到最全面的信息，最大限度地利用一次调查，且能避免被调查者性别的潜在影响	相对繁琐，特别是在直系亲属较多地区极大地增加了工作量	中国社会科学院社会学所社会状况综合调查

三 家庭户表的设计思路

1. 概念界定与关系分类

家庭和住户是两个不同的研究范畴，在内涵和外延上均有较大的区别。因此按照不同关系类型对家庭户表可能涉及的关系进行归类，看哪些关系属于家庭范畴，哪些关系属于住户范畴，对于准确地进行社会研究非常重要。当然这种归类是基于一般意义上的分析，仅能够代表大多数人的情况，而在实际调查中存在相当数量的反例，因此这种分类方式并不一定具有普遍性。

基于地缘关系一般肯定属于住户范畴，但不一定属于家庭范畴，例如居住在同一房屋的室友，或者在调查时点临时居住的朋友；基于血缘关系一般肯定属于家庭范畴，但不一定属于住户范畴，例如子女离开父母，或者兄弟分家独自立户；基于婚姻关系一般即属于家庭范畴，又属于住户范畴，当然在丧偶和离婚的被调查者中不存在这种关系，也有小部分分居或者分住的夫妻；在我国还有一种特殊的户籍关系，即集体户口的人群，也占有相当的比例，根据 2005 年人口抽样调查数据显示，集体户口人口总量约为 6934 万人，比例大约为 5.3%。而这一类型由于其特殊性，在本文中不做详细讨论。

2. 最稳定的关系类型

按照家庭范畴和住户范畴对不同关系类型进行归纳，可以发现，一般意义上调查研究设计和实际实施调查过程中，婚姻关系，即夫妻关系是调查中最为稳定的关系类型，既属于家庭范畴，又属于住户范畴。也就是说在社会调查过程中，无论对被调查者及其关系的界定如何，夫妻关系一般情况下是难以回避的。

下面以中国人民大学 2003 年社会综合调查和中国社会科学院社会学所 2008 年社会状况综合调查为例，分析有固定夫妻关系的被调查者的扩展关系在住户范畴和家庭范畴不同界定下，数据收集所产生的差异，以验证附表 2-2 分类的可靠性。

附表 2-2 不同关系成员在家庭和住户范畴内的界定

关系类型	实　　例	家庭范畴	住户范畴
地缘	室友	不定	肯定
血缘	父母、子女、兄弟姐妹	肯定	不定
婚姻	配偶	肯定	肯定
户籍	集体户口	不定	不定

中国人民大学 2003 年社会综合调查收集到的家庭户表中，有配偶（包括初婚、离婚后再婚和丧偶后再婚）被调查者 4951 人，占到总体的 84%。初步分析发现，被调查者与配偶属于同一住户（在本户居住）的比例最高（见附表 2-3），达到 90.16%；与子女同住的比例为 70.17%；而与父亲和母亲同住的比例分别仅为 8.48% 和 11.76%，同住的其他非亲属关系成员比例为 2.22%。由此可见，以住户为单位调查中，最容易遗漏的信息是家庭成员中父母的信息，如果是以家庭为单位调查中，损失地缘关系成员仅占总量的 2.22%。

附表 2－3　同住的部分家庭和住户成员关系列表

关系类型	基本关系	频次	比例
血缘	父	420	8.48
	母	582	11.76
	子女	3474	70.17
婚姻	配偶	4464	90.16
地缘	其他	101	2.04
	保姆	9	0.18

数据来源：中国人民大学 2003 年社会综合调查。

　　所幸的是中国人民大学 2003 年社会综合调查家庭户表中要求填写被调查者父母的信息，比较同住父母数量和最终获得的父母信息数量，就可以发现如果仅按照住户范畴来调查亲属关系，将遗失巨大的信息，目标人群的覆盖率会大幅度降低。反之，如果以家庭范畴收集同住人群的信息，损失相对较小。

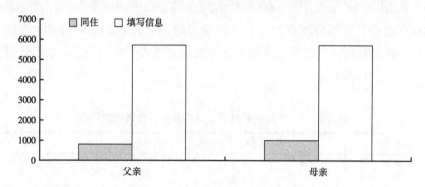

附图 2－2　同住和填写父母信息数量比较

数据来源：中国人民大学 2003 年社会综合调查。

　　在中国社会科学院社会学所 2008 年社会状况综合调查中，家庭户表界定了三种不同的家庭成员关系，按照不同标准，将家庭成员划分为三个不同的范畴和类型。一是自我认同家庭，是指被调查者自己主观上认为哪些人属于自己家庭的成员，无论是否共同居住、共同生活或者共同户籍；二是实际居住家庭，是指客观上与被调查者实际共同居住在一起的家庭成员，即便是被主观认为是家庭成员的人，如果没有与被调查者共同居住，也不被计算在内；三是户籍登记家庭，是指在被调查者自我认同家庭和实际居住家庭的基础上，增加了户籍在一起的己方父亲、母亲和配偶父亲、母亲的信息。

三种不同界定下的家庭成员类型和数量的比较提供了更为清楚的分析结果：如果在家庭户表中只调查实际居住家庭成员，则比自我认同的家庭成员平均少了 0.6 人，其中仅子女一项就少了接近 0.4 人，占信息损失量的60%左右；如果家庭户表中没有包含父母和配偶父母的信息，则比户籍登记家庭成员少了 1.4 人，其中父母和配偶父母减少了 0.8 人，占信息损失量的55%左右；如果再加上子女信息的损失，累计信息损失量占82.3%。

这些损失的信息对被调查者而言是非常重要的家庭亲属，无论是父母、配偶父母，还是子女，都是属于这对夫妇的直系亲属，他们之间的血缘联系是最为密切的，而且以往的研究还证明，这种直系的血缘关系背后，还隐藏着许多相关性很强的变量。比如，父亲和母亲受教育程度与子女受教育程度的关系。比较而言，其他亲属和其他非亲属等一些不太重要的信息损失占总体的比例是非常小的，按照实际居住状况来调查，住户范畴下能够收集到90%左右，而这些信息对分析家庭内部关联的作用并不大，且很少有研究者将这些关系视为真正意义上的家庭关系。

上述分析还证明了无论如何界定社会调查的目标人群，家庭户表中婚姻关系都是最容易被收集的，社会调查中与被调查者最稳定的关系是婚姻关系。与父母和子女的关系是最容易被忽略的家庭关系，是一种相对不稳定的关系类型。所以社会调查中，无论选择谁作为被调查者都会比较准确地找到一对夫妻关系，是基本确定的家庭关系；而增加对子女和父母相关信息的收集，对改善实际调查中遇到的被调查者自身所带来的家庭户调查表信息内容差异，有很大的帮助作用。

3. 被调查者性别对家庭户表的潜在影响

大部分没有对被调查者性别进行严格限定的社会调查中，女性被调查者的比例都要高于男性。例如中国人民大学 2003 年社会综合调查中女性被调查者比例为 51.9%；中国社会科学院社会学所 2006 年社会稳定调查中女性被调查者比例为 53.8%；中国社会科学院社会学所 2008 年社会状况综合调查中女性被调查者比例为 53.6%。在中国社会仍存留一些父系社会的痕迹，女性婚嫁后一般会与男方亲属共同居住，或者说在住户形态上与男性家庭更为接近，与男方家庭的联系更为紧密。因此在社会调查中住户信息中更多的包含男方家族成员。在江苏省进行的生育意愿与生育行为调查研究中，被调查者全部是女性，其中有45%以上和公婆同住，而与自己父母同住的比例只有17%左右。

附表2-4 不同概念界定下家庭成员关系列表

家庭成员类型	自我认同家庭成员	实际居住家庭成员	户籍登记家庭成员
子女	1.159	0.767	1.179
祖父母	0.025	0.021	0.022
媳妇女婿	0.157	0.078	0.150
孙子女	0.202	0.156	0.216
兄弟姐妹	0.103	0.058	0.086
其他亲属	0.043	0.036	0.041
其他非亲属	0.006	0.007	0.002
本人	1.000	1.000	1.000
父亲	0.144	0.135	0.312
母亲	0.184	0.184	0.408
配偶	0.831	0.743	0.823
配偶父亲	0.053	0.069	0.236
配偶母亲	0.076	0.103	0.320
家庭成员数	3.983	3.359	4.794

数据来源：中国社会科学院社会学所2008年社会状况综合调查。

附表2-5 女性被调查者的部分亲属关系

同住状况	父	母	公	婆
同住	17.70	17.32	45.08	45.26
本村/居委会	15.35	15.70	25.25	25.61
本乡/街道	27.15	27.19	11.33	11.25
本县/市	24.82	24.41	12.55	12.16
本省其他县市	6.75	6.87	3.05	3.00
外省	8.22	8.50	2.74	2.73

数据来源：生育意愿与生育行为调查研究（江苏省张家港、太仓、如东、东台、海安和大丰六市县）

在2008年中国社会科学院社会学所社会综合状况调查研究中，在被调查者为男性的条件下，其中有43.22%的人与父母同住，46.67%的人与母亲同住，只有9.02%和10.84%的人与配偶父亲和配偶母亲同住。上述的两个数据都可以证明中国家庭中的居住形态是偏向于父系的，在被调查者中超过一半为女性的情况下，只询问被调查者父母信息，而不询问被调查者配偶父母的信息，可能会丧失非常重要的家庭成员信息。

附表 2 - 6　男性被调查者的部分亲属关系

居住状况	父亲	母亲	配偶父亲	配偶母亲
住在本户	43.22	46.67	9.02	10.84
住在别处,是户口所在地	46.56	44.67	75.21	74.05
住在别处,不是户口所在地	9.94	8.55	14.5	14.16
不清楚	0.28	0.11	1.26	0.95

数据来源：中国社会科学院社会学所 2008 年社会状况综合调查。

　　假定按照中国人民大学社会综合调查的家庭户表进行调查，被调查者需要告知自己父母的情况，那么家庭户表中的信息可能就是包含了"扩大"家庭关系，因为对于女性被调查者来说家庭户表信息中包括了丈夫父母和自己父母两个亲属群体。在实际生活中，无论是在经济往来，还是人情往来，都表现出男方血缘相对较强，女方血缘相对较弱的局面。这样势必会收集到相当多数量的"扩大"家庭，不可避免地导致被调查者提供的信息与实际需要收集的目标人群有所差异，从而引起数据资料的错误。

4. 以夫妻关系为核心的家庭户表设计

　　理论上说，如果被调查者是女性，那么家庭户表所获得的"扩大"家庭，收集了更多的社会关系信息，如果能够明确清晰的界定，利大于弊，更有利于研究人员对被调查者的背景信息进行深入分析研究。但由于不同家庭户表设计，可能使得调查中"被动"的获取能存在差错的家庭户信息，因此，与其被动出错，不如以最为稳定的夫妻关系为中心，主动在家庭户调查表中界定和收集夫妻双方直系亲属信息。

　　除了上述的一些原因之外，考虑到中国人口结构和家庭结构变动趋势，至少还有四点理由支持以夫妻关系为中心的"扩大"家庭户表设计。

　　第一，平均每个住户人口数量不断减少，说明住户与家庭两者之间差异日益明显，单纯的住户信息肯定无法满足社会研究的需要。

　　第二，独生子女数量和比例增加，双方父母都有可能给独生子女提供更多的社会支持，社会网络不仅局限于父系家族。

　　第三，直系亲属数量减少，尤其是子女和兄弟姐妹数量减少，"扩大"家庭的信息收集并不会大幅度增加社会调查的难度。

　　第四，便于理顺家庭成员之间的关系，避免了以往家庭成员关系会随着被调查者的性别而难以统一比较的状况。

第五，家庭户调查表中以夫妻关系为中心，界定和收集夫妻双方直系亲属信息还可能会提供更多即将断档的信息。

特别是最后一点，考虑到中国农村社会同质性较强，未来社会调查抽样重心将向城市社会偏移，而城市社会中独生子女数量比例较高，未来有兄弟姐妹的被调查者比例下降。大部分社会调查研究中被调查者年龄界定在 15～65 岁，这意味着即便现在改变计划生育政策，未来十五年内，被调查者中无兄弟姐妹人数将会持续增加，如果现阶段社会调查研究无法针对这一社会事实改变和设计收集方法，对未来社会学和人口学在家庭领域内研究将是一个损失，而在现阶段收集有兄弟姐妹的被调查者信息将会对将来的社会学和人口学研究有较强的借鉴意义。基于上述分析，理应将家庭户调查表中以夫妻关系为中心，收集双方直系亲属的"扩大"家庭户表作为一种独立的设计方案来讨论。

四　不同家庭户表设计的成本效益分析

从科学研究角度来说，对于被调查者及其家庭的相关信息收集的越全面越好，但在实际社会调查研究中绝大多数研究者受到各种原因（客观上经费、时间；主观上调查员的耐心和被调查者的容忍度等）的限制，不可能都采用最全面的家庭户调查表。在研究设计时需要对不同家庭户调查表进行比较分析，考虑家庭户表的成本与效益。

下面以调查所要询问的问题数量为调查成本，以覆盖到男性家族成员的比例作为效益，进行比较，着重分析不同家庭户调查表成本变化。家庭户表基本内容包括性别、年龄、民族、婚姻状况、结婚时间、受教育程度、职业、户口所在地等9项，在涉及家庭直系亲属的家庭户表中增加了是否同住和是否健在两项内容，用以在深入分析时区分家庭成员和住户成员，共计11项内容。

为了方便分析，提出如下假定：

假定 1. 所有事件都是等概率发生

（1）入户调查抽中男性和女性被调查对象的概率分别为 50%。

（2）三种不同类型的住户等概率出现，分别是三口之家、与男方父母同住的三口之家和与男方所有直系亲属同住的三口之家。

假定 2. 被调查者无论男女均有 2 个平辈直系亲属和 1 个孩子

假定 3. 抽样单位中，男性家族关系更为重要，是调查需要的主要目标

在附图2-3中，模拟了四种家庭户调查表对三种住户类型的回答结果，其中还区分了被调查者的性别差异，有两个发现：

发现1. 住户成员越少，女性被调查者所获取信息误差可能性越大，以夫妻关系为核心，对收集错误信息的弥补作用越明显，效益越大，成本也越高。

发现2. 住户成员越多，女性被调查者所获取信息与扩大家庭越一致，以夫妻关系为核心，收集信息所增加的成本越低。

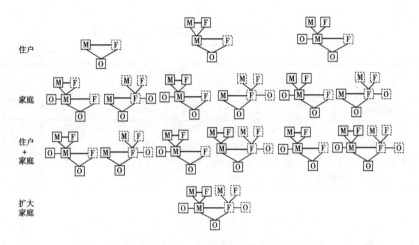

附图2-3　模拟的家庭户表调查结果

接下来，分析不同类型家庭户调查表设计所需要提问的问题总量。以住户成员为目标群体的平均问题总量最小，以扩大家庭+住户成员为目标群体的平均问题总量最大，大约是前者的2.7倍，以家庭成员为目标群体的问题总量与家庭+住户成员为目标群体的问题总量差异不大，但与住户类型1差异还是很明显的。因此从绝对成本上来看，扩大家庭+住户成员成本非常高。

附表2-7　不同类型家庭户表设计调查量比较

目标人群	成员数量						平均问题总量
	住户1		住户2		住户3		
被调查者性别	男	女	男	女	男	女	
住户成员	3	3	5	5	7	7	45
家庭成员	7	7	7	7	7	7	77
家庭+住户成员	7	7	7	9	7	11	88
扩大家庭+住户成员	11	11	11	11	11	11	121

但是，调查设计还需要考虑能否获得研究所需要的家庭成员信息，因此把不同家庭户调查表所覆盖人群与理想状况进行比较，以获得不同的人群覆盖率，作为家庭户表的效益。分析结果表明，以住户成员为目标群体和以家庭成员为目标群体的家庭户表设计的平均覆盖率基本一致，均为 71.43%，以家庭 + 住户为目标群体的家庭户表设计覆盖率达到 85.71%，扩大家庭 + 住户成员为目标群体的家庭户表设计无论被调查者是谁都能够做到完全覆盖。

附表 2 - 8　不同类型家庭户表设计覆盖率比较

单位：%

目标人群	成员数量						平　均覆盖率
	住户 1		住户 2		住户 3		
被调查者性别	男	女	男	女	男	女	
住户成员	42.86	42.86	71.43	71.43	100	100	71.43
家庭成员	100	42.86	100	42.86	100	42.86	71.43
家庭 + 住户成员	100	42.86	100	71.43	100	100	85.71
扩大家庭 + 住户成员	100	100	100	100	100	100	100.00

独立的成本和效益分析并不能准确区分四种家庭户表设计优劣，因而需设立一项指标为效益与成本之比，表述为平均覆盖率除以成本，以作为区分标准。在成本方面有两个考虑，其一是以扩大家庭 + 住户成员为目标群体的家庭户表为 1 个成本单位，其他家庭户表转化为相对数；其二，将成本分为独立成本和综合成本，所谓独立成本是只考虑家庭户表的问题数量相对成本；综合成本是把家庭户表的问题数量和问卷其他问题数量累计的相对成本。由于大型社会调查研究最终数据编码较多，比如人大 2003 年社会综合调查数据编码接近 600 个，中国社会科学院社会学所 2008 年社会状况综合调查数据编码接近 900 个，因而在附表 2 - 9 计算了假定问卷其他编码数量为 500 个的效益成本之比。

附表 2 - 9　家庭户表设计的效益成本分析

家庭户表类型	家庭户表问题总量	问卷问题总　　量	独立相对成　　本	综合相对成　　本	独立效益/成本比	综合效益/成本比
住户成员	45	545	0.37	0.88	1.92	0.81
家庭成员	77	577	0.64	0.93	1.12	0.77
家庭 + 住户成员	88	577	0.73	0.95	1.18	0.91
扩大家庭 + 住户成员	121	621	1	1	1	1

　　结果表明，只考虑独立效益成本比时，以住户成员为目标群体的家庭户表设计是最优选择；只考虑综合效益成本分析时，以扩大家庭＋住户成员为目标群体的家庭户表设计是最优选择；无论两种角度考虑，以家庭＋住户成员为目标群体的家庭户表设计都是次优选择；而以家庭成员为目标群体的家庭户表设计是最不可取的。

　　此外，附图2－4按照问卷编码数量变化，计算了四种家庭户调查表效益成本。可以看出在问卷题量较少的情况下，以扩大家庭＋住户为目标群体的家庭户调查表的效益成本比是相对较低的，比其他家庭户调查表要增加很多成本；而随着问题数量的增加，以扩大家庭＋住户为目标群体的家庭户调查表的成本相对降低，覆盖全面的优势逐渐体现出来，优于其他几种家庭户表设计。

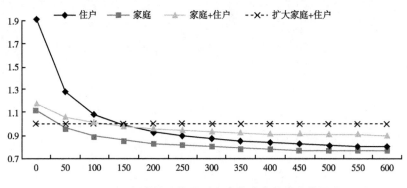

附图2－4　问卷编码数量对家庭户表效益成本的影响

五　主要建议

　　家庭户调查表作为社会调查研究的工具，其使用的科学性和合理性是做好调查研究重要条件之一。根据本文上述分析，提出以下建议。

　　1. 以获取被调查者个人基本信息为目的的社会调查中，使用以住户为目标群体的家庭户调查表最为合理，如人口普查。

　　2. 在住户规模较小情况下，使用以扩大家庭＋住户为目标群体的家庭户调查表可以避免信息遗漏，如在城市调查家庭关系、社会网络。

　　3. 在问卷内容较多，或者调查住户中成员较多的情况下，以扩大"家庭＋住户"为目标群体的家庭户调查表使用成本提高不大，可以考虑使用。

4. 在不是随机抽选家庭内的被调查对象，女性接受调查概率较高的情况下，使用以扩大家庭＋住户为目标群体的家庭户调查表是一种较好的选择。

5. 以家庭＋住户为目标群体的家庭户调查表在大多数情况下都是一种次优选择，在经费有限，不想增加问卷负担，却又需要获得相当信息的情况下可以使用。

附录三

2008 年中国社会状况
综合调查（问卷）

中国社会科学院

（77102857）

---

1. 问卷编号：_____ _____ _____ _____

2. 采访地点：

   省/自治区/直辖市名称：_____

   市 + 县/区名称：_____

   乡/镇/街道名称：_____

   居委会/行政村委会名称：_____

3. 访问员记录：被访者居住的社区类型：（单选）

未经改造的老城区(街坊型社区)	1	集镇社区	6
单一或混合的单位社区	2	新近由农村社区转变过来的城市社区(村改居、村居合并或"城中村")	7
别墅区或高级住宅区	3	农村	8
移民社区	4	其他(请注明)_____	9
普通商品房小区	5		

4. 访问户类型：　1. 家庭户　　2. 集体户

5. 被访者是否是答话人：　1. 是　　　2. 不是

6. 访问员（签名）_____　代码：___ ___ ___

7. 陪访督导（签名）_____　代码：___ ___ ___

8. 一审（签名）_____　代码：___ ___ ___

   二审（签名）_____　代码：___ ___ ___

复核（签名）＿＿＿＿＿＿　代码：＿＿＿　＿＿＿　＿＿＿

9. 访问开始时间：[＿｜＿] 月 [＿｜＿] 日 [＿｜＿] 时 [＿｜＿] 分；

结束时间：[＿｜＿] 时 [＿｜＿] 分（24 小时制）

10. 访问总长度：＿＿＿＿＿　＿＿＿＿＿　＿＿＿＿＿（分钟）

下面访问正式开始

先生/女士：您好！

我叫＿＿＿＿＿，是中国社会科学院的社会调查员。我们正在进行一项社会调查，目的是了解民众的就业、工作和生活情况，以及对当前一些社会问题的看法。经过严格的科学抽样，我们选中了您作为调查对象。您的合作对我们了解有关信息和制定社会政策，有十分重要的意义。

问卷中问题的回答，没有对错之分，您只要根据平时的想法和做法回答就行。访问大约要一个小时左右。对于您的回答，我们将按照《中华人民共和国统计法》的规定，严格保密，并且只用于统计分析，请您不要有任何顾虑。希望您协助我们完成这次访问，谢谢您的合作。

A 部分：住户成员

首先，我想了解一下您家庭及您个人的一些基本情况，仅供分析使用，希望您不要介意

A1. 首先，请您告诉我您家有几口人？他们是谁？和您是什么关系？

记录：[＿＿＿｜＿＿＿] 口人

[访问员追问] 除了刚才谈到的人，您家庭的成员有没有不在这所房子居住的（比如在外上学的学生、打工的家人）？如果有，请您说说他们的一些简单情况：

[访问员追问] 除了上面谈到的人，目前还有哪些人居住在这所房子里（如保姆）？如果有，请您说说他们的一些简单情况：

[访问员追问] 如果您的父母、配偶以及配偶父母不住在这里，请您也告诉我他们的一些简单情况：

a. 家庭成员	b. 与被访者关系 1. 子女 2. 祖父母 3. 媳婿 4. 孙辈子女 5. 兄弟姐妹 6. 其他亲属 7. 非亲属	c. 性别 1. 男 2. 女 7. [不适用] 8. [去世]	d. 出生年份 9998. [不清楚]	e. 教育程度 01. 未受正式教育 02. 小学 03. 初中 04. 高中 05. 技校/职高/中专 06. 大专 07. 本科 08. 研究生 09. 其他（请注明） 98. [不清楚]	f. 民族 01. 汉 02. 蒙 03. 满 04. 回 05. 藏 06. 壮 07. 维 08. 其他 98. [不清楚]	g. 户口性质 1. 农业户口 2. 非农业户口 3. 其他（请注明） 4. 没有户口 8. [不清楚]	h. 户口所在地 【出示卡片 1；选项见下】 8. [不清楚]	i. 居住情况 1. 住在本户 2. 住在别处，是户口所在地 3. 住在别处，不是户口所在地 8. [不清楚]	j. 目前的就业状况 【出示卡片 2；选项见下】 98. [不清楚]
1 被访者		[_]	[_][_][_][_]年	[_][_]	[_][_]	[_]	[_][_]	1	[_][_]
2 被访者父亲		[_]	[_][_][_][_]年	[_][_]	[_][_]	[_]	[_][_]	[_]	[_][_]
3 被访者母亲		[_]	[_][_][_][_]年	[_][_]	[_][_]	[_]	[_][_]	[_]	[_][_]
4 被访者配偶		[_]	[_][_][_][_]年	[_][_]	[_][_]	[_]	[_][_]	[_]	[_][_]
5 配偶父亲		[_]	[_][_][_][_]年	[_][_]	[_][_]	[_]	[_][_]	[_]	[_][_]
6 配偶母亲		[_]	[_][_][_][_]年	[_][_]	[_][_]	[_]	[_][_]	[_]	[_][_]
7 [_]		[_]	[_][_][_][_]年	[_][_]	[_][_]	[_]	[_][_]	[_]	[_][_]
8 [_]		[_]	[_][_][_][_]年	[_][_]	[_][_]	[_]	[_][_]	[_]	[_][_]
9 [_]		[_]	[_][_][_][_]年	[_][_]	[_][_]	[_]	[_][_]	[_]	[_][_]
10 [_]		[_]	[_][_][_][_]年	[_][_]	[_][_]	[_]	[_][_]	[_]	[_][_]
11 [_]		[_]	[_][_][_][_]年	[_][_]	[_][_]	[_]	[_][_]	[_]	[_][_]
12 [_]		[_]	[_][_][_][_]年	[_][_]	[_][_]	[_]	[_][_]	[_]	[_][_]

续表

a. 家庭成员	b. 与被访者关系 1. 子女 2. 祖父母 3. 媳婿 4. 孙辈子女 5. 兄弟姐妹 6. 其他亲属 7. 非亲属	c. 性别 1. 男 2. 女 7. [不适用] 8. [去世]	d. 出生年份 9998. [不清楚]	e. 教育程度 01. 未受正式教育 02. 小学 03. 初中 04. 高中 05. 技校/职高/中专 06. 大专 07. 本科 08. 研究生 09. 其他（请注明） 98. [不清楚]	f. 民族 01. 汉 02. 蒙 03. 满 04. 回 05. 藏 06. 壮 07. 维 08. 其他 98. [不清楚]	g. 户口性质 1. 农业户口 2. 非农业户口 3. 其他（请注明） 4. 没有户口 8. [不清楚]	h. 户口所在地 【出示卡片1；选项见下】 8. [不清楚]	i. 居住情况 1. 住在本户 2. 住在别处，是户口所在地 3. 住在别处，不是户口所在地 8. [不清楚]	j. 目前的就业状况 【出示卡片下；选项见下】 98. [不清楚]
13[＿]	[＿]	[＿]	[＿][＿][＿][＿]年	[＿][＿]	[＿][＿]	[＿]	[＿]	[＿]	[＿][＿]
14[＿]	[＿]	[＿]	[＿][＿][＿][＿]年	[＿][＿]	[＿][＿]	[＿]	[＿]	[＿]	[＿][＿]
15[＿]	[＿]	[＿]	[＿][＿][＿][＿]年	[＿][＿]	[＿][＿]	[＿]	[＿]	[＿]	[＿][＿]
16[＿]	[＿]	[＿]	[＿][＿][＿][＿]年	[＿][＿]	[＿][＿]	[＿]	[＿]	[＿]	[＿][＿]
17[＿]	[＿]	[＿]	[＿][＿][＿][＿]年	[＿][＿]	[＿][＿]	[＿]	[＿]	[＿]	[＿][＿]
18[＿]	[＿]	[＿]	[＿][＿][＿][＿]年	[＿][＿]	[＿][＿]	[＿]	[＿]	[＿]	[＿][＿]
19[＿]	[＿]	[＿]	[＿][＿][＿][＿]年	[＿][＿]	[＿][＿]	[＿]	[＿]	[＿]	[＿][＿]
20[＿]	[＿]	[＿]	[＿][＿][＿][＿]年	[＿][＿]	[＿][＿]	[＿]	[＿]	[＿]	[＿][＿]

h. 户口所在地【出示卡片1】
1. 调查点所在的乡/镇/街道；2. 调查点所在的县/县级市的其他乡/镇/街道；3. 调查点所在的省/自治区/直辖市的其他区/县/县级市的其他乡/镇/街道；4. 调查点所在的省/自治区/直辖市以外的省/自治区/直辖市

j. 目前的就业状况【出示卡片2】
01. 全职工作；02. 半职工作；03. 临时性工作（无合同，非稳定的工作）；04. 全职务农；05. 兼业务农；06. 离退休；07. 失业/下岗，目前无工作；08. 以前工作（务农）过，但现在无工作；09. 从未工作过；10. 在学目前无工作；

A2a. 您的婚姻状况是：（单选） 【出示卡片 3】

未结过婚 .... 1→跳问 A3a

初婚 2

离婚未再婚 3

离婚后再婚 4

丧偶未再婚 5

丧偶后再婚 6

A2b. 您结婚的时间是哪一年？【访问员注意，这里是指 初婚时间 】

记录：[_____ | _____ | _____ | _____] 年

A3a. 您目前的政治面貌是：（单选）

共青团员 1

共产党员 2

民主党派成员 3

群众 .... 4→跳问 A4

A3b. 您是哪年加入 [读出 A3a 的答案] _____ 的？

记录：[_____ | _____ | _____ | _____] 年

A4. 您的宗教信仰是：（单选）【出示卡片 4】

基督教 1

天主教 2

伊斯兰教 3

道教 4

佛教 5

民间信仰 6

无宗教信仰 7

其他（请注明） _____ 8

【访问员注意：请查看 A1h，如被访者选 "2~4"，即户口所在地 不在本地址 ，则问 A5~A6，否则跳问 B 部分】

A5. 您离开户口所在地的主要原因是：（单选） 【出示卡片 5】

务工经商 01

工作调动 02

分配录用	03
学习培训	04
拆迁搬家	05
婚姻嫁娶	06
随迁家属	07
投亲靠友	08
出差	09
其他（请注明）＿＿＿＿＿	10

A6. 您的户口所在地属于下列哪种类型：（单选）

城市市区	1
区县城区	2
乡镇所在地	3
农村	4
其他（请注明）＿＿＿＿＿	5

B 部分：个人工作状况

下面我想了解一下您目前从事生产、工作或经营活动的情况

访问员读出以下对于"工作"的解释：

这里所说的工作是指最近一周以来：1. 从事过 1 小时以上有收入的工作；2. 在自己/自己家庭或家族拥有的企业/机构中工作，虽然没报酬，但每周工作在 15 小时以上或每天工作 3 小时以上；3. 参加农业生产劳动。符合上述 3 个条件之一，即算作有工作。

注意：1. 离退休人员、下岗失业人员，如果符合上述 3 个条件之一，也算有工作；2. 在校学生的勤工俭学及毕业实习、社会实践不算参加工作。

B1. 请问您目前的工作情况是：（单选）

有工作	1→跳问 B3a
有工作，但目前在职休假、学习，或临时停工、歇业	2→跳问 B3a
没有工作	3→续问 B2a – e

【访问员注意：查看 B1，如选"3"，即"没有工作"，则问 B2a～B2e，否则跳问 B3a 前提示】

B2a. 您目前没有工作的最主要原因是什么呢？（单选）【出示卡片 6】

　　　正在上学/参军 .... 01→跳问 B5

　　　丧失劳动能力 .... 02→跳问 B5

　　　已离/退休 03

　　　毕业后未工作 04

　　　料理家务 05

　　　因单位原因（如破产、改制、解散、辞退等）

　　　失去原工作 06

　　　因本人原因（如家务、健康、辞职等）离开原工作 07

　　　下岗/内退/买断工龄 08

　　　承包土地被征用 09

　　　其他（请注明）_____ 10

B2b. 您目前已经连续多长时间没有工作了：　　[_____ | _____] 年

　　　[_____ | _____] 月

B2c. 您在没有工作的期间内，采取过以下哪种方式寻找工作？（可多选）

　　　在职业介绍机构登记 1

　　　委托亲友找工作 2

　　　应聘或刊登广告 3

　　　参加招聘会 4

　　　政府或单位安置 5

　　　准备自己创业 6

　　　其他（请注明）_____ 7

　　　都没有 8

B2d. 如果现在有份工作，您能否在两周内去工作？（单选）

　　　能 1

　　　不能 2

B2e. 您还打算工作吗？（单选）

　　　打算工作 1

　　　不打算工作了 2

【访问员注意：查看 B1，如选"1～2"，即"有工作"或"有工作，但目前在职休假、学习，或临时停工、歇业"，则续问 B3a～B4f，否则跳问 B5】

B3a. 请问您目前主要的工作（职业）是什么？（请详细说明 职务、岗位、工种和工作内容 等。如果您的工作活动属于家庭经营、个人单独做事或无具体工作单位就请告诉我您所做的具体事）【访问员请参照职业编码表进行追问并详细记录】

```
记录工作单位名称（全称）：_____
记录具体职务、职称、岗位、工种、行政级别：_____
_____
记录具体工作内容：_____     [___|___|___]
```

B3b. 您这份工作属于什么行业？ （在单位就业者，请说出 单位/公司的具体名称、生产和经营活动的类型 ；由劳务派遣机构派出的保安、劳务工、家政服务员等，劳务派遣机构是其单位；如果没有单位，则个人职业就等于行业）【访问员请参照行业编码表进行追问并详细记录】

```
记录工作单位名称（全称）：_____
记录单位/公司具体生产和经营活动类型（行业）：_____     [___|___]
```

B3c. 【询问农村家庭经营劳动者，回答 B3c 后，直接询问 B3f】
请问您 去年（2007 年）从事农、林、牧、渔业等劳动大约花了多少天？
【请访问员将具体数字填写在横线上，并高位补零】
记录：[_____|_____|_____] 天   997. ［不适用］

B3d. 【询问除农村家庭经营劳动者以外的所有在业人员】
请问 今年以来 您这份工作 平均每周 工作多少个小时？【请访问员将具体数字填写在横线上，并高位补零】
记录：[_____|_____|_____] 小时   997. ［不适用］

B3e. 今年以来 ，您这份工作 平均每月 给您带来多少收入？
1) 月工资（包括薪金、奖金、提成、津贴、补助等，但不包括利润和分红）：［请将具体数字填写在横线上，并高位补零；注意：农村家庭

经营劳动者不回答此题]

百万位	十万位	万位	千位	百位	十位	个位	
＿＿	＿＿	＿＿	＿＿	＿＿	＿＿	＿＿	元

9999997.［不适用］　　　　　9999999.［拒绝回答］

2）个人每月经营和投资所得利润和分红：［请将具体数字填写在横线上，并高位补零；如果是年终结算，请推算一下每月平均所得；持有本企业股份的职工也应填答；注意：农村家庭经营劳动者不回答此题］

百万位	十万位	万位	千位	百位	十位	个位	
＿＿	＿＿	＿＿	＿＿	＿＿	＿＿	＿＿	元

9999997.［不适用］　　　　　9999999.［拒绝回答］

B3f. 您认为您的这份工作性质属于：（单选）

需要很高专业技能的工作 ＿＿＿＿＿＿＿＿＿＿＿＿＿＿ 1

需要较高专业技能的工作 ＿＿＿＿＿＿＿＿＿＿＿＿＿＿ 2

需要一些专业技能的工作 ＿＿＿＿＿＿＿＿＿＿＿＿＿＿ 3

半技术半体力工作 ＿＿＿＿＿＿＿＿＿＿＿＿＿＿＿＿＿ 4

体力劳动工作 ＿＿＿＿＿＿＿＿＿＿＿＿＿＿＿＿＿＿＿ 5

其他（请注明）＿＿＿＿＿＿＿＿＿＿＿＿＿＿＿＿＿＿ 6

下面请您告诉我您从事这份工作所在的单位/公司的一些情况

【访问员注意：单位应该是一个独立核算的机构，有自己的财务和人事管理职权。如果被访者的工作机构分很多层级，无法区别哪一级是自己单位时，可以提示，被访者工资关系所在的那一级，就可能是他/她的单位；由劳务派遣机构派出的保安、劳务工、家政服务员等，劳务派遣机构是其单位；个体和农村土地承包者也请填答】

B4a. 您从事这份工作所在的单位/公司是：（单选）【出示卡片 7】

农村家庭经营 ＿＿＿＿＿＿＿＿＿＿＿＿＿ 01→跳问 B4b

党政机关、人民团体、军队 ＿＿＿＿＿＿＿ 02

国有企业及国有控股企业 ＿＿＿＿＿＿＿＿ 03

国有/集体事业单位 ＿＿＿＿＿＿＿＿＿＿＿ 04

集体企业 ＿＿＿＿＿＿＿＿＿＿＿＿＿＿＿ 05→跳问 B4b

私营企业 ＿＿＿＿＿＿＿＿＿＿＿＿＿＿＿ 06→跳问 B4b

三资企业 .... 07→跳问 B4b

个体工商户 .... 08→跳问 B4b

协会、行会、基金会等社会组织 .... 09→跳问 B4b

民办非企业单位 .... 10→跳问 B4b

社区居委会、村委会等自治组织 .... 11→跳问 B4b

其他（请注明）_____ .... 12→跳问 B4b

没有单位 .... 13→跳问 B5

［不清楚］ .... 98→跳问 B5

B4a1. 您从事这份工作所在的单位/公司的行政级别是：（单选）

省、部、军级 1

区县、处、团级 3

乡镇、科、营级 4

其他（请注明）_____ 5

没有行政级别 6

［不清楚］ 8

B4b. 您在这个单位中的身份是：（单选）

农村家庭承包经营劳动者 .... 1→追问 B4c 后，跳问 B5

工薪收入者或雇员 .... 2→跳问 B4d

雇主/老板（即企业的所有者/出资人/合伙人）

.... 3

自营劳动者（如没有雇用他人的个体工商户和自由职业者）

.... 4→跳问 B5

家庭帮工（为自己家庭/家族的企业工作，但不是老板）

.... 5→跳问 B4d

其他（请注明）_____ 6

B4c. ［B4b 为"1"和"3"者回答］您目前雇用了多少人？

万位	千位	百位	十位	个位	
____	____	____	____	____	人

B4d. 您与目前的工作单位签订劳动合同了吗？（单选）

2008 年 1 月前签的劳动合同，延续到现在 1

原来签过合同，2008 年 1 月后重新签了劳动合同 2

原来未签过合同，2008 年 1 月后签了劳动合同 3

2008 年才到此单位工作，签了劳动合同 4

没有签劳动合同 .... 5→跳问 B4f

公务员或国家机关、事业单位干部，不需要签劳动合同

.... 6→跳问 B4f

［不清楚］ .... 8→跳问 B4f

B4e. 您与目前工作单位签订的劳动合同是：（单选）

固定期限劳动合同 1

无固定期限劳动合同 2

试用期劳动合同 3

其他（请注明）_____ 4

［不清楚］ 8

B4f. 您在这个工作单位中的职位是：　　（单选，正副职同级）

高层管理者（其上没有管理层） 1

中层管理者（其上有管理层，其下也有管理层） 2

低层管理者（其上有管理层，其下为普通职工） 3

普通职工 4

【访问员注意：以下题目询问所有被访者】

B5. 您目前有没有下列社会保障？【出示卡片8】

	有	没有	［不清楚］
a. 城镇基本养老保险	1	2	3
b. 企业补充养老保险（包括企业年金）	1	2	3
c. 农村社会养老保险	1	2	3
d. 城镇职工基本医疗保险（包括公费医疗）	1	2	3
e. 城镇居民医疗保险	1	2	3
f. 新型农村合作医疗	1	2	3
g. 失业保险	1	2	3
h. 工伤保险	1	2	3
i. 生育保险	1	2	3
j. 城乡最低生活保障	1	2	3

B6. 如果生了病，您的医疗费能否报销？（单选）

完全自理 1

能报销一点 2

能报销一半以上 3

能报销 70% 以上 ————————————————— 4

［不知道/不清楚］ ————————————————— 8

B7. 去年（2007年）您个人的总收入是：（请将具体数字填写在横线上，并高位补零；"不适用"记录为9999997；"不知道/不清楚"记录为9999998；"拒绝回答"记录为9999999；如有某项目，只是2007年此项上无收入，则这项上记录为0000000）

项　目	钱数（元）
	［百万｜十万｜万｜千｜百｜十｜个］
a. 工资、奖金收入（包括提成、补贴等）	［＿｜＿｜＿｜＿｜＿｜＿｜＿］元
b. 退休金、养老保险、最低生活保障金等收入	［＿｜＿｜＿｜＿｜＿｜＿｜＿］元
c. 村集体提供的福利收入（如分红、补贴等）	［＿｜＿｜＿｜＿｜＿｜＿｜＿］元
d. 个人农业经营收入	［＿｜＿｜＿｜＿｜＿｜＿｜＿］元
e. 经商、办厂的投资收入	［＿｜＿｜＿｜＿｜＿｜＿｜＿］元
f. 存款的利息收入、股票/债券/基金投资收入、放贷收入	［＿｜＿｜＿｜＿｜＿｜＿｜＿］元
g. 出租房屋、地产收入	［＿｜＿｜＿｜＿｜＿｜＿｜＿］元
h. 其他收入（请注明）＿＿＿＿＿	［＿｜＿｜＿｜＿｜＿｜＿｜＿］元

下面我想了解一下您以往的工作情况

【访问员注意：对于目前有工作的人，即 B1 选 1 或 2 的，请直接在 B8 圈 2，然后提问 B9；对于 B1 里选 3 的则续问 B8】

B8. 请问您以前工作过吗？（学生的勤工俭学不算参加工作；知青从下乡、农民从参加劳动生产起算参加工作）（单选）

从未工作过 ————————————————— 1→跳问 C 部分

工作过 ————————————————— 2

B9. 下面我想了解一下您工作变动的情况，这里的工作变动，包括工作单位的变动，也包括在同一个单位内因职务、职称、行政级别或职业活动的变更而造成工作内容和工作性质的重大变化。请您谈谈您的第一份工作、最后一份（或目前）工作和前一份工作的一些情况

【访问员注意："最后/目前的工作"一项对目前有工作的人，可按照 B3、B4 中的相应内容填写；对目前无业而以前工作过的人，则按照最后的工作填写】

	a. 工作开始/结束时间 0000.[如无倒数第二份工作，则在开始时间填 0000，结束时间问不填] 9997.[如此项工作未结束，结束时间问为 9997]	b. 当时的职业[访问 B3a 的要求进行追问并参照 B3a 的要求进行追问并详细记录]	c. 当时的单位类型 [出示卡片 9] 97.[不适用] 98.[不清楚]	d. 当时的就业身份 [出示卡片 10] 7.[不适用]	e. 当时在单位中的职位 1. 高层管理者 2. 中层管理者 3. 低层管理者 4. 普通职工 7.[不适用] 8.[不清楚]	f. 当时的工作结束时月收入 99997.[不适用] 99998.[不清楚] 99999.[拒绝回答]	g. 当时的教育程度 01. 未受正式教育 02. 小学 03. 初中 04. 高中 05. 技校/职高/中专 06. 大专 07. 本科 08. 研究生 09. 其他（请注明） 97.[不适用]	h. 当时的户口类型 1. 农业 2. 非农 3. 其他 7.[不适用] 8.[不清楚]
第一份工作 开始时间	[_|_|_|_]年	[_|_|_]	[_|_]	[_]	[_]	[_|_|_|_|_]	[_|_]	[_]
结束时间	[_|_|_|_]年							
最后/目前的工作 开始时间	[_|_|_|_]年	[_|_|_]	[_|_]	[_]	[_]	[_|_|_|_|_]	[_|_]	[_]
结束时间	[_|_|_|_]年							
倒数第二份工作 开始时间	[_|_|_|_]年	[_|_|_]	[_|_]	[_]	[_]	[_|_|_|_|_]	[_|_]	[_]
结束时间	[_|_|_|_]年							

B10. 请问您自工作以来，在几个单位工作过？

记录：[＿＿＿｜＿＿＿] 个

C 部分：家庭状况及消费

C1. 下面我想了解一下在下列时间您父母、配偶的一些情况：【访问员请将选项的数字代码填写在横线上】

	a. 当时教育程度 01. 未受正式教育 02. 小学 03. 初中 04. 高中 05. 技校/职高/中专 06. 大专 07. 本科 08. 研究生 09. 其他(请注明) 97. [不适用] 98. [不清楚]	b. 当时的政治面貌 1. 共青团员 2. 共产党员 3. 民主党派 4. 群众 7. [不适用] 8. [不清楚]	c. 当时的职业 [访问员请参照 B3a 的要求进行追问并详细记录] 997. [不适用] 998. [不清楚]	d. 当时的单位类型 [出示卡片9] 97. [不适用] 98. [不清楚]
您 14 岁时父亲	[＿｜＿]	[＿]	＿＿＿＿＿[＿｜＿｜＿]	[＿｜＿]
您 14 岁时母亲	[＿｜＿]	[＿]	＿＿＿＿＿[＿｜＿｜＿]	[＿｜＿]
您参加工作时父亲	[＿｜＿]	[＿]	＿＿＿＿＿[＿｜＿｜＿]	[＿｜＿]
您参加工作时母亲	[＿｜＿]	[＿]	＿＿＿＿＿[＿｜＿｜＿]	[＿｜＿]
您结婚时配偶	[＿｜＿]	[＿]	＿＿＿＿＿[＿｜＿｜＿]	[＿｜＿]

	e. 当时的就业身份 [出示卡片10] 7. [不适用] 8. [不清楚]	f. 当时的职位 1. 高层管理者 2. 中层管理者 3. 低层管理者 4. 普通职工 7. [不适用] 8. [不清楚]	g. 当时的户口类型 1. 农业 2. 非农 3. 其他 7. [不适用] 8. [不清楚]
您 14 岁时父亲	[＿]	[＿]	[＿]
您 14 岁时母亲	[＿]	[＿]	[＿]
您参加工作时父亲	[＿]	[＿]	[＿]
您参加工作时母亲	[＿]	[＿]	[＿]
您结婚时配偶	[＿]	[＿]	[＿]

C2a. 您家目前的自有住房共有几套：

　　　记录：共 ［_____］套

C2b. 您家目前的自有住房的使用面积共计多少平方米：

　　　记录：共计 ［__│__│__│__］平方米　9997［不适用］　9998［不清楚］

　　　　　　　　［千│百│十│个］

C2c. 您家目前的自有住房的房屋现值共计多少钱（千元，估算）：

　　　记录：共计 ［___│___│___│___│___］千元

　　　　　　　　［千万│百万│十万│万│千］

　　99997［不适用］　99998［不清楚］

C3a. 请问您家现在有下列哪些家用物品？

C3b. 在下面的物品中，未来一年内您家打算购买哪些？

物品	C3a. 您家现有家用物品	C3b. 未来一年内打算购买物品		
	数量	打算购买	不打算购买	［不清楚］
1. 彩电（台）	［___］	1	2	8
2. 冰箱（台）	［___］	1	2	8
3. 洗衣机（台）	［___］	1	2	8
4. 家用汽车（辆）	［___］	1	2	8
5. 电脑（台）	［___］	1	2	8
6. 固定电话（部）	［___］	1	2	8
7. 摄像机（架）	［___］	1	2	8
8. 钢琴（架）	［___］	1	2	8
9. 微波炉（台）	［___］	1	2	8
10. 手机（部）	［___］	1	2	8

【访问员注意：C4 ~ C5 题只问 农业户口的人；即 A1g 为 "1" 的被访者 】

C4. 请您讲一讲你家目前的土地使用情况，（含承包、租赁）使用的耕地面积总共有多少亩？其中从村组承包的有多少亩？租入的有多少亩？租出的有多少亩？【请访问员将具体数字填写在横线上，并高位补零；"不知道/不清楚"记录为 9998；"拒绝回答"记录为 9999】

	总亩数	其中，从本村组承包	其中，租入	其中，租出
耕地	［_│_│_］亩 ［_］分	［_│_│_］亩 ［_］分	［_│_│_］亩 ［_］分	［_│_│_］亩 ［_］分
水面	［_│_│_］亩 ［_］分	［_│_│_］亩 ［_］分	［_│_│_］亩 ［_］分	［_│_│_］亩 ［_］分
山林	［_│_│_］亩 ［_］分	［_│_│_］亩 ［_］分	［_│_│_］亩 ［_］分	［_│_│_］亩 ［_］分
草场	［_│_│_］亩 ［_］分	［_│_│_］亩 ［_］分	［_│_│_］亩 ［_］分	［_│_│_］亩 ［_］分
滩涂	［_│_│_］亩 ［_］分	［_│_│_］亩 ［_］分	［_│_│_］亩 ［_］分	［_│_│_］亩 ［_］分
其他	［_│_│_］亩 ［_］分	［_│_│_］亩 ［_］分	［_│_│_］亩 ［_］分	［_│_│_］亩 ［_］分

C5. 请问您家 2007 年农业收入和投入 情况如何？【请访问员将具体数字填写在横线上，并高位补零；"不知道/不清楚"记录为 9999998/999998/99998；"拒绝回答"记录为 9999999/999999/99999；如无某项收入或投入，则那一项上记录为 0000000/000000/00000】

	总收入（元）	物质投入费用（元）
种植业	百万 十万 万 千 百 十 个 [_I _I _I _I _I _I _]	十万 万 千 百 十 个 [_I _I _I _I _I _]
畜牧养殖业	百万 十万 万 千 百 十 个 [_I _I _I _I _I _I _]	十万 万 千 百 十 个 [_I _I _I _I _I _]
水产养殖业	百万 十万 万 千 百 十 个 [_I _I _I _I _I _I _]	十万 万 千 百 十 个 [_I _I _I _I _I _]
林木果品	百万 十万 万 千 百 十 个 [_I _I _I _I _I _I _]	十万 万 千 百 十 个 [_I _I _I _I _I _]
土地租赁	百万 十万 万 千 百 十 个 [_I _I _I _I _I _I _]	—
	总收入（元）	物质投入费用（元）
种植业	十万 万 千 百 十 个 [_I _I _I _I _I _]	万 千 百 十 个 [_I _I _I _I _]
畜牧养殖业	十万 万 千 百 十 个 [_I _I _I _I _I _]	万 千 百 十 个 [_I _I _I _I _]
水产养殖业	十万 万 千 百 十 个 [_I _I _I _I _I _]	万 千 百 十 个 [_I _I _I _I _]
林木果品	十万 万 千 百 十 个 [_I _I _I _I _I _]	万 千 百 十 个 [_I _I _I _I _]
土地租赁	—	—

【访问员注意：下列问题询问所有被访者】

C6. 接下来，请您告诉我您家 2007 年全家的生活支出 情况：【请访问员将具体数字填写在横线上，并高位补零；"不知道/不清楚"记录为 9999998；"拒绝回答"记录为 9999999；如无某项支出，则那一项上记录为 0000000】

项　　目	钱数（元） [百万I 十万I 万I 千I 百I 十I 个]
a. 2007 年，您家的总支出 （总支出与下面分项分别提问，无需加总验证）	[_I _I _I _I _I _I _] 元
b. 其中，全年房贷分期偿还或房租的支出	[_I _I _I _I _I _I _] 元
c. 其中，全年饮食支出（包括家中饮食与外出饮食）	[_I _I _I _I _I _I _] 元
d. 其中，全年衣着费	[_I _I _I _I _I _I _] 元

续表

项　　目	钱数(元)
	[百万丨十万丨万丨千丨百丨十丨个]
e. 其中,全年医疗保健费(如看病、住院、买药等的费用)	[＿丨＿丨＿丨＿丨＿丨＿丨＿]元
f. 其中,全年交通费(如上下班等的交通费及家用车辆的汽油费、保养费、养路费、路桥费等)	[＿丨＿丨＿丨＿丨＿丨＿丨＿]元
g. 其中,全年通讯费(如固定电话/手机/小灵通的话费、电脑上网费等)	[＿丨＿丨＿丨＿丨＿丨＿丨＿]元
h. 其中,全年教育费用(如学费、杂费、文具费、课外辅导费、在校住宿费等)	[＿丨＿丨＿丨＿丨＿丨＿丨＿]元
i. 其中,全年文化、娱乐、旅游费用	[＿丨＿丨＿丨＿丨＿丨＿丨＿]元
j. 其中,全年电费、水费、燃气(煤)费、物业费、取暖费	[＿丨＿丨＿丨＿丨＿丨＿丨＿]元
k. 其中,全年家用电器、家具等购置费用	[＿丨＿丨＿丨＿丨＿丨＿丨＿]元
l. 其中,日用品支出(如牙膏、肥皂、洗衣粉等)	[＿丨＿丨＿丨＿丨＿丨＿丨＿]元
m. 其中,人情往来支出(如礼品、现金等)	[＿丨＿丨＿丨＿丨＿丨＿丨＿]元
n. 您家全年中的其他支出(请注明)＿＿＿＿＿	[＿丨＿丨＿丨＿丨＿丨＿丨＿]元

C7. 请您告诉我您家 2007 年全家的各项收入 情况:【请将具体数字填写在横线上,并高位补零;"不适用"记录为 9999997;"不知道/不清楚"记录为 9999998;"拒绝回答"记录为 9999999;如有某项目,只是 2007 年此项上无收入,则这项上记录为 0000000】

项　　目	钱数(元)
	[百万丨十万丨万丨千丨百丨十丨个]
a. 2007 年,您家的总收入(总收入与下面分项分别提问,无需加总验证)	[＿丨＿丨＿丨＿丨＿丨＿丨＿]元
b. 其中,工资、奖金、退休金等收入	[＿丨＿丨＿丨＿丨＿丨＿丨＿]元
c. 其中,经商、办厂投资收入	[＿丨＿丨＿丨＿丨＿丨＿丨＿]元
d. 其中,股票、债券、存款利息、放贷等收入	[＿丨＿丨＿丨＿丨＿丨＿丨＿]元
e. 其中,房屋土地租金等收入	[＿丨＿丨＿丨＿丨＿丨＿丨＿]元
f. 其中,村集体提供的福利收入(如分红、补贴等)	[＿丨＿丨＿丨＿丨＿丨＿丨＿]元
g. 其中,政府、单位、居委会、村委会提供的补贴(如粮食直补、困难补助、低保、救济等)	[＿丨＿丨＿丨＿丨＿丨＿丨＿]元
h. 其中,务农毛收入【访问员记录 C5 农业总收入的总和】	[＿丨＿丨＿丨＿丨＿丨＿丨＿]元
i. 您家中全年的其他收入(请注明)＿＿＿＿＿	[＿丨＿丨＿丨＿丨＿丨＿丨＿]元

C8. 请您告诉我目前您家的资产情况:【请将具体数字填写在横线上,并高位补零;如无某项资产,则为"不适用",记录为9999997;"不知道/不清楚"记录为9999998;"拒绝回答"记录为9999999;如某项资产数额为零,则那一项上记录为0000000】

项　目	金额(元)
	[百万|十万|万|千|百|十|个]
a. 房产现值【访问员记录C2c自有房产现值的总和】	[＿|＿|＿|＿|＿|＿|＿]元
b. 金融资产(存款、股票/债券现值、出借的资金、手持现金等)	[＿|＿|＿|＿|＿|＿|＿]元
c. 其他耐用消费品(包括家具、家用汽车、家用电器、首饰等,按购买价格计)	[＿|＿|＿|＿|＿|＿|＿]元
d. 生产经营的固定资产总额 (如自有厂房、铺面、仓库、温室、大棚等;生产经营所用车辆、农业机械、机器设备、农用工具、牛骡马等大牲畜以及配套设施;库存产品、商品、农产品;各类无形资产等)	[＿|＿|＿|＿|＿|＿|＿]元
e. 生产经营的流动资金总额	[＿|＿|＿|＿|＿|＿|＿]元
f. 所欠债务(包括分期偿还的债务)	[＿|＿|＿|＿|＿|＿|＿]元
g. 其他资产(请注明)＿＿＿＿＿	[＿|＿|＿|＿|＿|＿|＿]元

C9a. 请问目前,您或您家庭是否遇到以下这些生活方面的问题呢? (复选,在C9a处圈出遇到的问题)

C9b. 那么,目前遇到的这些生活问题对您家造成的压力有多大呢? (逐一提问C9a的答案,每行单选)

	问　题	C9a	C9b 压力大小		
		遇到问题	很大压力	有些压力	很小压力
1	住房条件差,建/买不起房	01	1	2	3
2	子女教育费用高,难以承受	02	1	2	3
3	子女管教困难,十分累心	03	1	2	3
4	医疗支出大,难以承受	04	1	2	3
5	物价上涨,影响生活水平	05	1	2	3
6	家庭收入低,日常生活困难	06	1	2	3
7	家人无业、失业或工作不稳定	07	1	2	3
8	赡养老人负担过重	08	1	2	3
9	工作负担过重,吃不消	09	1	2	3
10	人情支出大,难以承受	10	1	2	3
11	家庭成员有矛盾,烦心得很	11	1	2	3
12	社会风气不好,担心被欺骗和家人学坏	12	1	2	3
13	社会治安不好,常常担惊受怕	13	1	2	3

C10. 您的衣服通常是在哪里买的？（最多选两项）：【出示卡片 11】

品牌服装专卖店 01

大商场 02

普通服装商店 03

超市 04

街边摊点 05

批发市场（小商品市场）..................................... 06

乡村集市 07

网上购物 08

其他地方（请注明）_____ 09

自家做的 10

［不清楚］ 98

C11. 您外出吃饭一般都去什么地方？（最多选两项）【出示卡片 12】

小吃店 1

大排档 2

小饭馆 3

快餐店 4

大众餐馆 5

中档饭店 6

高档饭店 7

其他地方（请注明）_____ 8

很少外出吃饭 9

C12. 您平常较多的出行方式是：（最多选两项）【出示卡片 13】

走路 1

乘公共交通工具（公共汽车/电车/地铁等）....... 2

乘出租汽车 3

开/坐公家汽车 4

开/坐私家车 5

骑自行车、摩托车、三轮车 6

其他（请注明）_____ 7

C13. 请问您平时从事以下活动的频率：【出示卡片 14】

		几乎每天	一周多次	一周至少一次	一月至少一次	一年几次	从不
1	看电视	5	4	3	2	1	0
2	听收音机	5	4	3	2	1	0
3	看报纸	5	4	3	2	1	0
4	看杂志	5	4	3	2	1	0
5	浏览互联网	5	4	3	2	1	0
6	收发手机短信	5	4	3	2	1	0

C14. 与 5 年前相比，您的生活水平是：（单选）

上升很多 1

略有上升 2

没变化 3

略有下降 4

下降很多 5

［不好说］ 6

C15. 您感觉在未来的 5 年中，您的生活水平将会：（单选）

上升很多 1

略有上升 2

没变化 3

略有下降 4

下降很多 5

［不好说］ 6

C16. 您认为您本人的社会经济地位在本地大体属于哪个层次？（单选）

上 1

中上 2

中 3

中下 4

下 5

［不好说］ 6

D 部分：社会网与社会支持

D1. 人们在生活中总会遇到问题或麻烦，需要别人的帮助。这些帮助有的是工作和生活中的大事，比如介绍工作、解决孩子入学问题等，也有些是日常生活的小事，比如平时帮你照顾病人、照看孩子等，另外还有经济上帮助给你借钱、借物，精神上帮助和你谈心、帮你出主意等。

请你回忆一下，过去一年中对你有过较大帮助的人和组织机构有哪些？

【请访问员记录人数和组织机构数】

人　　　数　　[_ | _] 人（如果有，则填写 D2 ~ D11 题；如果没有请补 00）

组织机构数　　[_ | _] 个（如果有，则填写 D12 ~ D16 题；如果没有请补 00）

（如不足 5 人）【请访问员追问：还有没有】您怎么称呼他/她，如老张、王姨、老伴等。[访问员请记录]（如超过 5 人），请您选择最重要的 5 个人，先说说您怎么称呼他/她，如老张、王姨、老伴等。[访问员请记录]			第 1 人姓	第 2 人姓	第 3 人姓	第 4 人姓	第 5 人姓
D2	请问他/她对您的主要帮助是经济上，精神上，还是日常生活中的帮助？	（可多选）[出示卡片 15]1. 经济帮助2. 精神支持3. 工作生活中的大事4. 日常事务的帮助5. 其他帮助	1 2 3 4 5	1 2 3 4 5	1 2 3 4 5	1 2 3 4 5	1 2 3 4 5
D3	他/她是您的什么人？	（每个提供帮助的人，最多可选三种关系）[出示卡片 16]	_|_ _|_ _|_	_|_ _|_ _|_	_|_ _|_ _|_	_|_ _|_ _|_	_|_ _|_ _|_
D4	他/她的性别：	1. 男　2. 女　8. [不清楚]	|_|	|_|	|_|	|_|	|_|
D5	他/她的年龄是：	（填写周岁）　98. [不清楚]	_|_	_|_	_|_	_|_	_|_
D6	他/她的教育程度是：	1. 未受正式教育　2. 小学3. 初中　4. 高中　5. 技校/职高/中专　6. 大专　7. 本科　8. 研究生　9. 其他　0. [不清楚]	|_|	|_|	|_|	|_|	|_|
D7	他/她当时的就业状况是：	1. 从事有收入的工作　2. 离退休3. 下岗或失业 [跳答（D10）]4. 无业 [跳答（D10）]　8. [不清楚]	|_|	|_|	|_|	|_|	|_|
D8	他/她当时的职业（包括退休前的职业）是：	（文字记录）998. [不清楚]第 1 人＿＿＿＿＿第 2 人＿＿＿＿＿第 3 人＿＿＿＿＿第 4 人＿＿＿＿＿第 5 人＿＿＿＿＿	_|_ _|_ |_|	_|_ _|_	_|_ _|_	_|_ _|_	_|_ _|_
D9	他/她当时在工作中的职位是：	1. 高层管理者　2. 中层管理者3. 低层管理者　4. 普通员工7. [不适用]　8. [不清楚]	|_|	|_|	|_|	|_|	|_|

续表

(如不足 5 人)【请访问员追问:还有没有】您怎么称呼他/她,如老张、王姨、老伴等。[访问员请记录] (如超过 5 人),请您选择最重要的 5 个人,先说说您怎么称呼他/她,如老张、王姨、老伴等。[访问员请记录]		第 1 人姓	第 2 人姓	第 3 人姓	第 4 人姓	第 5 人姓
D10	现在你们一般多久联系一次?	1. 至少一周一次 2. 至少一月一次 3. 大约两月一次 4. 大约半年一次 5. 大约一年一次 6. 基本没有联系	I_I	I_I	I_I	I_I	I_I
	你们之间相互熟悉程度怎样?		第一人	第二人	第三人	第四人	第五人
	1. 非常熟悉	你本人与	I_I	I_I	I_I	I_I	I_I
D11	2. 比较熟悉	第一人与		I_I	I_I	I_I	I_I
	3. 一般熟悉	第二人与			I_I	I_I	I_I
	4. 不太熟悉	第三人与				I_I	I_I
	5. 很不熟悉	第四人与					I_I

D12. 请你回忆一下,过去一年中对你有过较大帮助的组织或机构是:

(如不足 3 个)【请访问员追问:还有没有】这个组织或机构的名称是什么?[访问员请记录] (如超过 3 个)请您选择最重要的 3 个组织或机构,先说说这个组织或机构的名称是什么。[访问员请记录]		第 1 个 组织或机构 ———	第 2 个 组织或机构 ———	第 3 个 组织或机构 ———
D13	请问这个组织或机构对您的主要帮助是经济上,精神上,还是日常生活中的帮助?	(可多选)[出示卡片 15] 1. 经济帮助 2. 精神支持 3. 工作生活中的大事 4. 日常事务的帮助 5. 其他帮助	1 2 3 4 5	1 2 3 4 5	1 2 3 4 5
D14	这个组织或机构属于以下哪一类?	[出示卡片 17]	I_I_I	I_I_I	I_I_I
D15	您当时是这个组织或机构中的成员吗?	1. 是 2. 不是	I_I	I_I	I_I
D16	这个组织或机构中有您的亲友在就职吗?	1. 有 2. 没有	I_I	I_I	I_I

E 部分:社会问题评价

E1a. 在最近的 5 年中,您是否听过/见过或遇到过以下的问题?(请将选项的数字代码填写在横线上,每一问题单选)

E1b. ［提问 E1a 回答"1"的］您亲身经历过,那印象最深的那一次,主要采用了哪些办法?（最多选 3 项）

E1c. ［提问 E1a 回答"1"的］您亲身经历过,那您认为对这一问题解决得怎么样?（单选）

问　　题	E1a 是否听说或遇到过?【出示卡片 18】 1. 亲身经历过 2. 没有亲身经历过,但周围人的亲身经历过 3. 只从新闻媒体上见过/听过 4. 从来没有见过/听过	E1b 主要采用了哪些办法?【出示卡片 19】 01. 打官司 02. 与对方当事人/单位协商 03. 上访/向政府有关部门反映 04. 找关系疏通 05. 找媒体帮助 06. 暴力反抗 07. 罢工/静坐/示威 08. 找人报复 09. 在互联网发帖子投诉/曝光 10. 无可奈何,只好忍了 11. 没有采用任何办法 12. 其他办法（请注明） 97. ［不适用］　98. ［不清楚］ 99. ［不回答］	E1c 问题解决得怎么样? 1. 至今没有解决 2. 有关方面做了处理,但很不公正 3. 问题解决得比较公平 7. ［不适用］ 8. ［不清楚］ 9. ［不回答］
1. 政府有关部门乱收费	[_]	[_|_][_|_][_|_]	[_]
2. 学校乱收费	[_]	[_|_][_|_][_|_]	[_]
3. 征地/拆迁/移民补偿不合理	[_]	[|][|][|]	[ ]
4. 因看病治病和医院发生纠纷	[_]	[_|_][_|_][_|_]	[_]
5. 政府人员司法不公、执法粗暴	[_]	[_|_][_|_][_|_]	[_]
6. 工人下岗没得到妥善安置	[_]	[_|_][_|_][_|_]	[_]
7. 员工与老板（或单位）发生劳动纠纷	[_]	[_|_][_|_][_|_]	[_]
8. 社会保障纠纷	[_]	[_|_][_|_][_|_]	[_]
9. 环境污染影响居民生活	[_]	[_|_][_|_][_|_]	[_]
10. 买到假冒伪劣产品,使生产、生活受到损失	[_]	[_|_][_|_][_|_]	[_]

E2. 您认为当前我国存在的最重大社会问题是什么？（最多选三项，并排序）【出示卡片20】

问 题	第一选择	第二选择	第三选择
就业失业问题	01	01	01
看病难、看病贵	02	02	02
养老保障问题	03	03	03
教育收费问题	04	04	04
收入差距过大贫富分化问题	05	05	05
物价上涨问题	06	06	06
住房价格过高问题	07	07	07
社会治安问题	08	08	08
贪污腐败问题	09	09	09
干群关系问题	10	10	10
司法不公问题	11	11	11
社会风气问题	12	12	12
城乡之间差距问题	13	13	13
地区之间差距问题	14	14	14
环境污染问题	15	15	15
征地、拆迁补偿不公问题	16	16	16
老板/雇主和员工的矛盾问题	17	17	17
进城农民工受到不公平待遇问题	18	18	18
其他（请注明）＿＿＿＿	19	19	19
［说不清］	98	98	98

E3. 在下列各种群体之间，一般而言，您认为哪两类人之间的差异最大？（单选）【出示卡片21】

穷人与富人之间＿＿＿＿＿＿＿＿＿＿＿ 1

干部与群众之间＿＿＿＿＿＿＿＿＿＿＿ 2

城里人与乡下人之间＿＿＿＿＿＿＿＿＿ 3

雇主与雇员之间＿＿＿＿＿＿＿＿＿＿＿ 4

管理者与被管理者之间＿＿＿＿＿＿＿＿ 5

高学历者与低学历者之间＿＿＿＿＿＿＿ 6

体力劳动者与脑力劳动者之间＿＿＿＿＿ 7

［说不清］＿＿＿＿＿＿＿＿＿＿＿＿＿ 8

E4. 在下列各种群体之间,您认为哪两类人之间最容易出现矛盾和冲突?（单选）【出示卡片 21】

穷人与富人之间 1

干部与群众之间 2

城里人与乡下人之间 3

雇主与雇员之间 4

管理者与被管理者之间 5

高学历者与低学历者之间 6

体力劳动者与脑力劳动者之间 7

［说不清］ 8

E5. 您认为我国现在是否存在着社会群体之间的利益冲突?（单选）

有严重冲突 1

有较大冲突 2

有一点冲突 3

没有冲突 4

［说不清］ 5

E6. 您认为今后我国社会群体之间的利益冲突会激化吗?（单选）

绝对会激化 1

可能会激化 2

不太可能激化 3

绝对不会激化 4

［说不清］ 5

E7. 比较而言,您认为哪类人在近 10 年来获得的好处最多?（最多选三项,并排序）【出示卡片 22】

	第一选择	第二选择	第三选择
工人	1	1	1
农民	2	2	2
国家干部	3	3	3
国有、集体企业经营管理者(如厂长、老总、经理)	4	4	4
专业技术人员(包括学校教师、医生等)	5	5	5
私营企业老板	6	6	6
个体工商户	7	7	7
农民工	8	8	8
其他(请注明)＿＿＿＿＿＿	9	9	9
［说不清］	0	0	0

F部分:社会态度

　　下面,想了解一下您对当前社会状况的评价,请把您的真实想法告诉我们,不要有任何顾虑

F1. 您觉得当前社会中以下方面的 安全程度 如何?（从打"√"的句子开始循环问起,每行单选)【出示卡片23】

		很不安全	不大安全	比较安全	很安全	［不清楚］
1	个人和家庭财产安全	1	2	3	4	8
2	人身安全	1	2	3	4	8
3	交通安全	1	2	3	4	8
4	医疗安全	1	2	3	4	8
5	食品安全	1	2	3	4	8
6	劳动安全	1	2	3	4	8
7	个人信息、隐私安全	1	2	3	4	8

F2. 您觉得在当前社会中以下各方面的 公平程度 如何?［从打"√"的句子开始循环问起,每行单选。注意:F2题目的第13句不参加循环,统一放到最后一句问。]【出示卡片24】

		很不公平	不大公平	比较公平	很公平	［不清楚］
01	收入差距	1	2	3	4	8
02	工作与就业机会	1	2	3	4	8
03	高考制度	1	2	3	4	8
04	选拔党政干部	1	2	3	4	8
05	公共医疗	1	2	3	4	8
06	义务教育	1	2	3	4	8
07	公民实际享有的政治权利	1	2	3	4	8
08	司法与执法	1	2	3	4	8
09	不同地区之间的发展差距	1	2	3	4	8
10	不同行业之间的待遇差距	1	2	3	4	8
11	城乡居民之间享有的权利、待遇的差距	1	2	3	4	8
12	养老等社会保障待遇	1	2	3	4	8
13	总体上的社会公平状况	1	2	3	4	8

F3. 您对 现住地的地方政府 的下列方面是否满意？（从打"√"的句子开始循环问起，每行单选）【出示卡片 25】

		很不满意	不大满意	比较满意	很满意	[不清楚]
1	提供好的医疗卫生服务	1	2	3	4	8
2	为群众提供普遍的社会保障	1	2	3	4	8
3	提供优质的基础教育	1	2	3	4	8
4	保护环境，治理污染	1	2	3	4	8
5	打击犯罪，维护社会治安	1	2	3	4	8
6	廉洁奉公，惩治腐败	1	2	3	4	8
7	依法办事，执法公平	1	2	3	4	8
8	发展经济，增加人们的收入	1	2	3	4	8
9	为中低收入者提供廉租房和经济适用房	1	2	3	4	8
10	扩大就业，增加就业机会	1	2	3	4	8
11	政府信息公开，提高政府工作的透明度	1	2	3	4	8

F4. 您在多大程度上同意下列说法？（从打"√"的句子开始循环问起，每行单选）【出示卡片 26】

		很不同意	不大同意	比较同意	很同意	[不清楚]
1	公共场所就是个人不必负责的场所	1	2	3	4	8
2	政府搞建设要拆迁居民住房，老百姓应该搬走	1	2	3	4	8
3	老百姓应该听从政府的，下级应该听从上级的	1	2	3	4	8
4	民主就是政府为人民做主	1	2	3	4	8
5	国家大事有政府来管，老百姓不必过多考虑	1	2	3	4	8
6	让少数人先富起来对社会没什么好处	1	2	3	4	8
7	现在有的人挣得多，有的人挣得少，但这是公平的	1	2	3	4	8
8	现在一心为老百姓着想的干部不多了	1	2	3	4	8
9	很多发了财的老板，都是靠政府官员的帮助	1	2	3	4	8
10	在我们这个社会，工人和农民的子女与其他人的子女一样，有同样多的机会成为有钱、有地位的人	1	2	3	4	8
11	农民就应该好好种地，不要都进城来打工	1	2	3	4	8
12	应该从有钱人那里征收更多的税来帮助穷人	1	2	3	4	8

F5. 就目前我国的民族关系而言,您在多大程度上同意下述说法?【出示卡片 26】

		很不同意	不大同意	比较同意	很同意	[不清楚]
1	国家应该给少数民族更多的优惠政策	1	2	3	4	8
2	在我国各民族的人大都能平等相待,和平相处	1	2	3	4	8
3	在我国各民族的人都有同等的发展机会	1	2	3	4	8
4	国家在政策上应当对所有民族一视同仁	1	2	3	4	8
5	不同民族地区之间的发展差距大,对民族关系不利	1	2	3	4	8
6	一些人有狭隘的民族观念,不利于国内民族团结	1	2	3	4	8
7	一些境外势力对我国的民族关系说三道四,影响不好	1	2	3	4	8
8	我国的民族关系总体上是很好的	1	2	3	4	8

[记录]被访者现居住地址:＿＿＿＿＿＿＿＿＿＿＿＿＿＿＿＿＿＿

[记录]被访者姓名:＿＿＿＿＿＿＿联系电话(0) –＿＿＿＿＿＿＿

[记录]该住户的户主是否为入户登记表上标注的户主? (单选)

是＿＿＿＿＿＿＿＿＿＿＿＿＿＿＿＿＿＿＿＿＿＿＿＿＿ 1

不是(请注明现住户的户主名:＿＿＿＿＿) ＿＿＿＿＿ 2

【调查员注意:读出下列句子,派发感谢信,并将问卷编号标注在感谢信的信封正面

访问到此结束,感谢您对我们工作的支持。这里有一封给您的感谢信,请您填写完后尽快寄给我们。】

G 部分:访谈记录

[此部分由调查员填写]

G1. 被访者配合得:(单选)

很好＿＿＿＿＿＿＿＿＿＿＿＿＿＿＿＿＿＿＿＿＿＿ 1

好＿＿＿＿＿＿＿＿＿＿＿＿＿＿＿＿＿＿＿＿＿＿＿ 2

一般＿＿＿＿＿＿＿＿＿＿＿＿＿＿＿＿＿＿＿＿＿＿ 3

不好＿＿＿＿＿＿＿＿＿＿＿＿＿＿＿＿＿＿＿＿＿＿ 4

很不好＿＿＿＿＿＿＿＿＿＿＿＿＿＿＿＿＿＿＿＿＿ 5

G2. 被调查回答问题的态度：(单选)

态度积极,并愿意发表评论 ⋯⋯⋯⋯⋯⋯⋯ 1

比较积极 ⋯⋯⋯⋯⋯⋯⋯⋯⋯⋯⋯⋯ 2

一般 ⋯⋯⋯⋯⋯⋯⋯⋯⋯⋯⋯⋯⋯ 3

不太积极 ⋯⋯⋯⋯⋯⋯⋯⋯⋯⋯⋯⋯ 4

态度消极 ⋯⋯⋯⋯⋯⋯⋯⋯⋯⋯⋯⋯ 5

G3. 被访者的语言表达能力属于：(单选)

很强 ⋯⋯⋯⋯⋯⋯⋯⋯⋯⋯⋯⋯⋯ 1

比较强 ⋯⋯⋯⋯⋯⋯⋯⋯⋯⋯⋯⋯ 2

一般 ⋯⋯⋯⋯⋯⋯⋯⋯⋯⋯⋯⋯⋯ 3

较差 ⋯⋯⋯⋯⋯⋯⋯⋯⋯⋯⋯⋯⋯ 4

很差 ⋯⋯⋯⋯⋯⋯⋯⋯⋯⋯⋯⋯⋯ 5

G4. 被访者的智力水平：(单选)

很高 ⋯⋯⋯⋯⋯⋯⋯⋯⋯⋯⋯⋯⋯ 1

比较高 ⋯⋯⋯⋯⋯⋯⋯⋯⋯⋯⋯⋯ 2

一般 ⋯⋯⋯⋯⋯⋯⋯⋯⋯⋯⋯⋯⋯ 3

比较低 ⋯⋯⋯⋯⋯⋯⋯⋯⋯⋯⋯⋯ 4

很低 ⋯⋯⋯⋯⋯⋯⋯⋯⋯⋯⋯⋯⋯ 5

G5. 被访者对社会和公共事务总的了解程度属于：(单选)

很高 ⋯⋯⋯⋯⋯⋯⋯⋯⋯⋯⋯⋯⋯ 1

比较高 ⋯⋯⋯⋯⋯⋯⋯⋯⋯⋯⋯⋯ 2

一般 ⋯⋯⋯⋯⋯⋯⋯⋯⋯⋯⋯⋯⋯ 3

比较低 ⋯⋯⋯⋯⋯⋯⋯⋯⋯⋯⋯⋯ 4

很低 ⋯⋯⋯⋯⋯⋯⋯⋯⋯⋯⋯⋯⋯ 5

G6. 访问开始以前,被访者对这项研究的疑虑程度？(单选)

没有 ⋯⋯⋯⋯⋯⋯⋯⋯⋯⋯⋯⋯⋯ 1

有一些 ⋯⋯⋯⋯⋯⋯⋯⋯⋯⋯⋯⋯ 2

非常疑虑 ⋯⋯⋯⋯⋯⋯⋯⋯⋯⋯⋯⋯ 3

G7. 总的来看,被访者对此项调查的感兴趣程度：(单选)

很高 ⋯⋯⋯⋯⋯⋯⋯⋯⋯⋯⋯⋯⋯ 1

比较高 ⋯⋯⋯⋯⋯⋯⋯⋯⋯⋯⋯⋯ 2

一般 ⋯⋯⋯⋯⋯⋯⋯⋯⋯⋯⋯⋯⋯ 3

比较低 4

很低 5

G8. 被访者回答问题的可信程度:(单选)

完全可信 1

一般说可信 2

有时看起来不可信 3

G9. 请调查员根据自己的印象,估计一下该家庭的经济状况在当地是属于哪种类型?(单选)

低收入 1

中低收入 2

一般收入 3

中高收入 4

高收入 5

未观察到 6

G10. 被访者家的住房和当地一般情况相比是什么状况?(单选)

好 1

中 2

差 3

未观察到 4

G11. 访问时什么人在场?(可多选)

邻居 1

亲戚朋友 2

村/居干部 3

督导 4

其他成人 5

没有其他人在场 .... 6→跳问 G13

G12. 其他人在场是否影响了访问的质量:(单选)

是 _____ 1　否 _____ 2

G13. 如果问卷没有答完,请解释为什么?

_____

G14. 如果被访者中途退出,他/她的理由是什么?

_____

参 考 文 献

埃尔德（G. H. Elder），2002，《大萧条的孩子们》，田禾、马春华译，译林
　　出版社。

白雪梅，2004，《教育与收入不平等：中国的经验研究》，《管理世界》第6
　　期。

边燕杰主编，2002，《市场转型与社会分层——美国社会学者分析中国》，
　　生活·读书·新知三联书店。

曹林，2008，《陕西城乡收入差距：来自结构主义的解释》，《陕西能源职业
　　技术学院学报》第4期。

陈成文、彭国胜，2006，《在失衡的世界中失语——对农民工阶层话语权丧
　　失的社会学分析》，《天府新论》第5期。

陈光金，1996，《中国乡村现代化的回顾与前瞻》，湖南出版社。

——，2005，《从精英循环到精英复制——中国私营企业主阶层形成的主体
　　机制的演变》，《学习与探索》第1期。

陈那波，2006，《海外关于中国市场转型论争十五年文献述评》，《社会学研
　　究》第5期。

陈秋华等，2002，《体制转换·结构变迁与就业》，中国财政经济出版社。

陈锡文，2009，《无工作返乡的农民工约两千万政府积极应对》，http：//
　　news. xinhuanet. com/politics/2009 – 02/02/content_ 10750425. htm。

陈晓宇、陈良、夏晨，2003，《20世纪90年代中国城镇教育收益率的变化
　　与启示》，《北京大学教育评论》第2期。

陈志武，2006，《国有制和政府管制真的能促进平衡发展吗？——收入机会的政治经济学》，《经济观察报》1 月 2 日。

陈宗胜，1991，《经济发展中的收入分配》，上海三联书店。

——，2000，《中国居民收入分配差别的深入研究——评〈中国居民收入分配再研究〉》，《经济研究》第 7 期。

陈宗胜、周云波，2001，《非法非正常收入对居民收入差别的影响及其经济学解释》，《经济研究》第 4 期。

丁任重、陈志舟、顾文军，2003，《"倒 U 假说"与我国转型期收入差距》，《经济学家》第 6 期。

都阳、高文书，2005，《中国离一元社会保障体系有多远》，《中国劳动经济学》第 2 卷。

杜育红、孙志军，2003，《中国欠发达地区的教育、收入与劳动力市场经历》，《管理世界》第 9 期。

傅玲、刘桂斌，2008，《解决收入两极分化的途径探讨》，《统计与决策》第 13 期。

顾建平，2003，《中国的失业与就业变动研究》，中国农业出版社。

管晓明，2006，《倒 U 假说的推演及其在中国的检验》，《山西财经大学学报》第 5 期。

郭飞，2005，《生产要素按贡献参与分配原则新思考》，《马克思主义研究》第 2 期。

郭熙保，2002，《从发展经济学观点看待库兹涅茨假说——兼论中国收入不平等扩大的原因》，《管理世界》第 3 期。

国务院课题组，2006，《中国农民工调研报告》，中国言实出版社。

风笑天，1994，《独生子女家庭：一种新的生活方式》，《社会科学辑刊》第 5 期。

韩留富，2009，《长三角居民收入差距不断拉大》，《长三角观察》第 3 期。

何伟，2006，《资源分配不公决定收入分配不公——再论公平与分配不能联姻》，《中国流通经济》第 7 期。

赫克明、汪明，2009，《独生子女群体与教育改革——我国独生子女状况研究报告》，《新华文摘》第 10 期。

何娅，2007，《基尼系数：城乡历史政策的解构》，《中国国情国力》第 4 期。

洪兴建、李金昌，2007，《两极分化测度方法述评与中国居民收入两极分化》，《经济研究》第 11 期。

洪永泰，1996，《户中选样之研究》，台北：五南图书出版公司。

胡代光，2004，《剖析新自由主义及其实施的后果》，《当代经济研究》第 2 期。

柯瑞清，1996，《青年意识的变动及其导向》，《中共福建省委党校学报》第 6 期。

江苏省统计局，2007，《江苏城镇职工劳动报酬分配状况探析》，中国统计信息网 10 月 17 日。

江国成，2009，《国家发改委：我国社会主义市场经济体制初步建立》，新华网 10 月 5 日。

金喜在，1996，《当代中国居民收入分配研究》，东北师范大学出版社。

库兹涅茨，1966/1989，《现代经济增长》，戴睿、易诚译，北京经济学院出版社。

莱文，1995，《西欧的教育机会均等和社会不平等》，载亨利·莱文等主编《科技、效益、筹资与改革——教育决策与管理中的重大问题》，人民日报出版社，1995。

赖德胜，1999，《教育、劳动力市场和收入分配》，载赵人伟等主编《中国居民收入分配再研究》，中国财政经济出版社。

赖德胜，2001，《教育与收入分配》，北京师范大学出版社。

李春玲，2003，《文化水平如何影响人们的经济收入——对目前教育的经济收益率的考查》，《社会学研究》第 3 期。

——，2003，《社会政治变迁与教育机会不平等——家庭背景及制度因素对教育获得的影响（1940~2001）》，《中国社会科学》第 3 期。

——，2004，《中国社会分层与生活方式的新趋势》，《科学社会主义》第 2 期。

——，2004，《断裂还是碎片——当代中国社会阶层分化趋势的实证分析》，社会科学文献出版社。

李实、丁赛，2003，《中国城镇教育收益率的长期变动趋势》，《中国社会科学》第 6 期。

李实、罗楚亮，2007a，《中国城乡居民收入差距的重新估计》，《北京大学学报》（哲学社会科学版）第 2 期。

——，2007b，《收入差距与社会公平》，中国改革研究院（海南）2007 年中国改革评估报告。

李实、李文彬，1994，《中国教育投资的个人收益率的估计》，载赵人伟、基斯·格里芬主编《中国居民收入分配研究》，中国社会科学出版社。

李实，2000，《对收入分配研究中几个问题的进一步说明——对陈宗胜教授评论的答复》，《经济研究》第 7 期。

李实、赵人伟、张平，1998，《"两极分化"的绝对标准和相对标准》，《管理世界》第 1 期。

李实、佐腾宏主编，2004，《经济转型的代价——中国城市失业、贫困、收入差距的经验分析》，中国财政经济出版社。

李培林，1996，《农民工的社会网络和社会地位》，《社会学研究》第 4 期。

李培林主编，2003，《农民工：中国进城农民工的经济社会分析》，社会科学文献出版社。

李培林、李炜，2007，《农民工在中国转型中的经济地位与社会态度》，《社会学研究》第 3 期。

——，2008，《2008 年中国民生问题调查报告》，《2009 年中国社会形势分析与预测》，社会科学文献出版社。

李培林等，2005，《社会冲突与阶级意识》，社会科学文献出版社。

李培林、陈光金，2008，《力挽狂澜：中国社会发展迎接新挑战——2008 ~ 2009 年中国社会形势分析与预测总报告》，载《2009 年中国社会形势分析与预测》，社会科学文献出版社。

李培林、陈光金、张翼、李炜，2008，《中国社会和谐稳定报告》，社会科学文献出版社。

李培林、张翼等，2000，《就业与制度变迁：两个特殊群体的求职过程》，浙江人民出版社。

李强，2003，《影响中国城乡流动人口的推力与拉力因素分析》，《中国社会科学》第 1 期。

——，1993，《当代中国社会分层与流动》，中国经济出版社。

李新华，1989，《青年与成年：未来社会的二元结构》，《当代青年研究》第 3 期。

李云赞，1990，《'78 ~ '89 大学生民主意识的演变》，《中国青年研究》第 5 期。

林毅夫、蔡昉、李周，1998，《中国经济转型时期的地区差距分析》，《经济研究》第 6 期。

林幼平、张澍，2001，《20 世纪 90 年代以来中国收入分配问题研究综述》，《经济评论》第 4 期。

梁勤、米建伟、章奇，2006，《中国农村居民内部收入差距及其政策含义——来自六省农户的证据》，中国三星经济研究院 2006 年首届经管学术论文精英挑战赛参赛论文。

刘欣，2005，《当前中国社会阶层分化的多元动力基础——一种权力衍生论的解释》，《中国社会科学》第 4 期。

刘国光，2005，《进一步重视社会公平问题》，《经济参考报》4 月 16 日第五版。

刘精明，2005，《国家、社会阶层与教育：教育获得的社会学研究》，中国人民大学出版社。

——，2006a，《劳动力市场结构变迁与人力资本收益》，《社会学研究》第 6 期。

——，2006b，《高等教育扩展与入学机会差异：1978～2003》，《社会》第 3 期。

——，1999，《"文化大革命"事件对升学入学模式的影响》，《社会学研究》第 6 期。

陆学艺主编，2001，《当代中国社会阶层研究报告》，社会科学文献出版社。

——，2004，《当代中国社会流动》，社会科学文献出版社。

卢嘉瑞，2002，《收入差距与两极分化》，《河北经贸大学学报》第 3 期。

米德，1988，《代沟》，曾胡译，光明日报出版社。

马克思、恩格斯，1995，《马克思恩格斯选集》，人民出版社。

马广奇，2000，《中国经济市场化进程的分析与度量》，《求实》第 10 期。

马晓河，2003，《对当前收入不平等状况的分析》，《红旗》第 16 期。

宁德业、庞业君，2007，《对我国现阶段是否已出现两极分化现象问题的再思考》，《生产力研究》第 6 期。

单光鼐等主编，1994，《中国青年发展报告》，辽宁人民出版社。

石美遐，2007，《非正规就业劳动关系研究》，中国劳动社会保障出版社。

舒尔茨，1990，《论人力资本投资》，吴珠华等译，北京经济学院出版社。

宋士云，2007，《1992～2001 年中国居民收入的实证分析》，《中国经济史研究》第 1 期。

苏晓离，1996，《略论经济分配中的某些价值观问题》，《哲学研究》第 8
　　期。

孙立平，2003，《贫富差距的几个特征》，《理论与实践》第 5 期。

——，2002，《90 年代中期以来中国社会结构演变的新趋势》，《经济管理文
　　摘》第 23 期。

——，2008，《社会转型：发展社会学的新议题》，《开放时代》第 2 期。

谭芝灵，2006，《试论贫富两极分化的本质、特征以及我国的贫富分化问
　　题》，《生产力研究》第 1 期。

波兰尼，2007，《大转型：我们时代的政治与经济起源》，冯钢、刘阳译，
　　浙江人民出版社。

万广华，2006，《经济发展与收入不平等：方法和证据》，上海三联书店/上
　　海人民出版社。

——，2008，《不平等的度量与分解》，《经济学（季刊）》第 8 卷第 1 期。

万广华、张藕香、伏润民，2008，《1985～2002 年中国农村地区收入不平
　　等：趋势、起因和政策含义》，《中国农村经济》第 3 期。

王处辉，2007，《当前我国高等教育过程中的不平等研究》，《清华大学教育
　　研究》第 4 期。

王奋宇等，2001，《中国城市劳动力流动：从业模式·职业生涯·新移民》，
　　北京出版社。

王姮、汪三贵，2006，《教育对中国农村地区收入差距的影响分析》，《农业
　　技术经济》第 2 期

王洪亮、徐翔，2006，《城乡不平等孰甚：地区间抑或城乡间?》，《管理世
　　界》第 11 期。

王红涛，2009，《中国城乡收入差距分析——基于泰尔指数的分解》，《经济
　　论坛》第 12 期。

王检贵，2000，《两种不同类型的两极分化》，《经济学家》第 2 期。

王明华，2003，《论收入差距与两极分化之关系》，《经济问题》第 9 期。

王小鲁，2007，《中国的灰色收入与居民收入分配差距》，《中国改革》第 7
　　期。

——，2007，《中国收入差距的现状、原因和出路》，12 月 10 日《财经》年
　　会发言稿。

王小鲁、樊纲，2005，《中国收入差距的走势和影响因素分析》，《经济研究》2005 年第 10 期。

翁定军，1999，《公平与公平感的社会心理分析》，《上海大学学报（社会科学版）》第 2 期。

吴要武、蔡昉，2006，《中国城镇非正规就业：规模与特征》，《中国劳动经济学》第 3 卷。

武俊平，1998，《第五代人》，天津教育出版社。

吴小英，2006，《代际冲突与青年话语的变迁》，《青年研究》第 8 期。

吴烨宇，2002，《青年年龄界定研究》，《中国青年研究》第 3 期。

徐现祥、王海港，2008，《我国初次分配中的两极分化及成因》，《经济研究》第 2 期。

薛洁，2007，《关注公民公平感——我国部分公民公平感调查报告》，《吉林大学社会科学学报》第 5 期。

杨宜勇等，2000，《就业理论与失业治理》，中国经济出版社。

杨东平，2006，《高等教育入学机会：扩大之中的阶层差距》，《清华大学教育研究》第 1 期。

杨圣明，2005，《论收入分配中的两极分化问题》，《消费经济》第 6 期。

杨志明，2009，《国际金融危机下的中国农民工问题及对策》，《中国党政干部论坛》第 5 期。

于学军，2000，《中国城市转型时期劳动力市场中的人力资本回报率研究》，载王裕国等主编《中国劳动力市场与就业问题》，西南财经大学出版社。

岳昌君，2004，《教育对个人收入差异的影响》，《经济学（季刊）》第 3 卷增刊。

游钧主编，2008，《2006～2007 年：中国就业报告》，中国劳动社会保障出版社。

余云霞、付麟，1998，《迈向 21 世纪：中国就业新概念》，工商出版社。

曾湘泉，2006，《我国就业与失业的科学测量和实证研究》，《经济理论与经济管理》第 6 期。

曾金胜，2007，《体制内外待遇有别：体制外员工是二等公民吗?》，《人民论坛》5 月 19 日。

张翼，2004，《中国人社会地位的获得——阶级继承与代内流动》，《社会学研究》第 4 期。

张光、刘伟伟，2008，《重程序还是重结果？——大学生公平感的实证研究》，《青年研究》第 5 期。

张保平，2007，《治理两极分化，促进和谐发展》，《市场论坛》第 5 期。

张陶新，2009，《我国推进城市改革以来城乡两极分化的演化——基于居民收入的实证分析》，《湖南工业大学学报（社会科学版）》第 2 期。

张奎、王祖祥，2009，《收入不平等与两极分化的估算与控制——以上海城镇为例》，《统计研究》第 8 期。

张晓晶，2004，《中国市场化进程报告：现状分析与未来预测》，《管理世界》第 3 期。

章洪海、苟娟娟，2005，《也谈中国的两极分化现状》，《经济问题》第 6 期。

赵力涛，2006，《中国农村的教育收益率研究》，《中国社会科学》第 3 期。

周新城，2006，《怎样看待两极分化》，《北京交通大学学报（社会科学版）》第 4 期。

周雪光、侯立仁，2003，《"文化大革命"的孩子们——当代中国的国家与生命历程》，载中国社会科学院社会学研究所编《中国社会学》第 2 卷，上海人民出版社。

周怡，1994，《代沟现象的社会学研究》，《社会学研究》第 4 期。

周业安，2004，《市场化、经济结构变迁和政府经济结构政策转型——中国经验》，《管理世界》第 5 期。

中共中央文献研究室，2004，《邓小平年谱》（下），中央文献出版社。

Alderson, Arthur S., Jason Beckfield and François Nielsen, 2005, "Exactly How Has Income Inequality Changed? Patterns of Distributional Change in Core Societies", *International Journal of Comparative Sociology* 46 (4).

Anderson, C. A., 1961, "A Skeptical Note on Education and Mobility", in A. H. Halsey, J. Floud and C. A. Anderson (eds.), *Education, Economy and Society*, New York/London: McMillan, pp. 164 –179.

Appleton, Simon, John Knight, Lina Song, and Qingjie Xia, 2002, "Towards a Competitive Labour Market? Urban Workers, Rural Migrants, Redundancies and Hardships in China", Institute for Contemporary China Studies, Working Paper, Nottingham: University of Nottingham.

Ayalon, H. and Y. Shavit, 2004, "Educational Reforms and Inequalities in Israel: The MMI Hypothesis Revisited", *Sociology of Education*, vol. 77, No. 2.

Benjamin, Dwayne, Loren Brandt, Paul Glewwe and Guo Li, 2000, "Markets, Human Capital, Inequality: Evidence from Rural China", Working Paper 298, William Davidson Institute, The University of Michigan Business School

Binson, D. , J. A. Canchola and J. A. Catania, 2000, "Random Selection in a Telephone Survey: A Comparison of the Kish, Next-Birthday, and Last-Birthday Methods". *Journal of Official Statistics*, 16: 53 −59.

Bourdieu, P. & Passeron, J. C. , 1964, *Les Hérities*, *les étudiants et la culture*, Paris: Minuit.

——, 1990, *Reproduction in Education*, *Society and Culture*, translated from the French by Richard Nice, London: Sage.

Cai, Fang and Dewen Wang, 2003, "Migration as Marketization : What Can We Learn from China's 2000 Census Data?", *The China Review* 3 (2).

Chi, Wei Li Bo, Yu Qiumei, 2007, "Decomposition of Changes in Earnings Inequality in China: A Distributional Approach". http: //mpra. ub. uni-muenchen. de/3806.

Chiswick, B. , 1971, "Earnings Inequality and Economic Development", *Quarterly Journal of Economics*, (85): pp. 21 −39.

CIA, 2003 −2009, *The CIA World Factbook*, Skyhorse Publishing.

Eastwood, R. and M. Lipton, 2004, "Rural and Urban Income Inequality and Poverty: Does Convergence between Sectors Offset Divergence within Them?" in G. A. Cornia, *Inequality*, *Growth and Poverty in an Era of Liberalization and Globalization*. Oxford University Press for UNU-WIDER: Oxford.

Davis-Friedmann, Deborah, 1985, "Intergenerational Inequalities and the Chinese Revolution", *Modern China* 11: 177 −201.

Deng, Quheng, Li Shi, 2009, "What Lies behind Rising Earnings Inequality in Urban China? Regression-based Decompositions", *Global COE Hi-Stat Discussion Paper Series* 021, January.

Handcock, M. S. and Morris, M. , 1999, *Relative Distribution Methods in the Social Sciences*, New York: Springer-Verlag.

Hout, M. Raftery, A. and Bell, E. O. , 1993, " Making the Grade: Educational Stratification in the United States. 1925 - 1998 ", in Y. Shavit and H. P. Blossfeld (eds.), *Persistent Inequality: Changing Educational Attainment in Thirteen Countries*, Westview Press.

Johnson, Emily N. & Gregory C. Chow, 1997, "Rates of Return to Schooling in China", *Pacific Economic Review*, 2: 2, 101 -113.

Kish, Leslie, 1949, "A Procedure for Objective Respondent Selection within the Household ", *Journal of the American Statistical Association*, vol. 44, No. 247, pp. 380 - 387.

——, 1965, *Survey Sampling*, New York : John Wiley and Sons, Inc.

Knight, J. and L. Song, 1999, *The Urban-Rural Divide: Economic Disparities and Interactions in China*, Oxford University Press: New York.

Kuznets, Simon, 1955, "Economic Growth and Income Inequality", *American Economic Review*, March 45 (1).

Lavrakas, P. J. , 1993, Telephone Survey Methods: Sampling, Selection and Supervision, *Applied Social Research Methods Series*, 7.

Levy, P. S. , and S. Lemeshow, 1999, *Sampling of Populations*, New York : John Wiley and Sons, Inc. .

Li, Haizheng, 2003, " Economic Transition and Returns to Education in China", *Economics of Education Review*, Jun, vol. 22, Issue 3, p. 317.

Lucas, S. R. , 2001, "Effectively Maintained Inequality : Education Transitions, Track Mobility, and Social Background Effect", *American Journal of Sociology*, vol. 106, No. 6.

Mare, R. , 1981, "Change and Stability in Educational Stratification", *American Sociological Review*, vol. 46, No. 1.

McBurney, Peter, 1988, " On Transferring Statistical Techniques Across Cultures: The Kish Grid ", *Current Anthropology*, vol. 29, No. 2, pp. 323 - 325.

Millimet, Daniel L. and Le Wang, 2006, "A Distributional Analysis of the Gender Earnings Gap in Urban China", *Contributions to Economic Analysis & Policy*, vol. 5, issue 1.

Nielsen, François and Arthur S. Alderson, 1997, "The Kuznets Curve and the

Great U-Turn: Income Inequality in U. S. Counties, 1970 to 1990 ", *American Sociological Review*, vol. 62, No. 1 (Feb.).

Oldendick, R. W. , G. G. Bishop, S. B. Sorenson, and A. J. Tuchfarber, 1988, "A Comparison of the Kish and Last Birthday Methods of Respondent Selection in Telephone Surveys", *Journal of Official Statistics*, 4: 307 –318.

Parish, William L. , 1984, "Destratification in China", In J. L. Watson (ed.), *Class and Social Stratification in Post-Revolution China*, Cambridge: Cambridge University Press. pp. 84 –120.

Shavit, Y. and H. P. Blossfeld, (eds.), 1993, Persistent Inequality: *Changing Educational Attainment in Thirteen Countries*. Colorado: Westview Press.

Shorrocks, A. F. , 1999, "Decomposition Procedures for Distributional Analysis: A Unified Framework Based on the Shapley Value", *University of Essex and Institute for Fiscal Studies*.

Stark, O. and Taylor, J. E. , 1991, "Migration Incentives, Migration Types: The Role of Relative Deprivation", *The Economic Journal*, vol. 101: 1163 –1178.

Tinbergen, J. , 1972, "The Impact of Education on Distribution", *Review of Income and Wealth*, 16 (2) 34.

Wan, Guanghua, 2002, "Regression-based Inequality Decomposition: Pitfalls and a Solution Procedure", Discussion Paper No. 2002/101, World Institute for Development Economics Research, United Nations University.

——, 2004. "Accounting for Income Inequality in Rural China: A Regression Based Approach", *Journal of Comparative Economics*, vol. 32, no. 2, pp. 348 – 363.

Wang, 2006, "Income Inequality in China and its Influencing Factors", Research Paper No. 2006/126, World Institute for Development Economics Research, United Nations University.

Wang Y. Q. and Tsui K. Y. , 2000, "Polarization Orderings and New Classes of Polarization Indices", *Journal of Public Economic Theory* 2, Issue 3.

Weeden, Kim A. , Young-Mi Kim, Matthew Di Carlo, David B. Grusky, 2007, "Social Class and Earnings Inequality", *American Behavioral Scientist*, vol. 50, No. 5, pp. 702 –736.

Whyte, Martin, 1975, Inequality and Stratification in China, *China Quarterly* 64:

684 −711.

——, 1981, Destratification and Restratification in China, In G. Berreman (ed.), *Social Inequality*, pp. 309 −36, New York: Acaedmic.

Whyte, Martin & William L. Parish, 1984, *Urban Life in Contemporary China*, Chicago: University of Chicago Press.

Wolfson, M. C., 1994, "When Inequalities Diverge", *American Economic Review* 84.

Zhang Jusen & Zhao Yaohui, 2002, "Economic Return to Schooling in Urban China (1988 −1999)", Discussion Draft.

Zhao, Yaohui, 1997, "Labor Migration and Returns to Rural Education in China", *American Journal of Agricultural Economics*, 79 November, pp. 1278 − 1287.

Zhao, Wei and Xueguang Zhou, 2002, "Institutional Transformation and Returns to Education in Urban China: An Empirical Assessment", *Research in Social Stratification and Mobility* 19, pp. 339 −75.

Zhou, Xueguang, 2000, "Economic Transformation and Income Inequality in Urban China: Evidence from Panel Data", *American Journal of Sociology*, 105: 1135 −74.

索 引

E

F

G

图书在版编目（CIP）数据

当代中国民生/李培林等著. —北京：社会科学文献出版社，
2013.9（2018.2 重印）
（当代中国调查报告）
ISBN 978 - 7 - 5097 - 4835 - 0

Ⅰ.①当… Ⅱ.①李… Ⅲ.①社会保障 - 调查报告 - 中国
Ⅳ.①D632.1

中国版本图书馆 CIP 数据核字（2013）第 148766 号

· 当代中国调查报告 ·
当代中国民生

著　　者／李培林 等

出 版 人／谢寿光
项目统筹／童根兴
责任编辑／郑　嬿

出　　版／社会科学文献出版社 · 社会学出版中心（010）59367159
　　　　　地址：北京市北三环中路甲 29 号院华龙大厦　邮编：100029
　　　　　网址：www. ssap. com. cn
发　　行／市场营销中心（010）59367081　59367018
印　　装／北京京华虎彩印刷有限公司

规　　格／开 本：787mm × 1092mm　1/16
　　　　　印 张：24.75　字 数：431 千字
版　　次／2013 年 9 月第 1 版　2018 年 2 月第 4 次印刷
书　　号／ISBN 978 - 7 - 5097 - 4835 - 0
定　　价／59.00 元